Studienbücher zur Kommunikations- und Medienwissenschaft

Reihe herausgegeben von
G. Bentele, Leipzig, Deutschland
H.-B. Brosius, München, Deutschland
O. Jarren, Zürich, Schweiz

Daniel Süss
Zürich, Schweiz

Christine W. Trültzsch-Wijnen
Salzburg, Österreich

Claudia Lampert
Hamburg, Deutschland

Studienbücher zur Kommunikations- und Medienwissenschaft
ISBN 978-3-658-19823-7 ISBN 978-3-658-19824-4 (eBook)
https://doi.org/10.1007/978-3-658-19824-4

Die Deutsche Nationalbibliothek verzeichnet diese Publikation in der Deutschen Nationalbibliografie; detaillierte bibliografische Daten sind im Internet über http://dnb.d-nb.de abrufbar.

Springer VS

Verantwortlich im Verlag: Barbara Emig-Roller

Gedruckt auf säurefreiem und chlorfrei gebleichtem Papier

Springer VS ist Teil von Springer Nature
Die eingetragene Gesellschaft ist Springer Fachmedien Wiesbaden GmbH
Die Anschrift der Gesellschaft ist: Abraham-Lincoln-Str. 46, 65189 Wiesbaden, Germany

Vorwort zur 3. Auflage

Wir freuen uns sehr, mit dem vorliegenden Band die inzwischen dritte Auflage unseres Studienbuches vorlegen zu können. Bereits im Vorwort zur 2. Auflage hatten wir angesichts der rasanten Entwicklungen im Medienbereich die Frage gestellt, ob gedruckte Studienbücher noch zeitgemäß und sinnvoll sind. An unserer Haltung hat sich seit der zweiten Auflage wenig geändert. Noch immer sind wir der Ansicht, dass es nach wie vor eine der besten Möglichkeit ist, vorhandenes Wissen zu bündeln und einer breiten Öffentlichkeit zugänglich zu machen. Dank des positiven Feedbacks und der Unterstützung des Springer VS-Verlags haben wir ein weiteres Mal die Gelegenheit bekommen, einige Gedanken zu ergänzen sowie Links und Beispiele zu aktualisieren. Da sich der Großteil des Buches jedoch auf die Beschreibung des Themenfeldes Medienpädagogik bezieht, ist vieles auch unverändert geblieben – so auch Teile dieses Vorwortes.

Braucht es angesichts der Fülle an Literatur zur Medienpädagogik noch ein weiteres Buch?
In dem vorliegenden Buch wird die Medienpädagogik weder neu erfunden noch neu geschrieben. Die Motivation war vielmehr, ein Buch zu verfassen, das insbesondere Studierenden einen Einstieg in das Themenfeld vermittelt, Neugier weckt und zur vertiefenden Auseinandersetzung anregt. Wir haben daher versucht, einen breiten Überblick über das medienpädagogische Themenfeld zu geben und möglichst vielfältige Perspektiven zu berücksichtigen und nicht nur unsere Sichtweise darzustellen. Aber auch bei einem Überblick muss man sich auf einen Ausschnitt beschränken und Akzente setzen.

Worin unterscheidet es sich von den anderen Publikationen zur Einführung in die Medienpädagogik?
Wenn man sich für ein kommunikationswissenschaftliches, pädagogisches oder psychologisches Studium mit einer medienpädagogischen Akzentuierung entscheidet,

agogik mit seinen Ansätzen in ganz unterschiedlichen Phasen maßgeblich geprägt hat, sondern auch diesem Buch wesentliche Impulse gegeben hat. Darüber hinaus widmen wir diese Auflage ganz besonders unseren Partnern und Familien, die seit der ersten Auflage immer wiederkehrende Arbeitswochenenden in Zürich mitgetragen haben.

Zürich, Hamburg und Salzburg, im August 2017
Daniel Süss, Claudia Lampert und Christine W. Trültzsch-Wijnen

Inhalt

Tabellen- und Abbildungsverzeichnis

griff tendenziell verbunden, dass es primär um Kinder und Jugendliche gehe. In den 1990er Jahren wurde zunehmend der Begriff „Medienbildung" verwendet, womit die enge Koppelung an Kindheit und Erziehung aufgehoben wird, da „Bildung" ein Leben lang stattfinde. Überdies verweist der Begriff darauf, dass mit Bildung eine Teilhabe an der Kultur ermöglicht werden soll. Die Medienbildung vermittelt also Kulturtechniken und soll zu einer umfassenden Alphabetisierung beitragen. Der Begriff der Medienbildung wird aber auch verwendet, um den Bezug zum Bildungsauftrag der Schulen (aller Stufen) hervorzuheben (vgl. Merz-Abt 2005). Zu Beginn des 21. Jahrhunderts schließlich wurde in politischen Debatten zunehmend „Medienkompetenzförderung" als zentrales Anliegen hervorgehoben, das vermehrt bedient werden müsse, um negative Effekte der Medien auf Individuen und die Gesellschaft einzudämmen und um einen konstruktiven Medienumgang zu garantieren. Medienkompetenz betont eine instrumentelle Funktion von Verfügungswissen, während Medienbildung breiter auf ein Orientierungswissen hin angelegt ist (vgl. Hugger 2008: 97).

▸ **Mediatisierung** (manchmal synonym: Medialisierung) meint die Ausrichtung Handelns anderer gesellschaftlicher Akteure an den Gesetzmäßigkeiten und Aufmerksamkeitslogiken des Mediensystems. Ereignisse werden im Hinblick auf ihre Resonanz in den Medien geschaffen. Institutionen investieren hohe Ressourcen in die aktive und reaktive Medienarbeit und die Public Relations (vgl. Donges 2006: 164). Zur Mediatisierungsdebatte in der Kommunikationswissenschaft siehe unter anderem Meyen (2009) und Livingstone (2009).

Alle gesellschaftlichen Teilsysteme werden zunehmend mediatisiert, so auch die Institutionen der Bildung und Erziehung. Erziehung ohne Medienerziehung ist heute nicht mehr denkbar und Bildung ohne Medienbildung ebenso wenig. Sozialisation in einer mediatisierten Gesellschaft umfasst zwingend Mediensozialisation. Der Erwerb von Medienkompetenz ist zu einer zentralen Aufgabe geworden, um ein vollwertiges Mitglied der Gesellschaft werden zu können.

Das Thema Medienkindheit wird in Kapitel 2 „Mediensozialisation" vertieft. Eine Auseinandersetzung mit den Anforderungen im Hinblick auf Medienkompetenz oder Medienbildung erfolgt in Kapitel 5 „Medienkompetenz".

1.2 Digital Natives – Digital Immigrants?

Gibt es einen Wandel in den Bedingungen der Mediensozialisation und in den Formen von Medienkompetenz, die erworben werden müssen? Um diese Frage zu beantworten, wird gerne auf das Konzept der „Generationsgestalten" zurückgegriffen. Wir meinen damit allerdings nicht schnell hingeworfene Mode-Labels, wie man sie im Marketing und im Boulevardjournalismus oft findet. Da wird schnell von einer

„Generation YouTube" gesprochen, nachdem die ersten 10 Prozent der Jugendlichen eine gewagte Selbstinszenierung auf einer Web 2.0 Plattform platziert haben oder von einer „Generation Porno", nachdem publik wurde, dass zahlreiche Jugendliche im Internet neugierig nach sexuellen Darstellungen suchen. Angesichts aktueller Entwicklungen dürfen natürlich auch die „Smartphone Generation" (z. B. Zimmermann 2016) und die „WhatsApp-Generation" (z. B. Tagesanzeiger vom 09. 07. 2013[1]) nicht fehlen.

Wir beziehen uns bei den Generationsgestalten auf die Arbeiten von Helmut Fend (1988), Karin Thalmann-Hereth (2001) und Rolf Schulmeister (2008). Es geht dabei um Bedingungen des Aufwachsens in bestimmten Alterskohorten, welche durch wirtschaftliche, kulturelle, soziale und politische Entwicklungen, eine von früher geborenen Kohorten deutlich unterschiedliche Lage schaffen. Bei Süss (2004) werden diese Beschreibungen mit den Leitmedien in Verbindung gebracht, welche in den jeweiligen Zeiträumen bedeutsam waren.

Betrachtet man die heute lebenden Generationen, dann kann man Zäsuren im Abstand von jeweils zehn bis 15 Jahren feststellen, die durch unterschiedliche Leitmedien geprägt sind. Unter Leitmedium verstehen wir dabei ein Medium, das eine hohe Verbreitung hat, intensiv genutzt wird, zahlreiche Funktionen wahrnimmt und zu dem viele Menschen eine hohe Bindung aufgebaut haben.

▸ **Digital Natives:** Menschen, welche mit den neuen Informations- und Kommunikationstechnologien aufgewachsen sind, d. h. diese vom Anfang ihres Lebens an als selbstverständlichen Bestandteil ihrer medialen Umwelt erlebt haben. Digital Immigrants sind demgegenüber Menschen, welche die digitalen Medien als Bestandteil des Alltags (z. B. das World Wide Web oder Videogames) erst als Erwachsene kennen gelernt haben (vgl. Prensky 2001, Seufert/Brahm/Euler 2007).

Zwei Generationen seien hier mit einigen Stichworten skizziert: Die „polarisierte Generation" (geboren um 1965) bewegt sich zwischen alternativen Werten und konsumistischer Haltung. Die revolutionäre Haltung der vorausgehenden Generation wird abgelehnt, das Engagement beschränkt sich auf ökologische und Friedensbewegungen. Alternative Jugendzentren und Selbsthilfe-Gruppen finden Zulauf. Die „Net Generation" hingegen (geboren um 1985) ist wieder stärker pragmatisch orientiert: „Null zoff und voll busy" sind die Kennzeichen, welche der deutsche Jugendforscher Jürgen Zinnecker hier anwendet (Zinnecker et al. 2002). Die ganze Welt ist mit wenigen Klicks online erreichbar, im Sinne von Postman (1985) ist Kindheit kein Schonraum mehr. Die Leitmedien aber auch das ganze Medienmenu in seiner zunehmenden Konvergenz prägen die Formen, in denen die Sozialisanden sich die Medien und damit ihre Welt aneignen.

---

1 http://www.tagesanzeiger.ch/digital/multimedia/Generation-Whatsapp/story/24483985 [abgerufen am 04. 07. 2017]

gendlichen, welche mehr Einfluss auf die politischen Maßnahmen ausübt als empirische Befunde. Sein Ansatz vom „positive youth development" zeigt, dass die meisten amerikanischen Jugendlichen ohne große Krisen durch den Alltag kommen und ein weitgehend positives Verhältnis zu ihren Eltern, Lehrpersonen und Peers pflegen. In derselben Richtung argumentiert der Heidelberger Erziehungswissenschafter Rolf Göppel (2007), wenn er Diagnosen zu scheinbar immer mehr Verhaltensauffälligkeiten bei Kindern und Jugendlichen kritisch unter die Lupe nimmt.

Aber: Phänomene wie „Happy Slapping", „Cyber Bullying" und „Hate Speech" oder die Diskussion über Internet-, Computerspiel- oder Smartphoneabhängigkeit vermitteln den Eindruck, Medien seien primär ein Risikofaktor für Heranwachsende. Kulturpessimistische Autoren betonen daher, dass ein kindgerechtes Aufwachsen nur in einer möglichst medienarmen Umwelt möglich sei. Es müssten Schonräume geschaffen werden, in denen Kinder und Jugendliche möglichst viele Primärerfahrungen machen können, bevor sie mit den Sekundärerfahrungen der Medien überschwemmt würden. Tue man dies nicht, so sei mit „Wohlstands- und Medienverwahrlosung" (vgl. Pfeiffer 2003) zu rechnen.

Die medienpädagogischen Ansätze, welche auf unterschiedlichen Welt-, Medien- und Menschenbildern fußen, werden im Kapitel 4 „Ansätze der Medienpädagogik" ausgeführt.

1.4 Was machen Medien mit Menschen – was machen Menschen mit Medien?

Mediensozialisation als Forschungsperspektive wird im deutschsprachigen Raum seit den 1970er Jahren gepflegt. Damals haben zum Beispiel Heinz Bonfadelli, Ulrich Saxer und Christian Doelker erste große Projekte an der Universität Zürich gestartet (vgl. Doelker 1979a, b; Audiovisuelle Zentralstelle am Pestalozzianum Zürich 1979; Saxer et al. 1980; Bonfadelli 1981; Bonfadelli/Saxer 1986). Sozialisation wurde früher verstanden als Anpassungsprozess des Individuums an die Vorgaben der Gesellschaft, das Kind muss gesellschaftsfähig werden. Dieses exogenistische Entwicklungsverständnis ist heute abgelöst durch ein interaktionistisches Verständnis (vgl. Hurrelmann 1998: 63). Nach Klaus Hurrelmann bedeutet Sozialisation eine aktive Auseinandersetzung des Individuums mit seiner sozialen und dinglichen Umwelt. Sozialisation ist also nicht ein Prozess der Anpassung, sondern der Passung zwischen Individuum und Umwelt, die Sozialisanden wirken auch auf ihre Umwelt ein, suchen Umwelten aktiv auf und gestalten Rollen neu. Die Medien sind ein Teil dieser dinglichen und sozialen Umwelt. Oft als „tertiäre Sozialisationsinstanzen" bezeichnet, prägen sie von früher Kindheit an die Lebenswelt der Individuen. Zwei Grundfragen beschäftigen die Mediensozialisationsforschung vorrangig: Wie lernen Menschen den Umgang mit den Medien? Und: Wie verändern die Medien die allgemeinen Sozialisationsbedingungen?

Sind diese Einflüsse förderlich oder vor allem Risikofaktoren, die zu einem Scheitern der Identitätsentwicklung führen oder die Übernahme produktiver Rollen in gesellschaftlichen Teilsystemen behindern? Das Selbst-, Menschen- und Weltbild wird durch die Medienerfahrungen mitgeprägt, man denke etwa an die Forschung zur Kultivierungsthese oder die Effekte der Medien auf die Motivation, sich an politischen Prozessen aktiv zu beteiligen (vgl. Bonfadelli 2001).

Gliedert man die Fachliteratur und den öffentlichen Diskurs in prägnante Positionen, so kann man den Kulturpessimismus und den kritischen Optimismus unterscheiden. Diese Positionen gehen von unterschiedlichen Menschenbildern, Medienbildern und Wirkungstheorien aus und sie führen zu unterschiedlichen medienpädagogischen Interventionen.

Der Kulturpessimismus etwa wird von Neil Postman (1985), Mary Winn (1979), Werner Glogauer (1988) und Manfred Spitzer (2005, 2012, 2015) vertreten. Sie sehen die Medien vor allem als Quellen von Entwicklungsdefiziten und gesellschaftlichen Gefährdungen. Theoriearbeiten aus der Schweiz von Matthias Steinmann zum Wirklichkeitstransfer lassen sich ebenfalls in diese Tradition einordnen (Steinmann 2004; Steinmann/Groner 2008).

Der Kritische Optimismus betont hingegen, dass Medien auch Ressourcen sein können. Die Arbeiten von Dieter Baacke (1997), Ingrid Paus-Hasebrink (2004) und Christian Doelker (2005) sowie die Studien des *JFF – Institut für Medienpädagogik in Forschung und Praxis* lassen sich hier verorten. Sie betonen, dass Medien zur heutigen Gesellschaft gehören und dass ein produktiver Umgang möglich ist und meist auch stattfindet. Die kritische Note dieser Position besteht unter anderem darin, dass die Medien zur Verantwortung für eine anspruchsvolle Medienkultur angehalten werden und die Bedingungen risikohaften Medienumgangs untersucht werden.

Der Optimismus kann einen euphorischen Zug annehmen (vgl. Gates 1995, Johnson 2005), wenn den neuen Medien alle möglichen Transformationspotenziale für das Bildungswesen oder die Kommunikationskompetenzen zugeschrieben werden.

In Kapitel 2 „Mediensozialisation" werden die theoretischen Grundlagen zu diesen Themen vertieft und die Konsequenzen für die Praxis in Kapitel 6 „Medienerziehung" dargestellt.

1.5 Wertvolle Primärerfahrungen – wertlose Medienerfahrungen?

Im Hintergrund der Einschätzungen des Medienhandelns der Kinder steht die Grundhaltung, dass Primärerfahrungen immer wertvoller seien als Sekundärerfahrungen, also das Leben aus zweiter Hand durch die Medien. Der Wiener Kinderpsychiater Michael Millner (1996) prägte den Begriff „Beta-Kinder" für Intensivnutzer der Medien. Die „Alpha-Welt" ist dagegen die Dimension der realen Begegnungen und Handlungsoptionen im Alltag. Dieses Konzept muss unseres Erachtens weiter

1.6 Neue Medien – neue Herausforderungen?

Mit Blick auf die sich immer rasanter verändernde Medienlandschaft und den technischen Innovationen stellt sich immer wieder die Frage, ob sich die erworbenen Kompetenzen im Umgang mit Medien auf neue Angebote übertragen lassen oder ob neue Kompetenzen erworben werden müssen. Das Konstrukt Medienkompetenz ist in der Literatur in unzähligen Modellen variiert worden. Harald Gapski (2001) vom Europäischen Zentrum für Medienkompetenz hat in einer Übersichtsarbeit mehr als 100 Definitionen systematisch verglichen. Manche Konzepte erwecken den Eindruck, dass Pioniere der Medienpädagogik primär ihre eigene Marke zum Ausdruck bringen wollten, indem sie leichte Variationen zu anderen Modellen vorlegten. Besonders fruchtbar scheinen uns das Prozessmodell von Norbert Groeben und das Konzept der Kulturtechniken und des erweiterten Textbegriffs von Christian Doelker zu sein. Groeben (2002) baut sein Modell auf der Grundlage von Baacke und Tulodziecki auf und betont die Prozesshaftigkeit des Kompetenzerwerbs. Bei den sieben Komponenten sind die Genussfähigkeit und die Anschlusskommunikation als Verarbeitungsstrategien hervorzuheben sowie die Fähigkeit, die Medien den eigenen Bedürfnissen gemäß zu nutzen, ihre spezifischen Leistungsfähigkeiten zu kennen, zu verwerten und Distanz zu wahren, wo es um problematische Botschaften geht. Damit wird auch deutlich, dass dieser Prozess nie abgeschlossen ist, sondern ein lebenslanges Lernen erfordert.

Christian Doelker (2005: 225–237) hat die Angebotsstrukturen von Medien (von den Printmedien bis zu den Computermedien) als verschiedene Textsorten gefasst, welche mit spezifischen Zeichensystemen Wirklichkeiten generieren. Zum Beispiel bestehen audiovisuelle Medien wie das Fernsehen aus „plurigenen" Texten, d. h. aus Wort, Bild, Text, Originalton, Musik usw., welche in ihrem spezifischen Zusammenwirken eine Botschaft vermitteln. Medienkompetenz heißt hier, Medien lesen zu können, die Textsorten zu erkennen und in ihrer relativen Offenheit der Gestaltung von Botschaften richtig einzuordnen. Gerade die Bildsprache wird in unseren Schulen meist vernachlässigt, obwohl Bilder unseren Alltag durchdringen (vgl. Doelker 1997).

Eine Alphabetisierung für die Mediengesellschaft kann also nicht bei den klassischen Kulturtechniken Lesen, Schreiben und Rechnen Halt machen, sondern muss Bildsprache, audiovisuelle Texte, computergenerierte Welten und Navigationsweisen sowie virtuelle Gestaltungsformen miteinbeziehen. Nur so kann ein „digital divide", eine Kompetenz- und Wissenskluft im Kontext der Medien verhindert werden. Dies bedeutet auch, alle Medienangebote als Bestandteile von Kultur zu betrachten.

Dass Medienkompetenz nicht einfach dazu dienen soll, die Rezipienten vor negativen Medieneinflüssen zu schützen, sie quasi gegen negative Wirkungspotenziale abzuhärten, zeigt das Modell der drei Wirklichkeiten. Im Rahmen eines gemäßigten Konstruktivismus geht Doelker (2005: 233) davon aus, dass die Wirkungen von Medien nicht einfach linear von einer intendierten Botschaft ausgehen, sondern durch die selektive Wahrnehmung und Bedeutungskonstruktion des Rezipienten als Interaktion geschaffen wird.

Der kulturpessimistische Vorwurf, dass die Medien die Wirklichkeit nicht neutral abbilden würden, sondern verzerren und manipulieren, lässt sich damit als erkenntnistheoretisch fragwürdig erkennen. Die „Wirklichkeit eins“ (primäre Wirklichkeit) kann nicht anders als medienspezifisch umgeformt in einer „Wirklichkeit zwei“ (mediale Wirklichkeit) erscheinen; Wirkung entfaltet diese erst durch den aktiven Verarbeitungsprozess des Rezipienten, der „Wirklichkeit drei“. Medienkompetenz heißt also nicht, diesen Wandlungsprozess auszuschalten, sondern ihn zu erkennen und in der Bedeutungskonstruktion zu berücksichtigen.

In Kapitel 5 „Medienkompetenz“ werden die verschiedenen Modelle und ihr Ertrag für Forschung und Anwendung weiter vertieft.

1.7 Lernen mit Medien – Lernen über Medien

Dass Medien dazu genutzt werden, um Lehren und Lernen zu unterstützen, geht bis in die Anfänge der Menschheitsgeschichte zurück, wenn wir an Höhlenmalereien, Skulpturen und andere Artefakte denken, welche zur Pflege und Tradierung von kulturellen Inhalten genutzt wurden. Mediendidaktik im engeren Sinne beginnt mit dem ersten Lehrmittel in gedruckter Form, dem „Orbis sensualium pictus“ von Johann Amos Comenius, erschienen im Jahr 1658 in Nürnberg mit dem deutschen Titel „Die sichtbare Welt“ (vgl. Doelker 2005: 51 ff.). Die Mediendidaktik setzt heute an der Lebenswelt der Lernenden an und untersucht, wie Medien in formellen und informellen Lehr-/Lernprozessen zum Tragen kommen.

Dabei sind Medien vom Buch, der Wandtafel oder dem Whiteboard in der Schule, den bildenden Radio- und Fernsehsendungen bis zu Online-Lernplattformen, Blogs und Podcasts, aber auch Computer- und Videogames sowie Smartphones und Apps im Blick. Die lerntheoretischen Grundlagen für die Gestaltung von Lernmedien wandelten sich in den letzten Jahrzehnten fundamental. Waren Lernprogramme in den 1960er Jahren an einer behavioristischen Vorstellung des Lernens durch Verstärkung orientiert, kam es in den 1980er Jahren zu einer kognitivistischen Wende, welche die Rolle der Einsicht betonte. In den 1990er Jahren wurden konstruktivistische Ansätze gewählt, um Lernumgebungen zu schaffen, welche die Lernenden selbst mitgestalten und damit Wissen aktiv erarbeiten. Schließlich wurden ab 2000 sogenannte „Blended-Learning“-Szenarien entwickelt, die verschiedene Lehr- und Lernformen sowie Präsenz- und Onlinelernsituationen miteinander verbinden.

Mit dem Einsatz von Lernmedien wird nicht nur eine erhöhte Effektivität des Lernens und Lehrens, sondern meist auch mehr Effizienz angestrebt. „Sprachlabore“ sollten das Erlernen einer Fremdsprache beschleunigen und E-Learning-Plattformen den Unterricht auf allen Stufen kostengünstiger werden lassen. Diese Hoffnung der Bildungspolitik erfüllte sich allerdings in den wenigsten Fällen. Entsprechend gab es

Die Generationsgestalten und ihr Bezug zu Medienentwicklungen sind ein Thema, das weiterer Analyse bedarf. Medienwirkungspotenziale müssen auf ihre Bedingungen hin untersucht werden, wobei Medienkompetenzen nicht nur einen Imprägnierungscharakter gegen negative Medieneffekte haben sollen. Aktuelle Debatten über den Jugendmedienschutz erfordern fundierte empirische Grundlagen und ein theoretisch gesättigtes Argumentarium. Das ist manchmal – gerade in politischen Gremien – noch zu wenig verfügbar. Umso mehr ist es Aufgabe medienpädagogischer Praktiker genauso wie von Wissenschaftlern unterschiedlicher Disziplinen, „brennende Fragen" in den öffentlichen Diskurs zu bringen und entsprechende Argumente theoretisch wie praktisch zu untermauern. Auf internationaler Ebene wird diesbezüglich unter anderem die Frage nach einem Recht auf Medienerziehung gestellt (z.B. Livingstone, Byrne & Bulger 2015; Livingstone & O'Neill 2014; Frau-Meigs 2008a und b; 2011) bzw. eingefordert (vgl. Trültzsch-Wijnen 2014; 2016b; 2017b und c)

Auf Einladung des Europarates diskutierten 2007 Vertreter aus Wissenschaft, Praxis und Bildungspolitik, inwiefern Medienerziehung zur Förderung des gesellschaftlichen Engagements und zur Durchsetzung der mit der Allgemeinen Erklärung der Menschenrechte verbundenen Werte wie Meinungsfreiheit, Meinungsvielfalt, Menschenwürde und kulturelle Diversität beitragen kann. Ein bewusster Medienumgang und eine Sensibilisierung für die unterschiedlichen Funktionen von Medien und Medieninhalten sollte aus dieser Perspektive zu einer allgemeinen kritischen Haltung und gesellschaftlicher Partizipation führen (vgl. Frau-Meigs 2008b: 63–66). Im Umfeld des Weltgipfels zur Informationsgesellschaft (WSIS 2003) erfolgten weitere Auseinandersetzungen mit dem medialen Wandel sowie mit den damit verbundenen medienpädagogischen Herausforderungen und Konsequenzen. Basierend auf diesen Debatten formulierte Divina Frau-Meigs (vgl. 2011: 333–369) Schlussfolgerungen hinsichtlich einer „human-rights-based governance" und setzte erstmals explizit Medienerziehung und Menschenrechte miteinander in Beziehung. Dabei beruft sie sich auf Artikel 13 (Meinungsfreiheit), 17 (Zugang zu Medien, Kinder- und Jugendschutz), 19 (Schutz vor Gewaltanwendung, Misshandlung und Verwahrlosung) und 29 (Bildungsziele, Bildungseinrichtungen) der UN-Kinderrechtskonvention (UN 1989) und betont das Recht Heranwachsender auf freie Meinungsäußerung sowie die Suche und das Teilen von Informationen über digitale Medien (ebd.: 316–317). In politischen Debatten zu aktuellen technologischen Entwicklungen werden die Rechte Heranwachsender jedoch zumeist vernachlässigt und den wirtschaftlichen und politischen Interessen Erwachsener hintangestellt. Hier schließen Sonia Livingstone und Brian O'Neill (vgl. 2014) an und fordern, die Online-Rechte Heranwachsender zu stärken. Sie gehen dabei insofern einen Schritt weiter, als sie sich nicht nur allgemein auf die UN-Kinderrechtskonvention beziehen, sondern die konkrete Anwendbarkeit einzelner Artikel auf das Internet sowie deren Relevanz für das Onlineverhalten von Kindern und Jugendlichen analysieren (vgl. EU Kids Online 2014, Livingstone et al. 2014) analysieren. Daran anschließend stellt sich für Trültzsch-Wijnen (vgl. 2014; 2016) die Frage, ob die Förderung von Medienkompetenz als Kinderrecht per se definiert werden kann. In der Bestimmung von Medienkompetenz als Voraussetzung für eine umfangreiche Wahrnehmung und Realisierung basaler Schutzrechte (Artikel 16, 17e, 19, 34, 35 und 36) und Beteiligungsrechte (Artikel 12, 13, 14 und 15) sowie des Rechts der Entwicklung und Förderung (17 und 17a) begreift sie deren Förderung als unabdingbares Mittel zur Realisierung einer selbstbestimmten Teilhabe Heranwachsender an einer medialisierten bzw. mediatisierten Gesellschaft (vgl. Trültzsch-Wijnen 2017b).

Nichts desto trotz findet Medienerziehung heute unter erschwerten Bedingungen statt – sofern sie überhaupt stattfindet: In gewissen Teilkompetenzen sind die Heranwachsenden den Erwachsenen weit voraus, in anderen Bereichen nicht. Erwachsene fühlen sich durch die rasante Entwicklung neuer Technologien häufig überfordert und verunsichert, so dass sie das Thema lieber ausblenden und auf die Selbstsozialisation der Heranwachsenden bauen.

Die Medienpädagogik ist als Arbeitsfeld noch immer in einem frühen Stadium der Professionalisierung. Es gibt inzwischen zahlreiche Fachgesellschaften und Bildungs- und Forschungseinrichtungen, zum Teil solche mit schon 60-jähriger Tradition (z. B. das *JFF* in München oder das Institut für Medienbildung in Salzburg, siehe auch Hinweise im Anhang). Ein Blick in die Studienangebote und die Stellenausschreibungen zeigt allerdings, dass es noch immer nicht ganz einfach ist, sich als Medienpädagoge auszubilden und eine maßgeschneiderte Anstellung zu finden. Medienpädagogische Expertise ist auf jeden Fall gefragt: Eltern, Lehrer, Kinderärzte und Sozialarbeiter, Plattformbetreiber, Medienredakteure oder Jugendstaatsanwälte – verschiedenste Berufsgruppen sind darauf angewiesen, den Medienalltag der Heranwachsenden zu verstehen, um einen konstruktiven Medienumgang zu fördern bzw. durch die Bereitstellung adäquater Angebote zu ermöglichen.

Im Kapitel 9 „Medienpädagogische Arbeitsfelder" wird die diesbezügliche Lage in den deutschsprachigen Ländern dargestellt.

Rechtlicher Rahmen

Kinderrechte als Orientierungspunkt für medienpädagogisches Handeln (vgl. UN – United Nations 1989)

Die Jugendschutzdebatten betonen, dass man Kinder vor ungeeigneten Medieninhalten und vor destruktiven Mediennutzungsformen schützen müsse. Dies ist unbestritten. Aber Kinder haben auch ein Recht auf den Zugang zu den Angeboten unserer Kultur. Dazu gehören auch Medien und ihre Inhalte. Medienpädagogik muss also dieses Spannungsfeld berücksichtigen: Das Entwicklungsförderliche im Medienalltag ermöglichen und zugleich ein sicheres Umfeld für Heranwachsende bieten und damit dort, wo es nötig ist, Schutzmaßnahmen und erzieherische und therapeutische Interventionen bei Fehlentwicklungen einleiten.

2 Mediensozialisation: Aufwachsen in mediatisierten Lebenswelten

Sozialisation wird verstanden als eine Interaktion zwischen Individuum und Umwelt, die zur persönlichen Entwicklung und Selbstfindung im Kontext der Gesellschaft führt (Hurrelmann 2002). Die Kinder passen sich ihrer Umwelt nicht einfach an, sondern setzen sich aktiv mit ihr auseinander und gestalten sie mit. Es geht also nicht um Anpassung des Individuums an die Umwelt, sondern um Passung zwischen dem Individuum und seiner Umwelt.[2]

▶ **Mediensozialisation** bei Kindern und Jugendlichen umfasst alle Aspekte, bei denen die Medien für die psychosoziale Entwicklung der Heranwachsenden eine Rolle spielen.

Die Medien werden dazu genutzt, Entwicklungsaufgaben zu bewältigen. Damit ist der Erwerb von Fertigkeiten und Kompetenzen gemeint, welche zur konstruktiven und zufriedenstellenden Lebensführung innerhalb einer konkreten Gesellschaft notwendig sind (Oerter/Dreher 2002: 268). Der Erwerb von Medienkompetenz ist in der Mediengesellschaft zudem selbst zu einer Entwicklungsaufgabe geworden (Hoppe-Graff/Kim 2002). Die Mediensozialisation wird beeinflusst durch die Erziehenden, die Gleichaltrigen, die Individuen selbst und die gesellschaftlichen Rahmenbedingungen, welche Spielräume eröffnen und Einschränkungen machen für den Umgang mit den Medien und ihren Inhalten.

Der Sozialisationsprozess ist keineswegs auf die Phasen Kindheit und Jugend begrenzt, sondern findet auch im Erwachsenenalter statt. Die Mediensozialisation könnte beispielsweise auch im Kontext der beruflichen Sozialisation, der Alltagsgestaltung von Erwachsenen oder im höheren Alter, zum Beispiel beim Übergang

2 Eine erste Fassung dieses Kapitels erschien unter dem Titel „Mediensozialisation und Medienkompetenz" bei Süss (2008: 361–378). Die vorliegende Fassung ist deutlich überarbeitet, erweitert und aktualisiert.

D. Süss et al., *Medienpädagogik*, Studienbücher zur Kommunikations- und Medienwissenschaft, https://doi.org/10.1007/978-3-658-19824-4_2

richt skeptisch gegenüber (2012: 23 %, 2015: 5 %), doch die Ausstattung der Schulen mit digitalen Medien wie Whiteboards, Laptops oder Smartphones ist weiterhin unzureichend. Zwar stehen einzelne Geräte wie Beamer und Notebooks zur Verfügung, stationäre PCs und Whiteboards sind hingegen nur in speziellen Fachräumen verfügbar (BITKOM 2015: 5 ff.) Auch die Ergebnisse der ICILS-Studie aus dem Jahr 2014 verdeutlichen diese klare Unterrepräsentation digitaler Medien im Unterricht im internationales Vergleich, (vgl. Bos et al. 2014: 120 f.).

Die **medieneuphorische Position** wird vor allem in Bezug auf neue Medien wie Smartphone/Tablet, Computer und Internet angetroffen. Von einigen Verfechtern der neuen Medien werden vor allem deren Potenziale für das Aufwachsen der Kinder in den Vordergrund gestellt, ohne die potenziellen Risiken mitzureflektieren. Auch diese Position nimmt, genauso wie die kulturpessimistische, den aktuellen Forschungsstand nur sehr selektiv in ihre Argumentation auf (Gates 1995). So werden zum Beispiel die Grenzen und Formen des Übergangs von kompetenter Mediennutzung zu unreflektierten Routinen bis zu Mediensuchtverhalten nicht angemessen berücksichtigt (vgl. Grüsser/Thalemann 2006, Willemse 2016). Die Rolle der Medien für die Konsumsozialisation von Heranwachsenden, welche in Konsumismus und in eine Verschuldungsfalle führen können, wird ebenfalls ausgeblendet (vgl. Jäckel 2006). Ein anschauliches Beispiel für eine medieneuphorische Position ist die Beschreibung der „Gamer Generation" durch Beck und Wade (2004) vom Annenberg Center for the Digital Future an der University of Southern California. Auf der Basis einer Befragung von 2500 erwachsenen US-Amerikanern wird dargelegt, dass Computerspieler viele positiven Einstellungen und Verhaltensmuster entwickeln, welche sie auch auf andere Lebensbereiche, wie zum Beispiel die Arbeitswelt übertragen würden. Die Gamer zeigen eine hohe Risikobereitschaft, sie lassen sich durch Misserfolge nicht entmutigen, sie haben einen starken Teamgeist, eine hohe Flexibilität und eine globale Orientierung. Gamer würden es begrüßen, einen Leistungslohn zu beziehen und nicht einfach fix entlohnt zu werden und sie seien „fully engaged", „loyal till the end" und „…the more time young professionals have spent playing video games, the more sociable they report themselves to be" (ebd.: 113). Dieses Lob auf die Qualitäten der „Gamer Generation" erinnert an die frühere Beschreibung der „Generation @" durch den Deutschen Zukunftsforscher Opaschowski (1999). Ähnlich klingt es bei Steven Johnson (2005) unter dem Titel „Everything Bad is Good for You – How Today's Popular Culture Is Actually Making Us Smarter".

- **Neue Medien:** Heute versteht man unter neuen Medien die digitalen Medien rund um PC und Internet und mobile Medien wie Smartphone oder Tablet. In den 1980er Jahren wurden darunter Medien der Breitbandtechnologie, wie Kabel- und Satellitenrundfunk, Videotext oder Telefax verstanden. Die Medienkonvergenz verschmilzt sogenannte alte und neue Medien zunehmend (Merten 2006: 198 f). Was neu ist, wandelt sich laufend, daher wird der Begriff von manchen Autoren auch gemieden. Wir verwenden den Begriff hier im erstgenannten Sinne.

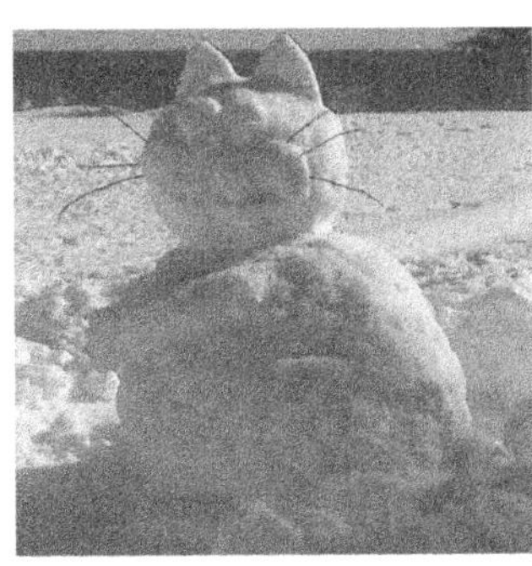

Abb. 2.1 Garfield als Schneefigur

Vertreter des **kritischen Optimismus** betonen im Vergleich zu den anderen beiden Positionen sehr deutlich die aktive Rolle der Rezipienten im Umgang mit den Medien. Diese Perspektive spiegelt sich in Untersuchungen wider, die sich mit der subjektiven Bedeutung und Aneignung unterschiedlichster Medienangebote befassen, wobei auch hier eine starke Fokussierung auf negativ konnotierte bzw. bedenkliche Inhalte festzustellen ist (z. B. Castingshows, Werbung, Gewalt). Die kritisch-optimistische Perspektive geht von einem aktiven, realitätsverarbeitenden Individuum aus, das sich je nach situativen Kontexten, Bedürfnislagen und handlungsleitenden Themen mediale Inhalte auswählt und für sich nutzbar macht. Das bedeutet, dass dasselbe Medium und derselbe Medieninhalt sehr unterschiedliche Wirkungen auf die psychosoziale Entwicklung der Heranwachsenden haben können. Die Medien werden aus dieser Perspektive nicht als Ersatz für das „wirkliche Leben", sondern als wertvolle Ergänzung von Primärerfahrungen eingestuft (Charlton/Bachmair 1990).

Um das Verhältnis von Medienwelten zu nichtmedialen Welten im Alltag von Heranwachsenden zu beschreiben, eignet sich die Unterscheidung von *Alpha-Welt* und *Beta-Welt,* welche der Wiener Kinderpsychiater Millner (1996) eingeführt hat. Unter Alpha-Welt lässt sich die Welt der unmittelbaren Begegnungen und Handlungen verstehen, während die Beta-Welt alle medial vermittelten Erfahrungen umfasst. Aus kritisch-optimistischer Sicht ist nicht entscheidend, ob Kinder möglichst viele Anregungen aus der Alpha-Welt und möglichst wenige Einflüsse aus der Beta-Welt erfahren, sondern *wie viel* Anregung beide Welten bieten: Vermitteln die Welten

Abb. 2.2 Traumzimmer mit Medien

die Gewaltbereitschaft der Jugendlichen wegen der Medien ständig zunehme (vgl. Kunczik/Zipfel 2006). Auch die kulturpessimistischen Aussagen Spitzers zum negativen Einfluss digitaler Medien auf Intelligenz, Gewaltbereitschaft und Gesundheit werden in verschiedenen Arbeiten größtenteils widerlegt (vgl. Appel/Schreiner 2014, Lmz 2012)

Folgende Befunde können zusammenfassend festgehalten werden: Je älter die Kinder sind, desto größer ist das Medienensemble, das ihnen in ihrem eigenen Zimmer zur Verfügung steht und das sie ohne Kontrolle der Erwachsenen nutzen können. Der Medienzugang und die inhaltlichen Präferenzen sind nach Geschlecht und sozialen Milieus unterschiedlich. Obwohl die Beschäftigung mit Medien an Beliebtheit zugenommen hat, stehen nach wie vor die Gleichaltrigen an erster Stelle: Zuerst die Freunde, dann die Medien (vgl. Barthelmes/Sander 2001). Fernsehen ist auch heute noch das Leitmedium der Kinder. Bei den Jugendlichen haben inzwischen Internet und Smartphone den ersten Platz eingenommen. Letzteres nutzen Mädchen etwa 10 Minuten länger als Jungen und sind vorwiegend in sozialen Netzwerken unterwegs. Jungen favorisieren hingegen den Zeitvertreib auf YouTube (vgl. MPFS 2016). Die Entwicklung des Medienalltags von Kindern und Jugendlichen in Deutschland wird durch die KIM- und JIM-Studien des Medienpädagogischen Forschungsverbundes Südwest seit 1998 regelmäßig durch repräsentative Befragungen dokumentiert (vgl. www.mpfs.de). Tabelle 2.2 zeigt, wie sich die Bindung an die Medien zwischen Kindheit und Jugendalter verschiebt.

Tab. 2.2 Medienbindung von Kindern: „Am wenigsten verzichten kann ich auf …" (in Prozent)

Medium	6–7 Jahre	8–9 Jahre	10–11 Jahre	12–13 Jahre
Fernsehen	80	72	57	36
Computer/Laptop/Internet	5	11	28	51
Bücher	5	7	7	6
Zeitschriften/Heftchen	3	2	2	2
MP3-Player/CDs	4	6	25	4
Radio	2	2	0	1

Quelle: Medienpädagogischer Forschungsverbund Südwest (KIM 2014: 16). Befragung von Kindern im Alter von sechs bis 13 Jahren (n = 1 209)

In der KIM-Studie 2014 wurde zudem aufgezeigt, dass die Bindung der Kinder an Fernsehen oder Bücher in hohem Maße von der Bindung der Haupterzieher an diese Medien abhängt. Präferieren die Haupterzieher ein bestimmtes Medium, dann haben in der Regel auch die Kinder eine höhere Bindung an dieses Medium. Die Gesamtmedienzeit ist relativ konstant geblieben, sie steigt im Laufe der letzten Jahrzehnte moderat an. Das Fernsehen wird seit Jahrzehnten als ein zentraler Konfliktherd in der Familie erlebt (Süss 2004: 216), wobei mit den digitalen Medien (insbesondere Computerspiele) weitere hinzugekommen sind (vgl. MPFS 2015). Der Medienzugang hat sich in den letzten Jahrzehnten bei den Altersgruppen nach unten verschoben (Akzeleration). Immer jüngere Kinder verfügen über ein breites Medienensemble und nutzen Medieninhalte, die früher den älteren Kindern vorbehalten waren. Dennoch bleiben bestimmte Zugangsklüfte zwischen soziodemographischen Gruppen relativ konstant, wenn auch auf verändertem Niveau. So hat zum Beispiel die durchschnittliche Zeit für Bücherlesen insgesamt abgenommen, die Mädchen lesen aber immer noch deutlich mehr als die Jungen. Umgekehrt hat das Computerspielen bei Mädchen zugenommen, die Jungen spielen aber immer noch deutlich mehr als die Mädchen.

Wenn Kinder ein bestimmtes Medium in ihrem eigenen Zimmer oder mobil verfügbar haben, dann nutzen sie dieses Medium ausgiebiger und sie werden auch von den Eltern weniger in der Auswahl der Inhalte beraten oder kontrolliert.

Neue Medien führen in der Regel nicht zu einem Ersatz (Displacement) der alten Medien, sondern führen zu einer Erweiterung von Medienzeiten und Medienzugang (Kumulation). Dabei werden neue Nutzungsmuster entwickelt wie zunehmende Parallelhandlungen beim Medienkonsum und zunehmende Parallelverfügbarkeit durch Mobilkommunikation und Online-Gemeinschaften (Döring 2003, 2005).

Die Kinder und Jugendlichen werden von Medienanbietern als ein wichtiges Kundensegment mit immer umfassenderen multimedialen Angeboten angesprochen und es wird versucht, die Kinder an Medienmarken zu binden, indem zum Beispiel Clubs und Online-Plattformen eingerichtet werden und dazu ein umfassendes Merchandisingangebot offeriert wird (vgl. Paus-Hasebrink et al. 2004). Im internatio-

Abb. 2.3 Bruder beim Spielen, Schwester beim Zeichnen

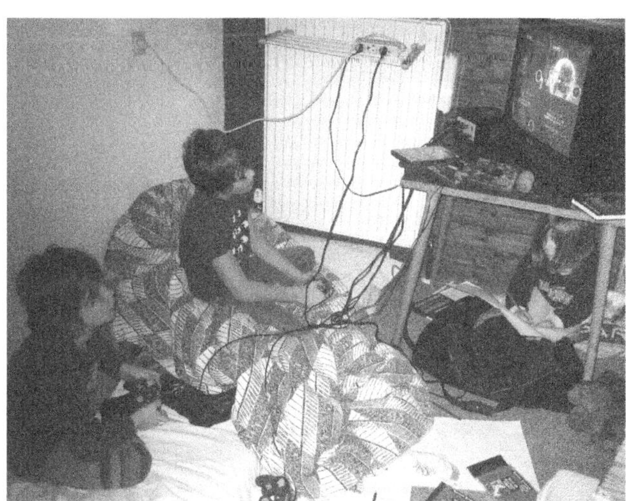

nutzen nicht nur Kindermedien, sondern, je älter sie sind, desto lieber nutzen sie Angebote, welche keinen pädagogischen Anstrich haben. Das Etikett „Kinderangebot“ wird da geradezu zum Negativprädikat und eine verletzte Altersbegrenzung oder ein Indizierungsentscheid zum Indikator für den gesuchten Nervenkitzel.

Die Medien-Alarmisten haben aber oft, und das war bei fast allen neuen Medien jeweils der Fall, zuerst einmal formale Aspekte als Risikofaktoren im Blick: Der Bildschirm sei gefährlich, weil er die räumliche Wahrnehmung einschränke und die Gehirnentwicklung einseitig bahne. Zudem führe die Internet- und Computerspielnutzung zu Sucht, Krankheiten, Stress und Angst (vgl. Spitzer 2005/2015; Hüther 2008). Computer seien schlecht, weil sie zu Haltungsschäden, Bewegungs- und Schlafmangel führen würden (vgl. Kneifel 2009).

Früher wurde das Kino kritisch eingeschätzt als schwer kontrollierbarer Raum, in dem nicht nur sogenannte „Schundfilme“ gezeigt würden, sondern die Dunkelheit durch die jungen Besucher auch für unstatthaftes Verhalten missbraucht würde.

Aber selbst das Buch wurde misstrauisch betrachtet, da es insbesondere junge Frauen auf unpassende Gedanken bringen könne oder auch hier zum sozialen Rückzug führe. Man sprach von der zu fürchtenden „Lesewut“. Im Zeitalter der PISA-Studien ist zumindest diese Skepsis vom Tisch.

Fallbeispiel

Medienkindheit vor der ersten Fernsehgeneration (Schäfer, 2009)

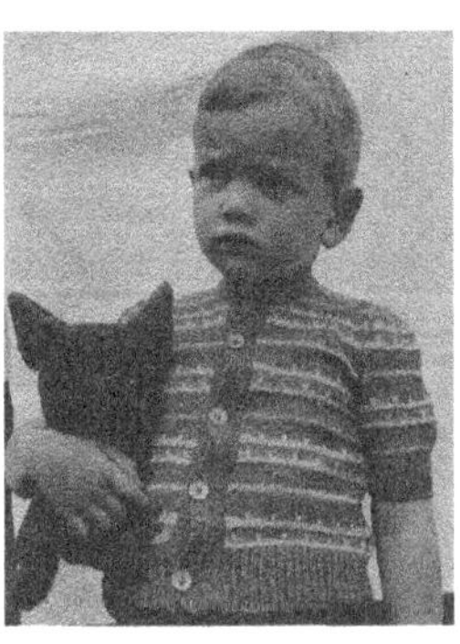

(Foto: Schäfer 2009)

Geboren 1952, mag ich mich, gestützt durch Fotos und späterer Schilderungen von Eltern und Schwestern, entfernt an meinen ersten Medienauftritt erinnern. Es sind Fotoaufnahmen für ein Strickheft – heute würde man von einem Fotoshooting sprechen – zu welchen ich mit ungefähr fünf Jahren gezwungen worden sein muss. Dies deshalb, weil es dem Fotografen nicht gelungen sein soll, mich trotz des putzigen Stoffhundes vor dem durch eine Hilfsperson hochgehaltenen, den Hintergrund abdeckenden weissen Laken zu einem Lachen zu bewegen. Die Fotos sind trotzdem verwendet worden.

Ich war ein Zeitungskind …
Mein Vater war während seiner gesamten Berufslaufbahn bei verschiedenen Zeitungen zuerst als Schrift- dann als Maschinensetzer tätig. Sobald ich im Laufe der ersten Primarklasse des Lesens mächtig war, gehörte die Rubrik „Unglücksfälle und Verbrechen" wie auch der Sportteil des Berner Tagblatts und ab 1960 der Neuen Zürcher Zeitung zu meiner täglichen Lektüre. Da wir vis-à-vis der Druckerei an der Falkenstrasse

wohnten, holte ich oft die neuste Ausgabe direkt ab Rotationsmaschine. Sie war jeweils noch warm.

Mit 15 Jahren arbeitete ich ab und zu als Ferienablösung im Verträgerdienst. Die NZZ erschien damals noch dreimal täglich und so war ich jeweils morgens, mittags und abends als „Informationsbote" auf der „Tour". Die Mittagsausgabe bestand oft nur aus acht oder höchstens zwölf Seiten mit kleinem redaktionellen Anteil und ausführlichem Wirtschaftsteil, insbesondere natürlich der aktuellen Börsenkurse. Mein Vater klärte mich schon damals darüber auf, dass dies der eigentliche Grund für das dreimalige Erscheinen sei.

… und ein Bücherkind.
Unsere sechsköpfige Familie besass vermutlich aus wirtschaftlichen Gründen nur wenige Bücher. In Erinnerung geblieben sind mir vor allem die dank gesammelter SILVA-Punkte mit Farbfotos versehenen SILVA-Bücher. Trotzdem wurde mein Lesedurst mit Büchern als Weihnachts- und Geburtstagsgeschenk und vor allem mit Büchern aus der Pestalozzi-Bibliothek gestillt. Während der Schulzeit durfte man gleichzeitig drei, während der Ferien sechs Bücher für einen sehr geringen Betrag ausleihen. Vor allem die dänische Jugendbuchserie „Jan als Detektiv" war äusserst beliebt und alle Bände fast permanent im Umlauf. Ich war ein fanatischer Leser, auch verbotenerweise des Nachts im Bett. Dabei entwickelte ich eine grosse Fertigkeit, bei Kontrollen meiner Mutter innerhalb von Sekunden sowohl das Licht zu löschen als mich auch schlafend zu stellen.

Ich war auch ein Radiokind …
Das Verkehrsquiz der UDK am Morgen, die Mittagsnachrichten um 12.30 Uhr, Kinder- und Jugendstunde am Vorabend, das dreigeteilte Wunschkonzert am Montagabend mit Willy Buser (volkstümlich, Schlager, klassisch), in welchem der mir am meisten zusagende Teil erst nach halb neun begann und so permanent zu Diskussionen mit meinen Eltern wegen des Aufbleibens führte, aber auch Sport und Musik am Sonntagnachmittag um 15.30 Uhr mit fast immer auf Ballhöhe agierenden Fussballreportern gehören zu meinen Radio-Erinnerungen. Mein Vater war immer überzeugt: Hans Suter ist der Beste von allen. Als wir ein kleines Transistorgerät besassen, habe ich dieses an Fussballspiele mitgenommen und so die Leistungen der Reporter vor Ort überprüft.

In den 50iger und frühen 60iger Jahren war die Hörspielreihe „Polizischt Wäckerli" ein Strassenfeger. Liebend gerne hätte ich mir diese jeweils am Freitagabend ausgestrahlte unterhaltsame Eigenproduktion auf der Mittelwelle des Schweizer Radios Beromünster ebenfalls angehört. Doch trotz meiner bald zwölf Lebensjahre befanden meine Eltern, dass in Anbetracht des samstäglichen Schulunterrichts genügend Schlaf wichtiger sei. Als die Sendung am Abend des 22. November 1963 wegen der Nachricht über das Attentat auf John F. Kennedy unterbrochen wurde, weckten mich meine Mutter und eine meine älteren Schwestern wieder auf. Als ich die Nachricht vom Tode Kennedys hörte, brach ich in Tränen aus.

zen, während B-Kompetenzen im Rahmen von altersspezifisch festgelegten Übergängen durch die Gesellschaft zugewiesen werden. Sie sind zum einen die Anerkennung erworbener F-Kompetenzen und andererseits die Voraussetzungen zum Erwerb weiterer F-Kompetenzen. Im Medienbereich wäre eine F-Kompetenz etwa die Fähigkeit, ein Computerspiel zu beherrschen (Reaktionstempo, Multitasking, Hand-Auge-Koordination), während eine B-Kompetenz darin bestehen würde, dass Computerspiele mit Altersfreigaben versehen werden und der Zugang dazu damit eingeschränkt wird.

Tab. 2.4 Entwicklungsaufgaben in Kindheit und Jugendalter

Mittlere Kindheit (ca. 6–12 Jahre)	Jugendalter (ca. 12–18 Jahre)
Erlernen körperlicher Geschicklichkeit, die für gewöhnliche Spiele notwendig ist.	Neue und reifere Beziehungen zu Altersgenossen beiderlei Geschlechts aufbauen.
Aufbau einer positiven Einstellung zu sich als wachsendem Organismus.	Übernahme der männlichen resp. weiblichen Geschlechtsrollen.
Lernen, mit Altersgenossen zurecht zu kommen.	Akzeptieren der eigenen körperlichen Erscheinung und effektive Nutzung des Körpers.
Erlernen von angemessenem männlichem oder weiblichem sozialen Rollenverhalten.	Emotionale Unabhängigkeit von den Eltern und anderen Erwachsenen erreichen.
Entwicklung grundlegender Fertigkeiten im Lesen, Schreiben und Rechnen.	Vorbereitung auf Ehe und Familienleben.
Entwicklung von Konzepten und Denkschemata, die für das Alltagsleben notwendig sind.	Vorbereitung auf eine berufliche Karriere.
Entwicklung von Gewissen, Moral und einer Werteskala.	Werte und ein ethisches System erlangen, das als Leitfaden für das Verhalten dient – Entwicklung einer Ideologie.
Erreichen persönlicher Unabhängigkeit.	Sozial verantwortliches Verhalten erstreben und erreichen.
Entwicklung von Einstellungen, gegenüber sozialen Gruppen und Institutionen.	

Quelle: Oerter/Dreher (2008: 281).

Da Entwicklung mit Belastungen und Krisen verbunden ist, kann eine Theorie der Stressverarbeitung dazu beitragen, die Mechanismen zu verstehen. Dazu eignet sich die Unterscheidung von drei Ereignisgruppen von Belastungen, welche Pearlin (1987, zit. nach Hurrelmann 2002: 57) vorgelegt hat. „Kritische Lebensereignisse" sind für Heranwachsende zum Beispiel der unerwartete Verlust eines Elternteils, Scheidung der Eltern, ein schwerer Unfall oder der Ausschluss aus der Schule. „Chronische Spannungen" sind zum Beispiel die Belastung durch einen alkoholabhängigen Elternteil, anhaltende Konflikte mit den Eltern und Lehrpersonen bei schlechten Schulleistungen, oder eine Mobbing-Opferrolle innerhalb der Peergroup. „Schwierige

Übergänge" im Lebenslauf sind zum Beispiel der Schuleintritt, der Übertritt von der Schule in die Berufslehre oder der Umgang mit dem sich verändernden Körper beim Eintritt in die Pubertät. Bei der Bewältigung dieser Belastungen und Krisen kann den Medien eine bedeutsame Rolle zukommen. Beispielsweise können sich Jugendliche in ihre Medienfankulturen zurückziehen, um sich eine eigene Welt zu schaffen, in der sie sich von Spannungen im Elternhaus abgrenzen können. Oder sie stützen ihren Selbstwert damit, in Computerspiel-Gilden erfolgreich zu sein, wenn es in der Schule weniger gut gelingt. Dabei zeigen sich auch die Risiken der Mediennutzung. Ein Kind, das in der Peergroup gehänselt und ausgeschlossen wird und sich deshalb kompensatorisch in eine Welt der Medienhelden flüchtet, kann dadurch noch mehr isoliert werden und seine Belastung eher noch verschärfen.

- **Bewältigung:** Unter Bewältigung versteht man alle Versuche eines Individuums, Anforderungen und Belastungen in seinem Alltag zu meistern. Dabei wird versucht, die Anforderung möglichst genau zu verstehen und die Ursachen der Belastung anzupacken. Ist dies nicht möglich, so kann auch versucht werden, die Einstellung gegenüber der Belastung und die emotionale Verarbeitung so anzupassen, dass sie als weniger gravierend erlebt wird (vgl. Hurrelmann, 2002: 56).

2.4.2 Soziologische Grundlagen

Da es in der Sozialisation darum geht, dass ein Individuum in umfassendem Sinne gesellschaftsfähig wird und damit Rollen in der Gesellschaft findet, die mit seinen Anlagen und Präferenzen gut zusammenpassen, ist der gesellschaftliche Wandel unauflösbar mit der Sozialisation verknüpft. Im Rahmen der Sozialisation gestalten die Individuen die Gesellschaft aber auch mit und um. Damit tragen sie zum Beispiel durch ihren Umgang mit den Medien zur weiteren Ausgestaltung der Mediengesellschaft bei. Bedeutsam ist dabei nicht nur, welche Medienangebote und -nutzungsstile von den Sozialisanden angenommen, sondern auch welche zurückgewiesen werden. Die enge Verknüpfung von Gesellschaft und Medien wurde von der Frankfurter Schule betont (vgl. Schicha 2010). Die Medien beeinflussen das politische Bewusstsein der Bürger und reproduzieren die wirtschaftlichen, politischen und kulturellen Machtverhältnisse innerhalb einer Gesellschaft. Sie können aber auch in Dienst genommen werden, um diese Verhältnisse zu durchschauen und umzugestalten.

Während die Entwicklungspsychologie erkennen lässt, welche Aspekte für Heranwachsende konstant von Bedeutung bleiben, schärft die Soziologie den Blick für den gesellschaftlichen Wandel und die damit verbundenen Generationenunterschiede. Aufwachsen in der Moderne bedeutet, in einer Gesellschaft zu leben, welche viele Optionen bereithält. Dies ergibt für die Sozialisanden mehr Freiheit als früher, aber zugleich sind die Orientierungshilfen auch spärlicher geworden. Traditionelle Institutionen wie Kirchen oder Parteien haben an Autorität eingebüßt. Lebensentwür-

der Stellenwert der Medienkompetenz für die Mediennutzung deutlich (▸ Kapitel 5). Verfügt der Jugendliche über gute Kenntnisse der Genrekonventionen von Fernsehserien, dann kann er die Abweichungen von der Realität besser berücksichtigen und wird vermutlich eher affektive Bedürfnisse (gute Unterhaltung) als kognitive Bedürfnisse (Information zu Rollenverhalten) an das Format richten.

Eine zweite zentrale kommunikationswissenschaftliche Basistheorie ist die **Wissenskluft-Theorie** (vgl. Bonfadelli 1994). Es konnte gezeigt werden, dass neues Wissen von besser gebildeten Gruppen in der Gesellschaft schneller aufgenommen wird als von schlechter gebildeten. Neue Medien und Kommunikationskompetenzen verbreiten sich ebenfalls schneller bei denjenigen, welche bereits privilegiert sind, so dass neue Kommunikationsmöglichkeiten und -inhalte tendenziell dazu führen, dass die Wissenskluft innerhalb der Gesellschaft immer größer wird. Angewandt auf die Sozialisationsforschung bedeutet dies, dass Menschen aus sozial besser gestellten Milieus die Medien und ihre Inhalte intensiver und adäquater in den Sozialisationsprozess einbauen können als unterprivilegierte. Zugangsklüfte bei den neuen Medien *(„digital divide")* können dazu führen, dass sich Heranwachsende die Kulturtechniken, welche in einer Mediengesellschaft erworben werden sollten (Entwicklungsaufgabe) nicht erschließen können oder dass sie wegen Nutzungsklüften Nachteile erwerben. Dies zum Beispiel dann, wenn Kinder aus höheren Bildungsschichten von ihren Eltern dazu angehalten werden, altersgerechte und auch bildende Programme zu nutzen (wie die Kindernachrichten *logo!* oder *Sesamstraße*), während Kinder aus bildungsferneren Elternhäusern solche Programme nie nutzen bzw. oftmals stereotype Zeichentrickserien auf den privaten Sendern bevorzugen, ohne dass die Eltern dabei intervenieren würden (vgl. Fisch/Truglio 2000; siehe auch Feierabend/Klingler 2007). So zeigte sich beispielsweise auch in einer österreichischen Studie (vgl. Paus-Hasebrink/Bichler 2008), dass Heranwachsende aus sozio-ökonomisch sowie soziokulturell benachteiligten Familien eher einen unreflektierten Medienumgang pflegen. Gründe dafür können unter anderem in einer generell inkonsequenten Medienerziehung in der Familie (z. B. hinsichtlich zeitlicher Nutzungsbeschränkungen oder der inhaltlichen Auseinandersetzung mit Medieninhalten) sowie einer gewissen Vorbildwirkung der elterlichen Mediennutzung, die ebenfalls eher auf private Fernsehangebote fokussiert ist, liegen (vgl. Paus-Hasebrink/Bichler/Wijnen 2007).

Schließlich ist die **Kultivierungstheorie** für die Mediensozialisation ebenfalls wichtig. In dieser von Gerbner (2000) begründeten Forschungstradition wird untersucht, wie sich das Welt- und Menschenbild im Zusammenhang mit der Mediennutzung entwickelt. Beim Vergleich von Vielsehern mit Wenigsehern wurde festgestellt, dass Vielseher (das sind Personen, welche mindestens vier Stunden pro Tag fernsehen) ein negativeres Welt- und Menschenbild haben als Wenigseher. Sie nehmen beispielsweise an, dass mehr Verbrechen in ihrer Umgebung stattfinden als dies tatsächlich der Fall ist oder sie misstrauen fremden Menschen stärker als Wenigseher. Es wird gefolgert, dass ihre Einschätzungen durch die Medien – insbesondere die negativen Berichte der Boulevardmedien – „kultiviert" werden. Das Weltbild der Vielseher ist insgesamt homogener als dasjenige von Wenigsehern. Dass die Welt insgesamt als gefährlich erscheint, wird mit dem „Scary-World-Syndrom" markiert. Dabei wurde festgestellt, dass Vielseher oft auch tatsächlich in sozialen Umwelten leben, welche eine höhere Wahrscheinlichkeit für negative Erfahrungen bieten, z. B. höhere Kriminalität, als die Wenigseher. Alltagsbeobachtungen und Medienbilder scheinen sich gegenseitig zu bestätigen und die Einstellungen der Rezipienten zu formen (Six 2007: 107). Je nach Gesellschaft, Mediensystem und sozialer Vernetzung, in welcher eine Person lebt, sind die Kultivierungseffekte allerdings unterschiedlich stark ausgeprägt.

2.5 Nutzung der Medien zur Bewältigung allgemeiner Entwicklungsaufgaben

Wenn wir die von Oerter und Dreher (2008) dargestellten Entwicklungsaufgaben der Kindheit und Jugend nun nochmals aufgreifen, dann können wir zu jeder Aufgabe zeigen, welche Rolle die Medien darin spielen können. Es wird damit nicht postuliert, dass die Medien notwendigerweise zur Bewältigung aller Entwicklungsaufgaben genutzt werden müssen, wie es die programmatischen Schlagworte „Kinder brauchen Märchen" und „Brauchen Kinder Fernsehen?" von Bruno Bettelheim (1980) vermuten ließen. Da die Medien jedoch in allen Altersphasen des Aufwachsens präsent sind, werden sie von den Rezipienten, die wir als aktive Nutzer der Medien verstehen, in Dienst genommen. Je nach Entwicklungsaufgabe sind in der Fachliteratur eher Risiken der Medien oder eher Chancen der Medien im Blickfeld. Gerade die in Tabelle 2.3 erstgenannte Aufgabe „Körperliche Geschicklichkeit" wird primär unter der Risiko-Perspektive diskutiert. Immer wieder wird darauf hingewiesen, dass Kinder, welche intensiv Medien nutzen, sich körperlich vernachlässigen würden. Das Übergewicht und die motorische Ungeschicklichkeit von Kindern werden mit übermäßigem Fernsehen und Computerspielen assoziiert (vgl. Spitzer 2015; Kneifel 2009). Nur am Rande werden auch Zugewinne festgestellt, so zum Beispiel in einer erhöhten feinmotorischen Geschicklichkeit, welche durch das virtuose Tippen von SMS am Mobiltelefon erreicht werden könne. Der Erwerb der klassischen Kulturtechniken wird durch die audiovisuellen Medien als gefährdet bezeichnet. Die Kinder würden schlechter lesen und schreiben lernen, wenn sie schon vor der Einschulung daran gewöhnt seien, sich Geschichten vom Fernsehen erzählen zu lassen und vor allem Bilderwelten zu genießen. Allein dem Medium Buch wird hier eine positive Funktion zugeschrieben. Die Leseförderung wird daher auch als Alternative zur Kultur der neuen Medien betrachtet. Neuere Projekte schaffen hier die Integration, indem sie Leseförderung via Computer anregen (vgl. Bertschi-Kaufmann 2003).

Die sozialen Kompetenzen (Umgang mit Gleichaltrigen) werden durch Medien in vielfältiger Weise stimuliert. Die Medien sind ein Bestandteil der Peer-Kulturen. Gleichaltrige finden zusammen über gemeinsame Medienpräferenzen oder nutzen neue Medien wie beispielsweise unterschiedliche Social Web-Angebote, um sich zu

Tablet erlauben es den Jugendlichen, ihre Musik zur Stimmungsregulierung in alle sozial-ökologischen Kontexte mitzunehmen. Zwar hört die Mehrheit der Jugendlichen bislang noch Musik über das klassische Radio, auch Online-Streamingdienste wie *Spotify* oder die Online-Plattform *YouTube* werden jedoch immer häufiger zum Musikhören genutzt (vgl. MPFS 2016).

Multimediale Quellen sind nicht nur Ausgangspunkt für Unterhaltung, sondern sie werden auch zunehmend in der Berufs- und Laufbahnberatung eingesetzt, um den Heranwachsenden die Ausbildungs- und Berufswahl zu erleichtern. Virtuelle Berufsinformationszentren und Online-Beratung werden von den Vertretern der „Net Generation" selbstverständlicher gesucht und genutzt als dies in den früheren Generationen der Fall war. So nehmen die Heranwachsenden die Medien in immer mehr Lebensbereichen in Gebrauch und entwickeln damit ein Verhältnis zu sich selbst und zur sozialen und materiellen Umwelt. Die Veralltäglichung der Medien führt zu einer selbstverständlicheren Nutzung, was einschließt, dass die Faszination nachlässt, die Reflexion über mögliche medienbedingte Verzerrungen des Selbst- und Weltbildes aber auch in den Hintergrund gerät. Medienpädagogisch engagierte Erwachsene müssen diesen Prozess daher immer wieder anregen, um eine entwicklungsförderliche Integration der Medien im Alltag der Heranwachsenden zu begünstigen.

2.6 Gelingende Mediensozialisation im Alltag

Mediensozialisation kann zur Entfaltung, aber auch zur Einschränkung der Potenziale des Individuums führen. Entwicklungsverzögerungen oder -störungen können als Risiken der Mediensozialisation auftreten. Medien konfrontieren die Heranwachsenden mit Konsum- und Konformitätsdruck, sie verleiten zu fremdbestimmter Zeit, wenn die Programmstrukturen der Angebote den Tagesablauf beherrschen. Medienfiguren und -geschichten können das Selbst- und Weltbild verzerren und die Identitätsgrenzen ins Wanken bringen. Medien bieten aber auch vielfältige Ressourcen für eine gelingende Sozialisation. Der hohe Aufforderungscharakter der Medien kann dazu führen, dass Menschen lernen, ihre Zeit bewusst zu gestalten. Der Anspruch an permanente Verfügbarkeit durch die mobilen Medien kann dazu zwingen, bewusste Abgrenzung zu lernen. Medien werden als Bausteine einer anregenden sozialen Umwelt genutzt.

Abb. 2.5 Integration von Medien in den Alltag

11-jähriges Mädchen kombiniert das Spielen und die Pflege von Tamagotchi, Hund und Meerschweinchen.

Statt eines Ersatzes kommt es zu einer Ergänzung der Face-to-Face-Beziehungen. Es kann festgehalten werden, dass Mediensozialisation im Sinne des Hineinwachsens in eine mediatisierte Gesellschaft den meisten Heranwachsenden gelingt (vgl. Kübler 2009: 23). Medienkompetenz verhilft den Individuen dazu, an der Mediengesellschaft Anteil zu nehmen und Impulse zu geben. Gesellschaftliche Handlungsfähigkeit baut auf einer kritisch reflektierten Aneignung von Medienkompetenzen auf und wird von diesen wiederum weitergebracht (▶ hierzu ausführlich Kapitel 5).

Zusammenfassung

Medien stellen Ressourcen und Risiken für das Aufwachsen von Kindern und Jugendlichen dar. Sie können die psychosoziale Entwicklung fördern, wenn sie als „Steinbruch" dazu genutzt werden, um sich mit Entwicklungsaufgaben auseinanderzusetzen. So können Medien zum Beispiel Anregungen bieten für die Entwicklung von Rollenbildern und Konfliktlösungsstrategien. Sie werden genutzt, um Verbundenheit mit anderen, aber auch Abgrenzung von anderen zu signalisieren. Mediensozialisation kann mit zwei Hauptfragen strukturiert werden: 1) Wie beeinflussen die Medien den allgemeinen Sozialisationsprozess der Heranwachsenden, d. h. ihr Hineinwachsen in die Gesellschaft und ihre Entwicklung einer gefestigten Identität, welche gesellschaftlich verortet und abgegrenzt ist? 2) Wie erwerben die Heranwachsenden Medienkompetenz und damit die Fähigkeit, die Entwicklungsaufgabe eines bedürfnisgerechten und verantwortungsvollen Umgangs mit Medien zu bewältigen?

Die Medienkompetenz der Heranwachsenden und die dabei erworbenen Mediennutzungsmuster sind daher wichtige Forschungsgegenstände der Mediensozialisationsforschung. Die Basistheorien dieser Forschungsrichtung stammen aus der Entwicklungspsychologie, der Soziologie, der Kommunikationswissenschaft und der Pädagogik.

Die Entwicklungspsychologie erklärt, welche Entwicklungsaufgaben in einem bestimmten Alter bewältigt werden müssen, sei dies aus biologischen, sozialen oder individuellen Notwendigkeiten heraus. Ältere Theorien gingen davon aus, dass die Abfolge der Entwicklungsaufgaben in hohem Maße gesellschaftlich determiniert ist, zum Beispiel der Zeitpunkt für die Ablösung von den Eltern oder für das Eingehen erster intimer Beziehungen. Heute wird stärker betont, dass es in individualisierten Gesellschaften der Moderne verschiedene Verläufe gibt, die gleichwertig sind. Die Medien werden von den Kindern dazu genutzt, Entwicklungsaufgaben zu bewältigen. Die soziologischen Theorien betonen den Bezug zwischen der gesellschaftlichen Entwicklung und dem sich wandelnden Stellenwert der Medien. In der heutigen Mediengesellschaft durchdringen die Medien alle Lebensbereiche der Kinder von frühesten Tagen an. Aber auch die Familien, die Schulen und andere Bereiche, in denen die Kinder aufwachsen und geprägt werden, verändern sich laufend durch die Medien.

Die Medienforschung untersucht, wie die Kinderzimmer, Schulen, Jugendzentren usw. mit Medien ausgestattet sind, wie viel Zeit mit Medien verbracht wird, mit wel-

3 Ein Blick zurück: Zur Entwicklung der Medienpädagogik im deutschsprachigen Raum

Der Begriff der Medienpädagogik ist in unserer Informations- und Mediengesellschaft sehr geläufig und scheint schon immer da gewesen zu sein. Tatsächlich handelt es sich jedoch um eine noch vergleichsweise junge Disziplin. Die Medienpädagogik selbst hat sich erst in den 1960er Jahren als eine eigenständige Disziplin etabliert, wenngleich es natürlich schon zuvor pädagogische Auseinandersetzungen mit vorfindbaren Medienangeboten gab, die sich – rückwirkend betrachtet – durchaus als medienpädagogische Ansätze bezeichnen lassen (vgl. Schorb 1995). Im Folgenden werden die zentralen Linien nachgezeichnet, die zu den heute bestehenden medienpädagogischen Ansätzen geführt haben. Dabei wird offenkundig, dass Medienpädagogik zu jeder Zeit von den gesellschaftlichen, technologischen und politischen Entwicklungen beeinflusst wurde bzw. wird und sich auf sich verändernde Kontextbedingungen einstellen muss.

> „Einmal ist Medienpädagogik wie Erziehung überhaupt in ihrer Entfaltung abhängig von dem Stellenwert, der ihr von den Kräften zugeschrieben wird, die über den gesellschaftlichen Reichtum entscheiden und ideologische wie ökonomische Prioritäten setzen. Zum anderen ist Medienpädagogik als eine Pädagogik, die an die technische Entwicklung gebunden ist, in hohem Maße mit politischen und ökonomischen Konjunkturen verflochten. Jede medientechnische Entwicklung, die soziale Bedeutung erlangt, tangiert die Medienpädagogik. Ob ihre Vertreter es wollen und können oder nicht, es wird von der Pädagogik erwartet, daß sie erzieherische Konsequenzen aus der technischen Entwicklung zieht. […] Mit anderen Worten, Medienpädagogik trägt schon immer eine gesellschaftliche Verantwortung.“ (Schorb 1995: 15)

Einige historische Rückblicke der Medienpädagogik verfolgen ihre Wurzeln zurück bis – im wahrsten Sinne des Wortes – in die Steinzeit und schreiben frühgeschichtlichen Wandzeichnungen eine medienpädagogische Funktion zu, wobei diese ausschließlich in der Visualisierung besteht und damit nur einen Teilbereich dessen fasst,

D. Süss et al., *Medienpädagogik*, Studienbücher zur Kommunikations- und Medienwissenschaft, https://doi.org/10.1007/978-3-658-19824-4_3

wurde gefordert, geeignete Filme für den schulischen Unterricht zu erstellen. Es etablierten sich *Landesverbände zur Förderung des Lichtbildwesens in Erziehung und Unterricht,* aus denen später die Landesbildstellen als zentrale Einrichtung für die Verbreitung von Unterrichtsmedien hervorgingen. Die Bedeutung der Entwicklungen der 1920er Jahre für die 1930er Jahre, aber auch für die Zeit nach dem Nationalsozialismus, fasst Schorb (1995) sehr prägnant zusammen:

> „Die Medienpädagogik der zwanziger Jahre, so ist festzuhalten, spiegelte die Zerrissenheit dieser Zeit. Zum einen wurden erstmals Versuche gemacht, von der Orientierung an den Medien und ihren Inhalten überzuleiten auf die Orientierung am Subjekt und dieses instand zu setzen, Medien selbsttätig zu nutzen. Zum anderen legte die Schulfilmbewegung, eng verflochten mit dem Beamtenapparat der Republik, die Grundlage für die Inbesitznahme aller Medien durch die Nationalsozialisten, indem sie den Blick auf die Möglichkeit lenkte, durch Medien zu beeinflussen und den Rezipienten dabei nur als Objekt zu sehen." (Schorb 1995: 26)

3.2 Instrumentalisierung von Medien für ideologische Zwecke im Dritten Reich

Mit der Machtübernahme der Nationalsozialisten wurden die medienpädagogischen Bestrebungen der Vorjahre (vorübergehend) unterbrochen bzw. für nationalsozialistische Ziele missbraucht. Die Medien wurden als Indoktrinations- und Propagandamittel instrumentalisiert, unerwünschte Angebote wurden verboten oder vernichtet (z. B. Bücherverbrennungen) und kritische Autoren verfolgt.

> „‚Medienpädagogik' im Dritten Reich bedeutet die totale ideologische Indienststellung und Funktionalisierung von Massen- und Unterrichtsmedien unter dem Deckmantel einer als Unterhaltung und Volkerziehung getarnten medialen Propaganda." (Hüther/Podehl 2005: 120)

1934 gingen die Bildstellen in der *Reichsstelle für den Unterrichtsfilm* auf, die 1940 in *Reichsanstalt für Film und Bild in Wissenschaft und Unterricht (RWU)* umbenannt wurden. Diese Einrichtung wurde in erster Linie dazu genutzt, regimestützende Filme und Materialien für den Einsatz in Schulen zu produzieren. Verschiedene Mitarbeiter der RWU beteuerten im Nachhinein, dass der Nationalsozialismus keinen Einfluss auf die Produktion von Unterrichtsfilmen gehabt habe. Hickethier (1974) stellt nach der Zusammenschau über die Filme und Diareihen jedoch resümierend fest:

> „Auch wenn in einzelnen Teilfragen die RWU vielleicht eine gewisse Selbsttätigkeit bewahrt haben mag und nicht in dem Maße wie die Massenmedien fest integrierter Be-

> standteil der Propagandamaschinerie des Faschismus wurde, im Schulbereich erwies sie sich jedoch durchaus als einer der Transmissionsriemen für das Eindringen faschistischer Ideologie in der Schule." (Hickethier 1974: 36)

Während des Zweiten Weltkriegs dienten die RWU-Filme u. a. der Truppenbetreuung und der Motivierung der Soldaten (vgl. ebd.). Parallel zur RWU entwickelte sich ein umfassendes Netz an Landes-, Kreis- und Stadtbildstellen, die Schulen mit verschiedensten Medienangeboten versorgten, die allerdings primär der politischen Erziehung dienten und weniger der Erziehung zu einem kompetenten, kritischen Mediengebrauch:

> „Ein kritisches Hinterfragen der publizistischen Nachrichten auf ihren Stellenwert als Meinungsäußerung oder ihr Verhältnis zur Wirklichkeit lag nicht im Interesse dieser Medienerziehung, deren Ziel es gerade war, die NS-Ideologie als faktischen Realitätszusammenhang darzustellen." (Hickethier 1974: 38)

Um die Jugendlichen auch über den schulischen Rahmen hinaus mit dem nationalsozialistischen Gedankengut zu erreichen, wurden ab 1934 im außerschulischen Bereich für die Hitler-Jugend „Jugendfilmstunden" eingeführt, in denen ausgewählte Propaganda-Filme gezeigt wurden (vgl. ebd.: 39). Diese Filmstunden dienten vor allem der schlichten Indoktrinierung der Jugendlichen mit nationalsozialistischem Gedankengut. Später wurden auch Filme produziert, die zum Ziel hatten, die Bevölkerung vom Krieg abzulenken (vgl. Podehl 2008: 25).

> „Medienpädagogik während der faschistischen Gewaltherrschaft war ausschließlich am Interesse von Partei und Staat ausgerichtet. Die einzige Konzeption dieser Pädagogik war die Stützung der Gewaltherrschaft. Unter diesem Interesse wurde der Film als ein Mittel zur Verbreitung und Veranschaulichung notwendigen Wissens und verordneter Weltanschauung eingesetzt. Die Lernenden waren auf ihre Funktion als Empfänger und Reproduzierende reduziert. Wie in den Bereichen Propaganda und Unterhaltung hatte auch der Unterrichtsfilm die primäre Aufgabe zu indoktrinieren. Die Attraktivität des Mediums Film wurde genutzt und die Möglichkeit geschaffen, den Schülern flächendeckend gleiche erwünschte Inhalte zu indoktrinieren." (Schorb 1995: 8)

Aber auch während des Nationalsozialismus gab es vereinzelte Initiativen engagierter Pädagogen, die sich von der ideologischen Instrumentalisierung der Medien absetzten und den Blick stärker auf den Rezipienten richteten (vgl. Podehl 2008: 28). Als einer von ihnen ist der Reformpädagoge *Adolf Reichwein* zu nennen (siehe Kurzporträt), der die „kritische Seherziehung" entwickelte, mit dem Ziel, „Kinder über die kritische Rezeption und Reflektion der Realität zum kompetenten Handeln zu befähigen" (Schorb 1995: 30) und zu „Selbstdenkern" zu erziehen, womit er sich sehr deutlich von der Manipulations- und Gleichschaltungsstrategie der nationalsozialis-

durch und versuchte auf diese Weise Rückschlüsse auf etwaige Wirkungen zu ziehen. Zudem bemühte er sich um die schulische und außerschulische Filmerziehung, um die Produktion eigener, für Jugendliche geeignete Filme sowie um eine stärkere Verbindung von Forschung und Praxis (Hüther 2002). Aus dem von Keilhacker am 21.12. 1949 gegründeten *Arbeitskreis Jugend und Film* ging das heutige Münchner Institut *JFF – Institut für Medienpädagogik in Forschung und Praxis* (bis 1999 *Institut Jugend Film und Fernsehen*) hervor.

Martin Keilhacker (1894–1989)

> „Martin Keilhacker war 55 Jahre alt, als er 1949 in München den Arbeitskreis Jugend und Film mit dem Ziel gründete, auf wissenschaftlichem Fundament praxisbezogene Modelle zur Medienerziehung zu entwickeln und diese empirisch zu erproben. Auch wenn Keilhacker erst in relativ spätem Lebensalter Fragen des erzieherischen Umgangs mit Medien in den Mittelpunkt seiner Forschung stellte, hat er viele wichtige Impulse zur Grundlegung der damals jungen (als gebräuchlicher Fachterminus noch nicht existierenden) Medienpädagogik gegeben, die sich bis zum Aufkommen des Fernsehens zunächst hauptsächlich dem Film widmete. So war das, was wir heute als Medienpädagogik bezeichnen, damals vorwiegend Filmerziehung." (Hüther 2002: 120)

Die Filmerziehung wurde später u. a. von Ludwig Kerstiens, einem Schüler Keilhackers, auf die Fernseherziehung übertragen.

3.4 Kritisch-empanzipatorisch versus technologisch-funktional – Medienpädagogik ab 1960

Die Kritische Theorie der Frankfurter Schule prägte die medienpädagogischen Bemühungen der 1960er Jahre. Im Mittelpunkt stand die Kritik an der manipulativen Kulturindustrie. Im Unterschied zu den bewahrpädagogischen Bestrebungen wurden die potenziellen Gefahren nicht mehr über ethische und moralische Maßstäbe, sondern über politische Kategorien definiert (vgl. Wermke 2001: 7). Gemeinsam ist beiden Ansätzen, dass sie dem Rezipienten eine passive Rolle zuschreiben und auf einseitig kausalen Wirkungsannahmen basieren (vgl. ebd.).

> „Neben dem bildungsbürgerlichen Protest sind es Spezifika des Konzeptes selbst, die zur Modifikation drängen. Der hohe Theorieanspruch des ideologiekritischen Ansatzes, der häufig ohne Berücksichtigung der Verarbeitungsfähigkeit unterschiedlicher Altersstufen gesetzt wird, die nicht selten dogmatische Fixierung der Analyseergebnisse, die im Widerspruch zur angestrebten Kritikfähigkeit steht, und die tendenziell elitäre Missachtung des Vergnügens an Unterhaltung und Entspannung machen die Problematik dieses Ansatzes unter pädagogischen Gesichtspunkten aus." (Wermke 2001: 8)

In dieser Zeit kommt es zu einer Zergliederung der Medienpädagogik in Medienerziehung einerseits und Mediendidaktik andererseits (▶ Kapitel 6 und Kapitel 7).

3.5 Reflexiv und handlungsorientiert – Medienpädagogik in den 1970er und 1980er Jahren

In den 1970er Jahren findet ein Paradigmenwechsel auch innerhalb der Medienpädagogik statt. Richtungweisend sind vor allem Ansätze, die auf der Theorie des „Symbolischen Interaktionismus" basieren und den Rezipienten nicht länger als passives Objekt und Opfer von Medienwirkungen, sondern als „aktives handelndes Subjekt" begreifen, das sich – vor dem Hintergrund individueller Erfahrungen – aktiv mit den Medieninhalten auseinandersetzt. Der Wandel wurde nicht zuletzt auch durch die technischen Möglichkeiten unterstützt (vgl. Schorb 1995: 47). Mit der Entwicklung von erschwinglichen und zugleich leicht handhabbaren Geräten (z. B. Kassettenrekorder oder Videokameras) eröffneten sich dem Normalverbraucher vielfältige Möglichkeiten der Eigenproduktion. Emanzipation und Partizipation bildeten die grundlegenden Zielrichtungen der sich entwickelnden „handlungsorientierten Medienpädagogik" (häufig auch als kritische, emanzipatorische Medienpädagogik bezeichnet).

> „Im Mittelpunkt der medienpädagogischen Bemühungen dieser Position standen deshalb nicht die Medien, sondern die Individuen in ihrem gesellschaftlichen Kontext, in dem Medien eine wesentliche Rolle spielen." (Schorb 1995: 47).

Die Medienpädagogik sah ihre Aufgabe vor allem darin, die Nutzer darin zu stärken, die Medien zur Auseinandersetzung mit der eigenen Lebenswelt, zur Artikulation eigener Positionen sowie zur Partizipation zu nutzen, aus den Rezipienten Produzenten zu machen (vgl. Schorb 1995: 47 f.; Schell 1997: 9).

▶ **Handlungsorientierte Medienpädagogik:** „Das Ziel handlungsorientierter Medienpädagogik ist die Weiterentwicklung und Stärkung der Kompetenz, sich vom objektiven Medienalltag nicht bestimmen zu lassen, sondern in diesen einzugreifen und ihn aktiv mitzugestalten durch ein authentisch, kommunikativ kompetentes Handeln, das sich die Medien dienstbar macht." (Schorb 1995: 11)

Anknüpfen konnte die handlungsorientierte Medienpädagogik an Ansätze aus den 1930er Jahren, als die Medien bereits als Mittel genutzt wurden, um auf Missstände aufmerksam zu machen. Verwiesen wird in diesem Zusammenhang u. a. auf die Arbeiterradiobewegung, die Bewegung der Arbeiterfotografie sowie auf Brecht's Radiotheorie (1932), in der er forderte, dass der Rundfunk von einem Distributions- in einen Kommunikationsapparat umzuwandeln sei (vgl. Schell 1997: 9 f.).

lassen sich auch für die ostdeutsche Medienpädagogik verschiedene Phasen identifizieren, in denen der eine oder andere Ansatz im Vordergrund stand.

In den 1960er und 1970er Jahren wurden die Medien sehr stark für politisch-ideologische Zwecke instrumentalisiert. In der Medienerziehung richtete sich der Fokus insbesondere auf die Propagierung des „guten" im Sinne eines „ideologisch wertvollen" Films, um Kinder und Jugendliche vor den vermeintlich negativen Einflüssen unerwünschter Rollenvorbilder (vor allem des Westfernsehens) zu schützen (vgl. Wiedemann 1994: 226).

> „Über die Massenkommunikationsmittel Film, Funk und Fernsehen kann aber unter unseren besonderen nationalen Bedingungen auch die bürgerlich-imperialistische Ideologie auf junge Menschen wirken und den Prozess der Herausbildung des sozialistischen Bewusstseins hemmen. Rundfunk und Fernsehen werden von den herrschenden Kreisen der Bundesrepublik nicht nur zu Manipulierung des Denkens, Empfindens und Verhaltens der eigenen Bevölkerung missbraucht, sondern ebenso sehr zur ideologischen Unterwanderung unserer Republik." (Plagemann 1967: 9)

Neben der Hinführung zu „guten" Medienproduktionen zielte Medienerziehung auch auf „bewussten bzw. distanzierten Medienumgang", wobei es vordringlich darum ging, sich kritisch mit den westlichen Medienangeboten zu befassen (vgl. Rogge/Jensen 1987b: 267). Insbesondere der Schule, die Kinder und Jugendliche „mit den großen Ideen und Idealen des Sozialismus erfüllt und die ethischen Normen der sozialistischen Gesellschaft in ihre Herzen und Hirne pflanzt, damit sie zu Maßstäben des eigenen politisch-moralischen Verhaltens werden" (Plagemann 1967: 8) wurde die Aufgabe zugeschrieben, die Medien in die Erziehung einzubinden und den „verderblichen ideologischen Einflüssen westlicher Rundfunk- und Fernsehsender" (ebd.: 17), mit denen Kinder im Elternhaus konfrontiert werden, entgegen zu wirken. Darüber hinaus wurde insbesondere die ästhetische Erziehung als Ziel von Filmerziehung betont, um sich von der westdeutschen Filmerziehung abzugrenzen.

> „In diesem Zusammenhang muß man sich vergegenwärtigen, dass Ausgangspunkt und Ziel der Filmerziehung in Staaten unterschiedlicher Gesellschaftsordnungen – auch bei Übereinstimmung in Einzelfragen – nicht ohne weiteres identisch sein können, dass zumindest die Akzente verschieden gesetzt werden. Und so ist die beabsichtigte Filmerziehung in der kapitalistischen Welt, in der Filmgeschäft und Filmkunst mehr miteinander in Widerstreit liegen, als dass sie sich ohne Schwierigkeiten vereinigen lassen, in erster Linie – so sie von verantwortungsbewußten Pädagogen betrieben wird – ein Schutzmittel für die Jugend, während sie in der sozialistischen Welt vorrangig ein Fördermittel im Gesamtprozeß der ästhetischen Erziehung ist. [...] Wichtig ist für uns, in der augenblicklichen Situation einer noch gänzlich fehlenden Filmerziehung in der Schule zu erkennen, dass die beiden genannten Aspekte der Filmerziehung – Schutz und Förderung – einander keineswegs ausschließen." (Tille 1964: 80 f.)

Auch das Fernsehprogramm der 1960er Jahre war in erster Linie darauf ausgerichtet, Kinder zu belehren und mit den sozialistischen Werten vertraut zu machen. So wurde beispielsweise ein bestimmtes Bild von Familie, familiären Rollenbildern und Umgangsformen gezeichnet, das durch gegenseitige Akzeptanz, „Sachlichkeit, erzieherische Strenge, Anpassung und Trotz" (Rogge/Jensen 1987b: 256) sowie „Hierarchie und oberlehrerhafte Besserwisserei" (ebd.: 262) gekennzeichnet ist; Emotionalität wurde indes weitgehend ausgespart oder als Schwäche kritisiert (vgl. ebd.: 257). Dies hatte allerdings zur Folge, dass die stark belehrenden Sendungen von den Kindern – abgesehen von einigen Ausnahmen – nur wenig goutiert wurden und sie sich auf ihrer Suche nach Spaß, Action, attraktiven Heldfiguren und Autonomie und zuletzt auch als Reaktion auf die übermäßige Pädagogisierung des Medienumgangs stärker dem Westfernsehen zuwandten (vgl. Rogge/Jensen 1987b: 272).

„Fernsehen ist für mich Unterhaltung, da will ich nix von Schule und Alltag sehen und hören. Deshalb ist das Westfernsehen auch besser, da ist garantiert was anderes drin, was ich noch nicht weiß."
(Rolf, 17 Jahre, zitiert nach Rogge 1987: 265)

Die Angebotspräferenzen blieben für das Kinderfernsehprogramm nicht folgenlos. In den 1970er Jahren lässt sich in der Programmgestaltung ein deutlich erkennbarer Wandel konstatieren (vgl. Rogge 1987: 67; Wiedemann 1994: 229). Um nicht nur diejenigen zu erreichen, die ohnehin systemkonform waren, versuchten die Programmverantwortlichen daher stärker an den Lebenswelten der Kinder anzuknüpfen und ihre Kommunikationsinteressen sowie ihr Bedürfnis nach Unterhaltung stärker zu berücksichtigen, was aber in nur wenigen Fällen wirklich erfolgreich gelang, in einigen Fällen auch dazu führte, dass gut gemachte Kindersendungen aus dem Angebot verschwanden (vgl. Rogge 1987: 54 und 68). In der Folge existierte ein sehr heterogenes Programmangebot ohne erkennbares Profil:

> „[D]as Schielen nach Einschaltquoten und eine Programmbindung hat zu Prinzipien-, Konzeptions- und Konturenlosigkeit geführt. Es stellt eine Mischung von schlechten, d. h. überzogenen pädagogischen Traditionen (der fünfziger Jahre) mit austauschbaren, d. h. nichtssagenden westlichen Unterhaltungselementen (der achtziger Jahre) dar. Solcherart Nivellierung kann letztlich nur dazu führen, Kinder von vornherein auf das attraktivere westliche Original zu verweisen. So dokumentiert denn das aktuelle Programmangebot (und darüber täuschen die wenigen Glanzpunkte nicht hinweg) das Scheitern auf dem Wege zu einer eigenständigen sozialistischen Programmgestaltung." (Rogge 1987: 68)

Neben der stark angebotsbezogenen Medienerziehung entwickelte sich mit der praktischen Filmarbeit in den 1970er Jahren eine weitere medienpädagogische Richtung, die sich in der Gründung von Filmclubs und Einrichtungen wie der „Erfurter Filmschule" widerspiegelte. Allerdings blieb auch die praktische Filmarbeit nicht von In-

Pädagogik an der Universität Bielefeld, u. a. mit den Schwerpunkten Medienpädagogik, Kindheitsforschung, Jugend- und Erwachsenenbildung. Im Bereich der Kinder- und Jugendforschung vertrat er einen sozial-ökologischen Ansatz. Aus seinem Konzept der kommunikativen Kompetenz leitete er in den 1990er Jahren das Konzept der Medienkompetenz ab, das sowohl die Wissenschaft als auch die Praxis und die Politik nachhaltig beeinflusste. Neben seiner universitären Tätigkeit, engagierte sich Baacke in vielen anderen Bereichen, u. a. war er langjähriges Vorstandsmitglied der Kulturpolitischen Gesellschaft Deutschland, Vizepräsident des *Deutschen Kinderhilfswerks* und Mitglied diverser Ausschüsse (u. a. im *KJF – Kinder- und Jugendfilmzentrum in Deutschland*). 1984 gründete er die *Gesellschaft für Medienpädagogik und Kommunikationskultur (GMK)*, deren Vorsitzender er bis zu seinem Tode war. Seit 2001 vergibt die GMK den „Dieter Baacke Preis für herausragende medienpädagogische Projekte mit Kindern, Jugendlichen und Familien".

Ein anderer Zweig der Medienpädagogik befasste sich indes stärker mit subjektiven Erlebniswelten von Kindern und Jugendlichen. Anfang und Mitte der 1990er Jahre wurden beispielsweise am *JFF – Institut für Jugend Film Fernsehen* (heute: *JFF – Institut für Medienpädagogik in Forschung und Praxis*) und an verschiedenen Universitäten in Deutschland, Österreich und der Schweiz Studien durchgeführt, die der Frage nachgingen, wie Kinder Unterhaltungssendungen sowie Informationsangebote wahrnehmen. Dabei wurde mit den Kindern über ihre Lieblingsthemen gesprochen, aber auch über jene Medieninhalte, die ihnen Angst machten oder unangenehme Gefühle hervorriefen (z. B. Theunert et al. 1992; Theunert/Schorb 1995). Diese Untersuchungen, die besondere Aufmerksamkeit auf die Sichtweisen von Kindern legten und diese mit innovativen (kindgerechten) Methoden erfassten, legten in den 1990er Jahren einen wichtigen Grundstein für die weitere medienpädagogische Forschung.

Während sich die Medienlandschaft in den vergangenen 20 Jahren durch einschneidende technologische Entwicklungen maßgeblich verändert hat, lassen sich in der Medienpädagogik kaum theoretische Weiterentwicklungen feststellen. Die oben skizzierten Ansätze stehen recht unverbunden nebeneinander und werden je nach aktueller Themenlage und politischen Interessen bemüht. Auch monokausale Wirkungsannahmen haben im Zuge der öffentlichen und politischen Diskussion um Internetgefahren, Auswirkungen sogenannter „Killerspiele" sowie exzessiver Mediennutzung (Stichwort „Mediensucht") erneut Konjunktur. Die Argumente sind (überwiegend) die gleichen wie seiner Zeit im Zusammenhang mit Comics, dem Film und dem Fernsehen und haben aber offensichtlich immer noch nicht an Überzeugungskraft verloren. Diese öffentliche Abwehrhaltung gegenüber Medien sowie die starke Fokussierung auf die vermeintlichen Risiken versperren allerdings den Blick auf die vielfältigen potenziellen Möglichkeiten, die die Medien – und insbesondere die digitalen Medientechnologien – für pädagogische Prozesse bieten. Wie der Rückblick auf die Entwicklung der Medienpädagogik jedoch zeigt, ist anzunehmen, dass auch für Computerspiele, das Internet und Smartphones nach der Phase der

Ablehnung eine Phase der Entdramatisierung und schließlich eine Phase der Pädagogisierung folgen werden (vgl. Hüther/Podehl 1997, Hüther 2015). Erste Anzeichen finden sich in Form medienpädagogischer Praxisprojekte, die auf den Möglichkeiten des Social Web oder der Faszination von Bildschirmspielen aufbauen (► Kapitel 6).

Eine neuere Entwicklung ist in diesem Kontext, dass sich verstärkt Vertreter der Psychologie und Neuropsychologie zu Wort melden, die auf Grundlage (uneinsehbarer) hirnphysiologischer Untersuchungen verheerende Wirkungen auf die Gehirnentwicklung und die Gesundheit von Kindern beschwören und vor Bildschirmkonsum warnen (vgl. Spitzer 2005, 2012, 2015). In Politik und Öffentlichkeit stoßen diese Thesen, nicht zuletzt aufgrund ihrer Vehemenz und Plakativität, mit der sie vorgebracht werden, auf offene Ohren, zumal sie den Eindruck suggerieren, dass durch ein Verbot der Medien sämtliche Probleme (einschließlich schlechter Schulleistungen) gelöst werden könnten.

Medienkompetenzförderung steht nach wie vor im Mittelpunkt der medienpädagogischen Bemühungen, wobei der Medienkompetenzbegriff eine Erweiterung erfahren hat und zunehmend von Medienbildung gesprochen wird. Medienbildung wird als umfassende und lebenslange Bildungsaufgabe verstanden (► Kapitel 5).

Zum gegenwärtigen Zeitpunkt lassen sich in der Medienpädagogik zwei Schwerpunkte ausmachen, die sich sehr deutlich in den jeweiligen Fachgesellschaften widerspiegeln: Während die Sektion Medienpädagogik innerhalb der *Deutschen Gesellschaft für Erziehungswissenschaft (DGfE)* sich sehr stark mit den Potenzialen digitaler Medien für Lehr-/Lernprozesse, E-Learning etc. befasst und eine eher mediendidaktische Ausrichtung erkennen lässt, werden in der Fachgruppe Medienpädagogik innerhalb der *Deutschen Gesellschaft für Publizistik und Kommunikationswissenschaft (DGPuK)* insbesondere mediensozialisatorische Fragen und Herausforderungen für die pädagogische Praxis diskutiert.

Der sich durch dieses Kapitel ziehende Zeitstrahl (Abb. 3.1) dokumentiert zentrale Stationen der Medienentwicklung und ordnet diesen medienpädagogische Initiativen zu.

3.8 Entwicklung der Medienpädagogik in Österreich

Grundsätzlich gestaltet sich die Geschichte der österreichischen Medienpädagogik sehr ähnlich der deutschen, allerdings mit einigen nationalen Besonderheiten. Ein Beispiel dafür ist die Gründung des Arbeiter-Radiobundes und praktische Umsetzung von Brechts Radiotheorie einige Jahre bevor, dieser sie überhaupt theoretisch formuliert hat. Ein anderes Beispiel ist die präventiv-normative Pädagogik der 1960er Jahre, die mit den gleichen didaktischen Mitteln wie die deutsche ideologiekritische Medienpädagogik arbeitete, jedoch nicht mit ihr gleichgesetzt werden kann, da die kritische Theorie der Frankfurter Schule in den österreichischen medienerzieherischen Kreisen kaum bekannt war. Stattdessen berief man sich auf das seit der Jahr-

beit mit Heranwachsenden, in der Aus- und Fortbildung von Pädagogen, der Beratung von Eltern sowie in der medienpädagogischen Forschung.

Beispiel

Die *Internationale Arbeitsgemeinschaft für Kommunikation und Medien (IAKM)* als Beispiel einer medienpädagogischen Bewegung mit kirchlichen Wurzeln

1964 entstand die heutige IAKM als „Internationale Arbeitsgemeinschaft für katholische Film- und Fernseherzieher" aus einem Kreis von Studierenden um den Kommunikationspädagogen Franz Zöchbauer, Professor an der Lehrerbildungsanstalt (heute Pädagogische Hochschule Stefan Zweig) in Salzburg. In jährlichen Studienwochen, die bis heute alternierend in Deutschland, Österreich, der Schweiz und angrenzenden europäischen Ländern stattfinden, wurde ursprünglich primär die kirchlich geprägte Medienpädagogik der deutschsprachigen Länder zusammengeführt. Wie bei vielen kirchlich orientierten medienpädagogischen Initiativen wandelte sich das Selbstverständnis schrittweise von einem konfessionell engeren Kreis zu einem wertorientierten, aber offenen Forum. Zur weiteren Information über die Geschichte sowie heutigen Anliegen der IAKM siehe www.iakm.de.

Fanden anfänglich die medienpädagogischen Bemühungen vor allem im außerschulischen Bereich statt (Stichwort Filmerziehung), wurde in den 1970er Jahren versucht,

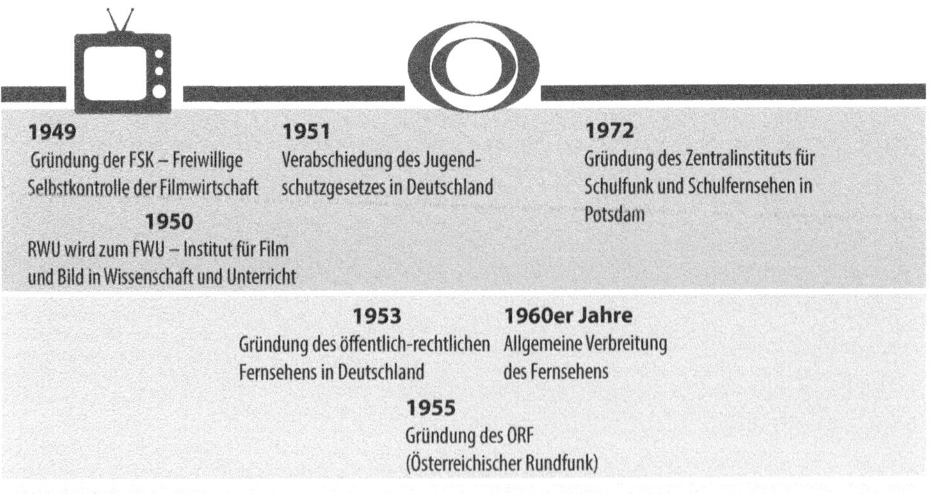
1949
Gründung der FSK – Freiwillige Selbstkontrolle der Filmwirtschaft
1950
RWU wird zum FWU – Institut für Film und Bild in Wissenschaft und Unterricht
1951
Verabschiedung des Jugendschutzgesetzes in Deutschland
1972
Gründung des Zentralinstituts für Schulfunk und Schulfernsehen in Potsdam
1953
Gründung des öffentlich-rechtlichen Fernsehens in Deutschland
1960er Jahre
Allgemeine Verbreitung des Fernsehens
1955
Gründung des ORF (Österreichischer Rundfunk)
nach dem 2. Weltkrieg
1960er und 70er Jahre

medienpädagogische Überlegungen in die schulische Praxis zu integrieren. Daran schloss eine Phase der Professionalisierung an, die Bauer (2008) zufolge jedoch bald stagnierte. 1989 wurde Medienpädagogik im „Grunderlass Medienerziehung“ als fächerübergreifendes Grundprinzip formuliert und 2001 sowie 2012 aktualisiert. Nähere Informationen zum Grundsatzerlass Medienerziehung sowie zu dem darauf basierenden Unterrichtsprinzip finden sich auf den Seiten des österreichischen Bildungsministeriums (BMBF) unter www.bmbf.gv.at/schulen/unterricht/prinz/medienpaedagogik.html.

1991 wurde im damaligen Bundesministerium für Unterricht und Kunst (BMUKK, heute Bundesministerium für Bildung und Frauen (BMBF)) eine Abteilung für Medienpädagogik und fünf Jahre darauf ein Referat für praktische Medienerziehung eingerichtet (vgl. Brousek 2008: 120). Inzwischen gibt es mit *www.mediamanual.at* ein eigenes Onlineangebot, auf dem Lehrer und andere Interessierte Informationen zu und Unterstützung bei der Durchführung von medienpraktischen Projekten finden. Zudem wird jährlich der *[mla] media literacy award* für die Förderung kreativer Produktionen ausgeschrieben, für den sich Schulen aus ganz Europa bewerben können.

Mit *Medienimpulse* erschien 1992 die erste österreichische Zeitschrift für Medienpädagogik (ähnlich der deutschen Zeitschrift *medien + erziehung*). Die Printversion der *Medienimpulse* wurde 2009 in eine Onlinezeitschrift (www.medienimpulse.at) umgewandelt. Die Zeitschrift ist mit Beiträgen aus der pädagogischen Praxis sowie der Veröffentlichung von Ergebnissen aktueller medienpädagogischer Forschung ähnlich strukturiert wie die deutsche Zeitschrift *medien + erziehung* und wendet sich sowohl an Pädagogen als auch an Wissenschaftler.

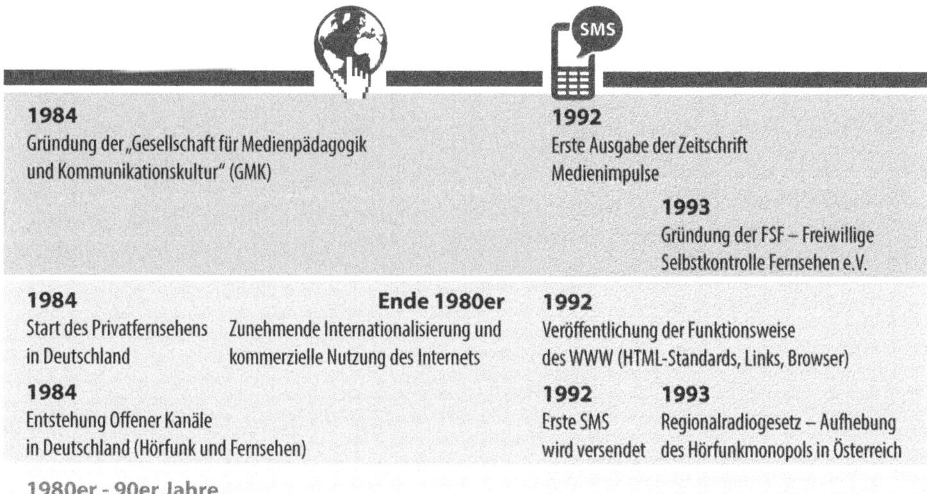
SMS
1984
Gründung der „Gesellschaft für Medienpädagogik und Kommunikationskultur“ (GMK)
1992
Erste Ausgabe der Zeitschrift Medienimpulse
1993
Gründung der FSF – Freiwillige Selbstkontrolle Fernsehen e.V.
1984
Start des Privatfernsehens in Deutschland
Ende 1980er
Zunehmende Internationalisierung und kommerzielle Nutzung des Internets
1992
Veröffentlichung der Funktionsweise des WWW (HTML-Standards, Links, Browser)
1984
Entstehung Offener Kanäle in Deutschland (Hörfunk und Fernsehen)
1992
Erste SMS wird versendet
1993
Regionalradiogesetz – Aufhebung des Hörfunkmonopols in Österreich
1980er - 90er Jahre

> [...] Das Land der Berge hat – genau dieser wegen – viele Täler. Eine solche Topografie – von innen betrachtet – trennt, isoliert, schafft autogene Klima- und begünstigt autochthone Kulturzonen, von aussen betrachtet versteht man eine solches Topmorphem, der Kleinheit und der Einfachheit wegen, (gerne) als ein zusammenhängendes und in sich geschlossenes Gebilde. Das Bild ist mehrfach übertragbar – auch auf Geschichte und Status der Medienpädagogik in Österreich: viele Einzelaktivitäten, wenig vernetzt, eigenwillige Ansätze und in Einzelfällen tief verwurzelte religiös-moralische Phobien, keine Flächen greifenden Entwicklungen im Hinblick auf Professionalisierung oder Didaktisierung, immer noch konzentriert auf Medien und deren vermutliche Wirkung statt auf Gebrauchskulturen und deren Ambitionen, immer noch fokussiert auf Rezipienten und immer noch fest entschlossen, den Prozess der Sozialisation rollen- statt kulturtheoretisch auszulegen, weil es sich da auch wirksamer intervenieren lässt, mitunter auch im (moralisierenden) Clinch mit Programmunternehmungen, immer noch und immer wieder in Verteidigung von als österreichischem Kulturbesitz verehrten Traditionen – und doch dies alles auch wieder konterkariert von ungewohnten Projekten mit Ambitionen einer offenen und gerade deshalb kommunikativ einander zugewandten Gesellschaft" (Thomas A. Bauer in Paus-Hasebrink/Hipfl 2005: 5 f.).

Einen Überblick über die theoretischen Zugänge sowie über praktische Projekte zur Medienbildung in Österreich finden sich ausführlich in dem Band von Blaschitz und Seibt (2008a) dokumentiert.

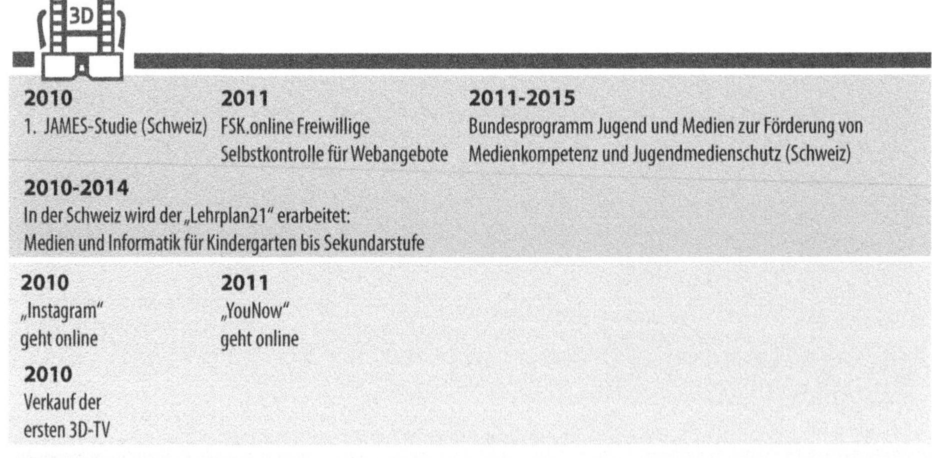

3D
2010
1. JAMES-Studie (Schweiz)
2011
FSK.online Freiwillige Selbstkontrolle für Webangebote
2011-2015
Bundesprogramm Jugend und Medien zur Förderung von Medienkompetenz und Jugendmedienschutz (Schweiz)
2010-2014
In der Schweiz wird der „Lehrplan21" erarbeitet: Medien und Informatik für Kindergarten bis Sekundarstufe
2010
„Instagram" geht online
2011
„YouNow" geht online
2010
Verkauf der ersten 3D-TV

3.9 Medienpädagogik in der deutschsprachigen Schweiz

Die historischen Spuren der Medienpädagogik in der Schweiz lassen sich bis in das 19. Jahrhundert zurückverfolgen, als insbesondere die Lehrer den Kampf gegen aus ihrer Sicht unmoralische und zweifelhafte Literatur unternahmen (vgl. Moser 2005: 265). Moser verweist in diesem Zusammenhang auf den schweizerischen Lehrertag am 28. 9. 1858 in Luzern, der sich mit „Jugend- und Volksbibliotheken" befasste (ebd.: 265) Ähnlich wie in Deutschland wurde auch in der Schweiz einerseits vor problematischen Medienangeboten gewarnt, anderseits aber auch Ansätze zur Förderung guter Jugendschriften entwickelt (vgl. ebd.: 266). 1931 wurde das *Schweizer Jugendschriftenwerk (SJW)* gegründet, das eigene Hefte herausgab, um der „Schundliteratur" etwas entgegen zu setzen (vgl. ebd.). Nach dem zweiten Weltkrieg wurde das *SJW* in eine Stiftung umgewandelt, die sich insbesondere im Bereich der Jugendliteratur und Leseförderung engagierte (vgl. ebd.).

Im 20. Jahrhundert finden sich, auch im Zusammenhang mit dem sich verbreitenden Film, erste erzieherische Ansätze. Insbesondere die Kirche engagiert sich in diesem Themenfeld. So gründete 1907 der Schweizerische Katholische Volksverein zur Wahrung der allgemeinen Sittlichkeit eine *Spezialsektion für Schaustellungen einschliesslich der Kinematographie* (ebd.: 266). 1931 folgte die Gründung der *Schweizerischen Katholischen Filmkommission.* Später wandte sich die kirchliche Medienarbeit auch Radio und Fernsehen zu und veröffentlichte u. a. Elternbroschüren und Schulmaterialien (vgl. ebd.). 1921 wurde zudem das *Filminstitut* in Bern gegründet, das die pädagogischen und kulturellen Möglichkeiten des damals neuen Mediums

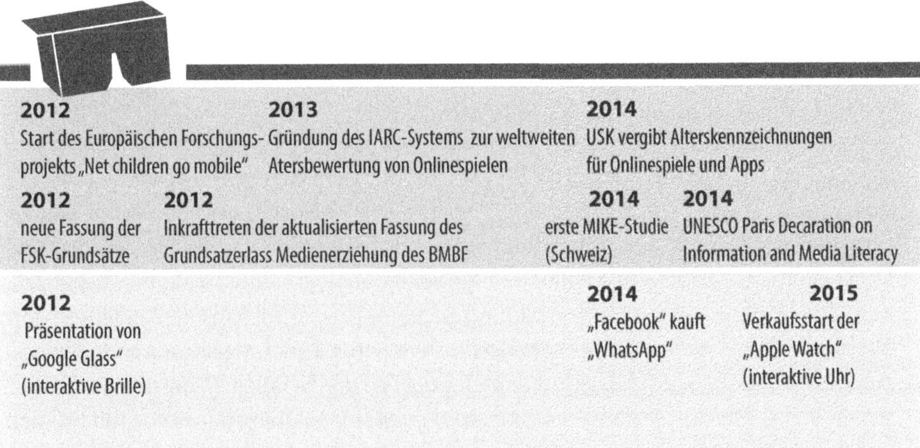

te. Im Jahr 2000 änderte das Filminstitut seinen Na- ı den Aufbau eines Bildungsservers (vgl. www.edu richtung von traditionellen auf Online-Medien ist :wicklungen in der Schweiz, wie weiter unten aus-

var Medienerziehung – vor allem im Sinne von Film- erziehung – in v Kantonen gesetzlich verankert. Strukturelle und finanzielle Faktoren führten allerdings dazu, dass die medienpädagogischen Überlegungen kaum realisiert wurden. Fröhlich (1980) zieht mit Blick auf diese Phase folgendes Resümee:

> „Obschon […] die Medienpädagogik oder zumindest einige ihrer Elemente bis Mitte der siebziger Jahre in den meisten kantonalen Lehrplänen Aufnahme gefunden hatte, blieb sie in der Schule weitgehend der Initiative einzelner überlassen: es fehlte an Ausbildungsmöglichkeiten im Rahmen der Lehrerbildung und -fortbildung, was eine generelle Einführung in die Medienerziehung per Dekret, ohne gleichzeitig die entsprechende Ausbildungsstruktur zu schaffen, praktisch verunmöglichte." (Fröhlich 1980: 143, zitiert nach Moser 2005: 267)

In den 1970 Jahren wurden verschiedene Bemühungen unternommen, um die Medienpädagogik in der Lehrerbildung zu verankern. Hierzu zählt insbesondere die Einrichtung der *Audiovisuellen Zentralstelle (AVZ)* am *Pestalozzianum* in Zürich (1971). 1974 erhielt die Projektgruppe von Christian Doelker am *AVZ* vom Erziehungsrat des Kantons Zürich den Auftrag, ein Konzept für die Institutionalisierung von Medienerziehung in Schulen zu entwickeln (vgl. Doelker 1979b: 11; siehe Porträt sowie auch das unten stehende Interview mit Christian Doelker).

Christian Doelker

Die Entwicklung der Medienpädagogik als wissenschaftliche Disziplin an Schweizer Hochschulen ist eng mit den Arbeiten von Christian Doelker (*1934) verbunden (vgl. www.medienpaedagogik.ch). Er habilitierte sich 1990 an der Universität Zürich für das Gebiet der Medienpädagogik und wurde 1995 zum nebenamtlichen Extraordinarius ernannt. Seine Lehrveranstaltungen waren der Pädagogik und der Publizistikwissenschaft zugeordnet. Seit den frühen 1970er Jahren entwickelte er theoretische und angewandte Konzepte zur Medienpädagogik an Schulen am damaligen Pestalozzianum Zürich, das für die Lehrerfortbildung zuständig war. Christian Doelker leitete dort hauptamtlich die *Audiovisuelle Zentralstelle*. Der Kanton Zürich erteilte einen Auftrag zu einem Gesamtkonzept für die Medienpädagogik an den Schulen. In diesem Kontext erschienen die *Zürcher Beiträge zur Medienpädagogik*, eine Publikationsreihe mit Studien und Projektdarstellungen (vgl. Kükelhaus 1978, Doelker 1979a, b, Audiovisuelle Zentralstelle am Pestalozzianum Zürich, Saxer/Bonfadelli/Hättenschwiler 1980, Bonfadelli/

ıtsmaterialen und -ein-
lmpodium für Schüler",
ıbot (vgl. Doelker 1994;
ideotage ermöglichten
entstanden zahlreiche
ısendungen und später
ızen hinaus.

Dieses Konzept für eine „Medienlehre" wurde in Kooperation mit der Universität Zürich (vor allem Prof. Dr. Ulrich Saxer) sowie dem in München ansässigen *Internationalen Zentralinstitut für das Jugend- und Bildungsfernsehen* (Prof. Dr. Hertha Sturm) entwickelt und wird in der Literatur als „Zürcher Ansatz" bezeichnet (vgl. Baumann 2001, Merz-Abt 2005). Kennzeichnend für dieses Konzept ist, dass es sowohl psychologische, als auch soziologische Grundlagen berücksichtigt, nicht zuletzt weil zum damaligen Zeitpunkt die Rezeptionsforschung noch am Anfang stand und daher auf Erkenntnisse aus anderen Disziplinen zurückgegriffen werden musste. Medienpädagogik in der Schule bewegte sich daher auf recht unsicherem Terrain, worin die Initiatoren aber auch eine Chance sahen (vgl. Sturm/Grewe-Partsch 1979):

> „Schüler und Lehrer müssen sich über längere Wegstrecken auf gemeinsame Lernprozesse einlassen, sie betreten Neuland mit einigen wenigen sicheren Inseln und vielen weissen Flecken. Der Lehrer wird versuchen, bei seinen Schülern ein Problembewusstsein für die Fragen zu wecken, die wissenschaftlich noch nicht abgesichert sind. Lehrer und Schüler haben die Chance, in einer ‚Diskussion auf gleicher Ebene' neue Analyse- und Lösungsmöglichkeiten vorzuschlagen. Sie können dazu beitragen, dass diese ‚Grundlagen einer Medienpädagogik' fortgeschrieben werden. Es ist dies ein ebenso schwieriges wie reizvolles ‚pädagogisches Geschäft auf Gegenseitigkeit'." (ebd.: 25)

Die entwickelte Medienlehre berücksichtigte insgesamt sechs Themenfelder (Determinanten), entlang derer pädagogische Aufgaben formuliert wurden (ebd.: 30 f.):

1) Mediendarbietungen: Themen, Inhalte
2) Medienangebote/Mediennutzung/Rezeptionssituation
3) Medienwirkungen
4) Medienabhängige Kommunikation
5) Organisation und Strukturen im Medienbereich
6) Medienaktivitäten der Schüler

Neben dem Zürcher Projekt gab es zudem das Projekt „Medienerziehung im Kanton Basel-Stadt", das von Arnold Fröhlich realisiert wurde. Ausgehend von eigenen Praxiserfahrungen entwickelten die Lehrer der Projektgruppe mit ihren Schülern Unterrichtseinheiten (vgl. Moser 2005: 268).

Rückblickend betrachtet wurden sowohl mit dem Zürcher Ansatz als auch im Rahmen des Basler Projekts differenzierte medienpädagogische Konzepte für Unterrichtseinheiten vorgelegt, die sich allerdings aufgrund fehlender Verbindlichkeit in den Lehrplänen als nicht besonders nachhaltig erwiesen (vgl. Moser 2005: 268).

Für die 1980er Jahre konstatiert Moser (2005) eine Verschiebung des medienpädagogischen Fokus von den audiovisuellen Medien zu den „neuen Medien", für die sich insbesondere die technisch und naturwissenschaftlich orientierten Lehrkräfte interessierten (vgl. ebd.: 269). Bereits in den 1980er und 1990er Jahren wurden die Anforderungen der ICT-Bildung und Förderungsansätze für die Volksschule formuliert.

Anfang 2000 startete die groß angelegte Offensive PPP-SiN (Public Private Partnership – Schule ins Netz); 35 Millionen Schweizer Franken wurden in die Computerausstattung der Schulen investiert. Fröhlich (2003) kritisierte an dieser Initiative vor allem, dass Medienbildung auf computerbasierte Anwendungen und zudem „Medienpädagogik" auf „Mediendidaktik" reduziert wurde (vgl. ebd.: 41). Er verweist in diesem Zusammenhang auch auf eine Untersuchung von Süss und Lichtsteiner (2000) sowie auf eine eigene Studie, denen zufolge das Angebot an Kursen zu ICT deutlich höher ausfiel als das Angebot an allgemeinen medienpädagogischen Angeboten. Fröhlich (2003) beklagte, dass die Vermittlung von technischem Know-How im Umgang mit den interaktiven, digitalen Medien so dominant werde, dass die Grundanliegen der Medienpädagogik aus dem Blick geraten und sprach – in Anlehnung an Postman – von einem „allmählichen Verschwinden der Medienpädagogik":

> „Medienpädagogik findet in der Schweiz auf der Ebene der Lehrerinnen- und Lehrerweiterbildung nicht statt. […] Die Medienbildung beschränkt sich für Lehrpersonen, die ihre Grundausbildung abgeschlossen haben, ausschliesslich auf Anwendungskompetenzen im Multimediabereich. […] Diese Situation spiegelt sich auch in den Publikationen wider: In der Schweiz kam kaum eine Neuerscheinung zum Thema Medienpädagogik auf den Markt, während eine ganze Reihe von Büchern über die Integration von Computern und Internet in Schule und Unterricht veröffentlicht wurden." (Fröhlich 2003: 42)

Auch wenn Moser (2005) die Einschätzung von Fröhlich nicht vollständig teilt, sieht auch er die Aufgliederung in die fächerübergreifenden Bereiche „Medienerziehung" und „Informatik" kritisch, da beide Themen nicht verbindlich im Unterricht verankert sind (vgl. Moser 2005: 271). In der Konzentration auf neue Medien sieht er allerdings – anders als Fröhlich – „eine neue Aktualität und Chance für die Medienpädagogik" (vgl. ebd.: 271), denn – so resümiert er – „in der Informationsgesellschaft wird die Frage nach dem Umgang mit Medien zunehmend zentraler – was letztendlich bedeutet, dass in deren Umkreis eine Fülle von Erziehungs- und Bildungsaufgaben entstanden sind, welche nach medienpädagogischen Antworten verlangen" (ebd.: 272).

In diesem Zusammenhang gilt es auch zu berücksichtigen, dass sich die Lehrerbildung in der Schweiz aktuell im Umbruch befindet. In einigen der entstandenen

Pädagogischen Hochschulen ist bereits eine Verbindung von medienerzieherischen und -didaktischen Inhalten erkennbar. Insbesondere die Pädagogische Hochschule Zürich bietet heute ein weitgefasstes Angebot im Bereich Medienbildung (vgl. www.medienbildung.ch).

Darüber hinaus zeichnen sich einige Entwicklungen ab, die auf eine stärkere Verankerung der Medienpädagogik in der Schweiz abzielen. 2005 wurde z. B. innerhalb der Schweizerischen Gesellschaft für Kommunikations- und Medienwissenschaft eine *Fachgruppe Medienpädagogik/Mediensozialisation* gegründet (vgl. www.sgkm.ch).

Die Schweizerische Stiftung *Pro Juventute*, die sich für die Rechte der Kinder einsetzt und Angebote für benachteiligte Kinder und Familien anbietet, hat sich u. a. dem Themenfeld „Konsum und Medien" als einem ihrer Schwerpunkte gewidmet. Daraus ist zum Beispiel ein Kursangebot „Handyprofis" für Jugendliche zum konstruktiven Umgang mit dem Handy entstanden, das schließlich zu „Medienprofis" ausgebaut wurde. (vgl. www.projuventute.ch).

Aus der Leseforschung heraus haben sich mehrere Institutionen zunehmend auch der medienpädagogischen Forschung und Entwicklung zugewandt, so zum Beispiel das *Schweizerische Institut für Kinder- und Jugendmedien (SIKJM)*, welches 2002 aus dem Zusammenschluss des *Schweizerischen Bunds für Jugendliteratur (SBJ)* mit dem *Schweizerischen Jugendbuch-Institut (SJI)* entstand und seit 2007 ein assoziiertes Institut der Universität Zürich ist (vgl. www.sikjm.ch). Wichtige Forschung und Umsetzung in diesem Feld entsteht auch am *Zentrum Lesen* der Pädagogischen Hochschule FHNW in Aarau (vgl. www.zentrumlesen.ch).

Daneben gibt es die *Schweizerische Stiftung für Audiovisuelle Bildungsangebote (SSAB)*, die sich „als Netzwerk zur Förderung der neuen elektronischen Bildungsmedien und ihrer Nutzung in den unterschiedlichsten Lebensbereichen" versteht. Sie führt Symposien durch, betreibt thematische Netzwerke mit mediendidaktischem Fokus und ein „educational trendspotting" (vgl. www.ssab-online.ch).

In der Schweiz laufen also zahlreiche Aktivitäten zur Medienkompetenzförderung, zu Bildungsmedien und zum Jugendmedienschutz – letzteres vor allem im Zusammenhang mit der Gewaltprävention bei Jugendlichen (vgl. Steiner 2009, BSV 2009).

Zwischen 2011 und 2015 wurde das schweizweite Projekt „Jugend und Medien" durchgeführt, welches in eine nationale Plattform zur Medienkompetenzförderung mündete (siehe: www.jugendundmedien.ch). In dieser vom Bundesamt für Sozialversicherungen BSV in Kooperation mit Medien- und Telekom-Anbietern und der Jacobs Foundation getragenen Projekt wurde eine Informations- und Kooperationsplattform geschaffen, die allen an Medienbildung und Jugendmedienschutz interessierten Kreisen laufend aktuelle Materialien anbietet.

Das beim interkantonalen Lehrmittelverlag 2008 erschienene Lehrmittel *Medienkompass* für Primar- und Sekundarschulen bot bisher den Lehrkräften zahlreiche aktuelle Grundlagen für die Medienbildung (vgl. www.medienkompass.ch). Im Rahmen der Einführung des „Lehrplans 21", welcher die Curricula der Volksschule in der Deutschschweiz nach Kompetenzbereichen harmonisiert, wurde von 2010 bis 2014 erstmalig ein verbindlicher Modullehrplan für Medien und Informatik erarbeitet (siehe: www.lehrplan.ch). Dies stellt einen Meilenstein für die Medienpädagogik an Schweizer Schulen dar. Seit 2017 werden Weiterbildungen für Lehrpersonen und neue Lehrmittel zum Lehrplan 21 erarbeitet, um die Einführung zu gewährleisten.

Eine besondere Herausforderung für die Medienpädagogik (aber natürlich nicht nur für diese!) ist die Mehrsprachigkeit der Schweiz. Der Austausch unter den Medienpädagogen im deutschsprachigen Raum über die Landesgrenzen hinweg ist viel intensiver als derjenige zwischen den Medienpädagogen der verschiedenen Sprachregionen innerhalb der Schweiz. In dieser Hinsicht ist die Fachgruppe Medienpädagogik/Mediensozialisation der *SGKM* engagiert, Brücken zwischen den Landesteilen zu bauen. Es zeigt sich in der Schwierigkeit der Zusammenarbeit aber auch, dass Medienpädagogik stark in den kulturellen Eigenheiten verankert ist und daher nicht ohne „kulturelle Übersetzung" von einer Sprachregion in eine andere transferiert werden kann (► Kapitel 8).

Interview

Interview der Autoren mit Prof. Dr. Christian Doelker zum Zürcher Ansatz (Zürich, 17. Mai 2008)

Wie sah die Medienpädagogik vor den 1970er Jahren aus? Gab es hier auch schon Filmkunde?

Ja, das gab es als einzige Gattung von Medienkunde. Fernsehen war in den 1960er Jahren noch kein Thema. Bekanntlich hinkt die Medienkunde in der Regel der technischen Entwicklung hinterher, und immer, wenn ein „neues" Medium auftaucht, zieht dann die schulische Medienpädagogik mit einer gewissen Phasenverschiebung nach. So verfügten wir in den 1960er Jahren über eine ausgebaute (und an einigen Gymnasien immerhin obligatorische) Filmkunde, und die erste Produktion, die ich für den Kanton Zürich zu verantworten hatte, war ein Unterrichtsfilm zur Filmkunde. Mit der wachsenden Bedeutung des Fernsehens haben wir in der Folge die Filmkunde ausgebaut zu einem medienübergreifenden Unterrichtsthema, das auch Print umfasste.

Etwas anders lief dann die Entwicklung beim Aufkommen des Computers. Darauf reagierte die Schule mit der Einführung von Informatik, die erst recht viel später in die Medienerziehung einbezogen wurde. Ähnlich verlief die Entwicklung bei der Einführung des Internet; hastig wurde ein Projekt „Schulen ans Netz" aufgeschient, ohne dieses an einem pädagogischen Konzept zu orientieren. Die Lehrer waren stolz, dass ihre Schüler selbständig Dokumente herunterladen konnten, aber was sie herunterluden, blieb weitgehend Nebensache. Eine solche Nachlaufsituation der Pädagogik gegenüber der technischen Entwicklung ist generell unbefriedigend. Man versucht sich stets im Rezept einer übereilten Akkulturation des „neuen" Mediums, und lässt sich dadurch von der Technik den Takt vorgeben, statt von der Enkulturation der Heranwachsenden und dem sinnvollen Einbezug neuer medialer Möglichkeiten auszugehen.

Was sind die Spezifika einer schweizerischen Medienpädagogik bzw. des Zürcher Ansatzes? Ich kann eigentlich nur für den Kanton Zürich sprechen, denn in der Schweiz gibt es bekanntlich Unterschiede von Kanton zu Kanton, und die Konferenz der Kantonalen Erziehungsdirektoren nahm in diesem Bereich weniger eine koordinierende Funktion als eine die Vielfalt fördernde Funktion wahr. Wir bemühten uns damals – das heißt Mitte der 1970er Jahre – um eine wissenschaftliche und interdisziplinäre Begründung der Medienpädagogik, die wir übrigens nicht als eine der verschiedenen Bindestrich-Pädagogiken, sondern als eine disciplina sui generis verstanden haben wollten.

Es ging somit um das Erstellen einer „Mediologie" aus relevanten Ergebnissen der Psychologie, Publizistikwissenschaft und Pädagogik. Dies war nur möglich durch gezielte Zusammenarbeit mit den entsprechenden Lehrstühlen an der Universität Zürich (Ulrich Saxer und Konrad Widmer) und grenzübergreifend mit dem *Internationalen Zentralinstitut für das Jugend- und Bildungsfernsehen (IZI)* in München, dessen wissenschaftliche Leitung damals Hertha Sturm innehatte. Den Auftrag für dieses „Projekt Medienpädagogik des Kantons Zürich" erhielt ich damals als Leiter der Audiovisuellen Zentralstelle am Pestalozzianum vom Erziehungsrat, der obersten kantonalen Erziehungsbehörde.

Die von Hertha Sturm und Marianne Grewe-Partsch konzipierten „Prinzipien und Determinanten einer Medienpädagogik" (publiziert in Grundlagen einer Medienpädagogik, Zug 1979) wurden später aufgrund unserer eigenen Arbeiten laufend ergänzt, da für uns ein wichtiges Anliegen war, Medienpädagogik mit Blick auf die neuesten Entwicklungen ständig „fortzuschreiben".

Das Spezifische nun am Zürcher Ansatz ist, dass im Mittelpunkt der Text steht, und zwar im Sinne eines erweiterten Textbegriffes. Das heißt, dass z.B. eine Hörfunksendung als auditiver Text und eine Fernsehsendung als audiovisueller Text aufgefasst wird. So konnte der Begriff der Kulturtechniken Lesen und Schreiben auf alle Medien ausgeweitet werden – wir sprachen also ausdrücklich vom Lesen und Schreiben, aber auch von Bildern und Tondarbietungen. Als großer Vorteil dieses Ansatzes erweist sich, dass von vornherein eine Affinität zum Unterricht besteht, indem die Schule ja von der Gesellschaft generell das Mandat erhält, in Kulturtechniken einzuführen. Der Alphabetisierungsauftrag ist konstitutiv für die Schule, und der erweiterte Text- und Kulturtechniken-Begriff gestattet deshalb per se, der Medienerziehung einen festen didaktischen Ort im Unterricht einzuräumen und zu sichern.

Zur Umsetzung des Zürcher Ansatzes gehörte auch die Erstellung einer Publikationsreihe für die Lehrer und stufenübergreifender Unterrichtsvorschläge von der Vorschule bis zum Gymnasium. Dem Gegenstand Medien entsprechend gehörten zu diesen Unterrichtsvorschlägen auch audiovisuelle Materialien, die durch Koproduktion mit dem Fernsehen DRS und durch Zusammenarbeit mit deutschen Fernseh- und Hörfunkanstalten entstanden (SWF, ZDF, NWR, SR). Alle diese Angebote wurden jeweils in einem Leitfaden Medienpädagogik zusammengefasst und der Lehrerschaft zur Verfügung gestellt.

Das Anknüpfen an den Text ist natürlich für die Lehrer das Verlockende an diesem Ansatz, aber hat das rückblickend in der Praxis funktioniert? Welchen Stellenwert hat der Zürcher Ansatz heute?
Das ist wirklich ein zentraler Punkt. Für die Volksschulen wurde damals ein neuer Lehrplan vorbereitet, der nicht mehr aus den klassischen einzelnen Fächern, sondern aus fünf Bereichen bestand. Mit den Autoren der drei für die Medienpädagogik relevanten Bereiche „Sprache", „Mensch und Umwelt", „Musik und Gestaltung" arbeitete ich eng zusammen, um die Medienerziehung möglichst großflächig einzubringen. Entsprechende Themen boten sich an: Mediensprachen (z. B. Bildsprache), Medien als eine neue Umwelt und schließlich die Erstellung von medialen Produktionen. Im Lehrplan selbst wurde Medienerziehung als einer der „übergreifenden Unterrichtsgegenstände" explizit festgehalten. Der durch unseren textorientierten Ansatz immanent geschaffene didaktische Ort war damit im Lehrplan als Möglichkeit, leider aber nicht als Verbindlichkeit angelegt. Lehrpersonen, die nicht in unseren Kursen oder in den zahlreichen in unserem Kanton veranstalteten Medientagen erfasst, sensibilisiert und qualifiziert worden waren, fanden so nur teilweise den spontanen Zugang zu explizitem Medienunterricht.

In der heutigen Situation nun, in der – vor allem auch auf dem Hintergrund der Netzkommunikation und anderer neuer technischer Kommunikationsformen – die Medien de facto zu einer zusammenhängenden Umwelt geworden sind, fällt mir auf, dass es offenbar eher schwieriger geworden ist, gegenüber dieser bedrängenden medialen Omnipräsenz Abstand zu gewinnen. Bezeichnungen wie Medienflut, Berieselung, Abtauchen, Surfen, Datenstrom etc. weisen auf eine Art lebensweltlichen Aggregatszustand von Verflüssigung hin. Alle diese dem aquatischen Milieu zugehörigen Metaphern besagen im Grunde, dass die Medien zu einem einzigen „Fluidum" (lat. fluere = fließen) zusammengeflossen sind, wie das Wasser das Lebensmedium für Fische bildet. Sogar für Medienpädagogen wird so die Versuchung groß, sich etwas zu empathisch in die kindlichen und jugendlichen Medienwelten zu versetzen und dabei auch selbst in das multimediale Soap-, Rock- und Funbad abzutauchen. Man empfände dann fast als deplatziert, der sich autonom entwickelnden Mediensubkultur der Kinder und Jugendlichen mit theoretischen oder gar normativen Vorgaben entgegenzutreten. Allerdings käme einer Fehleinschätzung gleich, wenn man aus diesem sich quasi selbst regulierenden Medienbiotop von Kindern auf eine Selbstregulierung von Medienkompetenz im emotionalen, intellektuellen und geistigen Sinn schließen würde. Es gilt also, aus dieser immersiven Situation immer wieder aufzutauchen und eine reflexive Distanz einzunehmen. Just der Begriff des Lesens setzt ja eigentlich per se die Distanz eines denkenden Subjekts gegenüber einem Objekt, sprich Text, voraus.

Gibt es in Bezug auf diese Immersion besondere Herausforderungen für die Medienpädagogik in der Schweiz?
Ich glaube, dass man aufgrund der Globalisierung nicht von einer schweizerischen Spezialsituation sprechen kann, sondern, dass diese neuen Umweltverhältnisse un-

ausweichlich mit unserer Medien- und Informationsgesellschaft verbunden sind. Im Medienfluss wird – zwar neben etwelchen Goldkörnern – auch viel Schutt und Geröll mitgeführt. Insofern leben wir in einem Zeitalter, das man als informationelles Diluvium bezeichnen könnte. Weitere Probleme bilden die Unausweichlichkeit dieser medialen Umwelt und die Aggressivität der Medien. Der vielgerühmte Wettbewerb des freien Medienmarkts, von dem man sich ursprünglich eine Verbesserung der Qualität versprochen hatte, ist längst zu einem Verdrängungswettbewerb mit harten Bandagen ausgewachsen.

Wie kommt man da wieder raus?
Eines meiner letzten Seminare an der Universität Zürich habe ich unter dem Titel „Das Medium ist die Aggression" veranstaltet – in prononcierter Fortschreibung von McLuhans „Das Medium ist die Botschaft". Schon in der Auffassung von McLuhan werden die Inhalte durch den formalen Auftritt des Mediums quasi aufgesogen. Was aber damals als Mediendarbietung noch als Stimulierung von außen erlebt werden konnte, ist heute viel virulenter und eben unausweichlich geworden.

Nach dem besagten Seminar schlug eine Gruppe von Studierenden vor, sich Erfahrungen aus einer extremen Gegensituation einzuholen. Wir beschlossen also, uns in ein ehemaliges Kartäuser Kloster zu begeben, in das sich früher Einsiedlermönche zurückgezogen hatten. Es war recht eindrücklich, jene Zellen zu besuchen, die förmlich von der Welt abgeschnitten waren. Der zuständige Leiter des Bildungszentrums, Walter Büchi, führte uns dann in einen in der Krypta eigens eingerichteten Raum der Stille. Es lässt sich in einer solchen Situation als ungeheure Ressource erleben, wenn man merkt, dass man gar nicht auf ständige mediale Stimulierung angewiesen ist, sondern dass man Stimuli selber generieren kann. Dies ist ein wichtiger Schritt: die Erfahrung, dass man auf eigene Ressourcen zurückzugreifen und so der Eigeninitiative und eigenen Kreativität viel breiteren Raum geben kann.

Wie kann man dies im Schulalltag, in dem Medienpädagogik praktiziert wird, umsetzen?
In der Schule gibt es Gelegenheiten und Anlässe zuhauf, sich die mit den Medien und der Medienumwelt verbundenen Probleme bewusst zu machen. Das bereits erwähnte Ausgehen von Medientexten (als Zeugnisse zeitgenössischer Kultur) ist das Eine. Und da die Schule ein Ort der Vermittlung par excellence ist, könnte und sollte man sich auch in grundsätzlicher Weise mit dem Phänomen der Mittelbarkeit auseinandersetzen. Wir erfahren ja Dinge und Erscheinungen der heutigen komplexen Welt nur in geringem Ausmaß direkt, sondern vor allem indirekt aus den Medien. Dabei sollte man sich im Klaren sein, dass eine nur vermittelte (also nicht unmittelbare) Wirklichkeit lediglich eine Teilrealität darstellt.

Medien stehen indes ja nicht nur für vorgefundene Wirklichkeit, sie konstruieren auch weitgehend eine Als-ob-Wirklichkeit, eine virtuelle Welt bis hin zu halluzinativen Vorspiegelungen. Andererseits liefert Fiktion auch verdichtete – eben dichterische – Erkenntnisse über Leben und menschliche Existenz schlechthin. All dies – vor allem die Einschätzung von Wirklichkeit von medialen Vorgaben her – böte eine unablässige Herausforderung zur Reflexion.

Medienbildung wäre demnach prädestiniert für ein Rahmenfach in der Schule, statt als Unterrichtsprinzip zwischen Stuhl und Bank zu fallen. Nicht umsonst hatte Mitte der 1990er Jahre der damals im Bundesland Sachsen für Bildung und Erziehung zuständige Staatssekretär, Wolfgang Nowak, die Absicht, Medienpädagogik nach dem Zürcher Ansatz in der Volksschule als Fach einzuführen. Die politische Entwicklung zerschlug dann zwar dieses wegweisende Vorhaben und stufte Medienpädagogik wieder zurück, immerhin zu einem expliziten Sachbereich Medienpraxis (aber eben nicht Fach). Schade – unsere Mediendemokratie und die persönliche Lebensgestaltung jedes Einzelnen würden mit einer in der Schule verbindlich eingeführten qualifizierten Medienbildung und Informationsphilosophie über bessere Voraussetzungen für die Entwicklung einer zukünftigen Gesellschaft verfügen.

Zusammenfassung

Die Medienpädagogik im deutschsprachigen Raum lässt manche Gemeinsamkeiten erkennen, so die frühe Bedeutung des Filmes als Ausgangspunkt für medienpädagogische Aktivitäten, die Sorge um die soziale und sittliche Entwicklung der Kinder und Jugendlichen und das Bestreben, die Heranwachsenden mit (aus erwachsener Sicht resp. aus Sicht der Mächtigen) „wertvollen" Angeboten zu versehen. Später folgt die Entwicklung hin zu reflexiven und handlungsorientierten Ansätzen.

Die politischen Entwicklungen prägen die Ausrichtung der Medienpädagogik. Die durch den Faschismus in den Krieg gerissenen Länder, Deutschland und Österreich, erfahren andere Brüche und Umbrüche in der Medienpädagogik als die Schweiz, in der aber viele Bewegungen der Nachkriegszeit, der 1960er Jahre und der folgenden Dekaden dann sehr ähnlich verlaufen. Die Medienpädagogen der drei deutschsprachigen Länder arbeiten seit den 1970er Jahren in Initiativen und Fachgesellschaften eng zusammen, enger als zum Beispiel die Medienpädagogen der drei Sprachregionen innerhalb der Schweiz. Einen eigenen Weg ging die Medienpädagogik in der DDR und so treten nach der Wiedervereinigung Deutschlands nicht nur Brüche in den Medienangeboten für Heranwachsende auf (nun soll plötzlich nicht mehr die sozialistische Persönlichkeit durch geeignete Medien herangebildet werden), sondern auch in der Positionierung der Medienpädagogik, zum Beispiel was die Einbindung von Medien in Fachbereiche an den Schulen betrifft. In Deutschland hat sich die Medienpädagogik bis heute am breitesten etablieren können, was sich zum Beispiel in der Anzahl der universitären Lehrstühle ausdrückt, die diesem Feld gewidmet sind. In Österreich und der Schweiz sind hingegen auch zu Beginn des 21. Jahrhunderts nach wie vor nur wenige Institute und Professuren der Medienpädagogik gewidmet. In allen drei Ländern ist ein Trend zu beobachten zu einer starken Verbindung von Informations- und Kommunikationstechnologien und Medienpädagogik. Durch die starke Ausrichtung auf ICT und Mediendidaktik sind manche zuvor intensiv bearbeiteten Felder wieder brachgelegt worden, so zum Beispiel die Filmbildung.

Die Medien kommen in den Bildungs- und Lehrplänen im deutschsprachigen Raum überall als Querschnittsthema vor, aber nirgends als eigenes Fach. Das limitiert die Aufmerksamkeit und die Ressourcen, welche diesem Feld in der Schule zukommen. Mediatisierung und Digitalisierung, Kommerzialisierung und crossmediale Vermarktung und die Tendenz, dass immer jüngere Kinder frei über ein großes Medien-Menu verfügen, stellen aktuelle Herausforderungen für die Medienpädagogik im deutschsprachigen Raum (und darüber hinaus) dar.

Fragen für weitere Überlegungen und Diskussionen

1. Vergleichen Sie die Entwicklungen in Deutschland, Österreich und der Schweiz. Welche Gemeinsamkeiten und Unterschiede können Sie feststellen?
2. Welche kulturellen Besonderheiten lassen sich im Hinblick auf die Entwicklung der Medienpädagogik in den drei deutschsprachigen Ländern identifizieren?
3. Wie würden Sie den Status quo der Medienpädagogik in Deutschland, Österreich und der Schweiz beschreiben?
4. Welche „medienpädagogischen Trends" zeichnen sich in den drei Ländern ab?

Empfohlene Basislektüre zur Ergänzung dieses Kapitels

Blaschitz, Edith/Seibt, Martin (2008) (Hrsg.): Medienbildung in Österreich: Historische und aktuelle Entwicklungen, theoretische Positionen und Medienpraxis. Münster u. a.: LIT Verlag.

Meyer, Peter (1978): Medienpädagogik. Entwicklung und Perspektiven. Königstein/Ts.: Verlag Anton Hain.

Moser, Heinz (2005): „Verschwindet" die Medienpädagogik in der Schweiz? In: Kleber, Hubert (Hrsg.): Perspektiven der Medienpädagogik in Wissenschaft und Bildungspraxis. München: KoPäd Verlag, 265–273.

Schorb, Bernd (1995): Medienalltag und Handeln. Medienpädagogik in Geschichte, Forschung und Praxis. Opladen: Leske + Budrich.

Von Gross, Friederike/Meister, Dorothee M./Sander, Uwe (2015): Die Geschichte der Medienpädagogik in Deutschland. Weinheim und Basel: Beltz Juventa.

4 Medienpädagogische Ansätze: Grundhaltungen und ihre Konsequenzen

Die Medienpädagogik befasst sich mit den Möglichkeiten und Grenzen, die Medienkompetenz von Heranwachsenden zu fördern, kinder- und jugendgerechte Medienangebote zu erkennen und Medien produktiv in alle Lebensbereiche zu integrieren. Gleichzeitig ist damit das Ziel verbunden, Kinder und Jugendliche zu einem sicheren Umgang mit den Medien zu befähigen, d. h., dass sie lernen, wie sie Risiken vermeiden und wie sie mit Risiken umgehen können. Hier lassen sich verschiedene pädagogische Ansätze unterscheiden. Häufig wird – sei es aufgrund einer allgemeinen kulturpessimistischen Haltung heraus oder aus politischem Kalkül – mehr Energie darin investiert, negative Medieneffekte zu verhindern, als dass man die Medien als Ressourcen für die Persönlichkeitsentwicklung der Heranwachsenden würdigt. In diesem Kapitel werden verschiedene medienpädagogische Ansätze skizziert und mit Beispielen illustriert.

In der Geschichte der Medienpädagogik lassen sich zahlreiche Ansätze unterscheiden (vgl. Swoboda 1994). Die Reihenfolge zeichnet die historische Linie nach, in welcher diese Konzepte jeweils dominant waren, auch wenn bis heute alle Paradigmen angetroffen werden können (► Kapitel 3 und 8). Zudem stellt sich im Zeitalter interaktiver Medien die Frage, ob neue Ansätze erforderlich sind, um den Anforderungen und Möglichkeiten der Medien adäquat zu begegnen. Aus der Vielfalt der Ansätze werden im Folgenden fünf Ansätze herausgegriffen, welche das Grundverständnis der Medienpädagogik, wie es zu verschiedenen Zeiten und in unterschiedlichen Ländern vertreten wurde, paradigmatisch bündeln sollen (vgl. auch Süss 2008: 370–372). Medienpädagogik wurde konzipiert als:

- Bewahrende Pädagogik
- Reparierende Pädagogik
- Aufklärende Pädagogik
- Alltagsorientierte Pädagogik
- Handlungsorientierte Pädagogik

D. Süss et al., *Medienpädagogik*, Studienbücher zur Kommunikations- und Medienwissenschaft, https://doi.org/10.1007/978-3-658-19824-4_4

1) **Bewahrpädagogische Konzepte:** In diesen Bereich fallen alle Initiativen des Jugendmedienschutzes, aber auch die Förderung von kinder- und jugendgerechten Medienangeboten, welche die Heranwachsenden davon abhalten sollen, „Schmutz und Schund" zu konsumieren. Ein besonderes Augenmerk wird in diesem Ansatz auf Gewalt und Pornografie in den Medien gelegt und auf die Risiken von Mediensucht und Konsumsucht durch Werbewirkungen. Zudem wird der Medienverzicht zugunsten anderer Freizeitaktivitäten propagiert.
2) **Reparierpädagogische Konzepte:** Diese Ansätze gehen davon aus, dass Medieneinflüsse nicht zu vermeiden sind, sondern dass man höchstens durch geeignete Maßnahmen negative Langzeitfolgen eindämmen kann. Es werden Verarbeitungshilfen für Medienerfahrungen angeboten, wie das angeleitete Rollenspiel, das Zeichnen von Medienerfahrungen, das durch Eltern begleitete Rezipieren von Medienangeboten oder das verarbeitende Gespräch, um allfällige Irritationen aufzudecken und zu bewältigen.
3) **Aufklärende Konzepte:** Man versucht, die Medienwirkungen dadurch abzuschwächen resp. in positive Bahnen zu lenken, dass man den Kindern möglichst viel Wissen über die Funktionsweisen der Medien vermittelt. So können sie die Medien „durchschauen" und eine kritische Position gegenüber den Botschaften der Medien einnehmen. Die Faszination der Medien soll reduziert und die Autonomie der jungen Rezipienten erhöht werden.
4) **Alltagsorientierte, reflexive Konzepte:** Der Medienalltag der Heranwachsenden wird durch sie selbst reflektiert, indem sie z. B. Medien-Tagebücher schreiben und über ihre Lieblingsmedien und -angebote bzw. besonders positive oder besonders negative Medienerfahrungen in ihrem Alltag nachdenken. Die Erziehenden setzen nicht an Idealnormen des Medienalltags an, sondern an den vorfindlichen Durchschnittsnormen der Kinder, mit denen sie zu tun haben und versuchen auf dieser Basis, den Medienumgang der Kinder bewusster zu gestalten.
5) **Handlungsorientierte, partizipatorische Konzepte:** Die Kinder werden dazu angehalten, selbst Medien herzustellen und sie zur Vermittlung eigener Botschaften aktiv zu nutzen. Sie lernen dadurch die Handhabung der Medien und versetzen sich in die Rolle von Medienproduzenten. Damit wechseln sie die Perspektive vom passiven Konsumenten zum aktiven Produzenten, was auch ermöglicht, die Spannung zwischen beabsichtigten und erzielten Wirkungen von Medienbotschaften zu reflektieren. Die Möglichkeiten und Grenzen der Medien und ihrer spezifischen Zeichensysteme werden bewusst und erfahrbar gemacht.

In einer kommunikationstheoretischen Achse betrachtet, geht es um präkommunikative, kommunikative und postkommunikative Ansatzpunkte für die medienpädagogische Intervention. Bewahren und Aufklären setzen präkommunikativ an, das Reflektieren und Handeln kommunikativ und das Reparieren postkommunikativ.

Im Folgenden soll zu jedem Paradigma eine Konkretisierung erfolgen und zum Schluss wird über die Möglichkeiten der Verbindung der Ansätze nachgedacht.

Abb. 4.1 Medienpädagogische Ansätze im Kommunikationsprozess

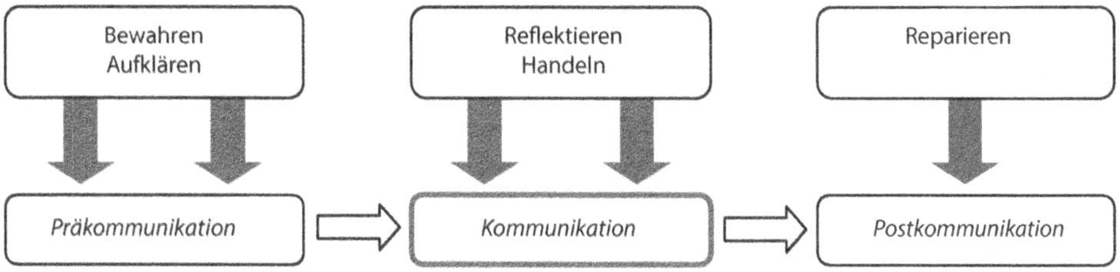

4.1 Bewahren: Medienkontakte einschränken

Um Kinder und Jugendliche vor schädlichen Einflüssen der Medien zu bewahren, wurden Maßnahmen des Jugendmedienschutzes entwickelt. Diese sind in der Regel stärker juristisch als pädagogisch fundiert und spiegeln darin eine Erwartung, die Medien und die Mediennutzung durch Verbote und Sanktionsandrohungen in den Griff zu bekommen. Auf der einen Seite sollen die Medienproduzenten und -distributoren dazu verpflichtet werden, keine problematischen Inhalte für Kinder und Jugendliche zugänglich zu machen, auf der anderen Seite sollen auch die Heranwachsenden selbst und ihre Erziehungspersonen durch Zugangssperren daran gehindert werden, ungeeignete Inhalte zu konsumieren und zu besitzen.

Neuen Auftrieb erhält die Bewahrpädagogik heute durch die moderne Hirnforschung, welche durch die bildgebenden Verfahren einen Boom erlebt. Der klinische Psychologe, Psychiater und Hirnforscher Manfred Spitzer (2005) hat in „Vorsicht Bildschirm!" mit seiner These „Bildschirmmedien machen dumm, aggressiv, traurig und dick" sowie mit „Digitale Demenz" (Spitzer 2012) und „Cyberkrank!" (Spitzer 2015) große öffentliche Beachtung gefunden. Ebenso der Neurobiologe Gerald Hüther (2008), welcher postuliert, dass die Gehirnentwicklung von Kindern und Jugendlichen durch deren Medienkonsum maßgeblich gefährdet werde. Zwar gehen beide davon aus, dass die Probleme durch exzessive Mediennutzung bei gleichzeitiger Armut an anderen Aktivitäten entstehen, aber sie nehmen an (ohne die entsprechende Nutzungsforschung zu konsultieren), dass so viele Kinder fast nur noch vor dem Bildschirm sitzen, dass eine generelle Warnung an alle Eltern notwendig sei.

Was ist nach Hüther alles schlecht am Medienkonsum? Die zentralen Punkte sollen im Folgenden skizziert und danach vor dem Hintergrund medienpädagogischer Forschung beleuchtet werden. Schon allein das lange Sitzen: Es erschwere die Interaktion zwischen Gehirn und Körper. Stehen und sich bewegen sei besser. Die Passivität des Zuschauens: Lernen könne man nur durch eigene Erfahrungen. Leben sei Problemlösen (Karl Popper). Als Zuschauer könne man nicht zeigen, was man selber kann. Von Hüther nicht genannt, aber konsequent wäre hier auch ein Verweis auf Martin Buber (1983: 18): „Alles wirkliche Leben ist Begegnung." Den Medienfiguren kann man nicht als „Du" begegnen. Die Grundforderung der Neurobiologie lautet nach Hüther (2008): Konnektivität. So wie die Nervenzellen des Gehirns ein dichtes Netzwerk bilden müssen, um zu funktionieren, so müssten sich Menschen mit sich selbst und ihrer sozialen und materiellen Umwelt aktiv auseinandersetzen und verbinden können. Zuschauen hieße „draußen bleiben". Menschliche Grundbedürfnisse verdichtet Hüther in das Bedürfnis nach Wachstum und das Bedürfnis nach Verbundenheit. Wachsen und über sich selbst hinauswachsen könne man durch Erfahrungen, welche die Selbstwirksamkeit bestätigen. Junge Menschen, welche intensiv in den Medienwelten versinken, würden die passive Haltung auf die reale Welt übertragen: Sie würden auch dort zu Zuschauern. Zudem sei es für junge Menschen frustrierend, ein Weltbild zu erlangen, nach dem die Dinge „da draußen" ablaufen, ohne dass sie ernsthaft Einfluss darauf nehmen könnten.

Nach Bergmann und Hüther (2006) stellen Kinderärzte seit einigen Jahren eine erhebliche Zunahme an medizinischen Problemlagen bei Heranwachsenden fest: erhebliche Haltungsschäden, Störungen der Grob- und Feinmotorik, Übergewicht, Herz-Kreislauf-Insuffizienz, arteriosklerose Gefäßveränderungen und Typ-II-Diabetes. Sie schätzen die Prävalenz auf ca. 25 Prozent ein und sehen die Ursachen in zu wenig Bewegung, zu viel und zu ungesundem Essen, familiären und schulischen Problemen, Erziehungs- und Bildungsdefiziten und der übermäßigen Nutzung von Bildschirmmedien. Die körperlichen Gebrechen und Defizite werden ergänzt durch psychische und soziale Störungen: Psychotherapeuten und Psychiater stellen eine Zunahme an behandlungsbedürftigen Störungen des Verhaltens, der Persönlichkeitsentwicklung und der emotionalen Regulierung fest. Hier wird eine Prävalenzrate von ca. zehn Prozent angenommen, die Hälfte entfalle auf die Diagnose „Aufmerksamkeitsdefizitsyndrom" (ADS) (ebd.: 26; Spitzer 2005: 13–49).

Beispiel

Drei- bis zwölfjährige Kinder vor dem Fernsehen

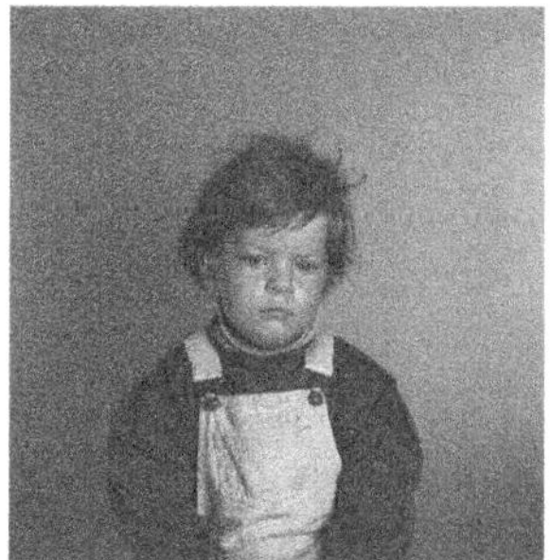

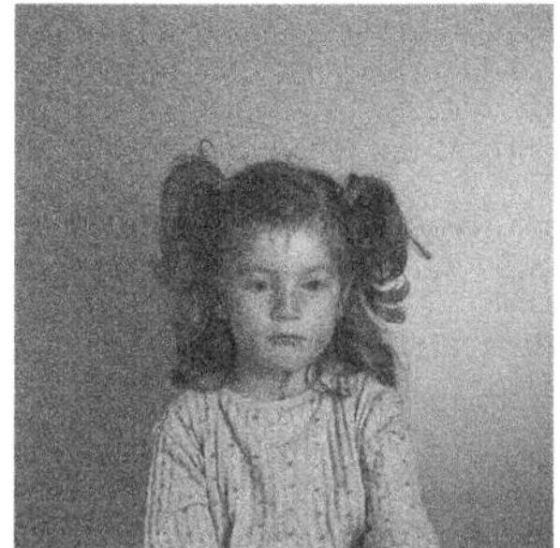

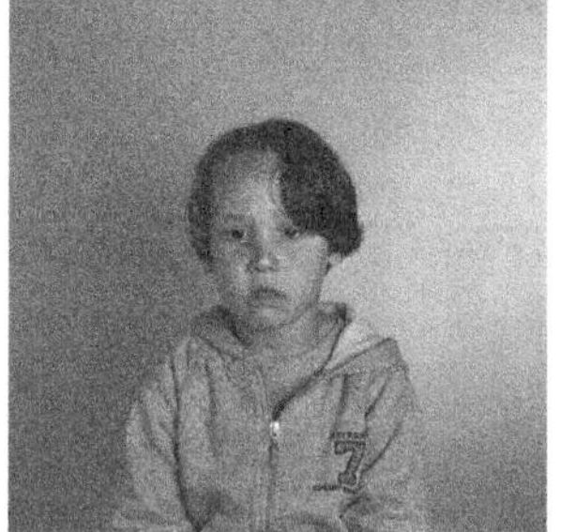

Hahn, Wolfram (2006): „Ein entzaubertes Kinderzimmer" (mit freundlicher Genehmigung des Autors)

Der Fotograf Wolfram Hahn hat unter dem Titel „Ein entzaubertes Kinderzimmer" 2006 eine Reihe von Fotos von fernsehenden Kindern erstellt, welche aus der Perspektive

> des Fernsehgerätes aufgenommen wurden und die Erstarrung der Kinder beim Fernsehen dokumentieren soll. Diese wird von Steinmann (2004) als typisches Anzeichen für eine Auflösung der Wirklichkeitsgrenzen zwischen Realität und Medienwelt interpretiert, welche in der Folge zu Problemen führen könne.

Hüther (2008) postuliert, dass die kommerzialisierte Medienwelt durchaus Menschen will, die in einer armseligen Welt nach Ersatzbefriedigungen dürsten. Auf Kosten der Kinder und deren Gehirnentwicklung werde Geld gemacht. Kinder sollen in der Schule ihre Pflichten erfüllen und in der Freizeit passive Konsumenten sein. Der permanente Stress im Alltag führe schon bei Kindern zur Medien- und Konsumsucht (Bergmann/Hüther 2006).

Wie soll man diese Aussagen aus medienpädagogischer Sicht beurteilen? Die Grundforderung nach Konnektivität, die Betonung von Wachstum und Verbundenheit, sind im Einklang mit jahrhundertealten Thesen von gelingendem Leben. Auch praktisch alle psychologischen Persönlichkeits- und Entwicklungstheorien würden diese Forderung stützen (vgl. Jüttemann/Thomae 2002). Niemand würde behaupten, dass Isolation und Stillstand dem Menschen gerecht seien. Die These allerdings, dass Bildschirmmedien zwangsläufig zu sozialer Isolation und Wachstumsstillstand führten, lässt sich mit der Mediennutzungs- und Wirkungsforschung nicht stützen. Es gibt Risikogruppen, -konstellationen und -situationen, in denen der Medienumgang solche Effekte haben kann, aber Generalisierungen sind nicht statthaft. Bei der aktuellen Medienkritik sind es die neuen Medien, Bildschirmmedien und virtuelle Welten, welche für besonders schädlich gehalten werden. Die meisten Kritikpunkte wurden früher aber auch auf andere Medien angewandt, zum Beispiel auf das Lesen von Büchern. Auch beim Lesen sitzt man lange und kann nicht aktiv in die Handlung eingreifen. Das Argument, dass die Rezipienten im Umgang mit Bildschirmmedien zu passiven Zuschauern würden, ist gerade bei den Computerspielen, der Online-Kommunikation und Web 2.0-Anwendungen schwer nachvollziehbar. Diese neuen Medien und ihre Anwendungen sind nur in Interaktivität nutzbar. „Zuschauen gilt nicht", brachte der Medienjournalist Marc Bodmer (2007) die zentrale Spielregel der Videogame-Kultur auf den Punkt.

Schließlich ist die größte Schwierigkeit der kulturpessimistischen Argumente aus der Hirnforschung, dass die meisten Mediennutzer in ihrem Alltag *nicht* permanent vor dem Bildschirm sitzen, sondern vielfältigen Aktivitäten nachgehen, Freunde treffen, sich sportlich betätigen, sich gesund ernähren usw. und die Medien daher ihr Gehirn nicht in der Weise einseitig strukturieren können, wie das der Fall wäre, wenn sie mehr als die Hälfte des Tages vor einem Bildschirm verbringen würden. Dass Kinder zunehmend an Bewegungsmangel leiden und übergewichtig werden, dürfte in höherem Maße etwa damit zusammen hängen, dass Eltern ihre Kinder mit dem Auto zur Schule fahren und die Jugendlichen über Mittag in ein Fastfood-Restaurant schicken, als damit, dass die Heranwachsenden nach der Schule ein bis zwei Stunden fernsehen oder Computer- und Videospiele spielen.

Bei aller Kritik soll nun nach der Gültigkeit der Grundlagen des Ansatzes gefragt werden: Kinder sind in gewissen Bereichen verletzbarer und beeinflussbarer als Erwachsene. Aber: Die persönliche Reife kann auch bei Erwachsenen gering und bei Kindern hoch sein. Eine entwicklungspsychologische Sicht, welche stufenförmig an eng definierten Altersabschnitten festgemacht ist, gilt heute als überholt (Montada 2002: 18–20). Dennoch zielen Jugendmedienschutzbestimmungen immer auf eine klar definierte Altersgruppe, welche es zu schützen gilt. Ein interessantes und hilfreiches Konzept ist hier die *Resilienz* (Welter-Enderlin/Hildenbrand 2006).

Diese Fähigkeit ist sowohl in Bezug auf potenziell schädliche Medieninhalte oder -nutzungsstile, als auch in Bezug auf problematische Verhältnisse in der realen Umwelt bedeutsam. Es trägt zur Erklärung bei, weshalb derselbe Medieninhalt (z.B. ein Gewalt-Computerspiel) oder derselbe Nutzungsstil (z.B. zwei Stunden täglich fernsehen) nicht bei allen Rezipienten dieselben Effekte auslöst. Es macht auch verständlich, warum gewisse Kinder auf eine belastende Situation in der Schule oder Familie mit Eskapismus in die Medienwelt reagieren, während andere Kinder Kräfte mobilisieren, welche eine aktive Bewältigung der Situation ermöglichen.

In der gesundheitspsychologischen Forschung richtet man das Augenmerk nicht auf die Bedingungen, die jemanden krank machen (Pathogenese), sondern vor allem auf die Bedingungen der Entwicklung und Aufrechterhaltung von Gesundheit (Salutogenese). Protektive Faktoren tragen dazu bei, dass Menschen sich körperlich und psychosozial gesund entwickeln, diese können aus dem Innern des Menschen stammen – wie etwa die Resilienz – aber auch aus äußeren Umweltmerkmalen, wie einem tragenden Beziehungsnetz. Bewahrende Pädagogik ist dort angebracht, wo es um das Schaffen eines sicheren Lebenskontextes für Heranwachsende geht oder wo man erkennt, dass ein Individuum über wenig innere Ressourcen verfügt, um mit medialen und anderen Gefährdungen zurechtzukommen.

- **Resilienz:** Ursprünglich aus der Technik stammend, meint dieser Begriff die Biegsamkeit eines Materials, wodurch vorübergehende Belastungen aufgefangen werden können, ohne dass Schäden entstehen. Störungstoleranz und die Fähigkeit zur Selbstregeneration sind weitere Merkmale dieses Konstrukts. Übertragen auf den Menschen ist es die Fähigkeit, auch mit schwierigen psychosozialen Bedingungen so zurechtzukommen, dass keine psychischen Schäden daraus entstehen.

Zum bewahrenden Ansatz gehören die Systeme der Altersempfehlungen für Medienangebote und die Kennzeichnung nach bestimmten Gefährdungspotenzialen. Im Folgenden werden zwei Altersratings der Selbstkontrolle der Computerspielindustrie vorgestellt: Das PEGI- und das USK-Modell. Das Pan European Game Information (PEGI) Rating weist sieben Gefährdungsbereiche aus (Microsoft Corporation 2007: 5–7):

Beispiel PEGI

Gefährdungsbereiche von Computerspielen nach PEGI-Rating

- Sprache: Das Spiel enthält vulgäre Sprache
- Diskriminierung: Das Spiel zeigt Darstellungen von Diskriminierung oder verherrlicht/verharmlost diese.
- Drogen: Das Spiel zeigt Drogenkonsum oder verherrlicht/verharmlost diesen.
- Angst: Das Spiel könnte jüngere Kinder ängstigen.
- Glücksspiel: Das Spiel enthält Glücksspielelemente. Es ermuntert zum Glücksspiel und lehrt, wie man es macht.
- Sex: Das Spiel enthält Nackt- oder Sexdarstellungen.
- Gewalt: Das Spiel enthält Gewaltdarstellungen oder verherrlicht/verharmlost Gewalt.
- Onlinegame: Das Spiel kann online gespielt werden.

Auf der Basis dieser Kriterien werden Spiele in fünf Alterskategorien eingestuft, nämlich in 3+, 7+, 12+, 16+ und 18+. Das Logo „Pegi Online" signalisiert zudem, dass ein Spiel online gespielt werden kann. Die Alterseinstufungen werden folgendermaßen begründet:

- **3+ Spiele:** Diese Spiele sind für die meisten Nutzer geeignet, jüngere Kinder ab 3 Jahren eingeschlossen. Sie können leichte Gewaltdarstellungen in einem humorvollen Kontext beinhalten, zum Beispiel von Comicfiguren verkörpert.
- **7+ Spiele:** Diese Spiele können gelegentliche Gewaltdarstellungen enthalten durch nicht-realistische Fantasiefiguren, Bilder oder Klänge können angstauslösend sein für unter 7-jährige Kinder, es können Darstellungen von Nacktheit in nicht-sexuellem Kontext vorkommen.
- **12+ Spiele:** Diese Spiele können grafisch inszenierte Gewalt gegen Fantasiefiguren beinhalten und nicht-graphisch umgesetzte Gewalt gegen Menschen oder Tiere, explizite Darstellungen oder Beschreibungen von Sexualität und milde Formen vulgärer Sprache.
- **16+ Spiele:** Diese Spiele können grafisch inszenierte Gewalt gegen nicht-realistisch dargestellte Menschen oder Tiere enthalten, Verherrlichung von Kriminalität, Gebrauch illegaler Drogen, Alkohol und Tabakgenuss, erotische und explizite sexuelle Darstellungen ohne sichtbare Genitalien.
- **18+ Spiele:** Explizite sexuelle Darstellungen inklusive sichtbare Genitalien und harte Formen der Gewalt gegen realistische Figuren.

Aus solchen Kriterienlisten wird ersichtlich, dass der Kinder- und Jugendschutz von bestimmten Stufen ausgeht, welche in der psychosozialen Entwicklung eine zunehmende personale Stabilität gewährleisten. Diese führt dazu, dass immer drastischere Formen von psychischer und physischer Gewalt und von Pornografie als für die Spielenden zumutbar und nicht desorientierend eingeschätzt werden.

Das PEGI-System ist eine Form der Selbstkontrolle, welche durch das niederländische Institut NICAM durchgeführt wird. Dass die Alterseinstufungen von Medien nicht einheitlich stattfinden, lässt sich leicht daran erkennen, dass Computerspiele in Deutschland auch durch ein anderes System – den Kriterien der *Freiwilligen Selbstkontrolle der Unterhaltungssoftware (USK)* – eingestuft werden, welche folgenden Kategorien zugrunde legt:

Beispiel USK

Altersfreigaben von Computerspielen nach USK

Die Alterseinstufungen der USK finden sich auf jeder Spieleverpackung und in der Regel auf jedem Datenträger. Auch in einem seriösen Online-Shop wird immer auf die USK-Kennzeichen verwiesen.

Freigegeben ohne Altersbeschränkung gemäß § 14 JuSchG
Spiele mit diesem Siegel sind aus der Sicht des Jugendschutzes für Kinder jeden Alters unbedenklich. Sie sind aber nicht zwangsläufig schon für jüngere Kinder verständlich oder gar komplex beherrschbar.

Freigegeben ab 6 Jahren gemäß § 14 JuSchG
Die Spiele wirken abstrakt-symbolisch, comicartig oder in anderer Weise unwirklich. Spielangebote versetzen den Spieler möglicherweise in etwas unheimliche Spielräume oder scheinen durch Aufgabenstellung oder Geschwindigkeit zu belastend für Kinder unter sechs Jahren.

Freigegeben ab 12 Jahren gemäß § 14 JuSchG
Kampfbetonte Grundmuster in der Lösung von Spielaufgaben. Zum Beispiel setzen die Spielkonzepte auf Technikfaszination (historische Militärgerätschaft oder Science-Fiction-Welt) oder auch auf die Motivation, tapfere Rollen in komplexen Sagen und Mythenwelten zu spielen. Gewalt ist nicht in alltagsrelevante Szenarien eingebunden.

Freigegeben ab 16 Jahren gemäß § 14 JuSchG
Rasante bewaffnete Action, mitunter gegen menschenähnliche Spielfiguren, sowie Spielkonzepte, die fiktive oder historische kriegerische Auseinandersetzungen atmosphärisch nachvollziehen lassen. Die Inhalte lassen eine bestimmte Reife des sozialen Urteilsvermögens und die Fähigkeit zur kritischen Reflektion der interaktiven Beteiligung am Spiel erforderlich erscheinen.

Keine Jugendfreigabe gemäß § 14 JuSchG
In allen Spielelementen reine Erwachsenenprodukte. Der Titel darf nur an Erwachsene abgegeben werden. Bei Verstoß drohen Ordnungsstrafen bis 50 000 Euro. Der Inhalt ist geeignet, die Entwicklung von Kindern und Jugendlichen zu einer eigenverantwortlichen und gemeinschaftsfähigen Persönlichkeit zu beeinträchtigen. Voraussetzung für die Kennzeichnung ist, dass § 14 JuSchG Abs. 4 und § 15 JuSchG Abs. 2 und 3 („Jugendgefährdung") nicht erfüllt sind.

Nimmt man nun Spiele zur Hand, welche nach beiden Systemen eingestuft wurden, stellt man mitunter fest, dass ein und dasselbe Spiel unterschiedliche Altersfreigaben bzw. -empfehlungen haben kann, nur schon dadurch bedingt, dass nicht dieselben Altersstufen zur Gliederung der Systeme angewandt werden. In manchen Fällen können die unterschiedlichen Einstufungen sehr deutlich voneinander abweichen.

Diese Relativität der Alterseinstufungen kennt man bereits aus den Altersfreigaben für Kinofilme. Auch dort findet man je nach zuständiger Kommission unterschiedliche Kriterienlisten und damit auch unterschiedliche Freigaben. In der Schweiz, in welcher die Zuständigkeit für die Altersfreigaben bei den 26 Kantonen liegt, kommt es immer wieder vor, dass ein Kinofilm im einen Kanton zum Beispiel ab 12 Jahren und im angrenzenden Kanton ab 16 Jahren freigegeben ist. Vergleicht man die Einstufung von Filmen international, dann werden die Differenzen noch größer. Dies verdeutlicht, dass Vorstellungen von Kindheit und Jugendschutz stark kulturell geprägt sind und daher auch je nach kulturellem Kontext als stimmig oder unstimmig erlebt werden. Während man in den USA sensibel auf die Darstellung von Sexualität reagiert und liberal mit Gewaltdarstellungen umgeht, ist dies in den nordischen Ländern gerade umgekehrt. Vulgäre Sprache wird in Großbritannien wenig toleriert, während diese in den deutschsprachigen Ländern als kaum bedenklich eingeschätzt wird.

Beispiel

Filmfreigaben in verschiedenen europäischen Ländern

Die ausgewählten Beispiele aktueller Filme zeigen, dass Filmfreigaben in den Kinos im internationalen Vergleich erheblich voneinander abweichen können. Die psychosoziale Reife der Heranwachsenden dürfte aber vergleichbar sein.

Filmtitel	A	D	DK	F	GB	NL	S
Titanic	–	12	11	oA	12	12	11
Die Chroniken von Narnia: Prinz Kaspian	10	12	11	oA	PG	6	11
James Bond 007: Ein Quantum Trost	12	12	11	oA	12A	12	11
Pearl Harbor	14	12	11	oA	12	12	11
Harry Potter und der Feuerkelch	10	12	11	oA!	12A	12	11
Harry Potter und der Gefangene von Askaban	6	12	11	oA	PG	9	11
Harry Potter und die Kammer des Schreckens	10	6 gF	11	oA	PG	6	11
Herr der Ringe: Die zwei Türme	12	12	11	oA A	12A	12	11
Wild Things	–	16	15	oA	18	16	11

Quelle: http://fsf.de/jugendmedienschutz/international/filmfreigaben/ (26.04.2013)

Legende: oA = ohne Altersbeschränkung, A = in Begleitung Erwachsener, PG = in Begleitung der Eltern, gF = gekürzte Fassung, kV = keine Veröffentlichung, – = zum Zeitpunkt der Datenabfrage (noch) nicht geprüft, * = Film noch nicht geprüft, daher höchste Alterseinstufung, ! = mit Hinweis auf Gewalt-/Sexszenen

Neben den Altersempfehlungen im Kontext der Selbstkontrolle erfolgt der Jugendmedienschutz durch die staatliche Aufsicht im Rahmen der Gesetzgebung. In der Schweiz sind brutale Gewaltdarstellungen durch Art. 135 im Schweizerischen Strafgesetzbuch verboten. Dieser Artikel entstand Ende der 1980er Jahre im Zuge der Debatten über sogenannte Splattermovies, welche auf VHS-Videos verbreitet wurden (Bernath 1995). Ursprünglich waren nur Herstellung und Weiterverbreitung der inkriminierten Medien strafbar, seit 2001 ist auch der Besitz unter Strafe gestellt.

> „Verboten sind eindringliche mediale Darstellungen von grausamen Gewalttätigkeiten gegen Menschen und Tiere, ohne schutzwürdigen kulturellen oder wissenschaftlichen Wert." (vgl. Bernath 1995: 63)

In Deutschland ist die Indizierung durch die *Bundesprüfstelle für jugendgefährdende Medien (BPjM)* ein Instrument, um den Zugang der Minderjährigen zu problematischen Medieninhalten zu verhindern. Die Indizierung eines Titels führt dazu, dass er Minderjährigen nicht zugänglich gemacht werden darf.

„Träger- und Telemedien, die geeignet sind, die Entwicklung von Kindern oder Jugendlichen oder ihre Erziehung zu einer eigenverantwortlichen und gemeinschaftsfähigen Persönlichkeit zu gefährden, sind von der Bundesprüfstelle für jugendgefährdende Medien in eine Liste jugendgefährdender Medien aufzunehmen. Dazu zählen vor allem unsittliche, verrohend wirkende, zu Gewalttätigkeit, Verbrechen oder Rassenhass anreizende Medien." (BPjM 2008a)

Am häufigsten befasst sich die *BPjM* mit Gewaltdarstellungen und deren Potenzial zur Verrohung. Als schwer jugendgefährdend gelten Trägermedien, welche:

- „Propagandamittel verfassungswidriger Organisationen verbreiten;
- den Holocaust leugnen und in sonstiger Weise volksverhetzend sind;
- zu schweren Straftaten anleiten;
- grausame oder sonst unmenschliche Gewalttätigkeit gegen Menschen oder menschenähnliche Wesen in einer Art schildern, die eine Verherrlichung oder Verharmlosung solcher Gewalttätigkeiten ausdrückt oder die das Grausame oder Unmenschliche des Vorgangs in einer die Menschenwürde verletzenden Weise darstellt;
- pornographisch sind: Ein Medium ist pornographisch, wenn es unter Hintansetzen aller sonstigen menschlichen Bezüge sexuelle Vorgänge in grob aufdringlicher Weise in den Vordergrund rückt und wenn seine objektive Gesamttendenz ausschließlich oder überwiegend auf Aufreizung des Sexualtriebes abzielt;
- pornographisch sind und die Gewalttätigkeiten oder sexuelle Handlungen von Menschen mit Tieren oder den sexuellen Missbrauch von Kindern zum Gegenstand haben;
- den Krieg verherrlichen, wobei eine solche Kriegsverherrlichung besonders dann gegeben ist, wenn Krieg als reizvoll oder als Möglichkeit beschrieben wird, zu Anerkennung und Ruhm zu gelangen und wenn das Geschehen einen realen Bezug hat;
- Menschen, die sterben oder schweren körperlichen oder seelischen Leiden ausgesetzt sind oder waren, in einer die Menschenwürde verletzenden Weise darstellen und ein tatsächliches Geschehen wiedergeben, ohne dass ein überwiegendes berechtigtes Interesse gerade an dieser Form der Berichterstattung vorliegt;
- Kinder oder Jugendliche in unnatürlicher, geschlechtsbetonter Körperhaltung darstellen;
- oder offensichtlich geeignet sind, die Entwicklung von Kindern oder Jugendlichen oder ihre Erziehung zu einer eigenverantwortlichen und gemeinschaftsfähigen Persönlichkeit schwer zu gefährden." (BPjM 2008b)

Der bewahrpädagogische Ansatz und die Praxis des Jugendmedienschutzes werden zunehmend durch die Verbreitung problematischer Inhalte im Internet und via Mobiltelefon in Frage gestellt (vgl. Luder 2008). Es bleibt zwar notwendig, die Verbreitung problematischer Inhalte offline zu regulieren und zu kontrollieren, aber man kann damit nicht garantieren, dass Kinder und Jugendliche mit den Inhalten nicht in Berührung kommen. Gemäß einer deutschen Studie ist die Zugangsschwelle zu Pornografie für Jugendliche heute so niedrig wie noch nie (vgl. Altstötter-Gleich 2006).

4.2 Reparieren: Verarbeitungshilfen geben

Wenn man davon ausgeht, dass Medienpädagogik nicht darin aufgehen kann, den Zugang der Heranwachsenden zu problematischen Inhalten zu vermeiden, dann eröffnet sich die Option, die Verarbeitung von – allenfalls problematischen – Medieninhalten anzuleiten. Kinder und Jugendliche eignen sich die Medien oft außerhalb pädagogischer Einflusssphären an, was gerade in Haushalten sichtbar wird, wo eine stark bewahrpädagogische Haltung eingenommen wird. Steht den Kindern in der Familie zum Beispiel kein Fernseher zur Verfügung, so verschaffen sie sich Zugang zum Fernsehen bei Freunden oder anderen fernsehfreundlichen Bezugspersonen. Allfällige Irritationen durch Medienerlebnisse werden dann erst später in auffälligem Verhalten, Albträumen oder Regressionen (wie Bettnässen nach längerer Trockenphase) sichtbar. Rogge (1985) berichtet aus seiner erziehungsberaterischen Praxis von solchen Phänomenen und wie er versucht, die Medienerfahrungen der Kinder aufzugreifen und Hilfestellungen zur Verarbeitung zu bieten. Gerade eine strikte Ablehnung ungeeigneter Medien durch die Eltern kann dazu führen, dass das Kind bei den Eltern keine Verarbeitungshilfen abholen kann, da das offene Reden über ungewollte Medieneffekte mit einem Tabu belegt ist. Die Dimension Anschlusskommunikation im Modell der Medienkompetenz ist aber eine zentrale Form der Verarbeitungshilfe. Für jüngere Kinder (bis ca. 9 Jahre) kann es die Verarbeitung im Zeichnen oder in Rollenspielen sein, welche ängstigende oder irritierende Medienerfahrungen auffängt. Wenn Eltern oder Erzieherinnen in Kindergärten dann ungehalten auf scheinbar phantasieloses spielerisches Nachvollziehen von Mediengeschichten reagieren, dann werden die psychohygienische Funktion und die Appellfunktion, auf allfällige subjektive Notlagen des Kindes hinzuweisen, verunmöglicht.

Oft sind Medieninhalte für jüngere Kinder verstörend, welche aus Sicht von Erwachsenen harmlos scheinen. Kinder, welche befragt wurden, was für sie die brutalste Fernsehsendung sei, nannten nicht etwa eine Action- oder Krimi-Serie, sondern *Aktenzeichen XY ungelöst,* wo es um echte Verbrechen geht, welche in einem Kontext stattgefunden haben, der nahe an der Lebensrealität vieler zuschauenden Kinder liegt. Gerade auch die Altersempfehlungen der Jugendschutz-Instanzen versagen hier manchmal, wenn jüngere Kinder im Schulalter zum Beispiel bei Walt Disney-Filmen wie *Bambi* oder *König der Löwen* (beide ab 6 Jahren freigegeben) mit großen Ängsten auf den Tod eines Elternteils der Hauptfigur reagieren. Solche Szenen können Verlustängste aktivieren, weil die Kinder sich vorstellen können, wie schlimm es für sie wäre, einen Elternteil zu verlieren. Besonders unsicher gebundene Kinder oder Kinder in einer Familiensituation, in welcher oft Spannungen zwischen den Eltern herrschen oder von Scheidung die Rede ist, können durch solche Themen in Mediengeschichten stark verängstigt werden.

Rogge (1985) zeigt auf, wie man solchen vordergründig unerwarteten Reaktionen auf Medienfiguren und -geschichten nachgehen und im Gespräch und Spiel Verarbeitungshilfen bieten kann. Die Verarbeitung kann bereits während der Rezeption unterstützt werden, indem die Distanzregulation der jungen Zuschauenden ermöglicht wird. Ironische Kommentare der Kinder, sich demonstrativ hinter einem Kissen verbergen, den Sitzplatz vor dem Fernseher wechseln und andere Aktivitäten, können helfen, die Betroffenheit zu steuern respektive sich aus einer als zu stark empfundenen Involvierung in eine Szene herauszulösen.

Jugendliche nannten in einer Studie zur Rezeption eines Fernsehkrimis, dass für sie eine besonders brutale Szene darin bestand, dass das Haustier der weiblichen Hauptfigur von den Bösewichten getötet wurde, um die junge Frau einzuschüchtern (Süss 1993). Diese äußerlich nicht spektakuläre Gewalt-Szene führte zu starker Betroffenheit bei den Jugendlichen, vor allem bei denjenigen, welche selbst ein Haustier besitzen und sich so besonders in den psychischen Schmerz der Hauptfigur einfühlen konnten.

Ein kritischer Einwand gegen diese Position besteht darin, dass in einer heftigen kindlichen Reaktion auf eine Medienerfahrung meist ein Thema steckt, welches das Kind latent belastet hat und durch die Medienrezeption nur aktualisiert wurde. Allein am Medienverhalten zu arbeiten, würde also einer Symptombekämpfung gleichkommen und nicht die Ursachen aufgreifen. So gesehen ist das wohlwollende Eingehen auf kindliche Irritationen bei Medienerfahrungen eher als Möglichkeit zu verstehen, allgemeine Entwicklungsthemen und -krisen wahrzunehmen und Hilfestellungen zur Bewältigung anzubieten.

4.3 Aufklären: Die Medien durchschauen

In den frühen 1970er Jahren wurden im Kontext weitverbreiteter gesellschaftskritischer Bewegungen heftige Debatten zur Rolle der Medien als Herrschaftsinstrumente geführt. Medienkompetenz bedeutet in diesem kritischen Bezugssystem, die Machtverhältnisse und die Manipulationsabsichten der Medien zu durchschauen, um sich so vor den negativen Einflüssen zu schützen. Die Produktionsbedingungen, die Besitzverhältnisse und die Wirkungsweisen der formalen Aspekte der Mediensprache zu kennen, ist aus dieser Position heraus eine zentrale Komponente von Medienkompetenz und Medienmündigkeit. Ideologiekritik im Sinne einer marxistischen Grundhaltung wurde zum Beispiel als wichtige Fähigkeit angehender Lehrpersonen gefordert, wenn sie die Rolle der Medien im Alltag ihrer Schüler und in der Gesamtgesellschaft aufgreifen wollen (Kazda/Müller/Wember 1999: 107 ff.). Medienpädagogik wird hier besonders deutlich mit der Befähigung zum kritischen Bürger und Konsumenten verbunden. Die Schüler werden durch Inhaltsanalysen von Medien dafür sensibilisiert, die Botschaften, welche hinter der Oberfläche der Geschichten stecken, zu erfassen um sich kritisch damit auseinandersetzen zu können.

Medien sind als gesellschaftliches Subsystem mit allen anderen Subsystemen vernetzt und stehen in einer wechselseitigen Abhängigkeit und Durchdringung, insbesondere mit Politik und Wirtschaft, aber auch mit Kultur, Bildungs- und Sozialwesen. Die Heranwachsenden sollen lernen, wie diese Interdependenzen und Interpenetration die Prozesse und Inhalte bei den Medien prägen. Auf der einen Seite geht es um die Informationsfunktion der Medien, wenn untersucht wird, wie Ereignisse ausgewählt und bearbeitet werden oder wie durch gesellschaftliche Akteure Ereignisse mediengerecht inszeniert werden. Kommerzielle Werbekampagnen und politische Kampagnen werden analysiert. Auf der anderen Seite geht es um die Vermittlung von Werten in Unterhaltungsformaten. Als Beispiel dazu wäre das Idea- oder Themenplacement in fiktionalen Unterhaltungsangeboten zu nennen: Während die klassischen Soap Operas aus den USA oder Australien in erster Linie als Werbeumfeld dienten, sind in neueren Soaps und Telenovelas auch soziale Botschaften zu Emanzipationsfragen und Gesundheitsthemen zu finden (vgl. Lampert 2007).

Neben kritischen Inhaltsanalysen gehören auch Besuche bei Medienunternehmen zu diesem Ansatz. Der Blick hinter die Kulissen soll ein Bewusstsein für die immense Arbeitsteilung und die hierarchische Struktur der Entscheidungswege und -instanzen schaffen, welche an einer Medienproduktion beteiligt sind. So wird Medienethik als Organisationsethik erkennbar, die nicht einem Individuum zugeschrieben werden kann, zum Beispiel einem Kriegsberichterstatter als Korrespondent vor Ort in einem Krisengebiet. Nur der unaufgeklärte Zuschauer würde die Auswahl der Berichte und die Parteilichkeit oder Ausgewogenheit der Kommentare einem Journalisten und seiner persönlichen politischen Haltung zuschreiben.

Die Analyse der Besitzverhältnisse in Medien- und Telekommunikationsunternehmen kann zum Beispiel aufzeigen, wie die heutige Medienkonvergenz dazu beiträgt, neue Monopole zu schaffen und bei einer scheinbaren Vielfalt im Angebot dennoch eine Bündelung der Macht in der Hand weniger Firmen voranzutreiben (Vollbrecht 2001: 206 ff.). Die Vermischung von politischer Macht mit Medienmacht (Beispiel Silvio Berlusconi in Italien) oder von Macht über Computersysteme und über Medieninhalte wie Musik-, Bild- oder Filmrechte (Beispiel Microsoft) werden den Heranwachsenden als Gefahr für eine vielfältige Medienlandschaft transparent gemacht.

Medienkritik umfasst auch die Rolle der Medien als „vierte Gewalt" im Staat neben Exekutive, Legislative und Judikative. Die Medien übernehmen eine allen Instanzen der Gesellschaft gegenüber kritische Haltung. Sie stellen die Fähigkeit und das Instrument einer freien demokratischen Gesellschaft zur Selbstreflexion dar. Dies zumindest ist die Idealvorstellung eines funktionalen Journalismus. Dass diese Rolle nicht immer überzeugend wahrgenommen werde, kritisiert Christian Doelker (2005: 177) und fordert, dass die Medienpädagogik als „fünfte Gewalt" die Medien auf ihre

Funktionen und Dysfunktionen hin zu durchleuchten habe. In dieser Zielsetzung ist Medienpädagogik anwaltschaftlich für die Rezipienten auf die Medien selbst als Adressaten ausgerichtet. Diesem Selbstanspruch steht die Schwierigkeit gegenüber, dass sich Medienschaffende von der Medienpädagogik wenig sagen lassen wollen, wie eine Schweizer Studie zeigte (vgl. Marr et al. 2001: 123 ff.). Die Medienpädagogik firmierte aus Sicht von befragten Journalisten an unterster Stelle der relevanten Bezugsgruppen. An erster Stelle steht nicht etwa das Publikum, sondern die eigene Berufsgruppe. Dies mag in vielen Professionen so sein, wirkt sich aber beim Journalismus besonders stark aus, da eine Selbstreferenzialität und damit tendenziell eine Homogenisierung der Medienberichterstattung entstehen kann.

Mündiges Mitglied einer demokratischen Gesellschaft zu werden, erfordert, die Medien zu durchschauen, aber nicht nur diese, sondern auch die anderen Institutionen der Gesellschaft kritisch zu erfassen. Dazu wiederum können kompetent genutzte Medien beitragen, wenn sie ihre Funktion als „vierte Macht im Staat" wahrnehmen. Die Medien sind zudem selbst ein Teil dieser Gesellschaft und machen sich im Medienjournalismus selbst kritisch zum Thema. Qualitätsmedien tragen also dazu bei, dass die Rezipienten die Rolle der Medien in der Gesellschaft kritisch betrachten können. Allerdings ist der Medienjournalismus in den letzten Jahren in den Redaktionen eher abgebaut worden. Wenn Medien über Medienleistungen und -wirkungen berichten, dann oft in boulevardesk verkürzter Weise, wenn etwa Jugendgewalt und Medien am Beispiel von Amokläufen aufgegriffen wird. Interessanterweise sind es dann immer „die anderen Medien", welche zu problematischen Wirkungen führen.

Ein kritischer Aspekt am aufklärerischen Ansatz der Medienpädagogik liegt darin, dass er leicht den Eindruck erwecken kann, den Mediengenuss der Heranwachsenden vergällen zu wollen. Damit hat er aber bei den meisten Schülern keine Chancen und führt höchstens zu einem gehorsamen Ableisten von Unterrichtslektionen in Medienbildung, welche aber keinerlei Transfer in den Alltag auslösen. Ein anderer nichtintendierter Effekt kann darin bestehen, dass der Blick hinter die Kulissen der Medien – zum Beispiel ein Besuch mit der Schulklasse in einem Fernsehstudio – nicht etwa die kritische Distanz fördert, sondern vielmehr die Faszination des Mediums erhöht, da die Anbieter von Studioführungen diese als PR-Event zu gestalten verstehen. Es erfordert also eine sorgfältige Vor- und Nachbereitung durch die Lehrpersonen und die Schüler, um beispielsweise der Starmoderatorin die richtigen Fragen stellen zu können.

4.4 Reflektieren: Den Medienalltag bewusst gestalten

Medienpädagogik vom Rezipienten her zu denken, bedeutet, den Medienalltag als Ausgangspunkt zu wählen und diesen vorerst einmal wertfrei und möglichst genau zu erfassen. Medienpädagogik nimmt hier also nicht die Schule oder curriculare Ziele zum Ausgangspunkt, sondern die Phänomene der Freizeit respektive aller sozialökologischen Zonen, in denen Medien faktisch eine Rolle spielen. Das „Bauchgefühl" allein kann oft täuschen, wenn es darum geht, den Stellenwert verschiedener Medien im eigenen Alltag oder im Alltag von Bezugspersonen einzuschätzen. Medienpädagogik als Reflexion des Medienalltags stellt daher Instrumente zur Verfügung, um die Selbst- oder Fremdbeobachtung zu systematisieren. Oft wird in medienpädagogischen Kursen von Eltern die Frage gestellt, wie viel Fernsehen pro Tag denn nun für ein Kind „unschädlich" sei oder woran man merke, ob ein Kind computerspielsüchtig zu werden drohe. Dann ist es jeweils wichtig, den richtigen Anfangspunkt der Analyse zu finden: die Bedürfnisse der Heranwachsenden. Entscheidender als das „Wie viel" ist die Frage nach dem „Was" und noch grundsätzlicher die Frage nach dem „Warum". Welche Bedürfnisse stehen hinter einer Medienwahl oder hinter einer inhaltlichen Präferenz? Welche funktionalen Alternativen werden wahrgenommen und weshalb werden sie genutzt oder nicht genutzt? Wie ist die Nutzung von Computerspielen mit anderen Aktivitäten medialer und nonmedialer Natur vernetzt? Die Reflexion des eigenen Medienalltags kann dadurch stimuliert werden, dass man sich Befunde aus repräsentativen Studien wie den KIM- und JIM-Studien des Medienpädagogischen Forschungsverbunds Südwest anschaut und die dortigen Werte mit der eigenen Mediennutzung vergleicht. Normen sollten dabei nicht an allgemeinen Idealen festgemacht werden (zum Beispiel „so wenig Fernsehen wie möglich"), sondern an Grundsätzen einer balancierten Alltagsgestaltung (zum Beispiel „so viel Fernsehen, dass auch Lesen und Fußballspielen Platz haben"). Wird von einem partizipativen Erziehungsstil ausgegangen, dann bietet sich in diesem Ansatz an, die Normen und Ziele mit den Heranwachsenden gemeinsam zu entwickeln. Für den einen Schüler kann eine Stunde Computerspielen pro Tag passend sein, während es für ein anderes Kind zu viel wäre.

Reflexion des Medienalltags bedeutet auch, die Wirkungen der Mediennutzung bei sich selbst aufmerksam zu erfassen, z. B. ob die Bedürfnisse (zum Beispiel nach Entspannung) auch erfüllt wurden, ob unerwünschte Nebeneffekte aufgetreten sind und womit diese zusammenhängen (zum Beispiel chronische Müdigkeit, weil man wegen der Mediennutzung zu wenig schläft). Der Blick auf den Medienalltag bedeutet primär einen offenen Blick auf sich selbst und die Art, wie man mit Ressourcen und Risiken umgeht. Medien werden etwa als Steinbruch für die Identitätsarbeit, als Plattform für die Beziehungsgestaltung mit Peers oder als Instrumente für die Stimmungskontrolle analysiert.

Von besonderem Interesse sind *habitualisierte Formen* der Mediennutzung, d. h. Rituale, die man sich angeeignet hat. Diese zu hinterfragen, ist ungewohnt und kann den Blick für Formen des Umgangs mit sich selbst oder innerhalb der Familie oder einer Peergroup schärfen. Das Ziel ist nicht, Rituale abzuschaffen, sondern sie immer mal wieder bewusst zu betrachten und auf ihre Funktionalität hin zu hinterfragen. Der Wandel von Mediengewohnheiten und -präferenzen kann dabei auch zum Indikator für einen Entwicklungsschritt werden. Wenn eine Soap Opera, die eine Jugendliche über viele Jahre als Fan genutzt hat, plötzlich ihre Anziehungskraft verliert, dann kann die Reflexion darüber anregend sein.

Eine Schwierigkeit der Umsetzung des alltagsorientierten Ansatzes in der Schule liegt darin, dass Kinder und Jugendliche – aber auch Eltern – den Eindruck gewinnen können, es werde hier durch die Schule in ihre Privatsphäre hinein geleuchtet. Gerade Eltern, welche in Bezug auf die Medienerziehung unsicher sind oder ein schlechtes Gewissen haben, weil sie aus ihrer Sicht den Medienumgang ihrer Kinder (und den eigenen) zu wenig im Griff haben, werden sich der systematischen Analyse des Medienalltags möglicherweise entziehen wollen. Der Verdacht kann aufkommen, man wolle die Eltern oder auch die Kinder selbst „entlarven" als unreflektierte „Medien-Junkies". Wird zu Beginn eines alltagsorientierten medienpädagogischen Projektes geklärt, dass es um das Erfassen des individuell förderlichen Medienverhaltens geht und nicht um das Anprangern von potenziellem „Fehlverhalten", dann wird es eher möglich sein, ein Commitment zu erreichen.

Der alltagsorientierte Ansatz der Medienpädagogik kann in der Jugendarbeit besonders gut Platz finden, da hier ein von Leistungszielen oder erzieherischen Ansprüchen weitgehend freies Angebot der soziokulturellen Förderung im Freizeitbereich besteht. Jugendliche werden hier also möglicherweise offener ihre Alltagskultur transparent machen und zur Diskussion stellen als in der Schule (vgl. Spanhel 2006: 309).

Reflexion

(Selbst-)Beobachtung des Medienalltags

Die Beobachtung des Alltags kann durch qualitative Experimente stimuliert werden. So kann zum Beispiel ein gestuftes Modell darin bestehen, dass man in einer ersten Woche die übliche persönliche Fernsehzeit erfasst, inklusive der erreichten Befindlichkeiten, in der Folgewoche die Fernsehzeit halbiert und in der dritten Woche die Fernsehzeit gegenüber dem Ausgangspunkt verdoppelt und jeweils protokolliert, welche Erfahrungen man damit macht. Verschriebene Fernsehabstinenz findet man in manchen medienpädagogischen Programmen (vgl. Winn 1979), die Variation mit unterschiedlichen Zeitmustern hingegen seltener. Gerade das „Verschreiben eines Symptoms" kann aber Einiges an Klärung auslösen, was man auch aus der Psychotherapie kennt. Wer den Eindruck hat, zu viel fernzusehen, sollte vielleicht nicht einfach weniger fernsehen, sondern sich einmal zwingen, doppelt so viel fernzusehen und dann darüber zu reflektieren, was dies ausgelöst hat.

Zentrale Merkmale des Medienalltags sind die Medienorte und die sozialen Kontexte der Mediennutzung: Wo und mit wem zusammen werden welche Medieninhalte genutzt oder zum Gegenstand von Anschlusskommunikation? Auch zu diesen Fragen können systematische Selbstbeobachtungen angeregt werden, welche im Rahmen eines sozial-ökologischen Modells die Handlungsräume und Bewegungsfreiheiten resp. -einschränkungen sichtbar machen können. Wenn in der Forschung festgestellt wird, dass Kinder aus finanziell schlechter gestellten Familien einen höheren Fernsehkonsum aufweisen, dann kann man auch danach fragen, welche funktionalen Alternativen zu welchen Kosten den Familien zur Verfügung stehen. Die Reflexion des Medienalltags führt über diesen hinaus und verweist auf die Handlungsoptionen für die Heranwachsenden in unserer Gesellschaft.

4.5 Handeln: Zum Prosumenten werden

Dem Medienkonsum wird gerne unterstellt, er sei passiv und damit unkreativ. Die Massenmedien scheinen schablonenhafte Angebote für den Einheitsgeschmack anzubieten und damit das Gegenteil von kreativem Handlungsangebot darzustellen. Obwohl bereits frühe Medienrezeptionsstudien gezeigt haben, dass auch das Lesen von Fernsehbildern einen aktiven Verarbeitungsprozess der inneren Verbalisierung erfordert, scheint das Fernsehen doch bequemer zu sein als das Lesen von sprachlichen Texten oder gar das Schreiben oder Zeichnen eigener Ideen.

▸ **Prosument:** Der Begriff **„Prosument"** setzt sich zusammen aus dem Begriff „Produzent" und „Konsument" und charakterisiert die aktiven Nutzer von Social Web-Angeboten (vgl. Grimm/Rhein 2007). Alternativ wird auch der Begriff **„Produser"**, eine Kombination von „producer" und „user", verwendet (vgl. Bruns 2008).

Der handlungsorientierte Ansatz der Medienpädagogik geht davon aus, dass eine kreative Auseinandersetzung mit den Medien am besten erfolgen kann, wenn man selbst Medienbotschaften gestaltet. Die Medienunternehmen haben diesen Ansatz mit Wohlwollen wahrgenommen, da er nicht von vornherein medienkritisch daherkommt. So bieten Zeitungsverlage die Möglichkeit für Schulklassen an, eine Zeitungsseite zu gestalten und zu veröffentlichen oder in offenen Kanälen werden Radio- oder Fernsehbeiträge unter professioneller Anleitung entwickelt und ausgestrahlt. Wer selbst eine Botschaft medial gestaltet, muss die jeweilige Mediensprache und die technischen Voraussetzungen genau kennen lernen und merkt damit auch sehr schnell die Rahmenbedingungen, welche das Medium durch seine Darstellungsstärken und -schwächen nahelegt oder gar aufzwingt. Haben Kinder selbst einen kleinen Werbespot produziert, dann werden sie künftig Werbung mit anderen Augen betrachten. Das eigene Gestalten setzt den Perspektivenwechsel in die Anbietersicht voraus.

Selber Medienbotschaften gestalten zu können, ist ein Teilaspekt von Medienkompetenz, welcher das gesellschaftliche Handeln generell stärken soll. In unserer Mediengesellschaft ist eine aktive Beteiligung an öffentlichen Diskursen auch vom Spektrum der Mediensprachen abhängig, das dem Individuum aktiv zur Verfügung steht. Wie im Bereich der Fremdsprachenkompetenzen kann man zwischen passiven (Lesen und Hörverstehen) und aktiven (Schreiben und Sprechen können) Kompetenzen unterscheiden. Wie viele Mediensprachen jemand aktiv erwirbt und wie fehlerfrei er oder sie diese beherrschen will, ist wohl primär von selbst gesetzten Ansprüchen abhängig. So lange man für eine politische oder anderweitige Ausübung von Rechten nicht zwingend auf die aktive Nutzung eines bestimmten Mediums angewiesen ist, wird sich ein allfälliger Mangel an Handlungskompetenzen nicht gravierend auswirken.

Der handlungsorientierte Ansatz macht deutlich, dass unser Schulsystem nach wie vor einseitig auf der Vermittlung der Alphabetisierung zum Lesen und Schreiben von verbalen Texten ausgerichtet ist. Die Bildsprache oder gar die bewegten audiovisuellen Texte werden in der Schule stiefmütterlich behandelt. Modelle zur Ausdifferenzierung von Medienkompetenzen in einem multimedialen Gesamtverständnis bestehen, werden aber noch kaum systematisch vermittelt (vgl. Doelker 1989, 1997).

Das Risiko dieses Ansatzes besteht darin, dass der Aufwand für die eigene Produktion einer medialen Botschaft so hoch ist, dass die Reflexion der Erfahrungen nachher im medienpädagogischen Projekt keinen Raum mehr findet. Das Produzieren kann dazu verleiten, sich ganz an den professionellen Standards zu orientieren und gerade dadurch die kritische Distanz zu verlieren. Ehrgeizige Kursleiter oder Lehrer nehmen den Kindern vielleicht viel Arbeit ab und schneiden den Kurzfilm in Nachtarbeit noch fertig, womit den Kindern ein Teil ihrer Autorenschaft abhandenkommt. Wird allerdings zu stark betont, dass das Endprodukt völlig nebensächlich sei und nur der Prozess ins Gewicht falle, dann wird die Motivation auch nachlassen. Aus diesem Grund sind Jugendfilmfestivals mit Prämierungen, der Abdruck guter Beiträge in „echten" Medien und ähnliches wichtig. Eine andere kritische Frage ist, ob im Zeitalter von Web 2.0 das Gestalten können per se schon als Bildungsziel gelten kann. Die Nutzung von digitalen Produktionsmitteln (sei es Foto, Video, Homepage, Blog oder Social Network-Auftritt) wird technisch immer einfacher, schneller und billiger (Spanhel, 2006: 297) und verführt dadurch zu Publikationen, welche für die Autoren unvorhergesehene Aspekte der Selbstentblößung haben können. Zur Gestaltungskompetenz muss also zwingend die Reflexion über die Folgen des eigenen Publizierens für die Privatsphäre und die öffentliche Präsenz hinzukommen.

4.6 Integration und Weiterentwicklung der Ansätze

Die medienpädagogische Reaktion auf neue Medien – insbesondere im Bereich der Schule – weist oft eine typische Wellenbewegung auf: Zuerst erfolgt eine bewahrpädagogische Abwehrhaltung, dann wird das neue Medium im Unterricht genutzt, euphorische Erwartungen werden damit verknüpft auf eine Revolution des Lernens und Lehrens. Es folgt eine Phase der Ernüchterung, allenfalls der Veralltäglichung, und die Aufmerksamkeit wendet sich wieder skeptisch dem nächsten neuen Medium zu. Manchmal wird dann das „Kind mit dem Bad ausgeschüttet", indem die zwischenzeitlich hochgelobten Medien für pädagogisch gänzlich wertlos erklärt werden, wie es zurzeit an manchen Stellen dem Computer und dem E-Learning ergeht, wenn der Ruf nach „Log out" ertönt (vgl. Stoll 2001).

Moderne Ansätze der Medienpädagogik versuchen, alle oben dargestellten Paradigmen zu integrieren und so zu einer vielfältigen Förderung der Medienkompetenz der Heranwachsenden und zu einer kinder- und jugendgerechten Medienumwelt beizutragen (vgl. Tulodziecki, 1997; Spanhel, 2006: 246–315). Traditionellerweise wird Medienpädagogik auf Kinder und Jugendliche bezogen. In einem moderneren Verständnis umfasst Pädagogik aber auch die Entwicklung und Förderung im Erwachsenenalter. Aus einer solchen Sicht könnte man auch von einer „menschengerechten" Medienumwelt sprechen.

Doelker (2005: 268) stellt die *Bewahrpädagogik* einer *Nutzungspädagogik* gegenüber und betont, dass die anfänglichen harten Abgrenzungen beider Seiten sich inzwischen relativiert hätten. Sowohl die Nutzung kindergerechter Medien als auch die Bewahrung vor kindergefährdenden Medien müsse pädagogisch fundiert unterstützt werden. Medienbildung als explizites Schulfach und verbindliches Angebot in der Lehrer- und Elternbildung könnte die Grundlagen schaffen, um qualifiziert mit medienpädagogischen Herausforderungen umzugehen.

Der integrative und textorientierte Ansatz nach Doelker (1994) bietet sich als Rahmenkonzeption für eine schulische Medienbildung an: Mit einem erweiterten Textbegriff wird aufgezeigt, dass die Kulturtechniken Lesen, Schreiben und Rechnen um die Kulturtechnik Fernsehen oder Visual Literacy und Computer Literacy ergänzt werden müssen. Die verschiedenen Medien basieren auf der komplexen Verwebung von Zeichensystemen in Texten (lateinisch „textum": das Gewebe, das Zusammengefügte") (vgl. Merz-Abt 2005: 19). Als Ziel einer umfassenden Alphabetisierung im Kontext der Medienbildung kann daher formuliert werden: Sich in einer Welt mit vielfältigen Textsorten als kreativer Kommunikator und kritisch-genussfähiger Rezipient zurechtfinden und weiter entwickeln. Im sogenannten *Zürcher Ansatz der Medienpädagogik* (► Kapitel 3) wurden verschiedene Textkategorien, Textarten und Textsorten theoretisch erläutert. Konkrete Umsetzungen für die medienpädagogische Praxis wurden von Merz-Abt (2005) vorgelegt.

Beispiel

Umsetzung eines integrativen Ansatzes im Zürcher Lehrplan

Seit 1991 ist Medienpädagogik als sogenannter fächerübergreifender Unterrichtsgegenstand im Lehrplan der Volksschule verankert. Als Richtziele werden genannt:

- „Die Schülerinnen und Schüler setzen differenzierte Wahrnehmungs- und Vorstellungsfähigkeiten auch im Umgang mit Medien ein.

- Sie sind fähig, ihrem Alter entsprechend Medienaussagen zu verstehen und kritisch zu beurteilen.
- Sie unterscheiden verschiedene Textsorten und stellen Bezüge zur Wirklichkeit her.
- Sie haben Möglichkeiten zur Verarbeitung von Medienerfahrung erfahren.
- Bei Eigenproduktionen mit verschiedenen Medien haben sie Einblicke gewonnen in Beeinflussungsmöglichkeiten durch den Einsatz geschriebener und technischer Kommunikations- und Ausdrucksmittel.
- Sie haben Einblicke gewonnen in Funktionen der Medien im Leben des einzelnen und der Gesellschaft.
- Im Vergleich von Mediendarstellungen haben sie deren Abhängigkeit von Wertvorstellungen und Absichten bemerkt."

(Erziehungsdirektion des Kantons Zürich 1991: 359, zit. nach Merz-Abt 2005: 145–146)

Im Spannungsfeld von Bewahren vor problematischen Medienwirkungen und Fördern eines kreativen Umgangs mit den Medien sind wir bereits auf den Begriff der *funktionalen Alternativen* gestoßen. Diese können in nichtmedialen Tätigkeiten bestehen, welche die Bedürfnisse der Kinder und Jugendlichen befriedigen, aber auch in empfehlenswerten medialen Alternativen zu problematischen Angeboten oder Nutzungsstilen. Auf dieser Grundlage ist als Ergänzung zum Jugendmedienschutz die Positivprädikatisierung von Medien hervorzuheben. Eine solche wird zum Beispiel von der Bundesstelle für die Positivprädikatisierung von Computer- und Konsolenspielen in Österreich angeboten (siehe www.bupp.at). Damit ist ein Ansatz aufgenommen, wie er auch in der Gesundheitsförderung im Vordergrund steht: Statt vor dem schädigenden Verhalten zu warnen und dessen negative Auswirkungen zu beschreiben, wird das gesundheitsförderliche Verhalten mit dessen positiven Auswirkungen aufgezeigt. Empfehlenswerte Bildschirmspiele werden vorgestellt und mit einer Altersempfehlung versehen, Eltern, Lehrpersonen und die Jugendlichen selbst werden in separaten Bereichen gezielt angesprochen. Unter dem Motto „savegame" werden Grundregeln formuliert, welche ein genussvolles Spielen ohne negative Nebeneffekte fördern sollen (engl. save = unbeschadet).

Grundregeln für einen guten Umgang mit Computerspielen

1. Mach mal eine Pause!

Nach einer dreiviertel Stunde lässt die Konzentration nach und Dein Körper fängt an sich zu verkrampfen. Park Deinen Schlitten in der Werkstatt, lass Deinen Charakter am Fluss angeln und steh auf! Beweg Dich. Ein paar Lockerungsübungen (Arme kreisen, ein bisserl Stretching, und ähnliches) wären optimal. Wenn Dir das aber zu mühsam oder peinlich ist, geh wenigstens ein bisserl herum, hol Dir ein Joghurt vom Kühlschrank, plauder' mit anderen Leuten, spiel Luftgitarre zu Deinem Lieblingssong. Ein paar Minuten reichen, und Deinem Körper geht's wieder besser.

2. Übertreib nicht!

Jeden Tag stundenlanges zocken bringt weniger gute Ergebnisse als Du vielleicht glaubst. Etwas weniger ist oft mehr an Leistung und Steigerung. Dir fällt nichts anderes ein, um Deine Freizeit zu gestalten als Zocken? Red doch mal mit Deinen Freundinnen und Freunden – ein Festl, ein Konzert, ein Sportplatz, ein Billardtisch, ein Berg, irgendwas ist immer in der Nähe. Oder mach mal ganz was anderes mit Deiner Clique!

3. Schau auf Deine Augen!

Brennende, juckende Augen sind nicht nur oft Grund für einen Crash oder ein Frag, sie sind auch Anzeichen von Überanstrengung. Gönn Deinen Augen Abwechslung. Schau zwischendurch zum Fenster raus. Stell den Bildschirm so, dass es keine Spiegelungen gibt. Deine Blickrichtung sollte beim Spielen parallel zu den Fensterflächen sein, so dass die Fenster neben Dir sind und nicht hinter oder vor Dir. Dreh auch nicht immer alles Licht im Zimmer ab, ein wenig dämpfen reicht und Deine Augen werden den Gegner früher sehen.

4. Tank den richtigen Kraftstoff!

Pizza und Energydrink schmecken gut und sind unkompliziert. Ok. Ein Joghurt und Obst zwischendurch macht aber auch satt und gibt Dir die Nitro, die Du zur Rundenbestzeit brauchst.

5. Setz Dich „wirklich" entspannt hin!

Am Sessel oder im Sofa herumhängen mag zwar zuerst entspannend wirken, aber beim Spielen kann sich bald was verkrampfen. Ein bequemer Bürosessel, der so eingestellt ist, dass Deine Füße am Boden stehen und Unter- und Oberschenkel einen rechten Winkel bilden, ist das Beste. Und auch der Tisch wo Maus und Tastatur liegen, sollte die richtige Höhe haben: so dass auch Ober- und Unterarme einen rechten Winkel bilden. Stell dann noch die Rückenlehne so ein, dass Du aufrecht sitzen kannst und Du wirst als aufrechter Sieger aus dem Rennen gehen.

6. Eine gute GraKa ist nicht genug!

Ein großer, flimmerfreier Monitor, richtig aufgestellt (50–70 cm Entfernung, Blickwinkel gerade nach vorne und nur leicht, etwa 30° gesenkt) ist die halbe Bestzeit. Dass die Maus gut in der Hand liegt ist wichtiger als 1600 dpi Auflösung. Und wenn zwischen Tastatur und Tischkante 10 cm Abstand für Deine Hände ist, wirst Du auch genug Abstand auf Deinen Verfolger herausholen.

7. Spiel fair!

Respektiere die anderen Spielerinnen und Spieler – auch sie wollen Spaß haben und manchmal gewinnen. Rede mit Deinen Eltern über das was Du spielst, Deine Erfolge und Leistungen – auch wenn die in einer anderen Welt leben, wenn Du mit Ihnen redest, haben sie wenigsten eine Chance, Dich zu verstehen und können sich vielleicht sogar mit Dir freuen, wenn Du gewinnst. Vergiss Deine Freunde und Freundinnen nicht, die nicht mit Dir spielen – sie wollen mit Dir auch über anderes reden und was unternehmen. Sei fair zu Dir selbst – als Pro-Gamer wirst Du es in Österreich schwer haben, genug Geld zum Leben zu verdienen, Du brauchst auch eine Ausbildung und einen „Brotberuf". Vernachlässige die nicht!

Quelle: Savegame: Erfolgreiches Zocken auf PC und Konsole (Broschüre der Bundesstelle für die Positivprädikatisierung von Computer- und Konsolenspielen im österreichischen Bundesministerium für Familie und Jugend)

Zusammenfassung

Zwischen Bewahrpädagogik und kreativem Medienhandeln bewegen sich die aktuellen medienpädagogischen Positionen. Im Sinne von Paradigmen oder Grundhaltungen lassen sich fünf Ansätze unterscheiden, welche auf jeweils spezifischen Grundannahmen zum Verhältnis von Medien und ihren Rezipienten basieren.

Den bewahrpädagogischen Konzepten liegen kulturpessimistische Einschätzungen zugrunde: Der Fokus liegt auf den möglichen Risiken der Medien sowie auf den Möglichkeiten, zu verhindern, dass Kinder und Jugendliche mit ungeeigneten Medieninhalten in Berührung kommen. Grundsätzlich auch bewahrpädagogisch fundiert, aber auf funktionale Alternativen ausgerichtet, sind Modelle der Positivprädikatisierung. Kinder- und jugendgerechte Medienangebote werden von einer unabhängigen Jury beurteilt und empfohlen. Damit erhalten sowohl Erziehende als auch die Heranwachsenden selbst eine Hilfestellung zur Auswahl anregender und angemessener Medienangebote.

In reparierpädagogischen Konzepten wird vor allem versucht, durch Medienerfahrungen entstandene Irritationen möglichst rasch zu erkennen und dafür Verarbeitungshilfen anzubieten, sei es in Gesprächen oder Formen der symbolischen Verarbeitung wie Zeichnen und Rollenspielen. Geht man davon aus, dass es heute unmöglich ist, Kinder vor ungeeigneten Medieninhalten abzuschirmen, so ist es zumindest möglich, Eskalationen einer negativen Erfahrung zu verhindern. Heftige Reaktionen eines Kindes auf ein Medienangebot stehen oftmals im Zusammenhang mit einem bereits latent vorhandenen Problem oder einer Entwicklungskrise, so dass diese Reaktionen auch einen diagnostischen Wert haben, um ein Thema zu erkennen, das vielleicht in einer professionellen Beratung aufgegriffen werden muss.

Aufklärende Konzepte gehen auf die soziale Bewegung der gesellschaftskritischen Linken zurück, welche der kritischen Emanzipation des Bürgers gegenüber den herrschenden Machtstrukturen zum Durchbruch verhelfen wollen. Die Medien werden auf ihre Interdependenzen mit politischen, wirtschaftlichen und anderen gesellschaftlichen Interessengruppen hin durchleuchtet und die kritische Haltung der Rezipienten geschult.

Alltagsorientierte Konzepte setzen nicht an Idealnormen des Medienumgangs, sondern an den Durchschnittsnormen der Rezipienten an. Die Heranwachsenden werden dazu angehalten, ihren eigenen Medienalltag, ihre Medienpräferenzen sowie Mediennutzungszeiten und -orte zu erfassen. Auf dieser Grundlage kann darüber diskutiert werden, welche Nutzungsstile bedürfnisgerecht sind und keine unerwünschten Nebeneffekte haben. Indem alltägliche Rituale des habituellen Medienumgangs hinterfragt werden, können die Bedingungen zu einem kompetenten und genussvollen Medienumgang verbessert werden.

Handlungsorientierte Konzepte schließlich gehen davon aus, dass das kreative Gestalten von eigenen Botschaften in verschiedenen Medien am besten dazu beiträgt, die formalen Möglichkeiten und Grenzen der Medien zu erkennen. Zugleich werden die Heranwachsenden dazu befähigt, sich selbst in den öffentlichen Diskursen einzubringen und ihre Stimme vernehmbar zu machen. In partizipativen Medienumwelten (Web 2.0) wird der Rezipient zum „Prosumenten" und gewinnt die Reflexion der sozialen Folgen des Publizierens persönlicher Botschaften an Bedeutung.

Eine Medienpädagogik, welche im Alltag etwas bewegen will, kann sich nicht auf nur eine dieser fünf Positionen stützen, sondern muss die Ansätze situations- und individuumsspezifisch angepasst einsetzen. Ein erweiterter Textbegriff, welcher das Konzept der Kulturtechniken auf alle Medien anwendet, kann als Orientierungshilfe dazu dienen, junge Menschen zu kreativen Kommunikatoren und kritisch-genussfähigen Rezipienten zu befähigen. Als hilfreiches Konzept kann bei Mediengewohnheiten über funktionale Alternativen nachgedacht werden: Welche medialen oder nichtmedialen Aktivitäten würden dieselben Bedürfnisse befriedigen? Weshalb werden diese nicht gewählt? Wie ist das Verhältnis von Kosten zu Nutzen einer Handlungsoption?

Fragen für weitere Überlegungen und Diskussionen

1. Hinter dem Bedürfnis, Kinder vor negativen Medieneinflüssen schützen zu wollen, steht eine bestimmte Vorstellung von Kindheit als Schonraum (Moratorium) und von Kindern als hilflose und manipulierbare Wesen. Inwiefern ist diese Vorstellung von Kindheit und Kindern aus heutiger Sicht haltbar?
2. Vertreter der Hirnforschung haben die Medienerziehung entdeckt und postulieren, dass Bildschirmmedien erst für Jugendliche zuträglich seien – und auch dann nur in homöopathischen Dosen. Wie könnte der Dialog zwischen Hirnforschung und Medienpädagogik auf eine fruchtbare Ebene jenseits der Polarisierungen gebracht werden?
3. Jugendschutzmaßnahmen wie Altersempfehlungen und Positivprädikatisierungen gehen von sehr unterschiedlichen Kriterien aus, um ein Medienangebot als „unbedenklich" oder als „wertvoll" zu identifizieren. Welche Kriterien sind aus Sicht der Entwicklungs- und Medientheorien am besten fundiert?
4. Kritik- und Genussfähigkeit im Medienumgang zu fördern, scheint oft widersprüchlich zu sein. Wer einen geschärften Blick für Product- und Idea-Placement in Serien

entwickelt hat, kann sich vielleicht nicht mehr ungestört auf eine Geschichte und ihre Protagonisten einlassen. Wie lassen sich die beiden Aspekte von Medienkompetenz zugleich fördern?

5. Für Computerspiele gibt es Empfehlungen wie „savegame", welche Grundregeln für einen unbeschadeten Medienumgang anbieten. Würde man solche Grundregeln auch für das Lesen, Radiohören und Fernsehen benötigen? Wären es medienübergreifend dieselben Grundregeln?

Empfohlene Basislektüre zur Ergänzung dieses Kapitels

Doelker, Christian (2005): media in media. Texte zur Medienpädagogik. Zürich: Pestalozzianum Verlag.

JFF – Institut für Medienpädagogik in Forschung und Praxis (Hrsg.) (1999): Von der „Filmerziehung" zur „Medienkompetenz". München: KoPäd.

Sander, Uwe/von Gross, Friederike/Hugger, Kai-Uwe (Hrsg.) (2008): Handbuch Medienpädagogik. Wiesbaden: VS Verlag für Sozialwissenschaften.

5 Medienkompetenz: Bildungsaufgabe und Zielkategorie

Die zunehmende Mediatisierung des Alltags stellt insbesondere Kinder und Jugendliche, aber auch Erwachsene vor neue, sich ständig wandelnde Herausforderungen. Der kompetente Umgang mit konvergenten Medienangeboten, Technologien und Kommunikationsformen (z. B. E-Mail, Chat, Soziale Netzwerkplattformen, Messenger, Streaming-Dienste etc.) wird mehr denn je zu einer Aufgabe, die es im Kontext allgemeiner Entwicklungs- und Sozialisationsprozesse zu bewältigen gilt. Die genannten technologischen Entwicklungen verweisen darauf, dass Medienkompetenz kein statischer Zustand ist, sondern eine zentrale Aufgabe lebenslangen Lernens.

Inzwischen liegen zahlreiche Definitionsversuche vor, die sich um eine zunehmende Ausdifferenzierung und Aktualisierung des Medienkompetenz-Begriffes bemühen. Gapski identifizierte für den Zeitraum 1996–1999 insgesamt 104 Definitionen, die er inhaltsanalytisch auswertete (vgl. Gapski 2001). Insbesondere in bildungspolitischen Kontexten wird der Begriff „Medienkompetenz" gern als Parole im Zusammenhang von „Schlüsselqualifikationen" für das Aufwachsen in Medien-, Informations- oder Wissensgesellschaften gebraucht, was nicht zuletzt zu Lasten einer inhaltlichen Präzisierung des Begriffes geht. Hinzu kommt, dass aus bildungspolitischer Perspektive ein starker Fokus auf die digitalen Medien gelegt wird und dabei oftmals aus dem Blick gerät, dass sich Medienkompetenz auf das gesamte Medienspektrum bezieht (vgl. Aufenanger 1998: 8). Zudem wird in der Diskussion zu den notwendigen Schlüsselkompetenzen einer Informations- und Mediengesellschaft oft vernachlässigt, dass die Relevanz und Notwendigkeit aufgrund unterschiedlichen Alters, unterschiedlicher sozialer Milieus, Berufsrollen, persönlicher Lebensziele und Interessen variiert. Theoretisch müsste jeweils gefragt werden, welche Gratifikationen von einem Individuum erreicht werden können, wenn es bestimmte Kompetenzen weiterentwickelt.

In den theoretischen Modellen zur Medienkompetenz fällt zudem auf, dass meist eine Idealnorm bzw. ein hoher Standard definiert wird, der empirisch betrachtet wohl von kaum jemandem voll eingelöst wird bzw. eingelöst werden kann. Zudem wer-

D. Süss et al., *Medienpädagogik*, Studienbücher zur Kommunikations- und Medienwissenschaft, https://doi.org/10.1007/978-3-658-19824-4_5

den die geforderten Kompetenzen selten auf Altersgruppen bezogen ausdifferenziert. Dies geschieht in der Regel nur für solche Kompetenzen, die in der Schule curricular gefasst worden sind, zum Beispiel Lese- und Schreibkompetenzen. Im Unterschied dazu ist der Aufbau von „Visual Literacy" als Kompetenz zum Bilderlesen oder die „Kulturtechnik Fernsehen" bisher erst selten systematisch aufgearbeitet (vgl. Doelker 2002) und noch kaum für den schulischen Alltag umgesetzt worden.

Im folgenden Kapitel wird das Thema Medienkompetenz aus verschiedenen Perspektiven betrachtet. Medienkompetenz gilt zunächst als zentrale Kategorie medienpädagogischen Handelns, wobei sich u. a. die Frage stellt, wie sich der Kompetenzbegriff gegenüber den Begriffen der Medienbildung und -mündigkeit verhält. Des Weiteren werden die „klassischen" Dimensionen von Medienkompetenz nach Dieter Baacke dargestellt sowie Faktoren, die die Medienkompetenz beeinflussen. Angesichts neuerer technologischer Entwicklungen wird zudem der Frage nachgegangen, inwieweit es weiterer Kompetenzen bedarf. Braucht es z. B. eine spezifische Web 2.0- oder Smartphone-Kompetenz? Daran anknüpfend wird verdeutlicht, dass es sich bei der Medienkompetenz um einen Prozess lebenslangen Lernens handelt. Um diesen zu unterstützen, bedarf es mindestens zweierlei: zum einen zielgruppenspezifische Bildungsangebote, die den jeweils individuellen Voraussetzungen angemessen Rechnung tragen und zum anderen Angebote für pädagogische Fachkräfte zur Ausbildung der eigenen Medien- und medienpädagogischen Kompetenz.

5.1 Medienkompetenz als Zielkategorie pädagogischen Handelns

Medienkompetenz als zentrale Zielkategorie medienpädagogischen Handelns kristallisierte sich in den 1970er Jahren heraus, als sich die handlungsorientierte Medienpädagogik in Abgrenzung zu der bewahrpädagogisch-orientierten Tradition etablierte (► Kapitel 3). Bestanden die medienpädagogischen Bemühungen bis dahin vor allem darin, Kinder und Jugendliche vor potenziellen schädlichen Medieneinflüssen zu schützen, richtete sich der Fokus der handlungsorientierten Medienerziehung verstärkt auf die Hinführung zu einem selbstbestimmten und kompetenten Umgang mit den Medien und der Vermittlung hierfür notwendiger Kompetenzen, wenngleich diese in den 1970er Jahren noch nicht als „Medienkompetenz" bezeichnet wurden. Medienkompetenz wurde und wird als ein Teilbereich allgemeiner kommunikativer Kompetenz betrachtet, die es dem Individuum ermöglicht, sich in der mediatisierten Welt zu orientieren bzw. sich die Welt auch unter zur Hilfenahme der Medien aktiv anzueignen (vgl. Baacke 1996b: 8). Aktiv bedeutet in diesem Zusammenhang u. a. auch, die Medien zu nutzen, um eigene Ansichten und Meinungen zu kommunizieren und an gesellschaftlichen Diskursen teilzuhaben.

5.2 Theoretische Wurzeln des Medienkompetenzbegriffes

Der Begriff der Kompetenz wurde maßgeblich von dem Sprachwissenschaftler Noam Chomsky Ende der 1960er Jahre geprägt, der in Bezug auf Sprache zwischen „Kompetenz" und „Performanz" unterscheidet (siehe u. a. Aufenanger 1998, Röll 2003: 41 f.). „Kompetenz" kennzeichnet aus Chomskys Perspektive die genetisch veranlagte Fähigkeit, eine unbegrenzte Zahl an Sätzen formulieren zu können, wohingegen Performanz die Fähigkeit bezeichnet, die Kompetenzen auch anzuwenden: „Kompetenz wird in diesem Sinne als ein endliches Regelsystem begriffen, mit dessen Hilfe unendlich viele Sätze produziert werden können" (Aufenanger 1998: 4). Grundsätzlich geht der Kompetenzansatz von einem kompetenten Individuum aus, das mitunter nicht alle Potenziale bzw. Kompetenzen ausschöpft. Die Kompetenz selbst lässt sich nicht direkt, sondern nur über die Performanzebene erfassen, d. h. über sprachliche Äußerungen oder das individuelle Handeln.

Von einigen Medienpädagogen wird die Annahme kritisiert, dass es sich um angeborene Fähigkeiten handelt, was zum Beispiel von Groeben für die Lese- und Medienkompetenz negiert wird (vgl. Groeben 2002b: 15).

Insbesondere Habermas (1988) übertrug den Kompetenzbegriff auf das kommunikative Handeln: „Inter- und innerpsychische Kommunikationsstrukturen, die sich über kommunikative Interaktionen realisieren, bilden nach Habermas einen der Ausgangspunkte, Ziele und Interessen im Einklang mit anderen zu verwirklichen" (Röll 2003: 42). Anfang der 1970er Jahre entwickelte Dieter Baacke darauf basierend das Konzept der „kommunikativen Kompetenz". Erst sehr viel später sprach er auch von Medienkompetenz als einer Teilkomponente der kommunikativen Kompetenz.

▸ **Medienkompetenz** bezeichnet die „Fähigkeit, in die Welt aktiv aneignender Weise auch alle Arten von Medien für das Kommunikations- und Handlungsrepertoire von Menschen einzusetzen." (Baacke 1996b: 8)

5.3 Medienkompetenz oder Medienbildung?

Aus pädagogischer Sicht wird der Kompetenzbegriff häufig als zu einseitig auf kognitive Fähigkeiten ausgerichtet kritisiert. Begriffe wie „Medienbildung" oder „Medienmündigkeit" – zuweilen auch synonym zum Medienkompetenz-Begriff verwendet – versuchen demgegenüber die ganzheitliche Dimension von Medienkompetenz und den Aspekt der Selbstbestimmung und Emanzipation herauszustellen. **Medienbildung** wird als mediatisierter Aspekt der allgemeinen Persönlichkeitsbildung verstanden (vgl. Spanhel 2002; Moser 2010), der Medienkompetenz zwar voraussetzt, aber darüberhinausgehend die Fähigkeit berücksichtigt, die Bedeutung der Medien für die eigene Person reflektieren und sich auch auf unbekannte medienbezogene Situationen einstellen zu können – eine Kompetenz, die angesichts des rasanten Medienwandels von besonderer Bedeutung ist. Umgekehrt – so Moser (2010) – könne erst aus der Perspektive der Medienbildung abgeleitet werden, welche Kompetenzen erweitert bzw. verbessert werden müssen (ebd.: 314. Moser zufolge beginnt Medienbildung dort, „wo die Vermittlung von Informationen aus subjektunabhängigen Datennetzen und Informationssystemen aufhört, und wo es um deren Verarbeitung und Integration in den eigenen Lebens- und Erfahrungskontext geht. Im Bildungsbegriff ist damit auch jene Perspektive aufgehoben, die aus konstruktivistischer Sicht dadurch gekennzeichnet ist, dass die Menschen sowohl ihr Ich, wie die Welt, in der sie sich bewegen, letztlich selbst erzeugen, um sich darüber reflektierend zu verständigen" (Moser 2010: 314 f.). Eine differenzierte Definition von Medienbildung und Medienkompetenz findet sich u. a. auch bei Spanhel (2002):

- **Medienbildung:** „Bildung soll hier als Persönlichkeitsbildung verstanden werden, als ein Selbstzweck und nicht als Mittel zu irgendwelchen Zwecken. Im engeren Sinne ist dann Medienbildung ein Aspekt der Persönlichkeitsbildung als Prozess und als Ergebnis des Prozesses der Vermittlung von Welt und Selbst durch Medien. Medienbildung ist ein Prozess, in dem der Heranwachsende und der Erwachsene sein ganzes Leben hindurch eine kritische Distanz zu den Medien und ihren Weiterentwicklungen aufbaut und eine Verantwortungshaltung gegenüber den Medien und im Umgang mit ihnen einnimmt (Spanhel 2001a). In diesem Kontext wird dann Medienkompetenz zusammen mit anderen Kompetenzen (z. B. Sozial-, Fach- oder Selbstkompetenz) zu einer wesentlichen Voraussetzung für Persönlichkeitsbildung. Wesentlich deshalb, weil ohne Medienkompetenz überhaupt keine Bildung möglich ist, weil alle Bildung auf dem repräsentationalen Denken, also auf dem Zeichengebrauch beruht. In diesem Sinne müsste Medienbildung als ein Teil der Allgemeinbildung gesehen werden (Spanhel 2001b). […] Medienbildung ist wie alle Bildung an Kommunikationsprozesse gebunden und erfordert daher angesichts der Vielfalt der Zeichen- und Mediensysteme ein Wissen über und die Fähigkeit zur Metakommunikation, sprachliche Bildung als Fundament und eine Kenntnis der basalen Funktion der Sprache für die metakommunikativen Prozesse." (Spanhel 2002: 6 f.)

Der Begriff der **„Medienmündigkeit"**, der von der *Klagenfurter Arbeitsgruppe Medienerziehung* in die Diskussion eingebracht wurde, weist in eine ähnliche Richtung wie der Begriff der Medienbildung und betont besonders die Mündigkeit als pädagogische Zielkategorie im Sinne von Selbstbestimmung und Emanzipation mit und durch Medien. Der Blick richtet sich aus dieser Perspektive weniger auf die Medien und die von ihnen abgeleiteten normativen Anforderungen an das Subjekt, sondern vielmehr auf die Bedeutung der Medien für das jeweilige Subjekt. „Selbstbestimmung und soziale Verantwortung" (Schludermann 2002 mit Verweis auf Boeckmann 1994 und Hipfl 1996) stellen die beiden zentralen Elemente des Konzepts von Medienmündigkeit dar: „Medienmündig bedeutet nicht nur, mündiger Mediennutzer zu sein, sondern darüber hinaus auch ein mündiges Mitglied der Gesellschaft" (Schludermann 2002: 53).

Im anglo-amerikanischen Sprachraum und besonders in den USA ist der Begriff **„Media Literacy"** verbreitet, auf den Kapitel 8 genauer eingegangen wird. Der Begriff „literacy" kann mit „Bildung", „der Fähigkeit zu lesen" oder „Lese- und Schreibfähigkeit" übersetzt werden). „Media Literacy" kann insofern als eine Ausweitung bzw. als Zuspitzung des Literacy-Begriffs auf den allgemeinen Umgang mit Medien verstanden werden, definiert als „the ability to analyze, augment and influence active reading (i.e. viewing) of media in order to be a more effective citizen" (Aufderheide 1993: 26). Entsprechend zielen die Bemühungen z. B. in den USA im Kontext von Media Literacy in erster Linie auf eine (medienbezogene) Erziehung politisch mündiger Bürger (► Kapitel 8). Diese Auffassung wird zunehmend auch von der Europäischen Kommission vertreten; mit unterschiedlichen Programmen sollen Menschen zu Bürgern in die Lage versetzt werden, die sich aktiv an demokratischen Prozessen der Europäischen Union beteiligen und im Zuge dessen auch kritisch und reflexiv mit Medien umgehen können.

5.4 Dimensionen von Medienkompetenz

Ebenso vielfältig wie die allgemeinen Definitionen von Medienkompetenz sind die Versuche, ihre zentralen Dimensionen zu bestimmen. Unterschiede zeigen sich zum einen hinsichtlich des zugrunde gelegten Medienbegriffs – einige Definitionen beziehen sich auf alle Medien, andere nur auf ausgewählte Bereiche – und zum anderen hinsichtlich des normativen Anspruches, d. h. der Frage, was eine Person können sollte.

> „Dabei dürften sowohl seine pädagogische Herkunft als auch seine relativ unbestimmte, wenn nicht diffuse Semantik willkommen sein. Denn die eine signalisiert Sorge, Engagement und Eintreten für das Individuum, die andere ermöglicht weitgehende Unverbindlichkeit, allfällige Verwendbarkeit und flexible Passung, verbunden jeweils mit dem Anspruch wissenschaftlicher Seriosität und analytischer Präzision. So lassen sich immer wieder neue definitorische Kreationen darüber zaubern, was Medienkompetenz ist oder sein soll, und sie finden allein schon wegen der Prominenz des Begriffs Gehör, werden aber auch von vielen immer wieder dahingehend überprüft, ob nun endlich der semantische Kern an Klarheit und Eindeutigkeit gefunden ist." (Kübler 1999: 26)

Die nachfolgende Übersicht von Gapski (2006) zeigt an ausgewählten Beispielen sehr deutlich, dass sich die Medienkompetenzdefinitionen im Hinblick auf die Anzahl und der Art der Dimensionen unterscheiden, wenngleich es auch einige Überschneidungen gibt. Während sich einige Definitionen stärker an dem Kompetenztheorem orientieren (vgl. Definition von Aufenanger 1997), stellen andere vor allem handlungsbezogene Aspekte in den Vordergrund (vgl. Baacke 1998, Tulodziecki 1998, Kübler 1999). In der Definition von Groeben (2002) findet sich schließlich eine Verbindung dieser beiden Perspektiven (insbesondere der von Baacke und Tulodziecki).

Tab. 5.1 Überblick über verschiedene Medienkompetenzdimensionen

Aufenanger (1997)	Baacke (1998)	Tulodziecki (1998)	Kübler (1999)	Groeben (2002)
Kognitive Dimensionen	Medienkunde	Medienangebote sinnvoll auswählen und zu nutzen	Kognitive Fähigkeiten	Medienwissen/ Medialitätsbewusstsein
Moralische Dimensionen	Medienkritik	Eigene Medienbeiträge zu gestalten und zu verbreiten	Analytische und evaluative Fähigkeiten	Medienspezifische Rezeptionsmuster
Soziale Dimensionen	Mediennutzung	Mediengestaltungen zu verstehen und zu bewerten	Sozial reflexive Fähigkeiten	Medienbezogene Genussfähigkeit
Affektive Dimensionen	Mediengestaltung	Medieneinflüsse zu erkennen und aufzuarbeiten	Handlungsorientierte Fähigkeiten	Medienbezogene Kritikfähigkeit
Ästhetische Dimensionen		Bedingungen der Medienproduktion und -verbreitung analysierend zu erfassen		Selektion/Kombination von Mediennutzung
Handlungsdimension				Partizipationsmuster
				Anschlusskommunikation

Quelle: Gapski 2006: 17.

Einen weiteren, sehr umfassenden Ansatz präsentiert Doelker (2005: 225–237, Original 1992), der versucht, den Prozess von der naiven zur kompetenten Mediennutzung über alle Medien zu beschreiben. Er fordert eine umfassende Alphabetisierung, um Heranwachsende zu handlungsfähigen Bürgern in der Mediengesellschaft zu bilden. Dabei unterscheidet er zehn Perspektiven, unter denen die Ziele der Medienpädagogik gebündelt werden können:

Perspektive 1: Präsenz der Medien. Die Schüler sollen ihre medienökologische Situation bewusst erkennen und sich darin bewegen können.

Perspektive 2: Medien einschätzen lernen. Pauschale Einschätzungen von Medien sollen hinterfragt werden können.

Perspektive 3: Medien auswählen lernen. In der zunehmenden Fülle des Angebots soll man sich selbstbestimmt und auch in Auseinandersetzung mit unbewussten Nutzungsmotiven kompetent bewegen.

Perspektive 4: Medien lesen lernen. Die Medienangebote als Texte lesen können, bedeutet, den medial vermittelten Zugang zu verschiedenen Wirklichkeiten als Vermittlung durch Zeichensysteme zu erkennen und diese Zeichen adäquat interpretieren zu können.

Perspektive 5: Medien beurteilen lernen. Es sollen textimmanente und -exmanente Bezugssysteme verwendet werden, um die Qualität und Gültigkeit von Medienbotschaften einordnen zu können.

Perspektive 6: Medien herstellen lernen. Die Kulturtechnik Schreiben soll auf alle Ausdrucksformen in den Medien ausgeweitet werden und damit Kreativität, aber auch Aufarbeitung von Problemen und Konflikten erfolgen.

Perspektive 7: Medien auswerten lernen. Medien sollen breit genutzt werden können, um Informationen und Datenquellen zu erschließen.

Perspektive 8: Medien beeinflussen lernen. Die Mediennutzer sollen auf die professionellen Medienanbieter Einfluss nehmen können, beispielweise in Trägerorganisationen, aber auch in anderen Formen der Intervention und des Feedbacks.

Perspektive 9: Medien einsetzen lernen. Schüler wie Lehrer sollen die Medien in ihrem didaktischen Potenzial kritisch einschätzen und sie mit ihren typischen Leistungen (Medienspezifitäten) verwenden können.

Perspektive 10: Leben mit und ohne Medien. Medien sollen so im Alltag integriert sein, dass sie verantwortungsvolles Handeln und Auseinandersetzung mit Sinn-Fragen nicht gefährden, sondern dazu anregen.

Schließlich muss Medienkompetenz nach Doelker (2002: 132 ff.) dazu befähigen, medienphilosophische Grundfragen beantworten zu können:

1) Was ist gut? (Vertretbarkeit) Werthaltungen und Verhaltensmuster werden in den Medien und durch Medienakteure vermittelt.
2) Was ist schön? (Stimmigkeit, Verständlichkeit) Medienangebote werden durch ihre Gestaltung, formale und dramaturgische Stimmigkeit und Qualität geprägt.
3) Was ist wahr? (Gültigkeit) Medien werden an der Wahrheit und Glaubwürdigkeit ihrer Inhalte gemessen.

4) Was ist wichtig? (Relevanz) Medien lenken die Aufmerksamkeit und zeichnen ein Bild dessen, worüber sich die Anschlusskommunikation lohnt. Diese Schwerpunktsetzungen sollen hinterfragt werden können.

Ungeachtet der verschiedenen Ansätze und Schwerpunktsetzungen wird den meisten Publikationen und Diskussionen noch immer zumeist auf die Definition von Baacke rekurriert, der in seinem Medienkompetenzentwurf die Dimensionen Medienkunde, Mediennutzung, Medienkritik und Mediengestaltung unterscheidet.

Die Medien kompetent zu gebrauchen, bedeutet Baacke zufolge zum einen, die Medien bedienen, aber auch für eigene Anliegen nutzen zu können, z. B. Durchführen von Online-Bestellungen o. ä. (Mediennutzung). Darüber hinaus bedarf es gewisser Kenntnisse über die Medien selbst, z. B. über ihre Funktionsweisen, die ökonomischen Hintergründe, Wirkungen etc. (Medienkunde) sowie der Fähigkeit, sich analytisch mit den Angeboten auseinandersetzen und auch im Hinblick auf die eigene Person reflektieren zu können (Medienkritik). Medienkompetentes Handeln impliziert aber auch, die Medien zur Artikulation eigener Meinungen und Perspektiven zu nutzen und sich mittels Medien an gesellschaftlichen Prozessen aktiv zu beteiligen (Mediengestaltung).

Die zentrale Herausforderung der verschiedenen genannten Ansätze besteht vor allem darin, die Dimensionen einerseits für die pädagogische Arbeit auszuarbeiten und andererseits für empirische Untersuchungen zu operationalisieren. Denn auch wenn Medienkompetenz als solche medienübergreifend ist, müssen die Zielstellungen kontinuierlich im Kontext der sich zunehmend und immer rasanter ausdifferenzierenden und zugleich konvergierenden Medienlandschaft reflektiert und konkretisiert werden:

> „Diese Ausarbeitung muss also deskriptiv-empirische Dimensionen genauso berücksichtigen wie die mit dem Konzept der Medienkompetenz verbundenen normativen Zielvorstellungen einschließlich deren anthropologischen Rechtfertigung durch Rückgriff auf übergeordnete Grundwerturteile explizieren. Die Hauptschwierigkeit bei der Explikation der deskriptiven Dimensionen dürfte darin bestehen, die für die empirische Operationalisierung notwendige Präzision mit der für die Berücksichtigung des auch zukünftig zu erwartenden medialen Wandels notwendigen Flexibilität zu verbinden. Das wird sicherlich nur möglich sein, wenn man die Dimensionsexplikation auf mittlerem Abstraktionsniveau vornimmt." (Groeben 2002a: 17)

Einen Versuch, die Medienkompetenzdimensionen – insbesondere Mediennutzung, -gestaltung und -kritik – unter Berücksichtigung von Handlungsfeldern, Kompetenzbereichen und unterschiedlichen altersbezogenen Kompetenzstufen (Stufen 1–4) zu entwickeln, hat die Pädagogische Hochschule in Zürich unternommen. Das Ergebnis ist eine komplexe und zugleich differenzierte Matrix, in der Standards für die Medienkompetenzförderung im Rahmen schulischer Medienbildung formuliert und anhand sogenannter „Indikatoren" konkretisiert werden (vgl. Moser 2010: 246 ff.). Um einen Eindruck über den Grad der Konkretisierung zu geben, werden im Folgenden die Struktur des Konzepts sowie eine ausgewählte Kompetenzstufe (Stufe 2) eines Handlungsfeldes (A – Anwendung und Gestaltung von Medienprodukten) dargestellt (für eine detaillierte Darstellung siehe ebd.).

Beispiel

Modellstruktur zur Medienkompetenzförderung der Pädagogischen Hochschule in Zürich

Handlungsfeld	Sachkompetenz	Methodenkompetenz	Sozialkompetenz
A Anwendung und Gestaltung von Medienprodukten	Kompetenzstufen 1–4	Kompetenzstufen 1–4	Kompetenzstufen 1–4
B Austausch und Vermittlung von Medienbotschaften	Kompetenzstufen 1–4	Kompetenzstufen 1–4	Kompetenzstufen 1–4
C Reflexion und Medienkritik	Kompetenzstufen 1–4	Kompetenzstufen 1–4	Kompetenzstufen 1–4

Quelle: Abstraktion von Moser 2010: 246 ff.

Beispiel: Standards für Handlungsfeld A, Kompetenzstufe 2 mit Indikatoren

Sachkompetenzen	Methodenkompetenzen	Sozialkompetenzen
Kann Medien zum Erreichen der eigenen Intentionen einschätzen und gezielt einsetzen.	*Setzt Medien routiniert und zielgerichtet ein.*	*Nutzt Medien gezielt zur Kooperation und Kommunikation.*
• Medien für alltägliche Aufgaben zielgerichtet einsetzen (Medienzugang) • Medien zu Lösung vorgegebener Aufgaben sachgerecht nutzen (Mediennutzung) • Multimediale Möglichkeiten kennen und gezielt einsetzen, um das Lernen und Gestalten zu unterstützen (Mediengestaltung) • Erfahrungen mit verschiedenen Textsorten in die Planung und Gestaltung medialer Produkte mit einbeziehen (Vorwissen)	• Bekannte Problemlöseverfahren zur Lösungssuche selbstständig einsetzen (Routinen) • Aus bekannten Medien die für vorgegebene Aufgaben geeigneten auswählen (Planung) • Mediale Produkte anhand vorgegebener Kriterien überprüfen (Beurteilung) • Bei Problemen auf medienintegrierte Hilfen zurückgreifen (Ressourcen)	• Grundregeln für die mediale Präsentation und Publikation von Sachverhalten anwenden (Publikation und Präsentation) • Kommunikations- und Kooperationsmedien adressatengerecht für gemeinsames Lernen und Arbeiten einsetzen (Prozess) • Kommunikations- und Kooperationsmedien gezielt zum Erstellen eigener Produkte nutzen (Produkt)

Quelle: Moser 2010: 246 ff.

Der Auszug aus dem sehr differenzierten Raster von Moser deutet bereits die Schwierigkeiten bzw. Herausforderungen an, die sich im Hinblick auf die Erfassung und Evaluierung von Medienkompetenz ergeben. Neben die Schwierigkeit, die zahlreichen Teilkompetenzen zu erfassen, tritt das oben erwähnte Problem, dass sich Kompetenz nur auf der Performanzebene erfassen lässt. Bislang liegen vergleichsweise wenige empirische Studien vor, die versucht haben, Medienkompetenz in ihren verschiedenen Dimensionen und zudem medienübergreifend zu erfassen. Im deutschsprachigen Raum ist auf die Bielefelder Studie von Treumann et al. (2007) zu verweisen, die eine sehr differenzierte Studie zur Medienkompetenz von Jugendlichen durchgeführt haben. Aufschlussreich sind darüber hinaus die Studien der britischen Regulierungsbehörde *Ofcom*, die – ganz im Sinne von Groeben – Medienkompetenz etwas abstrakter fassen und versuchen, operationalisierbare Indikatoren zu identifizieren. Medienkompetenz bzw. „Media Literacy" wird von der *Ofcom* definiert als Fähigkeit „to access, understand and create communications in a variety of contexts" (Ofcom 2008a: 10, 2011: 8). Die drei zentralen Dimensionen Zugang, Verständnis und Kreativität/Produktion werden in verschiedene Elemente bzw. Teilkompetenzen untergliedert, um sie für die empirische Forschung operationalisierbar zu machen (vgl. Tabelle 5.2).

Tab. 5.2 Elemente der Ofcom-Medienkompetenzdefinition

Access	• Interest in, and awareness of, the various media platforms • Use, volume of use and breadth of use of the platforms • Competence in using the features available on each platform
Understand	• Trust in television and online content • The extent and level of concerns with each platform • The extent of rules about access to, and use of, each platform • Knowledge of, and competence in using, content controls, such as the ability to block access to certain websites
Create	• The ability of individual users to create their own content • The ability of users to interact with the platform or with other users

Quelle: Ofcom 2008a: 10 f.

Neuere Studien versuchen sich der komplexen Thematik empirisch anzunähern, indem sie ausgewählte Dimensionen von Medienkompetenz untersuchen. Sowka et al. (2015) entwickelten beispielsweise für die Dimension der Medienkritikfähigkeit ein standardisiertes Messinstrument und erprobten dies in zwei Studien mit Jugendlichen.

Einen adaptiven Online-Selbsttest zur Medienkompetenz für Schülerinnen und Schüler von ca. neun bis 14 Jahren entwickelte die *Pädagogische Hochschule Schwyz* zusammen mit *Pro Juventute* im Jahr 2016 (siehe https://medienprofis.projuventute.ch/). Die Entwicklung des Tests wurde durch einen wissenschaftlichen Beirat begleitet. Fünf Testmodule decken Kompetenzen aus den Bereichen Grundlagenwissen, rezeptive, produktive und kommunikative Mediennutzung ab. Themen sind: Wie Computer ticken, sich online informieren, Jugendschutz verstehen, online kaufen und verkaufen, seine Daten schützen. Die Kinder und ihre Lehrpersonen erfahren mit dem Test, wo sie stehen und sie erhalten darauf abgestimmte Empfehlungen für Lehrmittel und Unterrichtsmaterialien. Der Test kann erneut eingesetzt werden, um den Wissenszuwachs nach einer Unterrichtssequenz zu prüfen.

5.5 Faktoren, die den kompetenten Umgang mit Medien beeinflussen

In der Forschungsliteratur richtet sich die Frage nach Faktoren, die die Medienkompetenz beeinflussen, eher auf die hemmenden denn auf die begünstigenden Faktoren, wobei sich einige Faktoren je nach Perspektive sowohl als hemmend als auch förderlich interpretieren lassen (vgl. Livingstone/van Couvering/Thumim 2005: 54).

Zu den zentralen Faktoren, die im Zusammenhang mit Medienkompetenz in den Blick genommen werden, zählen insbesondere: Alter, sozioökonomischer Status, Bildung und Geschlecht. Dabei zeigt sich, dass vor allem das Alter sowie der Bildungshintergrund einen starken Einfluss darauf haben, wie Menschen mit den Medien umgehen: Je älter und je geringer der Bildungshintergrund, desto weniger werden mediale Möglichkeiten genutzt, was sich wiederum auch auf die anderen Kompetenzbereiche auswirkt.

In vereinzelten Untersuchungen wurde darüber hinaus auch untersucht, inwieweit Faktoren wie Behinderung, Ethnie, Sprachkompetenz (z. B. englische Sprache als Voraussetzung zur Nutzung von Onlineangeboten) einen medienkompetenten Umgang beeinflussen (vgl. ebd.). Neben den überwiegend personenbezogenen Faktoren finden sich darüber hinaus zahlreiche weitere Faktoren, die u. a. auch auf sozialer bzw. institutioneller Ebene angesiedelt sind, wie z. B. Größe des sozialen Netzwerkes, Familienzusammensetzung (z. B. zeigt sich, dass Kinder in Familien zu einer Verringerung des „generational gaps" beitragen).

5.6 Neue mediale Herausforderungen – neue erforderliche Kompetenzen?

Angesichts des rasanten technischen Wandels stellt sich die Frage, ob dieser auch immer wieder neue Kompetenzen erfordert. Grundsätzlich gilt der Kompetenzansatz medienübergreifend. Anstatt einzelne Teilkompetenzen auszubilden – z. B. Fernsehkompetenz, Smartphonekompetenz, Computerspielkompetenz – müssen vielmehr grundlegende Kompetenzen erworben werden – z. B. ein kritisch-reflexiver Umgang mit Medien – die auch auf neue mediale Herausforderungen übertragen werden können. Es ist jedoch zu prüfen, inwieweit diese Kompetenzen hinreichend sind, um auch neuere Medienangebote souverän nutzen zu können bzw. welche Anforderungen diese Angebote an die Nutzer stellen. Entsprechend muss Medienkompetenz als „zukunftsoffenes" Konzept verstanden werden und muss die Medienpädagogik mit Blick auf gesellschaftlichen Veränderungen fragen, „welche Basisfähigkeiten notwendig sind, um auch zukünftig handlungsfähig zu bleiben" (Aufenanger 1998: 9).

Die Frage nach dem Erfordernis neuerer, anderer Kompetenzen wurde z. B. im Zusammenhang mit der Entwicklung und Nutzung von Social-Media-Anwendungen diskutiert (vgl. z. B. Schmidt/Lampert/Schwinge 2010; Gapski/Gräßer 2007). Die Möglichkeiten, eigene Beiträge einer großen Öffentlichkeit verfügbar zu machen, sich selbst und seine Ansichten und Meinungen in z. B. Weblogs zu präsentieren oder sich über Social Communities zu vernetzen, eröffnen dem Nutzer zunächst einmal vielfältige Möglichkeiten, die durch andere Medien bisher nicht gegeben waren. Dies spiegelt sich u. a. auch in Wortschöpfungen, wie z. B. „Prosument" (Zusammensetzung aus Produzent und Konsument, vgl. z. B. Grimm/Rhein 2007: 152 f.) oder „Produser" (Zusammensetzung aus Producer und User, vgl. Bruns 2009), wider, die verdeutlichen sollen, dass die Nutzer das Internet nicht nur zum Abruf von Informationen nutzen, sondern auch die Möglichkeit haben, es für unterschiedliche Zwecke „in den Dienst zu nehmen", was u. a. durch anwendungsfreundliche Software und Programme zusätzlich unterstützt wird. Mit diesen Möglichkeiten zur „Verwirklichung der informationellen Selbstbestimmung" (Gapski/Gräßer 2007: 25) ergeben sich für den Nutzer allerdings auch neue Anforderungen im Hinblick auf die Informationssuche, die Pflege von sozialen Kontakten bzw. dem Umgang mit anderen im Netz, aber auch die Veröffentlichung (persönlicher) Informationen. Diese Anforderungen lassen sich als Informations-, Beziehungs- und Identitätsmanagement beschreiben (vgl. Schmidt 2006). Wenngleich diese drei Management-Bereiche nicht vollständig trennscharf sind, so verdeutlichen sie doch, dass der Nutzer sein Handeln auf verschiedenen Ebenen reflektieren muss, was wiederum Wissen (z. B. über das Thema Datenschutz) als auch Kompetenzen im Hinblick auf die Nutzung (z. B. *Wie stelle ich meine Privatsphäre sicher?*) und Gestaltung (z. B. *Wie kann ich meine Anliegen zum Ausdruck bringen?*) voraussetzt.

Welche Kompetenzen sind mit Blick auf das Social Web also notwendig? Nach Gapski und Gräßer (2007) umfasst eine „Medienkompetenz 2.0" die „Fähigkeit zur Selbstorganisation eines Einzelnen oder eines sozialen Systems im Hinblick auf die sinnvolle, effektive und reflektierte Nutzung technischer Medien, um dadurch die Lebensqualität in der Informationsgesellschaft zu steigern" (Gapski/Gräßer 2007: 27). Konkret auf die Handlungskomponenten im Social Web bezogen (vgl. Tabelle 5.3), lassen sich die erforderlichen Kompetenzen für eine souveräne Nutzung des Social Web weiter ausdifferenzieren: „Dies schließt beispielsweise die Fertigkeiten ein, die eigenen Gedanken oder Erfahrungen zu formulieren und in einem Blogeintrag oder Podcast aufzubereiten (Identitätsmanagement), genauso wie die Kenntnis, die technischen Optionen, Einstellungen zum Schutz der eigenen Privatsphäre gegenüber unbekannten Personen vorzunehmen (Beziehungsmanagement), aber auch die Kompetenz, sich der entstehenden Öffentlichkeiten zu bedienen, um lokales bürgerschaftliches Engagement oder den Austausch zu einem persönlich relevanten Interessensgebiet zu fördern (Informationsmanagement)" (Schmidt/Lampert/Schwinge 2010).

Tab. 5.3 Handlungskomponenten im Social Web

Handlungskomponente	Tätigkeiten	Beispiele
Identitätsmanagement	• (selektives) Präsentieren von Aspekten der eigenen Person (Interessen, Meinungen, Wissen, Erlebnisse …)	• Ausfüllen einer Profilseite; • Erstellen eines eigenen Podcasts
Beziehungsmanagement	• Pflege von bestehenden und Knüpfen von neuen Kontakten	• Bestätigen oder Annehmen von Kontaktgesuchen; • Verlinken von anderen Weblogeinträgen
Informationsmanagement	• Auffinden, Rezipieren und Verwalten von relevanten Informationen	• Einordnen von Informationen aus Wikis; • Taggen einer Website; • Abonnieren eines RSS-Feeds; • Bewerten eines Beitrags (z. B. durch Punktevergabe oder Kommentieren)

Quelle: Schmidt/Lampert/Schwinge (2010)

Mit Blick auf die neueren medialen Entwicklungen werden weitere interessante Konzepte diskutiert. Eines ist das am MIT unter der Leitung von Henry Jenkins in dem Projekt „New Media Literacies" (www.newmedialiteracies.org) entwickelte Kompetenzmodell, das stark auf die Anforderungen und Praktiken der konvergierenden Medienwelt ausgerichtet ist (vgl. Jenkins et al. 2006). Ausgehend vom Leitbegriff der „Participatory Culture" unterscheiden die Autoren elf Fähigkeiten bzw. Kompetenzen (ebd.: 4):

- *Play* – the capacity to experiment with one's surroundings as a form of problem-solving
- *Performance* – the ability to adopt alternative identities for the purpose of improvisation and discovery
- *Simulation* – the ability to interpret and construct dynamic models of real-world processes
- *Appropriation* – the ability to meaningfully sample and remix media content
- *Multitasking* – the ability to scan one's environment and shift focus as needed to salient details

- *Distributed Cognition* – the ability to interact meaningfully with tools that expand mental capacities
- *Collective Intelligence* – the ability to pool knowledge and compare notes with others toward a common goal
- *Judgement* – the ability to evaluate the reliability and credibility of different information sources
- *Transmedia Navigation* – the ability to follow the flow of stories and information across multiple modalities
- *Networking* – the ability to search for, synthesize, and disseminate information
- *Negotiation* – the ability to travel across diverse communities, discerning and respecting multiple perspectives, and grasping and following alternative norms

Die Klassifikation ist insbesondere deswegen erwähnenswert, da sie sich darum bemüht, Kompetenzen zu berücksichtigen, die im Rahmen der konvergierenden digitalen Umgebungen an Bedeutung gewinnen, z. B. sich zusammen mit anderen aktiv an der Gestaltung der Medien- und Informationsumwelt zu beteiligen (vgl. u. a. die Fähigkeiten „networking" oder „collective intelligence"). Da im Zuge voranschreitender Konvergenz die Mediennutzung immer weniger an Einzelmedien festzumachen ist, werden zudem auch Kompetenzen relevant, die das kontrollierte Überschreiten von (medialen oder sozialen) Grenzen umfassen (z. B. „Transmedia Navigation", in Bezug auf soziale Beziehungen auch „Negotiation").

Ein weiterer interessanter Ansatz stellt das „GoodPlay Project" dar, das an der Harvard University diskutiert wurde (vgl. James et al. 2008) und sich verstärkt mit Fragen nach den notwendigen sozialen Kompetenzen als Voraussetzung für einen verantwortungs- und respektvollen Umgang mit anderen in bzw. über Onlinemedien befasst. Im Sinne eines „GoodPlay" geht es um einen Umgang mit den Onlinemedien, „that is both meaningful and engaging to the participant and responsible to others in the community and society in which it is carried out" (ebd.: 10). Angesichts der Möglichkeiten, die das Social Web für die Kommunikation und Interaktion mit anderen bietet, scheinen soziale Kompetenzen und die Frage, wie man sowohl offline als auch online respektvoll miteinander umgeht, an Bedeutung zu gewinnen.

5.7 Medienkompetenz als Aufgabe lebenslangen Lernens

Sowohl die gesellschaftlichen als auch die medialen Veränderungen verweisen darauf, dass Medienkompetenz weniger als Status oder Ergebnis von pädagogischen Bemühungen zu verstehen ist, sondern vielmehr als kontinuierlicher Prozess, der ständigen Veränderungen unterworfen ist. Die gesellschaftlichen und medialen, aber auch die eigenen biografischen Veränderungen (z. B. Übergang auf die weiterführende Schule, berufliche Veränderungen) erfordern stets auf's Neue, dass man sich neue Kompetenzen aneignet. Selbst im hohen Erwachsenenalter wird man im Alltag immer wieder mit medialen Herausforderungen konfrontiert, sei es durch Fahrkartenautomaten mit Touchscreen, spezielle Dienstleistungen, die vermehrt Online angeboten werden (z. B. Onlinebanking, Onlineshopping), digitale mobile Endgeräte (z. B. Smartphone, Tablet) etc. Medienkompetenz wird damit zu einer Aufgabe lebenslangen Lernens. Diesbezüglich wurden bereits einige Überlegungen angestellt, wie man diesen Prozess sowie die Fortschritte in diesem Bereich individuell erfassen und beispielsweise in einem persönlichen Portfolio dokumentieren kann.

Beispiel

Portfolio Medienkompetenz

In dem Projekt „Portfolio Medienkompetenz" wurde ein Instrument entwickelt, um Medienkompetenzen kontinuierlich zu erfassen, zu dokumentieren und zu reflektieren. Die Kompetenzen werden nach verschiedenen Handlungsfeldern und Reflexionsbereichen strukturiert, in welchen man jeweils unterschiedliche Level der Kompetenz erreichen und dokumentieren kann (von „kennengelernt" bis „profihaft"). So können nicht nur Lehrkräfte ihre Schüler gut einschätzen, sondern diese auch sich selbst und daraus ableiten, wo sie sich weiter qualifizieren wollen. Gleichzeitig kommt dem Thema Medienkompetenz(förderung) durch das Portfolio eine höhere Aufmerksamkeit zu, denn wenn nichts gemacht wird, dann bleiben auch die Portfolios leer.

„Die Grundidee ist einfach und dem künstlerischen Bereich entliehen: In einer Mappe, der Media\Box, stellen die Schülerinnen und Schüler eine Auswahl ihrer persönlichen Arbeitsergebnisse so zusammen, dass Außenstehende ihre Kompetenzen schnell erkennen können. Medienkompetenz zeigt sich aber auch in der Fähigkeit zu einer reflektierten Auseinandersetzung mit Medienfragen aus unterschiedlichen Perspektiven. Mit den Formularen im Log:Buch werden die Projekte, an denen die Schülerin bzw. der Schüler beteiligt war, unter Aspekten der Medienbildung dokumentiert." (www.portfolio-medien.de)

Es besteht eine jeweils den Lehrplänen von Niedersachsen und Nordrhein-Westfalen angepasste Version und eine länderunabhängige, neutrale Fassung, welche den regionalen Gegebenheiten angepasst werden kann. Schulen mit Medienprofil haben sich dem Projekt angeschlossen. Der Einsatz wurde mit einer wissenschaftlichen Begleituntersuchung evaluiert. Workshops finden statt zum Erfahrungsaustausch der Anwender (vgl. Hauf-Tulodziecki/Moll 2001; Hauf-Tulodziecki 2003). Die Idee des Portfolios wird inzwischen auch digital in Form von *„E-Portfolios"* umgesetzt.

Medienkompetenzen werden sowohl in formalen als auch in informellen Lernkontexten erworben. Allein durch die Beschäftigung mit den Medien werden spezifische Fähigkeiten gefördert – Bachmair (2009) spricht in diesem Zusammenhang von „Alltagsmedienkompetenz" (152) als Teil einer allgemeinen kulturellen Handlungskompetenz. Je nach persönlichen Interessen oder auch beruflicher Orientierung können diese Kompetenzen kontinuierlich vertieft bzw. erweitert werden (entsprechend findet sich die Portfolio-Idee auch im Hochschulbereich wieder). Ergebnissen einer europäischen Studie zufolge werden digitale Kompetenzen überwiegend mit der Hilfe von Freunden, Kollegen oder Verwandten erworben (dies betrifft 59 Prozent der befragten Computernutzer zwischen 16 und 74 Jahren), oder sich im Selbststudium angeeignet (58 Prozent der Computernutzer), wobei Männer eher als Frauen ihre Kompetenzen in der praktischen Auseinandersetzung mit dem Computer erwerben (vgl. Demunter 2006: 6). Bildungseinrichtungen (Schule, TH, Universität), Selbststudium mithilfe von Büchern oder CD-Roms, Schulungskurse in Bildungszentren (die auf Wunsch des Arbeitgebers oder aus Eigeninitiative besucht werden) spielen eine deutlich geringere Rolle. Im Hinblick auf Bildungsstand, Grad der Verstädterung und Niveau der Computergrundkenntnisse lassen sich keine signifikanten Unterschiede feststellen.

5.8 Möglichkeiten der empirischen Untersuchung von Medienkompetenz

Obgleich Medienkompetenz eines der zentralsten Konzepte innerhalb der Medienpädagogik darstellt, gibt es vergleichsweise wenige empirische Studien, die versuchen, Medienkompetenz systematisch und umfassend zu untersuchen, weshalb die Kritik durchaus berechtigt scheint, dass Definitionsversuche von Medienkompetenz oftmals „empirisch leer“ bleiben (vgl. Hugger 2003, siehe auch Treumann et al. 2002; Jarren/Wassmer 2009). Gleichzeitig bilden empirische Befunde jedoch eine zentrale Basis für Überlegungen zur Förderung von Medienkompetenz. Probleme, Medienkompetenz zu fassen, ergeben sich vor allem durch die technologischen Entwicklungen und Erweiterungen der medialen Möglichkeiten (sei es auf der Ebene einzelner Medien, einzelner Anwendungen, Dienste oder Programme oder einzelner Funktionen), die eine Akzentuierung auf ausgewählte Themen, Medien oder Teilkompetenzen aus forschungspraktischen Gründen notwendig machen. Darüber hinaus erweist sich die Operationalisierung von Medienkompetenzdimensionen als voraussetzungsvoll. Grundsätzlich stellt sich die Frage, ob und auf welche Weise sich Kompetenzen, die im Vergleich zu anderen Fertigkeiten, wie z. B. Lesen und Schreiben, nicht für alle Bevölkerungsgruppen gleichermaßen relevant sind, angemessen erfassen lassen. Das Interesse an digitalen Medien hat u. a. Auswirkungen auf die Zuwendung und die Nutzung und damit auch auf die Bereitschaft, sich tiefergehend mit einen Medium bzw. den Inhalten und Funktionsweisen auseinanderzusetzen. Entsprechend wird jemand, der kein Interesse an digitalen Medien hat, auch geringere Kompetenzen in der Nutzung bzw. im gestaltenden Umgang mit diesen Medien haben.

Im deutschsprachigen Raum liegen bislang nur wenige Studien vor, die versucht haben, den Medienumgang unter Kompetenzgesichtspunkten genauer zu erfassen. Zu erwähnen ist hier zum einen die Studie von Treumann et al. (2002) zum Medienhandeln Erwachsener. Im Rahmen dieser Studie wurden 1702 Erwachsene im Alter von 35 bis 74 Jahren befragt und auf der Basis der Antworten sechs verschiedene Medienhandlungstypen identifiziert. 2007 wurde eine ähnliche Untersuchung für die Altersgruppe der Jugendlichen vorgelegt, in der das Medienhandeln Heranwachsender zwischen 12 und 20 Jahren untersucht wurde (Treumann et al. 2007). Das Ergebnis bildeten sieben Medienhandlungstypen, die verdeutlichen, dass das Medienhandeln Jugendlicher sehr heterogen ist und Pauschalisierungen zu kurz greifen. Als zentrale Faktoren wurden das Alter, das Geschlecht sowie der Bildungshintergrund der Eltern identifiziert: „Je höher das formale Bildungsniveau, desto eher und flexibler werden Fertigkeiten und Kompetenzen im Umgang mit alten und neuen Medien angeeignet und desto höher ist tendenziell auch das Ausmaß der Medienkompetenz" (479). Zudem seien Selbstbewusstsein und das Gefühl von Akzeptanz grundlegende Voraussetzungen für eine produktive Medienaneignung und die Ausbildung von Medienkompetenz. Aktuellere Untersuchungen und Typologien für verschiedene Altersgruppen zum Thema Medienkompetenz wurden von der britischen Regulierungsbehörde *Ofcom* vorgelegt (Ofcom 2008a, b, 2011). Ähnlich wie in der Studie von Treumann et al. (2007) wurden verschiedene Medienkompetenztypen identifiziert.

Auch wenn sich die angeführten Studien hinsichtlich der Anzahl der Typen, der Typenprofile, der berücksichtigten Altersgruppe etc. unterscheiden, verdeutlichen sie, dass neben soziodemographischen Merkmalen noch weitere Faktoren, wie z.B. persönliche alltagsbezogene Relevanz eines Mediums, Erwartungen oder die Selbsteinschätzung das Medienhandeln beeinflussen. In ähnliche Richtung weisen auch die SINUS-Milieu-Studien, die versuchen, verschiedene jugendlichen Lebenswelten anhand verschiedener Grundorientierungen – differenziert nach traditionell, modern, postmodern – zu identifizieren und zu beschreiben (vgl. ausführlich Calmbach et al. 2012; s.a. Behrens et al. 2014).

Ein anderer Ansatz, die Medienkompetenz von bestimmten Gruppen zu erfassen, ist die Erhebung der Selbsteinschätzung (vgl. z.B. Behrens et al. 2014). Fragt man Jugendliche, wie sie ihr medienbezogenes Wissen oder ihre Fähigkeiten im Umgang mit unterschiedlichen Medien einschätzen, zeigt sich, dass sich der Großteil durchaus als kompetent im Umgang mit dem Internet sowie dem Handy/Smartphone wahrnimmt (ebd.). Zudem gaben die Heranwachsenden an, häufig von Erwachsenen um Hilfestellung gebeten zu werden. In der Selbsteinschätzung spiegeln sich alters-, geschlechts- sowie bildungsspezifische Unterschiede u.a. dahingehend wider, dass die Älteren häufiger angeben, um medienbezogenen Rat gefragt zu werden (mit Ausnahme von Computerspielen), dass die Jungen häufiger angeben als die Mädchen, bei technischen Problemen gefragt zu werden, und dass sich bildungsnahe Jugendlichen als kompetenter einschätzen als bildungsfernere (ebd.).

Vor diesem Hintergrund erscheint es nahe liegend und plausibel, dass es je nach Mediennutzungstyp auch unterschiedlicher Ansätze der Medienkompetenzförderung bedarf.

5.9 Vermittlung von Medienkompetenz

Für die Vermittlung von Medienkompetenz liegen bislang keine verbindlichen Vorschläge oder Konzepte vor. Ausnahmen bilden Konzepte zu ausgewählten Themenfeldern (z. B. Werbung, Privacy) oder Teilkompetenzen. Die konkretesten konzeptionellen Überlegungen finden sich in den Bildungsempfehlungen (z. B. für Kindertagesstätten oder Kindergärten) und den Lehr- und Bildungsplänen der Schulen und Hochschulen, wobei sich beispielsweise in Deutschland in den verschiedenen Bundesländern deutliche Unterschiede zwischen den verschiedenen Empfehlungen abzeichnen.

Das Sekretariat der ständigen Konferenz der Kultusminister der Länder in der Bundesrepublik Deutschland hat im Dezember 2016 den Entwurf für ein neues Strategiepapier (online) verabschiedet und veröffentlicht (https://www.kmk.org/fileadmin/Dateien/pdf/PresseUndAktuelles/2016/Bildung_digitale_Welt_Webversion.pdf). Die KMK verwendet in dem Papier den Begriff „Kompetenzen in der digitalen Welt", um zu betonen, dass es um allgemeine Kompetenzen geht, die zum Leben in einer modernen, digitalen Welt erforderlich sein. Das zugrunde gelegte Kompetenzmodell umfasst folgende sechs Kompetenzbereiche (vgl.: 15 ff.):

1) Suchen, Verarbeiten und Aufbewahren (Suchen und Filtern; Auswerten und Bewerten; Speichern und Abrufen)
2) Kommunizieren und Kooperieren (Interagieren; Teilen; Zusammenarbeiten; Umgangsregeln kennen und einheilten (Netiquette); An der Gesellschaft aktiv teilhaben)
3) Produzieren (Entwickeln und Produzieren; Weiterverarbeiten und Integrieren; Rechtliche Vorhaben beachten)
4) Schützen und sicher Agieren (Sicher in digitalen Umgebungen agieren; Persönliche Daten und Privatsphäre schützen; Gesundheit schützen; Natur und Umwelt schützen)
5) Problemlösen und Handeln (Technische Probleme lösen; Werkzeuge bedarfsgerecht einsetzen; Eigene Defizite ermitteln und nach Lösungen suchen; Digitale Werkzeuge und Medien zum Lernen, Arbeiten und Problemlösen nutzen; Algorithmen erkennen und formulieren)
6) Analysieren und Reflektieren (Medien analysieren und bewerten; Medien in der digitalen Welt verstehen und reflektieren)

Medienbildung wird in dem KMK-Papier als verpflichtender, integraler Bestandteil der (schulischen) Allgemeinbildung gesehen, der in alle Fächer einfließen soll. Die konkrete Ausgestaltung und Umsetzung obliegt den einzelnen Ländern. Die Vermittlung von Medienkompetenz bzw. Medienbildung ist keinesfalls auf formale Bildungskontexte beschränkt. Auch der Familie sowie außerschulischen Einrichtungen kommt im Hinblick auf Medienkompetenzförderung eine wichtige Bedeutung zu, was zahlreiche Publikationen und Dokumentationen gelungener Projekte zur Medienkompetenzförderung belegen. Die meisten Projekte in diesem Bereich basieren auf dem Konzept handlungsorientierter Medienpädagogik und aktiver Medienarbeit (► Kapitel 6). Im Rahmen von Projektarbeit können Kinder und Jugendliche eigene Produkte erstellen und sich intensiv mit den Funktionsweisen von Medien und ihren kreativen Potenzialen, aber auch Risiken auseinandersetzen.

Doch auch wenn der Fokus auf der Medienkompetenzförderung von Heranwachsenden liegt, dürfen ältere Zielgruppen oder auch Zielgruppen mit besonderen Bedarfen nicht aus dem Blick geraten. Treumann et al. (2002) plädierten vor dem Hintergrund ihrer Untersuchung zum Medienhandeln von Erwachsenen für die Entwicklung zielgruppenspezifischer Handlungsstrategien, die sich zum einen an benachteiligte Gruppen (wie Senioren oder Migranten) richten, und zum anderen den jeweiligen Bedürfnissen und Interessen der von ihnen identifizierten Medienkompetenztypen in der Konzeption von Bildungsangeboten entsprechend Rechnung tragen. So sollte beispielsweise ein Angebot, das sich an die den Medien gegenüber aufgeschlossenen „Avantgardisten“ richtet, ein breites Themenspektrum abdecken, das über technische Aspekte hinausweist und auch kulturelle und reflexive Aspekte berücksichtigt. Projekt- und zielorientierte Workshops, in denen die individuellen Interessen berücksichtigt werden können, erscheinen aus Sicht der Autoren für diese Gruppe angemessen. Für diejenigen, die eher dem Typus „Desinteressierte“ zuzurechnen sind, müsse das Aus- und Weiterbildungsangebot hingegen anders konzipiert sein. Hier wäre es zunächst einmal wichtig, Interesse für die (digitalen) Medien zu wecken und die Potenziale und erweiterten Handlungsspielräume (sowohl privat als auch beruflich) zu verdeutlichen. Da viele in dieser Gruppe nur über knappe finanzielle Ressourcen verfügten, böte es sich an, Kurse in öffentlichen Räumen (z. B. Bibliotheken) anzubieten. Beide Beispiele verdeutlichen, dass die individuellen Voraussetzungen je nach Medienhandlungstyp sehr unterschiedlich ausfallen und dass es sinnvoll ist, diese Differenzen bei der Konzeption von medienpädagogischen Aus- und Weiterbildungsangeboten zu berücksichtigen.

Materialien zur Medienkompetenzförderung

Medienkompetenz-Portal NRW www.medienkompetenz-portal-nrw.de	Webangebot der Landesanstalt für Medien NRW für unterschiedliche Zielgruppen.
Praxisleitfaden Medienkompetenz für Lehrkräfte an Ganztagsschulen (2012) Pdf-Dokument ist auf der Seite der LfM (http://lfmpublikationen.lfm-nrw.de/) verfügbar.	Orientierungshilfe für die Gestaltung des Unterrichts mit Medien mit Informationen zum Thema Medienkompetenz, Arbeitsblättern, konkreten Beispielen und weiterführende Links und Tipps.
Das Klicksafe Lehrerhandbuch. Knowhow für junge User – Mehr Sicherheit im Umgang mit dem World Wide Web. Materialien für den Unterricht. www.klicksafe.de	Handbuch für Lehrkräfte aller Fächer (Klasse 4–10) zum sicheren Umgang im Internet. Mit Arbeitsblättern und didaktischen Tipps.

Broschürenservice von Saferinternet.at (österreichisches Pendant zu Klicksafe in Deutschland): www.saferinternet.at/broschuerenservice/	Unterrichtsmaterialien für Lehrende sowie Broschüren und Informationsmaterialien für Eltern zu den Themen Medienkompetenz und sicherer Umgang mit dem Internet.
Infoset Medienkompetenz: 10 Fragen – 10 Antworten. Hrsg, Medienpädagogischer Forschungsverbund Südwest. http://www.mpfs.de/?id=517	Infomaterial mit Antworten zu zehn zentralen Themenfeldern (z. B. Frühe Kindheit und Medien, Gewalt und Medien, Kullurtechniken und Medien, Radio & Co, Computer & Computerspiele, Handys, Smartphones, Apps etc.).
Wissen, wie's geht. Zeigen, wie's geht. Tipps zum Einstieg von Kindern ins Netz. Hrsg.: Internet-ABC e. V. https://www.internet-abc.de/eltern/internet-abc-fuer-eltern/	Infobroschüre für Eltern und Pädagogen. Bietet grundlegendes Hintergrundwissen und praktische Tipps für die erste Internetnutzung mit Kindern.
Im Netz der neuen Medien. Internet, Handy und Computerspiele – Chancen und Risiken für Kinder und Jugendliche. Hrsg.: Programm Polizeiliche Kriminalprävention der Länder und des Bundes. Stuttgart 2013 www.polizei-beratung.de/medienangebot/medienangebot-details/detail/41.html	Handreichung für Lehrkräfte und Fachkräfte der außerschulischen Jugendarbeit.
Media smart. Augen auf Werbung Hrsg.: Media Smart e. V. Köln 2011 www.mediasmart.de	Materialien zur Förderung der Werbekompetenz von Kindern der 3. bis 4. Klasse.
Kinder und Onlinewerbung. Ein Ratgeber für Eltern und pädagogische Fachkräfte http://www.kinder-onlinewerbung.de/	Webseite und Broschüre
Chatten ohne Risiko Ein Projekt der Landesanstalt für Kommunikation Baden-Württemberg (LFK) und jugendschutz.net http://www.chatten-ohne-risiko.net/erwachsene/ratgeber/fuer-lehrkraefte/	Internetangebot zur Förderung des sicheren Umgangs in Chats. Flyer und Unterrichtsmaterialien werden dort zur Verfügung gestellt. (4.–10. Klasse)
Internet Literacy Handbook http://www.coe.int/t/dghl/StandardSetting/InternetLiteracy/hbk_en.asp	Handreichung des Europarates zur Internetkompetenz mit Beispielen für die Praxis.
Online sein mit Maß und Spaß. Elternratgeber zum richtigen Umgang mit digitalen Medien. Hrsg.: Bundeszentrale für gesundheitliche Aufklärung (BZgA). 2011 www.bzga.de	Broschüre der BZgA für Eltern von 14- bis 18-jährigen Jugendlichen, die Computer nutzen.
Anregung statt Aufregung. Neue Wege zur Förderung von Medienkompetenz in Familien. Hrsg.: Bundeszentrale für gesundheitliche Aufklärung (BZgA). Köln 2012 http://www.bzga.de/infomaterialien/unterrichtsmaterialien/?idx=2110	Handreichung in Form einer medienpädagogischen Bestandsaufnahme von Norbert Neuß und Wolfgang Schill.

5.10 Medienpädagogische Kompetenz

Während Medienkompetenzförderung als zentrale Zielkategorie medienpädagogischen Handelns anerkannt ist, gerät oftmals aus dem Blick, welche Voraussetzungen für ihre Vermittlung erforderlich sind. Die Rede ist von der „medienpädagogischen Kompetenz" auf Seiten der Pädagogen, „die sich auf die Fähigkeit bezieht, Medienkompetenz unter pädagogischen Aspekten angemessen vermitteln zu können." (Aufenanger 1999a: 95) Medienpädagogische Kompetenz umfasst dabei sowohl mediendidaktische als auch medienerzieherische Kompetenzen (vgl. Blömeke 2000).

- **Medienpädagogische Kompetenz:** „Medienpädagogische Kompetenz umfasst […] die Lehr-Lernperspektive mit den beiden vorläufigen Hauptzielen, Medien im Unterricht einzusetzen (traditionell mit dem Begriff der Mediendidaktik belegt) und den Schülerinnen und Schülern den Erwerb von Medienkompetenz zu ermöglichen (mit dem Begriff Medienerziehung umschrieben)." (Blömeke 2000: 24)

Nach Blömeke (2000) lässt sich medienpädagogische Kompetenz (speziell von Lehrern) in fünf Teilkompetenzen bzw. „Bereiche" (155 f.) untergliedern:

1) Sachgerechtes, selbstbestimmtes, kreatives und sozialverantwortliches Handeln im Zusammenhang mit Medien und Informationstechnologien („Medienkompetenz")
2) Reflektierte Verwendung von Medien und Informationstechnologien in geeigneten Lehr- und Lernformen und deren Weiterentwicklung („Mediendidaktische Kompetenz")
3) Fähigkeit, Medienthemen im Sinn pädagogischer Leitideen im Unterricht behandeln zu können („Medienerzieherische Kompetenz")
4) Konstruktive Berücksichtigung der (medienbezogenen) Lernvoraussetzungen der Schülerinnen und Schüler („Sozialisationsbezogene Kompetenz")
5) Gestaltung der personalen und institutionellen Rahmenbedingungen medienpädagogischen Handelns („Schulentwicklungskompetenz im Medienzusammenhang")

Auf einzelne Teilkompetenzen wurde bereits an anderer Stelle eingegangen. Wichtig ist darauf zu verweisen, dass Wissen über die Medienwelten von Heranwachsenden sich nicht nur auf die Kenntnis von empirischen Fakten über den Stellenwert der Medien in der Lebenswelt von Kindern und Jugendlichen und ihre allgemeine Mediennutzung beschränkt, sondern immer auch eine allgemeine Sensibilität für Medienthemen und -erlebnisse, mit denen sich Heranwachsende beschäftigen, sowie das Wissen über die Erlebnisqualität und Rezeptionsweisen (vgl. Aufenanger 1998: 12). Dies klingt zunächst selbstverständlich, ist es jedoch keineswegs; oftmals wissen Eltern oder Pädagogen gar nicht, mit welchen Medieninhalten sich ihre Kinder bzw. Schüler beschäftigen oder welche Apps sie nutzen. Vielen fällt aufgrund ihrer eigenen Mediennutzung bzw. der Distanz gegenüber insbesondere digitalen Medien (vor allem Internet und Computerspielen) schwer, sich unvoreingenommen auf die Perspektive von Heranwachsenden einzulassen. Eine derartige Sensibilität ist jedoch eine zentrale Voraussetzung, um sowohl das Faszinationspotenzial von Medienangeboten als auch potenzielle Risiken erkennen und einschätzen zu können.

Nicht zu unterschätzen ist auch die „Schulentwicklungskompetenz im Medienzusammenhang". Gemeint ist damit ist u. a. die Fähigkeit, die Bedeutung der Medien für sich selbst als Lehrer sowie im Rahmen allgemeiner schulischer Bildung zu reflektieren und darauf aufbauend adäquate Konzepte für eine schulische Medienbildung zu entwickeln (vgl. Herzig/Aßmann 2008: 45). Dieser Aspekt verweist darauf, dass die Entwicklung und Praxis medienpädagogischer Kompetenz auch eines entsprechenden Umfeldes bedarf und nur sinnvoll gelingen kann, wenn die medienpädagogischen Ansätze und die schulischen Rahmenbedingungen aufeinander abgestimmt sind.

Blömeke (2001) betont zudem, dass der Erwerb medienpädagogischer Kompetenz ein langfristiger Prozess sei und über rein instrumentell-qualifikatorische Fähigkeiten deutlich hinausweise, wenngleich diese sicherlich notwendigen Voraussetzungen darstellen, um sich mit medienerzieherischen und -didaktischen Fragen auseinander zu setzen. Zur Förderung der medienpädagogischen Kompetenz von pädagogischen Fachkräften wurden inzwischen verschiedene Angebote entwickelt, die sich auch zum Selbststudium eignen: Das Online-Angebot *learn:line* bietet beispielsweise Unterrichtsmaterialien verschiedener Anbieter zum Download an. Das Angebot umfasst sowohl konkrete Arbeitsaufträge, als auch weiterführende Informationen, Links, Texte sowie Vorschläge zur Konzeption von Unterrichtseinheiten zu bestimmten Themen. Zudem informiert das Portal über Fortbildungen zu verschiedenen Medienthemen.

Beispiel

Medienbildung entlang der Bildungskette

2014 veröffentliche die Deutsche Telekom Stiftung auf der Basis umfassender Expertisen von u. a. Kindheits-, Familien- und Medienforschern ein umfassendes und zugleich differenziertes Konzept zur Medienbildung in unterschiedlichen Phasen des Bildungsprozesses. Das Konzept legt dabei einen besonderen Fokus auf die Übergänge, die Subjektperspektive sowie die strukturellen Voraussetzungen legt (S. 11). Der Ansatz verweist auf „Überlappungsbereiche" in den Übergangsphasen, in denen sich die beteiligten Akteure austauschen und abstimmen müssen (z. B. auf welche Kompetenzen kann in der nächsten Phase aufgebaut werden? Wo bestehen Defizite?). Es werden die unterschiedlichen Voraussetzungen und zentralen Veränderungen (z. B. Entwicklungsaufgaben) sowie das Medienhandeln in vier verschiedenen Lebensphasen von

Heranwachsenden im Alter von Null bis 19 Jahren beschreiben und daraus Anforderungen und Handlungsempfehlungen für die Medienbildung in der jeweiligen Phase abgeleitet. Das zentrale Ziel sei aus Sicht der Autoren, „Medienkompetenzentwicklung verbindlich und umfassend in Bildungseinrichtungen zu verankern und auch die Bildungsinstitutionen an den Schnittstellen besser zu verzahnen" (37). Darüber hinaus wird auf die Notwendigkeit verwiesen, die „Perspektive der Kinder und Jugendlichen einzubeziehen und die Erfahrungswelten von Kindern als und Jugendlichen als Bildungsressource zu betrachten" (38). Konkrete Handlungsempfehlungen werden im Hinblick auf einen allgemeinen Orientierungsrahmen, die Ausbildung von pädagogischen Fachkräften, den Ausbau von Fortbildungsstrukturen sowie die Entwicklung und Erprobung von übergreifenden lokalen Netzwerkstrukturen formuliert.

[Quelle: Deutsche Telekom Stiftung (2014): Medienbildung entlang der Bildungskette. Ein Rahmenkonzept für eine subjektorientierte Förderung von Medienkompetenz von Kindern und Jugendlichen. Bonn.]

Obgleich sich einige Beispiele finden lassen, ist die Integration und Vermittlung von medienpädagogischer Kompetenz nach wie vor als unzureichend einzuschätzen, was u. a. mit der Forderung nach einer stärkeren Verankerung der medienpädagogischen Grundbildung in der pädagogischen Aus- und Weiterbildung korrespondiert, wie sie 2009 im Medienpädagogischen Manifest „Keine Bildung ohne Medien!" formuliert wurde (www.keine-bildung-ohne-medien.de/medienpaedagogisches-manifest.pdf). Im KMK-Strategie-Papier wird der Aus-, Fort- und Weiterbildung erfreulicherweise eine hohe Bedeutung beigemessen. Es wird ein ausführlicher Anforderungskatalog formuliert, der verdeutlicht, dass hier ein umfassender Aus- und Weiterbildungsbedarf besteht, der mittel- bis langfristig auch eine Überarbeitung der Beschlüsse der Kultusministerkonferenz zur Lehrerbildung erforderlich mache. Zugleich wird aber auch betont, dass von jeder (angehenden) Lehrkraft ein hohes Maß an Selbstverantwortung für den eigenen Kompetenzuwachs erwartet werde.

Zusammenfassung

Der Begriff der Medienkompetenz spielt in der Medienpädagogik eine zentrale Rolle. Inzwischen liegen diverse Definitionsversuche vor, die versuchen, das Konzept im Hinblick auf neuere mediale Anforderungen hin anzupassen bzw. zu erweitern. Medienbildung und Medienmündigkeit wurden als alternative Konzepte entwickelt, um zu unterstreichen, dass sich Medienpädagogik nicht als Förderung einzelner Fähigkeiten, sondern als ganzheitliche und lebenslange Bildungsaufgabe versteht. Trotz zahlreicher Definitionsversuche und -vorschläge wird der Begriff der Medienkompetenz zumeist mit der ursprünglichen Definition von Dieter Baacke in Verbindung gebracht, der als vier zentrale Bereiche der Medienkompetenz(förderung) Medienkunde, Mediennutzung, Medienkritik und Mediengestaltung unterscheidet. Inzwischen gibt es jedoch eine Reihe von integrativen Ansätzen, die stärker in der Diskussion berücksichtigt werden sollten.

Schwierigkeiten ergeben sich insbesondere im Hinblick auf die Operationalisierung und empirischen Erfassung bzw. Messung von Medienkompetenz. Bislang liegen nur wenige Studien vor, die die auf Rezipientenseite vorhandenen Kompetenzen medienübergreifend erfassen. Insbesondere die Medienkonvergenz und die konvergierende Mediennutzung erweisen sich hierbei als zusätzliche Herausforderungen.

Die Vermittlung von Medienkompetenz setzt auf Seiten der Pädagogen wiederum eine „medienpädagogische Kompetenz" voraus. Diese umfasst neben der allgemeinen Medienkompetenz mediendidaktische, -erzieherische und -sozialisatorische Kompetenzen, die mit den schulischen Rahmenbedingungen sinnvoll in Einklang gebracht werden müssen. Hier bedarf es entsprechender Aus- und Weiterbildungsangebote, um die medienpädagogische Kompetenz der Pädagogen zu fördern und sie auf die medienpädagogischen Herausforderungen und Aufgaben angemessen vorzubereiten.

Fragen für weitere Überlegungen und Diskussionen

1. Welche Medienangebote sind bei Heranwachsenden derzeit besonders angesagt? Was fasziniert Kinder und Jugendlichen an diesen Angeboten und mit welchen Themen beschäftigen sie sich? Fragen Sie auch Kinder und Jugendliche nach ihrer Sichtweise.
2. Kinder gehen heute fast selbstverständlich mit den neuen Medien um. Inwieweit würden Sie diesen Umgang als medienkompetent bezeichnen?
3. Mit Blick auf das Aufwachsen in Medien- und Informationsgesellschaften wird immer wieder diskutiert, ob es nicht angemessener sei, von Medienbildung anstelle von Medienkompetenz zu sprechen. Welcher Begriff scheint aus Ihrer Sicht angemessener?
4. Vergleichen Sie die Medienkompetenzen unterschiedlicher Altersstufen: Kinder, Jugendliche, Erwachsene, Senioren. Wo sehen Sie Gemeinsamkeiten und Unterschiede?
5. Baackes Konzept von Medienkompetenz wurde zu einer Zeit entwickelt, als der Computer und die Onlinetechnologien noch nicht in dem Maße entwickelt und verbreitet waren wie heute. Inwieweit ist der Ansatz von Baacke heute noch aktuell?
6. Welche Kompetenzen benötigen Kinder, Jugendliche, aber auch Pädagogen angesichts aktueller medialer Entwicklungen?
7. Sehen Sie sich unterschiedliche Bildungspläne an und vergleichen Sie, welchen Anforderungen und Aufgaben im Hinblick auf Medienkompetenz in unterschiedlichen Klassenstufen formuliert werden.
8. Sollte Ihrer Ansicht nach Medienkompetenz als Querschnittsaufgabe oder als eigenes Fach in den Bildungsplänen verankert sein?

Empfohlene Basislektüre zur Ergänzung dieses Kapitels

Baacke, Dieter (1996): Medienkompetenz – Begrifflichkeit und sozialer Wandel. In: Rein, A. von (Hrsg.): Medienkompetenz als Schlüsselbegriff. Bad Heilbrunn, 112–124.

Blömeke, Sigrid (2000): Medienpädagogische Kompetenz: theoretische und empirische Fundierung eines zentralen Elements der Lehrerausbildung. München: KoPäd Verlag.

Bundesministerium für Familie, Senioren, Frauen und Jugend (Hrsg.) (2013): Medienkompetenzförderung für Kinder und Jugendliche. Eine Bestandsaufnahme. Berlin.

Hoffmann, Bernward/Hoffmann, Dagmar/Hugger, Kai-Uwe/Kammerl, Rudolf/Meister, Dorothee M./Neuß, Norbert/Pöttinger, Ida et al. (2013): Medienkompetenzförderung für Kinder und Jugendliche. Eine Bestandsaufnahme. (Bundesministerium für Familie, Senioren, Frauen und Jugend Referat Öffentlichkeitsarbeit, Hrsg.). Berlin.

Gapski, Harald (2001): Medienkompetenz. Eine Bestandsaufnahme und Vorüberlegungen zu einem systemtheoretischen Konzept. Wiesbaden: Westdeutscher Verlag.

Groeben, Norbert (2002): Dimensionen der Medienkompetenz: Deskriptive und normative Aspekte: In: Groeben, Norbert/Hurrelmann, Bettina (Hrsg.): Medienkompetenz. Voraussetzungen, Dimensionen, Funktionen. Weinheim: Juventa, 160–197.

Schludermann, Walter (2002): Medienmündigkeit als gesellschaftliche Herausforderung. In: Paus-Haase, Ingrid/Lampert, Claudia/Süss, Daniel (Hrsg.): Medienpädagogik in der Kommunikationswissenschaft. Positionen, Perspektiven, Potenziale. Wiesbaden: Westdeutscher Verlag, 49–59.

Spanhel, Dieter (2002): Medienkompetenz als Schlüsselbegriff der Medienpädagogik? In: Forum Medienethik, 1, 48–53.

Trültzsch-Wijnen (2017b): Ein Recht auf Medienkompetenz? In: Medienimpulse 1/2017. Online: http://www.medienimpulse.at/articles/view/1037?navi=1

Interessante Links

Informationssystem Medienpädagogik (ISM): www.ism-info.de

Kultusministerkonferenz: www.kmk.org

Bildungsserver NRW | Bereiche medienpädagogische Kompetenz

www.learnline.schulministerium.nrw.de/app/suche_learnline/

Bundesprogramm zur Förderung von Medienkompetenzen in der Schweiz 2011–2015: www.jugendundmedien.ch

Medienerziehung: Herausforderungen und Aufgaben

6

Medienerziehung ist Aufgabe und Zielstellung der Medienpädagogik zugleich. Der Begriff impliziert nach Schorb (2010) zweierlei: Zum einen die Erziehung *zu* einer kompetenten und reflektierten Mediennutzung, was man auch als Medienkompetenzförderung (▸ Kapitel 5) bezeichnen könnte (auch Erziehung *über* Medien), und zum anderen die Erziehung *durch* die Medien, die sich mit der Frage befasst, welchen erzieherischen Einfluss die Medien selbst auf den Menschen ausüben bzw. wie sich Medien für Erziehungs- und Bildungsprozesse instrumentalisieren lassen, ein Thema, mit dem sich jedoch vordringlich die Mediendidaktik befasst (▸ Kapitel 7). Im Folgenden werden zum einen verschiedene Auffassungen von Medienerziehung skizziert sowie medienerzieherische Herausforderungen und Aufgaben für verschiedene Lebensbereiche vorgestellt.

6.1 Medienerziehung als Medienbildung

Mit der Entwicklung und Ausbreitung des Kinos zu Beginn des 20. Jahrhunderts wurde Medienerziehung als pädagogische Aufgabe formuliert (▸ Kapitel 3). Anfangs konzentrierte sich die in erster Linie auf Filmerziehung ausgerichtete Medienerziehung darauf, Heranwachsende vor vermeintlich schädlichen Inhalten bzw. potenziellen Gefahren der Medien zu schützen. Diese Haltung folgte der damals gängigen und auch heute immer noch anzutreffenden Auffassung von einer direkten Wirkung der Medien auf den (unmündigen) Rezipienten, den es zu schützen gilt. Auch heute findet dieser bewahrpädagogische Ansatz seine Vertreter, vor allem immer dann, wenn neue Medienangebote und -technologien den Markt erobern. Während Kinder und Jugendliche diese in der Regel schnell adaptieren, begegnen viele Erwachsene ihnen mit großer Skepsis. Besonders zeigt sich dies beispielsweise bei Video- und Computerspielen oder Social-Media-Angeboten, deren Faszination sich vielen Erwachsenen nicht erschließt.

D. Süss et al., *Medienpädagogik*, Studienbücher zur Kommunikations- und Medienwissenschaft, https://doi.org/10.1007/978-3-658-19824-4_6

Neben der bewahrpädagogischen Position haben sich Ansätze etabliert, die die Rolle der Medien als bedeutsame Sozialisationsfaktoren neben Eltern, Schule und Freunden akzeptieren. Das pädagogische Handeln zielt hier vor allem darauf, den Heranwachsenden die notwendigen Kompetenzen zu vermitteln (Stichwort Medienkompetenz ▸ Kapitel 5), damit sie selbständig und souverän mit den aktuellen, aber auch künftigen Medien umgehen können, und das Gefährdungspotenzial möglichst gering gehalten wird.

Im politischen Jargon wird in diesem Zusammenhang gern von der Vermittlung von sogenannten „Schlüsselqualifikationen" für das Aufwachsen in der Medien- und Informationsgesellschaft gesprochen, aus pädagogischer Perspektive geht es indes vor allem um „die Prävention und Überwindung von Problemlagen" (Spanhel 2006: 180) sowie „Vorbeugung bzw. Minimierung von Medienmissbrauch" (Six et al. 2001: 21) durch Medienbildung und die Ermöglichung einer kompetenten Mediennutzung und einer „gelingenden Mediensozialisation" (Spanhel 2006: 188, ▸ Kapitel 2). Medienerziehung, Medienbildung und Medienkompetenz sind kein Garant dafür, dass Kinder und Jugendliche nicht mit medialen Problemen oder unangenehmen Erfahrungen in Berührung kommen; sie werden allerdings darin gestärkt, das Risikopotenzial besser einschätzen und mit auftretenden Problemen besser umgehen zu können.

▸ „**Medienerziehung** ist als symbolischer Sinnzusammenhang auf die Prozesse der Mediensozialisation bezogen. Sie versucht unter den Bedingungen der heutigen Mediengesellschaft einen optimalen Entwicklungsprozess bei Heranwachsenden zu fördern. Dabei orientiert sie sich an den allgemein gültigen und anerkannten Zielen, Werten, Normen und Präferenzordnungen von Erziehung. Auf der Basis dieser Sinnorientierungen beurteilt Medienerziehung die Prozesse der Mediensozialisation und muss intervenieren, wenn Mediensozialisation problematisch verläuft oder misslingt." (Spanhel 2006: 180)

Medienerziehung weist eine enge Nähe zur Medienbildung auf, die einerseits als *Prozess*, aber auch als *Ergebnis* pädagogischer Bemühungen (▸ Kapitel 5) verstanden werden kann. Während der Begriff Erziehung suggeriert, dass es ein einheitliches Erziehungsziel – den richtigen bzw. kompetenten Mediengebrauch – gibt, nimmt der Bildungsbegriff eine ganzheitliche Perspektive für sich in Anspruch. Mit Blick auf die Medienerziehung lassen sich im Wesentlichen folgende Ansätze unterscheiden:

Die *kritische Medienerziehung* zielt – wie der Name schon sagt – vor allem auf einen bewussten, kritischen Medienumgang der Rezipienten. Dies sei vor allem durch eine analytische Auseinandersetzung mit den Strukturen und Hintergründen zu erreichen, die es dem Rezipienten dann ermöglichen, die Medien selbst zur Herstellung einer „Gegenöffentlichkeit" zu nutzen. Die Bedeutung der kritischen Medienerziehung zeigt sich aktuell im Kontext der Debatte um die Verbreitung sogenannter „fake news" oder „false information" über verschiedene Onlinekanäle.

Mit Bezug auf Spanhel (2006) lässt sich zudem eine *werteorientierte Medienerziehung* ergänzen. Angesichts der Optionsvielfalt und den damit einhergehenden Entscheidungszwängen müssen Heranwachsende ein eigenes Wertesystem und damit auch eine Verantwortungshaltung gegenüber Medien und ihrem Medienhandeln ausbilden (vgl. Spanhel 2006: 193). Gerade im Zusammenhang mit den Möglichkeiten der Beteiligung an und die Pflege von Kontakten und Freundschaften über soziale Netzwerkplattformen und die damit verbundenen möglichen Risiken (z. B. Cybermobbing), gewinnt die Verantwortungskultur eine besondere Bedeutung.

In jedem Fall erfordert Medienerziehung eine Debatte über allgemein gesellschaftliche Werte und Normen sowie über die Rolle der Medien. Nur auf dieser Basis lassen sich Erziehungskonzepte entwickeln, die zu einer gelingenden Mediensozialisation (▸ Kapitel 2) beitragen.

6.2 Medien als Instrumente der Erziehung

Bevor auf die Medienerziehung in unterschiedlichen Lebensbereichen eingegangen wird, wird im Folgenden aufgezeigt, welche Rolle Medien im Rahmen intentionaler und informeller Erziehungs- und Bildungsprozesse spielen können.

Betrachtet man Medienerziehung als Erziehung *durch* Medien, lassen sich nach Schorb (2010) intentionale und nicht-intentionale Formen der Medienerziehung unterscheiden. Mit intentionaler Medienerziehung ist der gezielte, pädagogisch motivierte Einsatz von Medien zur Initiierung oder Verstärkung von Lern- oder Bildungsprozessen gemeint, sei es durch den didaktischen Einsatz von Unterrichtsmedien (▸ Kapitel 7), die Analyse von Medienangeboten oder die Erstellung eigener Medienprodukte (z. B. Film, Homepage). Diese Form der Medienerziehung findet meist in pädagogisch institutionalisierten Kontexten statt, ist aber keineswegs auf sie beschränkt. Auch die Massenmedien verfolgen bisweilen pädagogische Ziele: Prominentestes Beispiel ist hierfür die *Sesamstraße*, die bereits Anfang der 1970er Jahren versuchte, Kindern aus anregungsärmeren Milieus in ihrer Freizeit sowohl kognitive als auch soziale Kompetenzen auf unterhaltsame Weise zu vermitteln. Im Kinderprogramm finden sich inzwischen eine Reihe lehrreicher Unterhaltungsangebote oder unterhaltsamer Wissenssendungen (z. B. *Wissen macht Ah!, Die Sendung mit der Maus, Löwenzahn, Geolino-TV* uvm.). Mit der Entwicklung von Computer und Internet hat sich zudem ein großer Markt an lehrreichen Edutainment-Angeboten (z. B. Lernsoftware, Serious Games) und Internetseiten entwickelt, der zusehends expandiert. Ein Beispiel für ein kostenpflichtiges Edutainment-Angebot im Internet ist der vom Schulbuchverlag Cornelsen unterstützte *Toggo-CleverCLUB* von *SuperRTL* (www.toggo-cleverclub.de), der für einen Jahresmitgliedsbeitrag von 89,40 EUR im Internet diverse Lernspiele für Kinder im Grundschulalter bereitstellt. Darüber hinaus gibt es diverse kostenlose Spiel- und Lernplattformen im Netz von unterschiedlicher Qualität. Inzwischen ist das Angebot so unüberschaubar geworden, dass es spezielle Ratgeber gibt, die den Eltern die Entscheidungsfindung erleichtern sollen (vgl. z. B. *Internet-ABC* oder die Software-Ratgeber von Thomas Feibel).

Mit der Sendung *oder Die Supernanny* (in Deutschland von 2004–2011) oder *Mein Kind – dein Kind – Wie erziehst du denn?* (seit 2015) haben zudem Formate für Erwachsene an Bedeutung gewonnen, in denen gezielt Erziehungsfragen und -probleme thematisiert werden. Inzwischen gibt es eine Reihe an Sendungen, in denen Sozialarbeiter, Diplompädagogen und Lehrer als Erziehungsratgeber oder Coach auftreten, um Familien und Kindern in Problemlagen zu „helfen" – vor einem Millionenpublikum (vgl. Grimm 2006).

Nicht-intentionale Erziehung durch Medien bezieht sich hingegen auf alle positiven und negativen Wirkungen, die von den Medienangeboten ausgehen und denen auf den ersten Blick kein (erkennbares) pädagogisches Konzept zugrunde liegt. Die Angebote sind in der Regel für Unterhaltungszwecke konzipiert, vermitteln aber bisweilen auch Wissenswertes (z. B. über geschichtliche Zusammenhänge o. ä.) und bieten Lebenshilfe. Ein Trend Anfang 2000 waren z. B. *ARD*-Produktionen wie etwa *Schwarzwaldhaus 1902 – leben wie vor 100 Jahren* (2002), die für manche Zuschauer ein unterhaltsamer, alltagsnaher und zugleich lehrreicher Ausflug in die Geschichte war.

Vor dem Hintergrund der sozialisierenden Wirkung massenmedialer Angebote hat sich vor allem in den USA in den letzten Jahrzehnten unter dem Stichwort „Entertainment-Education" ein Ansatz herausgebildet, der sich das Unterhaltungsvergnügen und die Programminteressen insbesondere von Heranwachsenden zu Nutze macht und gezielt versucht, pädagogische Botschaften in attraktive und populäre Medienangebote, wie z. B. Serien, Spielfilme oder Computerspiele, zu integrieren (vgl. Lampert 2007). Die wünschenswerten Ansichten und Verhaltensweisen werden zu diesem Zweck attraktiven Charakteren mit hohem Identifikationspotenzial ‚auf den Leib' geschrieben, während die negativen Charaktere die unerwünschten Verhaltensweisen repräsentieren. Der sozialen Lerntheorie von Bandura (1979) folgend identifizieren sich die Zuschauer in der Regel mit den Helden und orientieren sich an dessen Verhaltensweisen. Auf diese Weise können pädagogische Botschaften ohne erhobenen Zeigefinger vermittelt werden. Ein Beispiel für die Umsetzung dieses Ansatzes stellt die Sendung *Die Hollies* (Erstausstrahlung 2000) dar, eine Koproduktion des *Kinderkanals (KI.KA)*, der *Deutschen Bundesstiftung Umwelt (DBU)* und der *Bundeszentrale für gesundheitliche Aufklärung (BZgA)*, in der Themen wie gesunde Ernährung, Nicht-Rauchen, aber auch Freundschaft und Konfliktlösungskompetenz vermittelt wurden. Ein entsprechend konzipiertes Begleitmaterial gibt zudem Anregungen für eine Auseinandersetzung mit der Sendung im schulischen Kontext. Auch im Bereich der Computerspiele finden sich vergleichbare Angebote (z. B. „Serious Games", die das Unterhaltspotenzial und die interaktiven Möglichkeiten für die Vermittlung von Bildungsinhalten nutzen (► Kapitel 7).

6.3 Medienerziehung in verschiedenen Lebensbereichen

Medienerziehung versteht sich als medien- und lebensbereichsübergreifende Aufgabe (vgl. Six/Gimmler 2007: 17). Sie stellt sich in dem Moment als Aufgabe, wenn Kinder mit der Mediennutzung beginnen, sei es, dass sie Bilderbücher „lesen", den Kassettenrekorder bedienen, anfangen fernzusehen oder die Eltern bitten, einen Computer oder Smartphone anzuschaffen (vgl. ebd.: 18). Das heißt: Medienerziehung findet – jeweils mit unterschiedlichen medialen und inhaltlichen Schwerpunktsetzungen, Möglichkeiten und Rahmenbedingungen – in verschiedenen Lebensphasen statt und berührt unterschiedliche Lebensbereiche wie Familie, Kindergarten, Schule und Freizeit, wobei die erzieherische Verantwortung gern den jeweils anderen zugeschrieben wird. Im Folgenden werden ausgewählte Bereiche in den Blick genommen und die in diesen Bereichen anstehenden Herausforderungen sowie beispielhafte Konzepte vorgestellt.

6.3.1 Medienerziehung in der Familie

Kinder werden heute in eine vielfältige und bunte Medienwelt hineingeboren (▸ Kapitel 2). Bereits in den ersten Lebensjahren bekommen sie Kinderbücher vorgelesen oder Hörkassetten vorgespielt. Wenn sie ältere Geschwister haben, erfolgt der Kontakt zu den Medien fast automatisch, anfangs vielleicht eher passiv, mit steigender Neugier und wachsendem Interesse aber auch aktiv. Werden Fernsehsendungen anfangs mit Geschwistern oder Eltern mitgesehen, entwickeln sich schon bald eigene Programmpräferenzen und Sendungsinteressen. In vielen Fällen wird das Fernsehen von den Eltern als Babysitter genutzt, um anderen Dingen nachzugehen oder einfach nur, um die Kinder zu beschäftigen. In ähnlicher Weise werden auch Smartphones und Tablets eingesetzt, die zudem den Vorteil haben, dass sie auch unterwegs genutzt werden können, um Wartezeiten und Langeweile zu überbrücken. Überdies gibt das Smartphone den Eltern das gute Gefühl, immer erreichbar zu sein bzw. die Kinder jederzeit und überall erreichen zu können. Nicht wenige Kinder verfügen über ein umfangreiches Medienangebot im eigenen Zimmer, das sie weitgehend selbstbestimmt nutzen können. Mobile Geräte (vor allem das Handy/Smartphone, aber auch MP3-Player, Spielekonsolen, Tablet-PCs etc.) ermöglichen auch eine Mediennutzung außer Haus (und aus der Sichtweite der Eltern). Obwohl Kinder schon sehr früh mit Medien in Kontakt kommen, wird erstaunlicher Weise selten die Notwendigkeit gesehen, diese in das allgemeine Erziehungskonzept zu integrieren. Solange es nicht zu Konflikten kommt, scheint aus Sicht vieler Eltern kein Handlungsbedarf erforderlich.

Exemplarische Studie

Fernseherziehung in der Familie

Im Rahmen der Studie „Zwischen Anspruch und Alltagsbewältigung. Medienerziehung in der Familie" (Wagner/Gebel/Lampert 2013) wurde sowohl quantitativ als auch qualitativ untersucht, wie Familien mit den medialen Herausforderungen im Familienalltag umgehen. In einer repräsentativen Telefonbefragung von Eltern mit Kindern im Alter von fünf bis zwölf Jahren (N = 750) wurden die elterliche Medienkompetenz und Mediennutzung, Medienerziehungskonzepte, die praktizierte Medienerziehung in den jeweiligen Familien und vorhandene Informationsbedarfe sowie Informationsquellen im Kontext der Medienerziehung erfasst. Überdies wurden qualitative Interviews mit Eltern und Kindern zur Einbettung der Medienerziehung im familialen Kontext, den Ursachen für eine mögliche Diskrepanz zwischen medienerzieherischem/-er Anspruch und Wirklichkeit sowie zu den spezifischen Bedarfslagen bzw. Informationsbedürfnissen durchgeführt. Auf der Basis der Daten wurden, unter Berücksichtigung der Dimensionen „Kindorientierung" und „medienerzieherisches Aktivitätsniveau", insgesamt sechs Muster medienerzieherischen Handelns identifiziert:

1. Laufen lassen
2. Beobachten und situativ eingreifen
3. Funktionalistisch kontrollieren
4. Normgeleitet reglementieren
5. Rahmen setzen
6. Individuell unterstützen

Die größten Unterschiede finden sich zwischen den Mustern *Laufen lassen* und *Individuell unterstützen:* Während die Eltern des ersten Musters eine sehr niedrige Kindorientierung aufweisen und sich kaum um die Mediennutzung ihrer Kinder kümmern, zeichnen sich die Eltern des Musters Individuell unterstützen durch ein am Kind orientiertes medienerzieherisches Handeln aus, das sich z. B. in alters- und bedürfnisorientierten Regeln, Vereinbarungen sowie einer unterstützenden Heranführung an die Medien widerspiegelt. Die Muster veranschaulichen nicht nur, dass die Eltern den medialen Herausforderungen in unterschiedlicher Weise begegnen. Sie verweisen auch darauf, dass Eltern unterschiedliche Unterstützungs- und Informationsbedarfe haben, die im Rahmen der medienpädagogischen Elternarbeit berücksichtigt werden sollten.

Konflikte ergeben sich in der Familie zumeist im Hinblick auf die *Dauer* des Medienkonsums oder die *Inhalte*. Kinder verbringen aus Sicht der Eltern in der Regel zu viel Zeit mit den Medien, wobei sich die Kritik im Wesentlichen auf den Bildschirmkonsum, also Fernsehen und Computer, konzentriert, während Eltern eher selten kritisieren, dass Kinder zu viel Zeit mit dem Lesen von Büchern verbringen, wenngleich viele Kinder in der Hochzeit von *Harry Potter* hierauf durchaus einige Stunden pro Tag verwendet haben.

Parental mediation

In der englischsprachigen Forschung wird der elterliche Umgang mit der Mediennutzung der Kinder unter dem Stichwort „parental mediation" untersucht. Die Studien unterscheiden sich von der deutschsprachigen Medienerziehungsforschung u.a. im Hinblick auf die Forschungstradition, die Bezugsdisziplinen, das Erkenntnisinteresse sowie die verwendeten Methoden (vgl. ausführlich Lampert/Schwinge 2013: 20ff.). So stehen Studien zur *parental mediation* überwiegend in der Tradition der Wirkungsforschung und sind zumeist in der Entwicklungs- oder Kognitionspsychologie verortet (vgl. Mendoza 2009: 30). Im Mittelpunkt steht der Umgang der Eltern mit der Mediennutzung ihrer Kinder sowie die Wirkung der elterlichen Begleitung auf die Mediennutzung der Kinder (z.B. im Hinblick auf das Risiko, mit problematischen Medieninhalten in Berührung zu kommen). An parental mediation-Strategien werden – medienübergreifend – Formen der aktiven Begleitung *(active mediation)*, der teilnehmenden Begleitung *(co-viewing)* sowie einschränkende Maßnahmen *(restrictive mediation)* unterschieden. Die Studien sind in der Regel quantitativ ausgerichtet und greifen auf erprobte Skalen zurück, die jeweils nach Fragestellung und Medium angepasst werden.

Im Rahmen der Eurobarometer-Studie (2006) wurden Eltern in 25 europäischen Ländern gefragt, welche Regeln sie für die kindliche Mediennutzung aufgestellt haben (vgl. TNS Opinion & Social 2006). Hier zeigte sich sehr deutlich, dass ein Großteil der Eltern die Mediennutzung ihrer Kinder bis ungefähr zum elften Lebensjahr reguliert, der Einfluss dann aber kontinuierlich zurückgeht. Weiterhin zeigte sich, dass sich die Regeln zumeist auf das Fernsehen beziehen, gefolgt von Computerspielen und dem Internet. An vierter Stelle folgt das Handy, wobei sich hier – vermutlich aufgrund steigender Kosten – die Regelungen auch noch auf die älteren Kinder beziehen. Insgesamt unterstreichen die europäischen Befunde allerdings die Tendenz, dass die Regelungen der Eltern mit zunehmendem Alter der Kinder abnehmen. Unklar ist, ob dies damit zusammenhängt, dass sie den älteren Kindern einen verantwortungsvollen Umgang zutrauen oder ob sie – da die Mediennutzung zunehmend aus dem elterlichen Blickfeld verschwindet – vor der medienerzieherischen Aufgabe kapitulieren. Aus Sicht der Eltern scheint es am einfachsten umsetzbar und zudem naheliegend, die Mediennutzung ihrer Kinder über die Zeit und über den Inhalt zu regulieren. Mit der Onlinenutzung haben manche Eltern darüber hinaus den Aspekt der persönlichen Datenpreisgabe und das Verbot, sich mit fremden Onlinekontakten auch offline zu treffen, in ihr Medienerziehungsrepertoire aufgenommen.

Fallbeispiel

Familie Bruchowsky
[gekürztes Fallbespiel eines Fallbeispiels aus Wagner/Gebel/Lampert 2013: 162 ff.]

Der Familie Bruchowsky steht ein breites Spektrum an verschiedenen Medien zur Verfügung. Neben zwei Fernsehern, von denen einer der 15-jährigen Tochter gehört, gibt es weiterhin einen Computer mit Internetanschluss, eine *Wii*-Konsole und eine *Nintendo DS,* die hauptsächlich vom sechsjährigen Sohn der Familie genutzt wird. Bis auf den Sechsjährigen ist zudem jedes Familienmitglied im Besitz eines Handys.

Trotz der vielfältigen Medienausstattung zieht sich die Mutter der Kinder weitgehend aus ihrer medienerzieherischen Verantwortung und überlässt diese Aufgabe ihrem Mann. Obwohl es immer wieder Konflikte gibt, die sich unter anderem auf die *Facebook*-Nutzung der Tochter beziehen, sieht sie es nicht als notwendig an, sich näher mit dem Thema zu beschäftigen. Wenn medienerzieherisches Handeln aufgrund der Abwesenheit ihres Mannes jedoch notwendig wird, hat die Mutter bei der Umsetzung ihrer medienerzieherischen Vorstellungen keine inhaltlichen Kriterien, sondern agiert eher „aus dem Bauch heraus". Das größte Problem sieht sie in einer zu hohen Mediennutzungsdauer, weshalb sie ihrem Sohn beispielsweise das Computerspielen verbietet, ohne den genaueren Inhalt des Spiels zu kennen.

Das Verhalten von Frau Bruchowsky aus dem Beispiel beschreibt einen Erziehungsstil, bei dem sich die Eltern kaum in den Medienumgang ihrer Kinder einmischen. Wenn eingegriffen wird, dann wird in den meisten Fällen intuitiv und situationsbezogen gehandelt. Eine Regulierung der kindlichen Mediennutzung findet hauptsächlich in Bezug auf Zeitbeschränkungen statt. Zudem entzünden sich in Familien häufig Konflikte an den Medienangeboten, die die Kinder nutzen und zu denen den Erwachsenen in der Regel der Zugang und das Verständnis fehlen. Häufig werden die Lieblingssendungen und -helden der Kinder als „schrecklich, hässlich und brutal" abgewertet, ohne dass sich die Erwachsenen die Mühe machen, die Sendungen und Figuren aus Kinderperspektive zu betrachten. Würden sie dies tun, stellten sie fest, dass Kinder viele Wünsche und Träume in diese Medienangebote projizieren bzw. diese als Orientierungsangebot und als Hilfe zur Bewältigung aktueller oder entwicklungsbedingter Themen und Problemlagen nutzen.

Das Medienerziehungsverhalten der Eltern weist viele Nuancen auf. Das Spektrum reicht von Gleichgültigkeit über einen restriktiven Umgang bis hin zu einem unterstützenden Erziehungsstil. In der Studie „Zwischen Anspruch und Alltagsbewältigung: Medienerziehung in der Familie" aus dem Jahr 2013 konnten sechs unterschiedliche Muster medienerzieherischen Handelns identifiziert werden: *Laufen lassen, Beobachten und situativ eingreifen, Funktionalistisch kontrollieren, Normgeleitet reglementieren, Rahmen setzen* und *Individuell unterstützen.* Sie unterscheiden sich vor allem in der Wahrnehmung von Medienerziehung als eigenen Erziehungsbereich, in der grundsätzlichen Haltung der Eltern gegenüber Medien und in den gemeinsamen Medienaktivitäten von Eltern und Kindern (vgl. Wagner/Gebel/Lampert 2013: 141 ff.). In der Regel korrespondiert das Medienerziehungsverhalten mit dem allgemeinen Erziehungsstil. Insofern ist kaum zu erwarten, dass sich Eltern, die sich allgemein eher gleichgültig oder gar ablehnend ihren Kindern gegenüber verhalten, für deren Medienkonsum interessieren bzw. von sich aus Ansätze zur Medienkompetenzförderung zeigen (können). In verschiedenen Studien finden sich Hinweise, dass Eltern mit einem höheren sozialen Status eher die Mediennutzung ihrer Kinder im Blick haben und beispielsweise die Internetnutzung ihrer Kinder stärker aktiv begleiten als Eltern mit niedrigerem sozialen Status (vgl. Duerager/Livingstone 2012). Zudem zeigte sich, dass Eltern, die selbst das Internet nutzen, die Onlinenutzung ihrer Kinder stärker begleiten und regulieren als Eltern, die nicht online sind (ebd.).

Eltern suchen durchaus nach Orientierung und bisweilen nach rezeptartigen Handlungsempfehlungen, wenn es um Medienerziehungsfragen geht. Vor allem die öffentliche und vorwiegend negative Berichterstattung trägt zu einer massiven Verunsicherung bei: Ab wann dürfen oder – im Fall des Computers – sollten Kinder Medien nutzen, wie viel Medienkonsum ist schädlich, was dürfen Kinder sehen, ab wann schlägt der Medienkonsum in Suchtverhalten um und ähnliche Fragen werden häufig im Rahmen von Elternveranstaltungen gestellt.

▸ **SCHAU HIN! was deine Kinder machen**
Die vom deutschen Bundesministerium für Familie, Senioren, Frauen und Jugend in Kooperation mit Arcor, der ARD, dem ZDF und TV Spielfilm ins Leben gerufene Initiative richtet sich vor allem an Eltern und will zu einer Sensibilisierung für die Mediennutzung von Kindern und Fragen der Medienerziehung beitragen. Auf der Internetseite finden sich Informationen und Handlungsanregungen zu aktuellen Themen sowie spielerische Möglichkeiten zur Medienkompetenzförderung. Nähere Informationen: www.schau-hin.info.

In der Regel zeigen sich die Eltern etwas beruhigter, wenn sie sehen, wie Medienerziehung in anderen Familien umgesetzt wird und erkennen, dass es kein allgemeingültiges Patentrezept gibt. Wichtig dabei ist, dass sie Medienerziehung als einen Baustein in ihrem gesamten Erziehungskonzept betrachten. Dieser kann – ebenso wenig wie die allgemeine Erziehung – nicht rezeptartig sein, sondern muss sich in den jeweiligen Familienalltag einfügen. Dennoch lassen sich einige Empfehlungen für Eltern formulieren:

Internet Guide für Eltern: Tipps zur Medienerziehung in der Familie (Auszug)

Digitale Medien in unserem Alltag

- Digitale Medien sind aus dem Alltag nicht wegzudenken. Sie sollten Ihr Kind darin unterstützen, verantwortlich damit umzugehen.

- Medien sind nicht an sich schlecht. Ihre Wirkung und Bedeutung wird erst dadurch bestimmt, was wir bzw. unsere Kinder mit ihnen machen!

Medien in der Entwicklung von Kindern und Jugendlichen

- Kinder und Jugendliche stehen in einer Wechselbeziehung mit Medien: Einerseits nutzen sie Medien mit ganz bestimmten Zielen, andererseits prägen Medien ihre Vorstellungen von der Welt. Medien werden so zu einem Teil ihrer Entwicklung!

Medien in der Familie

- Wie Medien in der Familie genutzt werden, entscheidet über den Umgang Ihres Kindes mit Medien. Sie sollten Chancen und Risiken der Medien gleichermaßen mit Ihrem Kind besprechen!

Sicher ist sicher – Kinder- und Jugendmedienschutz

- Schüren sie keine Ängste bei Ihren Kindern. Informieren Sie sich über Medienangebote und vermitteln Sie Ihrem Kind Sicherheit!
- Je geübter Ihr Kind mit Medien umgeht, desto besser kann es die Angebote einschätzen. Sprechen Sie auch über Ängste und Verunsicherungen Ihres Kindes!

Gewaltdarstellungen, Pornografie und Selbstverletzungen

- Dass Kinder in den Medien mit Gewalt in Berührung kommen, kann leider nicht völlig ausgeschlossen werden. Erklären Sie daher Ihrem Kind, wie Gewalt in den Medien bewertet werden sollte!
- Stößt Ihr Kind auf verstörende pornografische Inhalte, melden Sie diese zum Beispiel unter www.internet-beschwerdestelle.de!
- Wenn Sie oder Ihr Kind auf Foren dieser Art stoßen, sollten Sie diese unbedingt melden und dringend das Gespräch mit Ihrem Kind suchen.

Auf falsche Gedanken kommen – sozialethische Desorientierung

- Es ist sinnvoll, dass Ihr Kind schon früh, aber sensibel an das Internet herangeführt wird und den verantwortlichen Umgang damit lernt. Nur so kann es sich dort kompetent und sicher bewegen und Inhalte kritisch beurteilen.

Cyber-Mobbing und sexuelle Belästigung

- Gemeinsame Gespräche über Erlebnisse mit Medienangeboten sind die Basis dafür, dass Sie Ihr Kind im Falle von Belästigungen unterstützen können. Machen Sie Ihrem Kind klar, dass es nicht schuld am Erlebten ist.

Medienkompetenz statt Verbote

- Regeln gemeinsam auszuhandeln bedeutet, auch mal schwierige Verhandlungen zu ertragen – aber es lohnt sich! Nur wenn Ihr Kind die Regeln nachvollziehen kann und um die möglichen Konsequenzen weiß, wird es sie auch dauerhaft ernst nehmen.

- Maßnahmen zum Kinder- und Jugendmedienschutz schaffen sichere Rahmenbedingungen. Risiken können dadurch minimiert, aber nie ganz ausgeschlossen werden. Für die Sicherheit unserer Kinder im Netz ist beides wichtig: Instrumente des Jugendmedienschutzes und die Medienkompetenz der Kinder selbst.

Quelle: Deutsches Kinderhilfswerk e.V. (2016): Internet Guide für Eltern: Tipps zur Medienerziehung in der Familie, in Kooperation mit Freiwillige Selbstkontrolle Multimedia-Diensteanbieter e.V. (FSM) und fragFINN e.V., abrufbar unter: https://www.dkhw.de/unsere-arbeit/schwerpunkte/medienkompetenz/informationen-und-tipps-fuer-eltern/internet-guide-fuer-eltern (20.02.2017).

6.3.2 Medienerziehung im Kindergarten

Wie in Kapitel 2 zur Mediensozialisation sehr deutlich wurde, wachsen Kinder in mediatisierten Lebenswelten heran: Es werden Bilderbücher angesehen oder vorgelesen, Hörkassetten gehört oder Fernsehen geschaut, und manche Kinder unternehmen auch schon im Vorschulalter – z.B. über das elterliche Smartphone oder das Familientablet – erste Schritte im Internet. Die Medienerfahrungen bleiben dabei keinesfalls zu Hause, sondern werden von den Kindern auch mit in den Kindergarten gebracht: Hausschuhe mit *Minions*-Aufnähern, *Pokémon* auf der Brotdose, *Ernie und Bert*-Kekse, Sammelfiguren oder einfach nur Medienerlebnisse, die Kinder schildern, die sie aus unterschiedlichen Gründen beeindruckt haben, oder übernommene Ausdrücke oder Verhaltensweisen. Im Zusammenhang mit der Sendung *Die Teletubbies* beklagten damals z.B. viele Erzieherinnen, dass die Kinder nicht mehr „richtig", sondern nur noch in der Sprache der Teletubbies kommunizierten.

Abb. 6.1 Kinderzeichnung zu den Teletubbies

Bei genauerer Betrachtung finden sich in Kindergärten viele „Medienspuren" (vgl. Six/Gimmler 2007: 33). Häufig werden diese allerdings übersehen, da mitunter eine bestimmte Sendung oder Medienfigur unbekannt ist. Manchmal werden diese Medienspuren aber auch bewusst ignoriert oder eine Auseinandersetzung mit ihnen sogar abgelehnt:

> „Die meisten Figuren kenn ich überhaupt nicht. Aber ich hätte auch nicht die Zeit, mir die Kindersendungen anzugucken, weil ich dann ja arbeiten bin." (Zitat einer Erzieherin, die im Rahmen der Studie von Six/Gimmler 2007 befragt wurde, 164)

Insbesondere Computerspielen wird dabei ein geringes Interesse entgegengebracht. So geben die Erzieherinnen an, dass es sie Überwindung kostet, sich mit Computerspielen auseinanderzusetzen und sie folglich wenig Wissen über die Nutzungsvorlieben der Kinder haben:

> „Hab ich gar keine Ahnung, die Kinder erzählen schon mal was, aber das kann ich gar nicht nachvollziehen, weil ich die [Computerspiele] überhaupt nicht kenne, und die hat auch unsere Tochter nicht gespielt." (ebd.)

> „Da kenne ich mich gar nicht aus. […] Weil ich die einfach für mich selbst schon so doof finde." (ebd.)

Die Gründe, weshalb die Erzieherinnen sich nicht mit Medien bzw. Medienerziehung auseinandersetzen, sind vielfältig: andere Themenprioritäten, zu wenig Zeit, eine kritische Haltung gegenüber Medien (und deren Nutzung im Vorschulalter), fehlende medienpädagogische Kompetenz u. v. m. Gleichzeitig fühlen sich manche Erzieherinnen einem hohen Druck ausgesetzt, wenn die Erwartung formuliert wird, dass Kinder bereits im Vorschulalter den Computer bzw. das Internet nutzen können sollten. Viele fühlen sich nicht kompetent für medienerzieherische Aufgaben und angesichts vieler anderer Themen überfordert. In einer Studie von Ulrike Six et al. aus dem Jahr 1997 zeigte sich zudem, dass bei vielen Erzieherinnen ein Missverständnis zum Inhalt von Medienerziehung besteht und hierüber kaum konkrete Vor- oder Zielstellungen vorhanden sind (vgl. Six et al. 2001: 43). Ähnliche Ergebnisse zeigen sich auch in der sechs Jahre später durchgeführten Studie zur Förderung von Medienkompetenz im Kindergarten von Six und Gimmler, in der die Erzieherinnen angeben, sich im medienerzieherischen Bereich zu gering qualifiziert zu fühlen und von einem Mangel an sowohl eigener Medienkompetenz als auch medienpädagogischer Kompetenz sprechen (vgl. Six/Gimmler 2007: 274 f.) Medienerziehung wird von vielen mit dem Einsatz von Medien gleichgesetzt oder als Einsatz von Medien für nicht-medienpädagogische Ziele verstanden (vgl. Six et al. 2007, 197). Stehen diese bestimmten Mediengeräte nicht zur Verfügung, bedeutet dies für manche, dass sie aufgrund des Mangels medienerzieherisch überhaupt nicht aktiv werden können (vgl. Six/Gimmler 2007: 194). Und auch wenn ein medienerzieherisches Verständnis vorhanden ist, fehlen häufig Kenntnisse darüber, welche Ziele und praktische Möglichkeiten mit Medienerziehung zu verbinden sind (vgl. Six/Gimmler 2007: 202). Insgesamt scheinen die Erzieherinnen der Befragung aus dem Jahr 2007 hinsicht-

Abb. 6.2 Zeichnung eines 5-Jährigen zu Spiderman

lich der Medienerziehung im Kindergarten kaum aufgeklärter zu sein als in vorherigen, vergleichbaren Studien. Dennoch lassen sich interindividuelle Unterschiede zwischen den Erzieherinnen festhalten. Nicht alle Befragten weisen Wissenslücken oder Desinteresse auf – es finden sich natürlich auch einige Erzieherinnen, die den Medien gegenüber aufgeschlossen sind und die nicht nur Risiken, sondern auch Chancen in der Medienarbeit im Kindergartenalter erkennen (vgl. Six et al. 2007: 281).

Wichtig scheint daher vor allem, den Erzieherinnen zu verdeutlichen, was Medienerziehung ist und worauf sie abzielt und sie bei dieser Aufgabe auch zu unterstützen, sei es durch geeignete Qualifikationsmaßnahmen oder unterstützende Hilfe von freien Medienpädagogen. Darüber hinaus gilt es auch – hierauf weist Dieter Spanhel (2006) hin –, die Eltern in die Medienarbeit einzubinden, da nur so ein sinnvolles, die verschiedenen Lebenswelten verbindendes und in sich kohärentes Medienerziehungskonzept entwickelt werden kann, das den Kindern eine zuverlässige Orientierung bietet.

> „Es kommt darauf an, die Eltern für die Probleme und Chancen der Mediennutzung ihrer Kinder zu sensibilisieren und konkrete Hilfen im Rahmen der Elternarbeit anzubieten. Bei mangelhafter oder fehlender Medienerziehung in der Familie erhält Medienarbeit im Kindergarten eine wichtige kompensatorische Funktion." (Spanhel 2006: 281)

Das Spektrum an medienpädagogischen Möglichkeiten ist sehr breit und vielfältig und kann mitunter auch lähmen und dazu führen, sich nicht mit dem Thema zu befassen, weil es zu voraussetzungsvoll scheint. Spanhel (2006) verweist auf den integrativen Ansatz von Ulrike Six et al. (2001), der Medienerziehung weniger als einen zusätzlichen neuen Bereich sieht, sondern eher als bereichsübergreifendes Thema, das in ganz viele andere Zusammenhänge eingebettet sein kann: „Medienerziehung stellt keine außergewöhnliche Anforderungen und keinen unzumutbaren Aufwand dar. Sie greift tägliche Erlebnisse oder Wünsche der Kinder auf und lässt sich problemlos mit den anderen Erziehungsaufgaben verbinden. Sie kann auf vielfältige Weise andere Lernfelder bereichern sowie zur Förderung von kognitiven, emotionalen, sozialen und kommunikativen Grundkompetenzen beitragen" (Spanhel 2006: 286). Entscheidend sei, dass die Erzieherinnen Medienerziehung als notwendiges Thema erachten und für sich akzeptieren (vgl. ebd.: 287).

Die Auseinandersetzung mit Medien und mit den Medienerfahrungen von Kindern hat inzwischen auch in den „Bildungsempfehlungen für Bildung und Erziehung von Kindern in Tageseinrichtungen" (z. B. in Hamburg) im Bildungsbereich „Kommunikation: Sprachen, Schriftkultur und Medien" ihren Platz. Hierin heißt es:

> „Die Auseinandersetzung mit Medienerfahrungen der Kinder als Teil ihrer Lebenswirklichkeit gehört deshalb in die Kita. Erzieherinnen unterstützen sie dabei, Medien zu nutzen und ihre Inhalte zu verstehen sowie die damit verbundenen Gefühle, Erlebnisse und Phantasien zu verarbeiten. Kinder erhalten Gelegenheit, eigenverantwortlich mit Medien

> aller Art umzugehen und sie als Ausdrucks- und Kommunikationsmittel zu nutzen. In der aktiven Auseinandersetzung und im intensiven Dialog mit Erwachsenen können sie Kompetenzen zum kritischen Umgang mit Medien erwerben." (Behörde für Familie, Soziales, Gesundheit und Verbraucherschutz 2012: 70)

Die Umsetzung der Bildungsempfehlungen fällt je nach institutionellen Rahmenbedingungen und persönlichen Voraussetzungen sehr unterschiedlich aus. Elternabende zu Medienthemen finden vergleichsweise häufig statt, konkrete Projektarbeit hingegen seltener. Viele Erzieherinnen fürchten, die Büchse der Pandora zu öffnen und die Folgen nicht in den Griff zu bekommen, oder Kinder, die wenig Medien nutzen, erst durch ein Projekt „auf den Geschmack" zu bringen. Gerade in Bezug auf die Elterninformationsveranstaltungen hat es sich jedoch als sehr erfolgreich erwiesen, die Veranstaltung in ein kleineres Projekt zu integrieren, in dem Kinder die Möglichkeit bekommen, z. B. durch Malen, Basteln oder im Spiel ihre eigenen Medienerfahrungen zu bearbeiten. Die Ergebnisse geben den Erzieherinnen und Eltern einen Einblick in die Sichtweise der Kinder und damit auch einen Anhaltspunkt für die Entwicklung von medienerzieherischen Ansätzen oder daran anknüpfende Projekte.

- **Blickwechsel e.V.:** Der Verein für Medien- und Kulturpädagogik mit Vertretungen in Göttingen, Bremen und Hamburg engagiert sich seit 1990 im Bereich der medienpädagogischen Weiterbildung von Erzieherinnen, Lehrern und Sozialpädagogen. Zum Angebot des Vereins zählt u. a. die Durchführung von Informationsveranstaltungen sowie von Medienprojekten. Die Konzepte, Projekte, Methoden und Erfahrungen sind in verschiedenen Publikationen dokumentiert.
  Nähere Informationen: www.blickwechsel.org.

6.3.3 Medienerziehung in der Schule

Die täglichen Medienerfahrungen und -erlebnisse von Kindern und Jugendlichen reichen bis in die Schule hinein. Die Schüler unterhalten sich auf dem Schulhof über Sendungen, *YouTube*-Stars oder neue Spiele, und es werden Sammelkarten (die zu einer Serie gehören), Fotos oder Filme über das Handy/Smartphone getauscht. Hinzu kommt, dass z. B. durch Social-Networking-Angebote wie *Facebook* oder Klassenchats über den Messenger-Dienst *WhatsApp* die Grenzen zwischen schulischer und außerschulischer Lebenswelt zunehmend verschwimmen (vgl. Kühn/Lampert 2015: 110 f.).

In den meisten Schulen gilt in der Regel ein restriktives Verbot von Medien. Handys bzw. Smartphones müssen ausgeschaltet oder ganz zu Hause gelassen werden, das Mitbringen und Tauschen von Sammelkarten ist wegen des Risikos, dass Kinder „abgezockt" werden, oftmals untersagt und auch Medienerlebnissen, egal ob positiv oder negativ, wird im Unterricht bzw. in der Schule – wenn überhaupt – nur wenig

Raum zugestanden. Zumeist werden die Medien dann Thema, wenn es zu Problemen kommt, sei es, dass das Handy oder Smartphone den Unterricht stört, ein Schüler (oder eine Schülerin) sein Referat aus *Wikipedia* oder *hausaufgaben.de* zusammenkopiert hat, sich in einer Social Community oder im Chat gemobbt fühlt oder nicht mehr die gewohnten Leistungen zeigt, weil er – so die Vermutung – sich lieber stundenlang in virtuellen Spielewelten aufhalte oder sich von digitalen Kommunikationsangeboten ablenken lasse. Ein Verbot der Nutzung von Medienangeboten bzw. die Einschränkung des Medienkonsums scheint aus Sicht vieler Lehrer in manchen Fällen die einfachste Lösung. Angesichts der medialen Durchdringung kindlicher Lebenswelten ist eine solche grundsätzliche Abwehrhaltung allerdings weder zeitgemäß, noch hilft sie den Schülerinnen und Schülern, die Kompetenzen zu erwerben, um die medialen Möglichkeiten kompetent und selbstbestimmt zu nutzen.

Inzwischen gibt es eine Reihe ausdifferenzierter Konzepte zur Integration von Medienerziehung in den schulischen Unterricht (für einen Überblick siehe Spanhel 2006: 246 f.), die auch in den Lehr- und Bildungsplänen ihre Spuren hinterlassen haben. Am 29. Januar 2015 veröffentlichte die deutsche Länderkonferenz MedienBildung ein aktualisiertes länderübergreifendes „kompetenzorientiertes Konzept für die schulische Medienbildung", in dem Medienkompetenz, ähnlich dem Grundsatzerlass Medienbildung des österreichischen Bildungsministeriums (BMB 2014), als Teil der Allgemeinbildung und bedeutsame Erziehungsaufgabe formuliert wurde:

> „Unserer Gesellschaft ist heute in einem nie zuvor gekannten Ausmaß durch Medien geprägt, und diese Entwicklung wird sich zweifellos fortsetzen und noch beschleunigen. Diese Tatsache erfordert von jedem Einzelnen eine umfassende Medienkompetenz, um etwa in Schule, Ausbildung oder im Berufsleben selbstbestimmt auf das wachsende Angebot der Medien zuzugreifen, es kritisch zu reflektieren, daraus sinnvoll auszuwählen und Medien sowohl für die individuelle Lebensgestaltung als auch für die politische, soziale und kulturelle Teilhabe an der Gesellschaft angemessen und verantwortlich handelnd zu nutzen. In den letzten Jahren haben sich darüber hinaus digitale Dienste und Netzwerke etabliert, die den mobilen orts- und zeitunabhängigen Zugriff auf Informationen, Botschaften und Produkte sowie deren Weitergabe bzw. Austausch ermöglichen. Diese sind insbesondere bei Heranwachsenden beliebt, die sich in ihrer täglichen Lebens- und Freizeitgestaltung, in ihrer Kommunikation und ihren kulturellen Ausdrucksformen vielfältiger medialer Möglichkeiten bedienen. Sie lernen zudem für eine sich permanent verändernde Welt, in der die Bedeutung der Medien über ihre unmittelbare Alltagspräsenz und ihre Rolle als Sozialisationsfaktor hinaus in allen Lebensbereichen noch deutlich zunehmen wird. Um Kinder und Jugendliche auf die Herausforderungen der aktuellen und künftigen Lebenswirklichkeit vorzubereiten, ist eine verbindliche, systematische und umfassende Medienbildung notwendiger und unverzichtbarer Bestandteil des Bildungs- und Erziehungsauftrags der Schule. Hinzu kommt die immer nachdrücklicher zu Tage tretende Relevanz juristischer Aspekte beim Umgang mit digitalen Medien, beispielsweise Belange des Urheber- und Persönlichkeitsrechts, des Daten- oder des Jugendmedien-

> schutzes. So gewinnt Medienkompetenz den Status einer unverzichtbaren Kulturtechnik, deren Erwerb insbesondere durch eine verbindliche, grundlegende und systematische schulische Medienbildung sichergestellt werden muss. Als Lernen mit und über Medien erfordert diese die verbindliche Integration ihrer Inhalte, Gegenstände und Ziele in die landesweiten Fachlehrpläne sowie eine umfassende Berücksichtigung bei der schulinternen Lehr- und Lernplanung. (LKM-Positionspapier vom 29.01.2015: 2)

Dabei wird sowohl das Lernen *mit* als auch *über* Medien in den Blick genommen. Für die Entwicklung des Konzepts war die Frage leitend: „Welche (anwendungsbereiten) Kenntnisse, Fähigkeiten und Fertigkeiten müssen Schülerinnen und Schüler am Ende des Schuljahrgangs 10 bzw. mit dem mittleren Bildungsabschluss erworben haben, um medienkompetent zu handeln?" (ebd.: 2, Hervorheb. im Original). Die Konkretisierung der schulischen Medienbildung erfolgt entlang von fünf Kompetenzbereichen:

1) Information recherchieren und auswählen
2) Mit Medien kommunizieren und kooperieren
3) Medien produzieren und präsentieren
4) Medien analysieren und bewerten
5) Mediengesellschaft verstehen und reflektieren (vgl. ebd.: 3)

Abb. 6.3 Kompetenzbereiche im Rahmen schulischer Medienbildung

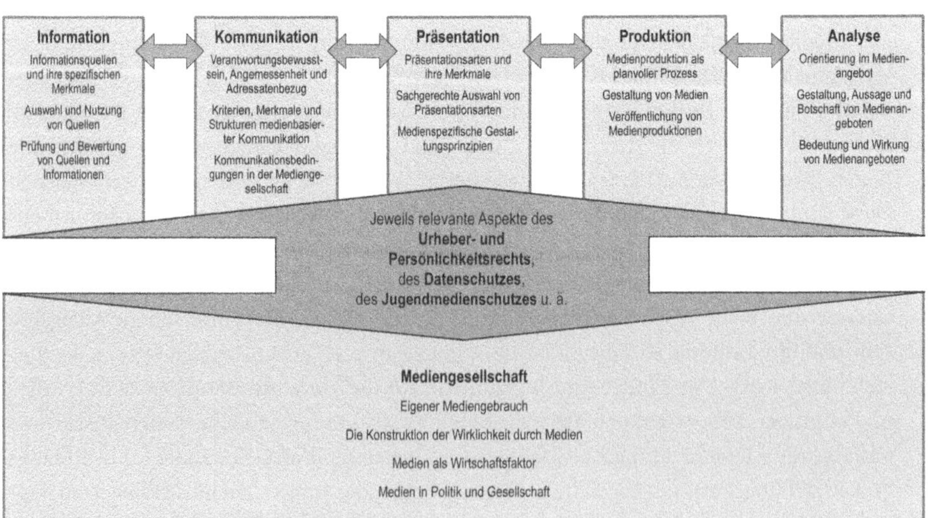

Quelle: LKM-Positionspapier vom 29.01.2015: 3

In der schulischen Praxis wird Medienerziehung allerdings (noch immer) eher selten umgesetzt. Hinderungsgründe, die häufig angeführt werden, sind: fehlende Zeit, wichtigere Aufgaben (z. B. Vermittlung von Basiskompetenzen wie Schreiben und Rechnen), fehlende eigene Medienkompetenz und medienpädagogische Kompetenz sowie Zeit und Aufwand, um sich in dieses Themenfeld einzuarbeiten. Die (eigentlich sinnvolle) fächerübergreifende Verankerung von Medienerziehung führt zudem dazu, dass sich keiner richtig verantwortlich fühlt, mit der Folge, dass sie gar nicht stattfindet, weshalb inzwischen eher Überlegungen angestellt werden, die Verantwortung an ein bestimmtes Fach zu knüpfen, um höhere Verbindlichkeiten zu schaffen. Verbindlichkeiten werden sicherlich nicht ausreichen; vor allem müssen die Lehrkräfte Medienerziehung als relevante Aufgabe anerkennen sowie entsprechend auf die Aufgabe vorbereitet und in der Umsetzung unterstützt werden.

Mit diesem Ziel vor Augen startete das österreichische Bildungsministerium Anfang des Jahres 2017 die sogenannte „Digitalisierungsstrategie Schule 4.0" mit dem Bestreben der Einführung eines umfangreichen Konzepts für die gesamte schulische Bildung von der Grundschule bis zur Matura (Hochschulreife, gleichbedeutend mit dem Abitur in Deutschland), das zudem die Aus- und Weiterbildung von Lehrpersonen einschließen soll. Das Ziel ist die Vermittlung sogenannter *digitaler Kompetenzen,* mit primärem Fokus darauf, Heranwachsende zu befähigen, sich angefangen von

Tab. 6.1 Digitalisierungsstrategie Schule 4.0 (Österreich)

Säule 1: Digitale Grundbildung	Säule 2: Digital kompetente PädagogInnen	Säule 3: Infrastruktur und IT-Ausstattung	Säule 4: Digitale Lerntools
Digitale Grundbildung in Lehrplänen verankern	Digitaler Kompaktcheck (digi.check)*	Breitbandoffensive für Pflichtschulen	Kostenfreier Zugang für PädagogInnen zu Lehr- und Lernmaterialien (OER)
Erfahrungen mittels Best Practice-Beispielen und Know-how-Transfer weitergeben	Absolvierung des Lehrgangs „digitale Fachdidaktik" innerhalb von 3 Jahren	Basis IT Infrastruktur	Aufbau einer Eduthek
Mit „digi.komp 8" Kompetenzen aufbauen*	Reflexion der eigenen Lehrtätigkeit im digitalen Portfolio	Internetoffensive	Innovative Tools für moderne Unterrichtsformate
Mit „digi.check" Kompetenzen überprüfen*		Für alle SchülerInnen in der 5. Schulstufe Tablets und in der 9. Schulstufe Laptops	
		Mobile Learning mit Fokus auf die Volksschule (Grundschule)	

Quelle: Bundesministerium für Bildung 2017

*) zur näheren Erläuterung von siehe: http://www.digikomp.at (Katalog Digitale Kompetenzen & Informatische Bildung)

der Quellenkritik bis hin zu den Grundzügen der Programmierung (Coding) kritisch mit digitalen Medien und deren Inhalten auseinanderzusetzen. Schwerpunkte dieses Konzepts sind die Gewährleistung einer digitalen Grundbildung (Säule 1), die Ausbildung digital kompetenter Pädagogen (Säule 2), die Bereitstellung angemessener IKT-Infrastruktur (Säule 3) sowie die Entwicklung und Bereitstellung entsprechender Lehrmittel (Säule 4).

Als erster Schritt zur Umsetzung dieser Initiative ist ab dem Schuljahr 2017/18 ein Pilotprojekt zur Einführung von Robotik und Programmierung mittels einfach zu bedienender Roboter *(BeeBots)* sowie *Lego WeDo*-Bausätzen in der Grundschule geplant. Der Schwerpunkt liegt hier allerdings weniger auf einer allgemeinen Erziehung zur Medienkompetenz sondern auf der Förderung informatischer Bildung mit dem Ziel, Heranwachsende bereits zu Beginn ihrer Schullaufbahn auf die Herausforderungen des zukünftigen Arbeitsmarkes vorzubereiten sowie potentielle Arbeitskräfte für die IT-Industrie heranzubilden.

Um Medienerziehung im eigentlichen, umfassenden Sinne – also über eine rein „digitale Grundbildung" hinausgehend und alle Medien einschließend – besser in die schulische Alltagspraxis zu verankern, schlägt Spanhel (2006) einen *Integrativen Ansatz* zur Medienerziehung vor. Kennzeichnend für diesen Ansatz ist, dass Medienerziehung nicht als weiteres Fach eingeführt wird, sondern die Medien als selbstverständlicher Bestandteil in den Unterricht integriert werden. Dies kann Spanhel zufolge allerdings nur erfolgreich gelingen, wenn grundlegende Voraussetzungen („vier Säulen", ebd.: 272) gegeben sind bzw. berücksichtigt werden:

1) Medienausstattung und Medienorganisation
2) Konkrete mediendidaktische und medienerzieherische Unterrichtshilfe
3) Lehrerfortbildung und Lehrerausbildung
4) Transformation der schulischen und unterrichtlichen Organisationsstrukturen

Trotz groß angelegter Initiativen ist die Medienausstattung in vielen Schulen immer noch desolat und nicht ausreichend. Dies gilt nicht nur für die Ausstattung mit Computern und Internet, sondern auch für andere Medien, wie z. B. Fotoapparate, Videokameras, Tablets oder Smartphones.

Hinsichtlich der Aus- und Weiterbildungsangebote zeichnen sich große Bedarfe ab. Zwar gibt es inzwischen eine fast unüberschaubare Fülle an Praxisbeispielen und Best-practice-Projekten, doch fühlen viele sich nicht in der Lage, die Ideen aufzugreifen und diese auf ihren Unterrichtsstil und ihre Klasse zu übertragen. Viele Fortbildungsangebote beziehen sich auf den Umgang mit den Medien oder auf technische Fragen (z. B. *Wie benutze ich ein Whiteboard?*). Angebote zur Mediensozialisation, zu Fragen der Medienerziehung und zur praktischen Medienarbeit im Rahmen von Schule sind dagegen noch vergleichsweise rar.

Medienerziehung (insbesondere im Rahmen von Projektarbeit) erfordert flexible Rahmenbedingungen und damit u. U. die Veränderung von unterrichtlichen und schulischen Organisationsstrukturen, weshalb es nach Spanhel (2006) sehr sinnvoll ist, Medienerziehung von Beginn an in den Prozess der allgemeinen Schulentwicklung einzubinden (vgl. ebd.). Voraussetzung hierfür ist, „dass sich Schule und Unterricht als lernende soziale Systeme begreifen und sich in Richtung auf ein selbst gesetztes Schulprofil weiterentwickeln" (ebd.: 273). Dies setzt wiederum voraus, dass die Schulleitung und das Kollegium Medienerziehung als relevante Aufgabe anerkennen.

Beispiel

Fünf Aufgaben, denen sich Lehrer im Kontext von Medienerziehung stellen müssen (vgl. Spanhel 2006: 244f.):

1. Sich ein genaues Bild von den Medienwelten und dem Medienhandeln ihrer Schüler machen.
2. Zu einer eigenen erzieherischen Beurteilung kommen (das funktioniert nur, wenn man sich mit den Angeboten auseinandersetzt).
3. Eine verständnisvolle Begleitung der Schüler beim Umgang mit Medien und Möglichkeiten bzw.
4. Hilfen zur Aufarbeitung von Medieneinflüssen anbieten.
5. Eltern als Partner für die Anliegen einer integrativen Medienerziehung gewinnen.

Um diesbezüglich Überzeugungsarbeit zu leisten, scheint es wichtig, Lehrern zu vergegenwärtigen, welche Chancen und Möglichkeiten die Auseinandersetzung mit Medien (und damit auch einem bedeutsamen Teil der Lebenswelten von Kindern und Jugendlichen) sich einerseits für den Unterricht und andererseits für die Heranwachsenden selbst bieten. Ausgehend von den vielfältigen Medienerfahrungen und „Alltagsmedienkompetenzen" (Bachmair 2009: 152), die Kinder und Jugendliche mitbringen, kann zum einen an curriculare Lerninhalte angeknüpft, zum anderen aber auch die Medienkompetenz der Schüler erweitert werden, indem ihnen die Möglichkeit gegeben wird, ihre „kreative Mediennutzung zu einer Literalität jenseits von naivem Gebrauch oder banaler Routine zu entwickeln" (Bachmair 2009: 153). Die Orientierung an den (individuellen) Alltagsmedienkompetenzen vermittelt den Schülern zugleich das Gefühl, mit ihren Themen ernst genommen zu werden, was wiederum eine Grundvoraussetzung für eine reflektierte und konstruktive Auseinandersetzung mit den eigenen Nutzungspraktiken ist.

Beispiel

Social Web im Ethikunterricht

Im Zusammenhang mit dem Smartphone und der Nutzung von Social-Network-Plattformen wird immer wieder das Problem thematisiert, dass einzelne schikaniert und gemobbt würden. Die tägliche Nutzung von Smartphone und Internet kann Ausgangspunkt für eine intensivere Auseinandersetzung mit dem Thema Mobbing (sowohl online, als auch offline) und eine Reflexion eigener medialer Praktiken sein oder auch zu einer Beschäftigung mit allgemeinen Regeln für einen respektvollen Umgang miteinander führen. Entsprechende Regeln können z. B. gemeinsam für die Klasse oder aber auch für die jeweilige Schule entwickelt werden. Wichtig ist dabei, die Kinder und Jugendlichen als „Experten" mit individuellen Nutzungspraktiken ernst zu nehmen und ihnen die Möglichkeit zu geben, ihr Medienhandeln zu reflektieren. Den Lehrkräften kommt in erster Linie eine moderierende Rolle zu.

Die Broschüre „*Ethik macht klick. Werte-Navi fürs digitale Leben*" (entwickelt vom *Institut für Digitale Ethik (IDE)/Hochschule der Medien (HdM)* und *klicksafe*) bietet zum Thema Ethik und Verantwortung umfangreiche Arbeitsmaterialien für die Schule und Jugendarbeit. Berücksichtigt werden die Themen Privatsphäre und Big Data, Verletzendes Online-Verhalten, mediale Frauen- und Männerbilder. Ergänzend wurde ein eigener Rapsong mit dem Titel „*Knigge 2.0 – Du entscheidest wer Du bist im Netz*" entwickelt (http://www.klicksafe.de/themen/medienethik/#s|Knigge). Eine Schwierigkeit, die sich immer wieder abzeichnet ist, die Eltern zu einer Zusammenarbeit zu gewinnen. Schulische Medienerziehung kann jedoch nur wirklich nachhaltig sein, wenn sie sich auch im außerschulischen Alltag fortsetzt. Gerade bei Elternabenden zeigt sich immer sehr deutlich, dass man oft diejenigen erreicht, die vergleichsweise wenig Probleme bezüglich familialer Medienerziehung haben; diejenigen, bei denen offenkundig Informations- und Unterstützungsbedarf besteht, bleiben hingegen in der Regel solchen Veranstaltungen fern. Hier gilt es Konzepte zu entwickeln, die an den unterschiedlichen Bedarfen der Eltern anknüpfen und konkrete Übertragungsmöglichkeiten auf den Erziehungsalltag von Familien aufzeigen (vgl. Wagner/Gebel/Lampert 2013).

6.3.4 Medienerziehung in der außerschulischen Praxis

Neben der Medienerziehung in formalen Bildungskontexten gibt es eine Reihe an Angeboten in der außerschulischen Kinder- und Jugendarbeit, in denen Medienerziehung stattfindet. Allerdings geschieht dies unter anderen Vorzeichen bzw. Bedingungen als in den anderen genannten Bereichen, denn in der Regel setzt die medienpädagogische Arbeit zunächst ein Interesse und eine Bereitschaft der Kinder und Jugendlichen voraus, sich auf ein Thema einzulassen bzw. ein Thema zu bearbeiten (vgl. Spanhel 2006: 290). Medienpädagogische Projekte müssen – um die Kinder und Jugendlichen zu erreichen – ein hohes Maß an Attraktivität aufweisen und an den Bedürfnissen und Themeninteressen der Heranwachsenden ansetzen (vgl. ebd.: 291). Dies hat zur Konsequenz, „[…] dass in der Kinder- und Jugendkulturarbeit die medienerzieherischen Ziele nicht systematisch verfolgt oder gar in einer curricularen

Ordnung verwirklicht werden können" (Spanhel 2006: 291). Das Fehlen eines zeitlichen und curricularen Korsetts bietet allerdings auch deutlich flexiblere Rahmenbedingungen und Handlungsspielräume. In der Praxis zeichnen sich zwei grundlegende Typen von Projekten ab: 1.) Projekte, in denen die Auseinandersetzung mit einem Medium oder einem Medienangebot im Vordergrund steht und 2.) Projekte, in denen konkrete Themen unter Zuhilfenahme der Medien bearbeitet werden und Medienkompetenzförderung ein sekundäres Projektziel darstellt.

Abb. 6.4 Aktive Medienarbeit mit Jugendlichen

Die meisten Projekte in der außerschulischen Praxis orientieren sich an dem Konzept der aktiven Medienarbeit. In der Regel handelt es sich um Gruppenprojekte, in denen mit Medien zu unterschiedlichen Themen handlungsorientiert gearbeitet wird. Inzwischen gibt es zahlreiche Projekte, die neben Film, Video und Radio auch mit neueren Medien, wie z. B. Handys/Smartphones, Tablets und Computerspielen, arbeiten. Ein Teil der Projekte konzentriert sich eher auf die Erstellung von vorzeigbaren Produkten, die z. B. im Rahmen von Wettbewerben präsentiert werden, während andere stärker auf den Prozess der Medienaneignung bzw. der Nutzung der Medien als Ausdrucksmittel ausgerichtet sind.

Gerade die Projektarbeit bietet allgemein ein hohes Potenzial für (Selbst-)Bildungsprozesse, die über eine technische Medienkompetenz hinausweisen (vgl. Hedrich/Lampert 2007: 120). Allerdings bedarf es bestimmter Rahmenbedingungen, damit sich diese entfalten können. Hierzu zählen u. a. (vgl. ebd.):

- die Anerkennung, dass auch die audiovisuellen und digitalen Medien ein zentrales Kommunikations- und Ausdruckmittel sind;
- Medienkompetenz, medienpädagogische sowie soziale Kompetenzen auf Seiten der Pädagogen;
- eine Sensibilität für Medienspuren, damit von diesen ausgehend Bildungsprozesse initiiert werden können;
- eine Offenheit für neue Themen und Erfahrungen bei allen Beteiligten;
- die Möglichkeit der Präsentation der Ergebnisse aus dem Produktionsprozess.

▶ **Aktive Medienarbeit:** Im Mittelpunkt aktiver Medienarbeit steht die Be- und Erarbeitung von Gegenstandsbereichen sozialer Realität mittels Medien mit dem Ziel, den analytischen, reflexiven, kritischen und produktiven Medienumgang der Beteiligten zu fördern. Die Auseinandersetzung erfolgt zum einen analytisch, zum anderen handlungsorientiert, d. h. dass sich die Beteiligten mit vorliegenden Medienangeboten auseinandersetzen und eigene Medienproduktionen erstellen. Beispiele sind u. a. Filmprojekte, (stadtteilbezogene) Radiosendungen, die über einen offenen Kanal ausgestrahlt werden oder eine Homepage zu einem konkreten Thema oder Projekt. Aktive Medienarbeit zielt zuvorderst auf die Emanzipation des Individuums sowie die Ausbildung und Förderung von „Mündigkeit" und „Kommunikativer Kompetenz" als Voraussetzung, um Kommunikationsstrukturen zu erkennen, zu analysieren und an öffentlicher Kommunikation teilnehmen zu können. Medienkompetenz stellt einen Teilbereich der kommunikativen Kompetenz dar, der angesichts der technischen Möglichkeiten in den letzten 30 Jahren noch an Bedeutung gewonnen hat (▶ Kapitel 5). Lag in den Anfängen der aktiven Medienarbeit ein deutlicher Schwerpunkt auf der Arbeit mit Film und Video, so haben sich durch die medientechnologischen Voraussetzungen (Kosten und Anwendungsfreundlichkeit) auch für die medienpädagogische Praxis neue Möglichkeiten ergeben. Jüngste Entwicklungen des Web 2.0 ermöglichen es mittlerweile jedem Internetnutzer, Inhalte (Content) zu erstellen und diese einer breiten Internet-Öffentlichkeit zur Verfügung zu stellen.

Nach wie vor findet die aktive, handelnde Auseinandersetzung mit Medien überwiegend in der außerschulischen Kinder- und Jugendarbeit statt, wenngleich durch die technische Ausstattung und Handhabbarkeit sowie die medienpädagogische Qualifikation der Pädagogen zunehmend bessere Rahmenbedingungen gegeben sind, das Konzept der aktiven Medienarbeit auch in die Schule zu integrieren. Dieter Spanhel (2006) verweist im Zusammenhang mit der außerschulischen Medienbildung – er tut dies am Beispiel von Internetprojekten – auf zwei wichtige Punkte (vgl. ebd.: 301):

Zum einen sollte darauf geachtet werden, dass immer eine Balance zwischen realen und medialen Lebenswelten gewahrt bleibt. Erfahrungen aus Medienprojekten sollten idealerweise immer an die Alltagswelt an- bzw. zurückgebunden werden. Zum anderen sollten vor allem Projekte für sozial- und bildungsbenachteiligte Gruppen offeriert werden, um diesen alternative Zugangs- und Mediennutzungsweisen zu ermöglichen (s. a. Niesyto 2000; Croll/Brüggemann 2007; Niesyto/Ketter 2008; Bachmair 2009). Insbesondere die jeweiligen „milieuspezifischen Medienpraktiken“ (Niesyto/Ketter 2008: 26) im Umgang mit dem Internet, dem Handy/Smartphone und mit Computerspielen eröffnen vielfältige Möglichkeiten zur Initiierung von (Selbst-)Bildungsprozessen (siehe z. B. Croll/Brüggemann 2007; Niesyto/Ketter 2008; Bachmair 2009).

Beispiel

Creative Gaming – eine Initiative zum kreativen Umgang mit Computerspielen

Ein anschauliches Beispiel für die vielfältigen Möglichkeiten der kreativen Arbeit mit Medien ist die Initiative *Creative Gaming* (www.creative-gaming.eu). Im Rahmen dieser Initiative erproben Medienkünstler und Medienpädagogen gemeinsam mit Lehrern, Kindern und Jugendlichen, wie sich Computerspiele als Ausdruckmittel und zur Umsetzung eigener Ideen verwenden lassen. Eine Möglichkeit besteht beispielsweise darin, (mit entsprechender Software) eigene Spiele zu kreieren, was u. a. eine Vorstellung über Funktionsweisen und Spielverläufe (wenn-dann-Strukturen) voraussetzt. Konventionelle Spiele können als Schauplatz eigener Filmhandlungen genutzt werden. Aus medienpädagogischer Perspektive ist diese Initiative insofern interessant, als sie sich mit einem in der öffentlichen Debatte häufig kritisierten Medienangebot beschäftigt und kreative Umgangsformen aufzeigt. Insbesondere mit Blick auf Heranwachsende, die viel Zeit in virtuellen Spielwelten verbringen, scheint der Ansatz Erfolg versprechend, da Jugendliche alternative Nutzungsformen und Wege kennenlernen, um diese Angebote kreativ und selbstbestimmt zu nutzen und sich zugleich als kompetent erfahren.

Ein Ort für außerschulische Medienbildung sind u. a. Medienzentren, die zum Teil auf eine 30-jährige Tradition zurückblicken können. Seit ihrer Gründung, haben sich die Medienzentren hinsichtlich der von ihnen eingesetzten Medien, wie auch bezüglich der pädagogischen Arbeit sehr stark ausdifferenziert. 2009 schlossen sich 20 Medienzentren aus Deutschland und Österreich zu *FRAME* – einer ständigen Konferenz *FRei Arbeitender MEdienzentren* zusammen, um sich stärker untereinander zu vernetzten und die Erfahrungen aus der praktischen Arbeit mit Jugendlichen auch verstärkt in wissenschaftliche und politische Diskurse einbringen zu können. In dem Grundlagenpapier wird als Zielstellung formuliert:

> „[…] die Medienkompetenz von Kindern und Jugendlichen, Familien und Senioren zu fördern und zu unterstützen. Als Zusammenschluss wollen sie den fachlichen Austausch und die Vernetzung unter den Mitgliedern forcieren und gemeinsam zukunftsweisende Modellprojekte entwickeln. Außerdem soll FRAME qualifizierte und innovative Antworten auf aktuelle medienpädagogische Herausforderungen erarbeiten und zu medienpädagogischen Fragestellungen Stellung nehmen." (www.frame-info.de)

In der Praxis zeigt sich, dass viele Medienzentren auch eine Vernetzung mit Schulen anstreben und die Kooperation mit Lehrern und Schülern anbieten. Gerade mit Blick auf den Ausbau von Ganztagsschulen in Deutschland sowie den Neuen Mittelschulen in Österreich wird diese Kooperation sicherlich noch an Bedeutung gewinnen.

6.4 Medienerziehung als Vernetzungsaufgabe

Wie in den vorangegangenen Unterkapiteln deutlich wurde, ist Medienerziehung in verschiedenen Lebensbereichen relevant. Eltern, Erzieherinnen und Erzieher, Lehrkräfte sowie Sozialpädagoginnen und -pädagogen sind gleichermaßen aufgefordert, sich dieser Aufgabe anzunehmen. Ein Verweis auf die Zuständigkeit des jeweils anderen ist weder angemessen, noch hilft es den Kindern und Jugendlichen, die Kompetenzen zu erlangen, die für ein Aufwachsen in mediatisierten Lebenswelten und einen kompetenten, selbstbestimmten Umgang mit den digitalen Medien notwendig sind. Dies gilt insbesondere für sozial benachteiligte Kinder und Jugendliche, die in hohen Maße auf Unterstützungsangebote angewiesen sind. Medienerziehung sollte daher als Vernetzungsaufgabe begriffen werden, an der sich alle relevanten Akteure beteiligen (vgl. Wagner/Gebel/Lampert 2013). Als „flankierende Maßnahme" (Spanhel 2006: 218) sollte jedoch auch der Jugendmedienschutz berücksichtigt werden.

> „Aus systemtheoretischer Sicht halte ich es für wichtig, dass Kinder- und Jugendmedienschutz und Medienerziehung mit dem Ziel der Medienbildung nicht gegeneinander ausgespielt werden. Angesichts der rasanten Medienentwicklungen müssten alle drei Ansatzpunkte für einen wirksamen Kinder- und Jugendmedienschutz genutzt und weiter ausgebaut werden." (Spanhel 2006: 224)

Trotz der unterschiedlichen Grundhaltungen und Perspektiven von Medienerziehung und Jugendmedienschutz lassen sich auch Gemeinsamkeiten erkennen: Sowohl der Medienerziehung als auch dem Jugendmedienschutz ist gemein, dass sie von einer Problemdefinition ausgehend Zielsetzungen formulieren und entsprechende Maßnahmen ergreifen, die es hinsichtlich ihres Erfolges zu bewerten gilt (▶ Abbildung 6.5). Sowohl die Problemwahrnehmung und -definition als auch die Zielsetzung (aus pädagogischer oder rechtlicher Perspektive) sind beeinflusst von medialen und gesellschaftlichen Wandlungsprozessen (vgl. Hasebrink/Lampert 2008: 11, ▶ Kapitel 3).

Abb. 6.5 Prozessmodell des Jugendmedienschutzes und der Medienerziehung

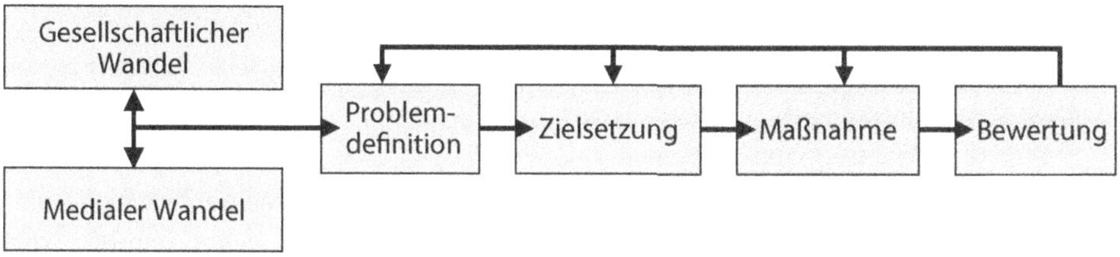

Quelle: Hasebrink/Lampert 2008: 11.

In beiden Fällen geht es um einen gesellschaftlichen Aushandlungsprozess unter Beteiligung aller Akteure, wie z. B. Staat, Medienanbietern, Eltern, Forschung, Bildungssystem, Öffentlichkeit sowie die Kinder und Jugendlichen selbst. Je nach Macht und Möglichkeiten der Einflussnahme fallen die Zielsetzungen und Maßnahmen natürlich unterschiedlich aus. Die Akzeptanz und Wirksamkeit sowohl erzieherischer als auch jugendschutzbezogener Maßnahmen ergibt sich jedoch nur im Zusammenwirken der verschiedenen Perspektiven (vgl. Hasebrink/Lampert 2008: 15). Insofern erschiene es sinnvoll, vor allem diejenigen Perspektiven stärker in die Aushandlungs- und Umsetzungsprozesse miteinzubeziehen, die eher schwächer vertreten sind. Gerade am Beispiel der Debatte über „Mediensucht" oder sogenannte „Killerspiele" zeigte sich sehr deutlich, dass die Diskussionen überwiegend auf politischer Ebene geführt werden und oft an den Lebenswelten von Kindern und Jugendlichen vorbeizielen. Eltern fühlen sich durch die negative Berichterstattung verunsichert und die Heranwachsenden un- und missverstanden, was wiederum Auswirkungen auf die Akzeptanz und Umsetzung von jugendschutzbezogenen und medienpädagogischen Maßnahmen hat.

Zusammenfassung

Medienerziehung stellt neben der Mediendidaktik eine zentrale Säule innerhalb der Medienpädagogik dar, die sowohl das Lernen über als auch das Lernen durch Medien umfasst. Ihr Ziel ist es, Medienkompetenz zu stärken und zu einer gelingenden Mediensozialisation beizutragen und somit einer riskanten bzw. problematischen Nutzung soweit wie möglich vorzubeugen. Eine bewahrpädagogische Haltung erscheint angesichts mediatisierter Lebenswelten weder zeitgemäß noch angemessen und erweist sich bezüglich der medienpädagogischen Aufgabe als eher hinderlich. Medienerziehung ist altersphasen-, lebensbereichs- und medienübergreifend; entsprechend lassen sich keine allgemeinverbindlichen „Rezepte" formulieren. Vielmehr gilt es unter den individuellen und entwicklungspsychologischen Voraussetzungen sowie den jeweiligen (z. B. familialen, schulischen) Rahmenbedingungen adäquate Konzepte zu entwickeln. Medienerziehung kann nur dann nachhaltig wirksam werden, wenn sie als gesellschaftlich relevante Aufgabe begriffen wird. Bestehende Konzepte und Zielsetzungen sind daher immer wieder vor dem Hintergrund gesellschaftlicher und medialer Wandlungsprozesse zu reflektieren und unter Beteiligung der relevanten Akteure zu diskutieren und anzupassen.

Fragen für weitere Überlegungen und Diskussionen

1. Welche Vorstellung haben Sie selbst von der „Wirkung der Medien"? Welche medienpädagogische Auffassung bzw. welches medienerzieherisches Handeln würde damit einhergehen?
2. Besorgte Eltern wenden sich an Sie als angehenden Medienpädagogen mit folgender Frage: Der 13-jährige Sohn spielt täglich vier Stunden Computerspiele und ist in dieser Zeit nicht ansprechbar. Laut seiner Lehrerin ist er im Unterricht oftmals abwesend und auch seine schulischen Leistungen werden immer schlechter. Die Eltern wissen nicht mehr, was sie tun sollen. Was würden Sie ihnen raten?
3. Wie würden Sie Medienerziehung in der Schule verankern? Welchen „Ertrag" erhoffen Sie sich für Schüler und Lehrer?
4. Erkundigen Sie sich, wie Medienerziehung/-bildung in den Lehr- und Bildungsplänen Ihres (Bundes-)Landes verankert ist. Ziehen Sie ein anderes (Bundes-)Land als Vergleich heran. Die entsprechenden Lehrpläne finden sich auf: www.bildungsserver.de (Deutschland), www.educa.ch (Schweiz), www.bmukk.gv.at/schulen/unterricht/index.xml (Österreich).
5. Welcher Voraussetzungen bedarf es Ihrer Ansicht nach für eine gelingende Medienerziehung?

Empfohlene Basislektüre zur Ergänzung dieses Kapitels

Programm Jugend und Medien/ZHAW (2013): Medienkompetenz. Tipps zum sicheren Umgang mit digitalen Medien. Bern: Bundespublikationen. Online verfügbar unter: www.psychologie.zhaw.ch/medienkompetenz

Schorb, Bernd (2010): Medienerziehung. In: Hüther, Jürgen/Schorb, Bernd (2010): Grundbegriffe Medienpädagogik. München: KoPäd, 240–243.

Spanhel, Dieter (2006): Handbuch Medienpädagogik. Band 3: Medienerziehung. Stuttgart: Klett-Cotta.

7 Mediendidaktik: Lehren und Lernen mit Medien

Die Mediendidaktik wird immer wieder hinsichtlich ihrer Positionierung zur Medienpädagogik, aber auch zur Allgemeinen Didaktik diskutiert (siehe z.B. Kerres 2007, Kron/Sofos 2003). Im Vordergrund steht dabei die Frage, ob es sich um eine Teil- oder Nachbardisziplin handelt. In Bezug auf die Allgemeine Didaktik kommt z.B. Kerres (2007) zu dem Schluss, dass Mediendidaktik nicht als Teilbereich der Allgemeinen Didaktik betrachtet werden könne, da sie nicht an institutionelle Kontexte gebunden sei und auch informelle Lernprozesse (z.B. durch Edutainment-Software, Computerspiele, Apps und Social-Media-Angebote etc.) umfasse und damit über den Rahmen Allgemeiner Didaktik hinausweise. Kron und Sofos (2003) hingegen vertreten die Auffassung, dass der Gegenstandsbereich der Didaktik alle organisierten formellen und informellen Lehr-/Lernprozesse umfasse und Mediendidaktik entsprechend als ein Teilbereich Allgemeiner Didaktik zu betrachten sei (vgl. ebd. 2003: 46 f., siehe auch Tulodziecki 1997):

> „Hieraus kann die Zuordnung der Mediendidaktik zur Didaktik als deren Teildisziplin geschlussfolgert werden. In der Realität jedoch hat wohl die rasante Entwicklung der Medienpädagogik, die mit der Entwicklung vieler neuer Professuren [im Bereich E-Learning, Anmerk. der Autoren] verbunden war und noch ist, dazu geführt, dass sich mediendidaktische Fragstellungen und Sachverhalte zwingend aus den medienpädagogischen Forschungen ergeben haben. Mediendidaktik wurde damit zur Aufgabe der Medienpädagogik." (Kron/Sofos 2003: 47)

Mit Blick auf die Medienpädagogik stellt sich die Frage der Verortung der Mediendidaktik in ähnlicher Weise. Beide Perspektiven – Mediendidaktik als Teilbereich der Medienpädagogik oder als eigenständiger Bereich – sind grundsätzlich denkbar und haben grundlegende Folgen für die Medienpädagogik. Folgt man beispielsweise Kerres und de Witt (2002), die eine Orientierung an dem Begriff der Medienbil-

D. Süss et al., *Medienpädagogik*, Studienbücher zur Kommunikations- und Medienwissenschaft, https://doi.org/10.1007/978-3-658-19824-4_7

dung vorschlagen, erscheint einzig und allein die Verbindung von Medienerziehung und -didaktik sinnvoll und für die Medienbildung grundlegend (s. a. Kerres/Preußler 2015). Laut Kron/Sofos (2003) kann Mediendidaktik „zurzeit sowohl als Teildisziplin der Medienpädagogik als auch als Bezeichnung für einen Diskurs angesehen werden, der sich auf verschiedenen Ebenen abspielt (Theorie-, Modell-, Konzeptbildung, Forschung, Reflexion von Praxis), der zu einer Verselbstständigung der Mediendidaktik als eigenständiger Disziplin führt“ (ebd.: 51).

Im Folgenden wird ein Überblick über den Gegenstandsbereich und über die Entwicklungslinien der Mediendidaktik gegeben. Dabei geht es weniger darum, für oder gegen die eine oder andere Position zu argumentieren; vielmehr soll deutlich werden, mit welchen Fragen sich die Mediendidaktik beschäftigt, an welche theoretischen Konzepte sie anknüpft und an welchen Stellen sie sich in der Praxis wiederfindet, wobei sich hierbei der Blick insbesondere auf den Einsatz digitaler Medien in Lehr-/Lernkontexten richtet.

7.1 Gegenstandsbereich der Mediendidaktik

Im Gegensatz zur Medienerziehung, die sich darum bemüht, Wissen über Medien als Gegenstandsbereich zu vermitteln, befasst sich die Mediendidaktik vordringlich mit dem Lehren und Lernen mit Medien und damit verbunden mit der Frage, wie Medien bzw. Medienangebote zur Erreichung pädagogisch begründeter Ziele konzipiert und eingesetzt werden können bzw. sollten und wie Lehr-/Lern-Prozesse durch die Gestaltung oder den Einsatz von Medien optimiert werden können (vgl. z. B. Kron/Sofos 2003). Die Definitionen von Mediendidaktik unterscheiden sich u. a. darin, wie eng oder weit sie den Gegenstandsbereich abstecken, d. h. ob sie sich auf formale Bildungssituationen beschränken oder auch informelle Bildungskontexte (z. B. Lernen mit Computerspielen) mitberücksichtigen. Als eine klassische Definition von Mediendidaktik, die stärker auf den zielgerichteten Einsatz von Medien zur Optimierung von Lernprozessen abzielt, kann folgende gelten:

- **„Enge“ Definition:** „Die Mediendidaktik befasst sich mit den Funktionen, der Auswahl, dem Einsatz (einschließlich seiner Bedingungen und Bewertung), der Entwicklung, Herstellung und Gestaltung sowie den Wirkungen von Medien in Lehr- und Lernprozessen. Das Ziel der Mediendidaktik ist die Optimierung von Lernprozessen mithilfe von Medien“ (DeWitt/Czerwionka 2007: 32).

Diese Definition basiert auf der Auffassung, dass mediendidaktische Forschung die notwendige empirische Basis bereitstellt, die es ermöglicht, begründete Entscheidungen für den Medieneinsatz treffen zu können (vgl. DeWitt/Czerwionka 2007: 38 f.). Eine etwas andere und weitere Akzentuierung nehmen Kron & Sofos (2003) vor.

▶ **„Weite" Definition:**

1. „Gegenstandsfeld der Mediendidaktik ist die Lebenswelt, insofern dort Lehr- und Lernprozesse ablaufen. Als Teilbereich dieser Lebenswelt sehen wir das organisierte Lehren und Lernen an, insbesondere in Unterricht und Schule.
2. Ausgangspunkt didaktischer Arbeit mit Neuen Medien sind die Inhalte, die in Lehrplänen formuliert sind oder die in der Alltagswelt aktuell sind.
3. Dabei sind die Personen und ihre individuellen, sozialen und entwicklungsgemäßen Bedingungen ebenso hinzuzuziehen wie die sich daraus ergebenden medienanthropologischen und -ethischen Fragestellungen.
4. Nicht zuletzt spielen die Organisationen in ihren funktionalen oder intentionalen Formen eine grundlegende Rolle.

Die Technik wird in diesem Zusammenhang als eine Bedingung angesehen, die die Arbeit mit Neuen Medien zwar ermöglicht, aber nicht definiert oder bestimmt. Sie ist eine Bedingung der Möglichkeit für Lehren und Lernen unter anderen Bedingungen, die oben als grundlegende Maßgaben definiert worden sind" (Kron/Sofos 2003: 51 f.). Kron & Sofos verdeutlichen in ihrer Definition, dass sich Mediendidaktik keineswegs nur an den Medien oder formalen Bildungskontexten orientiert, sondern an der Lebenswelt (wobei Schule im Vordergrund steht) und an den Voraussetzungen der Lernenden ansetzt. Wenngleich sie in Punkt 2 auf „Neue Medien", d. h. auf digitale Medien rekurrieren, lässt sich ihre Gegenstandsbeschreibung auf das gesamte Medienspektrum übertragen. Mediendidaktik befasst sich demzufolge mit den Möglichkeiten der Medien im Kontext von Lernen und Lehren (sowohl formal als auch informell), unter Berücksichtigung der Voraussetzungen auf Seiten der Lernenden sowie der jeweils vorliegenden Rahmenbedingungen. Erst unter Berücksichtigung dieser Faktoren lassen sich die Potenziale der einzelnen Medien für Lehr-/Lernprozesse optimal nutzen.

7.2 Anfänge und Entwicklung der Mediendidaktik

Die Anfänge der Mediendidaktik werden in manchen Standardwerken bis in die Mitte des 17. Jahrhunderts zurückverfolgt. Verwiesen wird dabei vor allem auf den Pädagogen und Philosophen Johann Amos Comenius (1592–1670), der 1658 mit „Orbis sensualium pictus" das erste europäische Lehrbuch erstellte, das die Welt in Bild und Text erklärte.

Die Frage, wie man (audio-)visuelle Medien zur gezielten Vermittlung von (politischen) Botschaften nutzen konnte, gewann in der Zwischenkriegszeit sowie in Deutschland und Österreich besonders während der Zeit des Nationalsozialismus an Bedeutung. So wurde 1934 in Deutschland die *Reichstelle für den Unterrichtsfilm (RfdU)* gegründet, die das Ziel verfolgte, „Film […] als gleichberechtigtes Lehrmittel überall dort an die Stelle des Buches usw. treten [zu lassen], wo das bewegte Bild eindringlicher als alles andere zum Kind spricht." (Reichserziehungsminister Rust, zit. nach Schorb 1995: 26). 1940 wird die Reichstelle in *Reichsanstalt für Film und Bild in Wissenschaft und Unterricht (RWU)* umbenannt, aus der nach dem Krieg das *Institut für Film und Bild in Wissenschaft und Unterricht* (FWU) hervorging.

Abb. 7.1 Orbis sensualium pictus

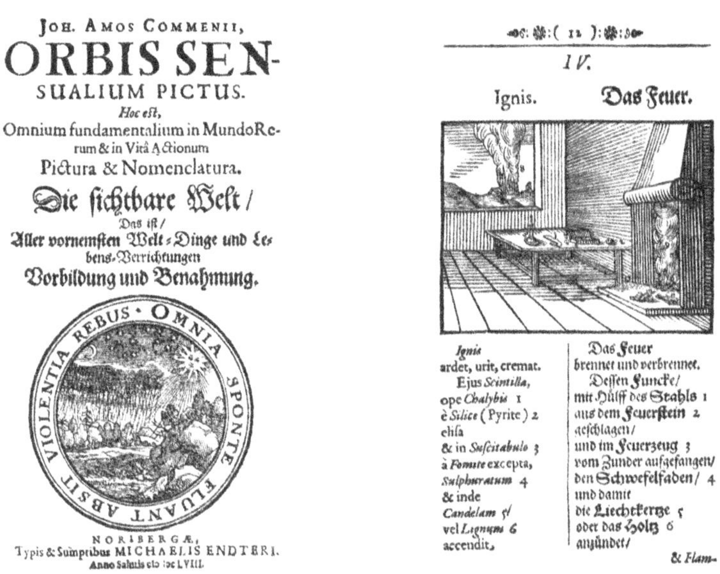

JOH. AMOS COMMENII,
ORBIS SENSUALIUM PICTUS.
Hoc est,
Omnium fundamentalium in Mundo Rerum & in Vitâ Actionum
Pictura & Nomenclatura.
Die sichtbare Welt /
Das ist /
Aller vornemsten Welt-Dinge und Lebens-Verrichtungen
Vorbildung und Benahmung.

NORIBERGÆ,
Typis & Sumptibus MICHAELIS ENDTERI.
Anno Salutis clↄ Iↄc LVIII.

IV.

Ignis. Das Feuer.

Ignis ardet, urit, cremat.	Das Feuer brennet und verbrennet.
Ejus *Scintilla*, ope *Chalybis* 1 è *Silice* (Pyrite) 2 elisa	Dessen Funcke / mit Hülff des Stahls 1 aus dem Feuerstein 2 geschlagen /
& in *Suscitabulo* 3 à *Fomite* excepta, *Sulphuratum* 4	und im Feuerzeug 3 vom Zunder aufgefangen / den Schwefelfaden / 4
& inde *Candelam* 5 / vel *Lignum* 6 accendit,	und damit die Liechtkertze 5 oder das Holtz 6 anzündet /
	& Flam-

Eine digitalisierte Version des Buches „Orbis Pictus" findet sich unter: http://books.google.de.

Als zentraler Aspekt des Lehrens und Lernens wurde der Medieneinsatz allerdings erst in den 1960er Jahren diskutiert. Die nachstehende Zeitleiste gibt einen Überblick über wichtige Stationen der Entwicklung (siehe Abb. 7.2). Etwa zur selben Zeit – d.h. in den 1960er Jahren – wurden sogenannte „Medientaxonomien" erstellt, in denen die Medien nach unterschiedlichen Kriterien systematisiert wurden (z.B. inwieweit Medien Reiz-Darbietung darstellen, Transfer veranlassen, Rückmeldung vermitteln etc.). Diese Taxonomien waren in erster Linie als Unterstützung gedacht, um Medien ihren Potenzialen entsprechend optimal einzusetzen. Beispiele für Medientaxonomien finden sich bei DeWitt/Czerwionka (2007: 39f.) sowie Tulodziecki/Herzig (2004: 33). Wenngleich diesen Medientaxonomien durchaus eine Strukturierungsfunktion zuerkannt wird, wird doch sehr deutlich, dass dieser stark medienzentrierte Zugang dem klassischen behavioristischen Ansatz verhaftet ist und die subjektiven Voraussetzungen auf Seiten des Lernenden gänzlich außer Acht lässt.

Erst in den 1980er Jahren rückte das handelnde Subjekt in den Mittelpunkt, und es entwickelten sich Ansätze, die stärker situations- und lernorientiert waren (vgl. Kron/

Abb. 7.2 Zeitleiste Mediendidaktik

1658	• Erscheinen des *Orbis sensualium pictus* von Johann Amos Comenius
[...]	
1934	• Gründung der *Reichsstelle für den Unterrichtsfilm (RfdU)* in Deutschland
1940	• Umbenennung in *Reichsanstalt für Film und Bild in Wissenschaft und Unterricht (RWU)*
1945	• Gründung des *Instituts für Film und Bild in Wissenschaft und Unterricht (FWU)*
1960er Jahre	• Ökonomisierung von Bildungsprozessen durch Medien • Einrichtung von Sprachlaboren • Einrichtung von Fernstudiengängen • Mediendidaktik als „programmierte Instruktion" (Kron/Sofos 2003) • Rahmenmodell zur Analyse und Planung von schulischem Unterricht (Heimann 1962)
Ende der 1960er Jahre	• Erstellung von Medientaxonomien, um Medien hinsichtlich ihrer Lehr-/Lernpotenziale zu charakterisieren • Parallel: Entwicklung einer handlungs- und teilnehmerbezogenen Mediendidaktik
1970er Jahre	• Einführung des programmierten Unterrichts • „Medienkritische Phase" • Rückgang der Technologie- und Lernzielorientierung • Lern*prozesse* rücken stärker in den Mittelpunkt • Instruktionstheorie nach Gagné (1974): Sequenzierung von Lerninhalten
Ende der 1970er Jahre	• Erste institutionelle Verankerung (Bsp.: Forschungs- und Entwicklungszentrum für objektivierte Lehr- und Lernverfahren GmbH, Paderborn) • „Mediendidaktische Flaute"
1980er Jahre	• „Aufschwung der praktischen Mediendidaktik" (Döring/Ritter-Manczek 1998) • Neu erwachendes Interesse an mediendidaktischen Fragen durch die Entwicklung digitaler Medien und multimedialer Potenziale • Einführung der informationstechnischen Grundbildung in der Sekundarstufe 1 an deutschen Schulen • Instructional design (Robert M. Gagné 1985) systematische Planung, Entwicklung und Umsetzung von Lernangeboten sowie Überprüfung der Wirksamkeit der Maßnahmen; orientiert sich am Vorgehen der empirischen Lehr- Lernforschung (vgl. Kerres/Preußler 2015) • Erste Ansätze von E-Learning • Elaborationstheorie nach Reigeluth (1983) • Component Display Theory nach Merrill (1983)
Anfang der 1990er Jahre	• Entwicklung konstruktivistischer Ansätze und Modelle • Zunehmende Verankerung der Mediendidaktik in der Hochschullandschaft • Start der bundesdeutschen Initiative „Schulen ans Netz" (gefördert vom Bundesministerium für Bildung und Forschung)
Ende der 1990er Jahre	• Entstehung von virtuellen Universitäten und Hochschulen • Instructional Transaction Theory nach Merrill (1999)
Ab 2000	• Entwicklung von Blended-Learning und hybriden Ansätzen • Verbreitung von Social Software mit neuen Möglichkeiten für kollaboratives Lernen • Weiterentwicklung von Heimanns Modell (1962) durch Peterßen (2000); Erweiterung durch Aspekte der sozialen Organisation des Lernens sowie der Interaktion zwischen Personen
2008	
2009	• Erstmaliger Gebrauch des Begriffs „BYOD" (Bring your own device) in den USA
2013	• Erste Umsetzung des Inverted Classroom Modells (bzw. Flipped Classroom Modell) an der FH St. Pölten
2014	• Bring your own device (BYOD): Ausschreibung des Pilotprojektes „Start in die nächste Generation" von der Hamburger Behörde für Schule und Berufsbildung
2016	• Kultusministerkonferenz legt Strategiepapier zur „Bildung in der digitalen Welt" vor

Quelle: Eigene Darstellung am Beispiel der BRD in Anlehnung an Kerres/Preußler 2015, Schaumburg/Seidel 2009, De Witt/Czerwionka 2007 sowie Kerres 2007, Kron/Sofos 2003.

Sofos 2003: 41). Ähnlich wie in der Kommunikationswissenschaft, die den Blick von den Medien stärker auf die Rezipienten richtet, lautet die mediendidaktische Fragestellung nicht länger: *„Was können die Medien mit den Lernenden"*, sondern *„was können die Lernenden mit den Medien machen"* (vgl. ebd.).

Die aktuelle Diskussion über den Einsatz von Medien im Bildungsbereich charakterisieren Kron und Sofos (2003) als „vielgestaltigen, pluralen und offenen Prozess" (ebd.). Aus ihrer Perspektive lassen sich vier „mediendidaktische Tendenzen" beschreiben, die die Diskussion über den Einsatz von Medien im Kontext von Lehren und Lernen beeinflussen:

1) eine „kulturkritische Tendenz", die in den Medien eine generelle Bedrohung sieht und sich darum bemüht, diese aus dem Bildungsbereich fernzuhalten. Diese Perspektive bietet keine Basis für eine mediendidaktische Arbeit;
2) eine „medienkritische Tendenz", auf der mediendidaktische Konzepte basieren, die sich um die Stärkung und Emanzipation des Individuums bemühen (vgl. ebd.: 43);
3) eine „bildungspolitische Tendenz", die den Einsatz von neuen Medien im Unterricht und die Förderung von Medienkompetenz unterstützt;
4) eine „lebensweltliche Tendenz", in der die Medienerfahrungen der Lernenden den Ausgangspunkt für die Medienkompetenzförderung bieten. Kron und Sofos verweisen allerdings darauf, dass auch Aspekte der medienkritischen und der bildungspolitischen Tendenzen hier einfließen können (vgl. ebd.: 44).

7.3 Mediendidaktische Konzepte

Medien können auf sehr vielfältige Weise in Lehr-/Lernkontexte eingebunden werden. Unterschiede zeigen sich vor allem im Hinblick auf den zugrundeliegenden lerntheoretischen Ansatz sowie in der Rolle der Lehrenden und Lernenden. Tulodziecki und Herzig (2004) unterscheiden insgesamt fünf mediendidaktische Konzepte (vgl. Tabelle 7.1).

1) **Lehrmittelkonzept:** Medien werden vor allem als Hilfsmittel eingesetzt bzw. in den Unterricht integriert. Beispiele wären etwa der Einsatz von Overheadprojektor, Bildern, Filmen o. ä. Kennzeichnend für dieses Konzept ist, dass dem Lernenden lediglich eine rezipierende, reaktive Rolle zukommt.
2) **Arbeitsmittelkonzept:** Dieses Konzept zielt darauf, den Lernenden durch den Medieneinsatz zur Selbsttätigkeit zu aktivieren, während der Lehrende eine strukturierende und moderierende Rolle übernimmt. Ein Beispiel wären etwa der Einsatz von Filmen oder Internetseiten, anhand derer die Lernenden bestimmte Aufgabenstellungen bearbeiten.

Tab. 7.1 Mediendidaktische Konzepte nach Tulodziecki/Herzig (2004)

Mediendidaktisches Konzept	Rolle der Medien	Rolle des Lehrenden	Rolle des Lernenden
Lehrmittelkonzept	Hilfsmittel	auswählen, integrieren	rezipierend, reaktiv
Arbeitsmittelkonzept	Arbeitsmittel	auswählen, integrieren	rezipierend, reaktiv
Bausteinkonzept	Wissensvermittler, Entlastung/Ersatz für den Lehrenden	auswählen, unterstützen	rezipierend, reaktiv
Systemkonzept	Arbeitsmittel, Wissensvermittler	auswählen, unterstützen	rezipierend, (re-)aktiv
Lernumgebungskonzept	Arbeitsmittel, Werkzeug, Wissensvermittler	auswählen, begleiten	selbsttätig, aktiv

3) **Bausteinkonzept:** Das Konzept bezieht sich auf eigens für Unterrichtszwecke konzipierte Medienangebote, die als eigenständige Bausteine oder Einheiten in den Unterricht integriert werden können. Vor allem in den 1960er und 1970er Jahren wurden zahlreiche Unterrichtsfilme für unterrichtliche Zwecke erstellt und auch der Schulfunk und das Schulfernsehen (weiter-)entwickelt. Ähnlich wie beim Lehrmittelkonzept kommt dem Lernenden bei dem Einsatz von Unterrichtsvideos (z.B. von der FWU) eine rezipierende Rolle zu.
4) **Systemkonzept:** Dieses Konzept entstand etwa zur gleichen Zeit und basierte auf der Bereitstellung umfangreicher Lehrsysteme, die neben Schulfernsehsendungen entsprechende gedruckte Begleitmaterialien umfasste. Die eigentliche Lehrplanung wurde zunehmend auf schul-externe Akteure, wie z.B. Kultusministerium, Verlage und Rundfunkanstalten, verlagert. Ähnlich wie bei dem Bausteinkonzept wählen die Lehrenden ein Medienverbundsystem aus und geben vor, was von den Lernenden rezipiert wird. Inzwischen werden zu verschiedensten Themen umfangreiche Materialkisten angeboten, die Bücher, Videos, CDs, Anschauungsmaterial, Kopiervorlagen sowie weiterführende Informationen (Kontaktadresse o.ä.) enthalten.
5) **Lernumgebungskonzept:** Mit der Hinwendung zu einer konstruktivistischen Lerntheorie entwickelte sich das Lernumgebungskonzept, in dem vor allem die aktive Auseinandersetzung der Lernenden betont und gefordert wurde. Die Aufgabe des Lehrenden besteht diesem Konzept zufolge in der Bereitstellung einer Lernumgebung, die den Lernenden zum eigenständigen Lernen anregt, sowie in der Unterstützung des Lernprozesses. Beispiel hierfür sind etwa virtuelle Laboratorien, in denen Simulationen zu verschiedenen Themen durchgeführt werden können (siehe als Beispiel für ein virtuelles Laboratorium die *Biology Labs On-*

Line der California State University: http://biologylab.awlonline.com/). Im Computerspielebereich gibt es ebenfalls eine Reihe komplexer virtueller Welten zu unterschiedlichen Themenfeldern (z. B. Politik, Gesundheit etc.), die sich der Nutzer spielerisch erschließen und in denen er lernen kann. Viele dieser anspruchsvollen Spielwelten werden als „Serious Games" bezeichnet, um zu verdeutlichen, dass das Spiel nicht nur der reinen Unterhaltung, sondern auch der Bildung dient (► Kapitel 7.5.1). Ein prominentes Beispiel ist etwa das Serious Game *PeaceMaker*, das sich mit dem Nahost-Konflikt beschäftigt und dem Spieler die Möglichkeit gibt, verschiedene Szenarien und Lösungsmöglichkeiten durchzuspielen und auf diese Weise mehr über die politischen Verwicklungen zu erfahren. In formalen Bildungskontexten werden diese Spiele allerdings noch eher selten eingesetzt. Auch wenn die virtuellen Welten immer komplexer und anschaulicher werden, ist das Lernumgebungskonzept keinesfalls mit diesen gleich zu setzen; die digitalen Medien bzw. virtuellen Welten stellen in der Regel nur ein Medienangebot neben anderen dar (vgl. Schaumburg/Seidel 2009: 362).

Kerres und Preußler (2015) verweisen zudem auf das Konzept der „gestaltungsorientierten Mediendidaktik", das für die professionelle Bildungsarbeit entwickelt wurde. Das Konzept geht davon aus, dass der Lernerfolg nicht vom Medium ausgeht, sondern vom didaktischen Konzept und Lehr-Lernarrangement abhängt, die sich wiederum an der jeweiligen Zielstellung und den Zielgruppen orientieren:

> „Sie [die gestaltungsorientierte Mediendidaktik, Anmerk. d. Autoren] versucht vielmehr, die Lösung für eine konkrete Anforderungssituation mit bestimmten Lehrinhalten und -zielen, Zielgruppen, Rahmenbedingungen etc. zu finden. Und diese Lösung kann problemorientierte, aber auch instruktionale Elemente face-to-face oder als Online-Format beinhalten. Jede Lernsituation erfordert eine spezielle Lösung und sie besteht zumeist aus einem Arrangement unterschiedlicher methodischer und medialer Elemente. Ein bestimmtes, momentan in der Diskussion favorisiertes Medium, ist nicht für jede Anforderung vorteilhaft." (Kerres/Preußler 2015: 37)

Der Medieneinsatz im Unterricht ist aus Sicht verschiedener Autoren auch immer mit einem medienerzieherischen Auftrag verbunden, da die Heranwachsenden lernen (sollen), selbstständig und kompetent die Medien zu nutzen, sei es für die Materialrecherche oder zur Aufbereitung ihrer eigenen Arbeitsergebnisse. Sowohl in Unterrichtseinheiten, in denen Medien lediglich eine unterstützende Funktion zukommt, als auch in solchen, in denen sie selbst Gegenstand der Auseinandersetzung sind, kann und sollte Medienerziehung eine zentrale Rolle spielen.

Der Einsatz von Medien, insbesondere der digitalen Medien, ist vor allem an eine technische Ausstattung, an die Medienkompetenz sowie an die medienpädagogische Kompetenz der Lehrpersonen gebunden (► Kapitel 5). Letztgenannte umfasst sowohl die eigene Medienkompetenz, als auch eine medienpädagogische Kompetenz über die Medienkompetenz hinaus eine sozialisationsbezogene Kompetenz, eine mediendidaktische und -erzieherische sowie eine Schulentwicklungskompetenz (vgl. Herzig/Aßmann 2008). Die als mediendidaktische Kompetenz bezeichnete Fähigkeit meint im Wesentlichen, „Medienangebote nach lernrelevanten Kriterien zu analysieren, zu bewerten und auszuwählen" (ebd.: 45). Grundvoraussetzung hierfür sind Kenntnisse über Lehr-/Lerntheorien sowie über die Gestaltung von medienunterstützten Lehr-/Lernsituationen, aber auch ein Überblick über aktuelle Befunde aus der Medienforschung, um entsprechend sinnvolle Lernszenarien gestalten zu können (vgl. ebd.).

7.4 Lerntheoretische Perspektiven

Der didaktische Einsatz von Medien basiert in der Regel auf lerntheoretischen Grundlagen. Zentral sind in diesem Zusammenhang vor allem behavioristische, kognitivistische und konstruktivistische Ansätze. De Witt und Czerwionka (2006) ergänzen zudem einen pragmatischen Ansatz, den sie als eine mögliche Weiterführung des konstruktivistischen Ansatzes sehen. Petko (2014) erweitert das Spektrum in seiner „Einführung in die Mediendidaktik" schließlich noch um sozialkonstruktivistische, emotions- und motivationspsychologische sowie neurowissenschaftliche Ansätze. Einige zentrale Ansätze werden im Folgenden skizziert und ihr Einfluss auf die Mediendidaktik aufgezeigt. Für eine ausführlichere Darstellung sei auf die angegebenen Autoren verwiesen.

7.4.1 Behavioristischer Ansatz

Behavioristische Ansätze orientieren sich am äußerlich erkennbaren Verhalten und interpretieren erkennbare Verhaltensänderungen als Lernprozess. Dieser Auffassung liegt ein Stimulus-Response-Modell zugrunde, das die Voraussetzungen auf Seiten des Individuums sowie individuelle (nicht erkennbare) Verarbeitungsprozesse ausklammert.

Die behavioristische Auffassung war vor allem in den 1960er Jahren in der Psychologie vorherrschend. Ihr bekanntester Vertreter ist Burrhus F. Skinner, der das Konzept der operanten Konditionierung entwickelte. Dieser Ansatz basiert auf dem Grundprinzip der Verstärkung, d. h., dass die Wahrscheinlichkeit, dass ein erwünschtes Verhalten auftritt, dadurch erhöht werden kann, indem das erwünschte Verhalten belohnt bzw. verstärkt wird. Diese Vorstellung findet sich auch heute noch in verschiedenen computerbasierten Lernprogrammen wieder, die häufig auch als „drill & practice"-Angebote bezeichnet werden und vor allem auf die Vermittlung von Faktenwissen abzielen.

7.4.2 Kognitivistischer Ansatz

Mit der sogenannten „kognitiven Wende“ rückten die internen Verarbeitungsprozesse auf Seiten des Individuums in den Vordergrund: „Lernen ist nach diesem Verständnis die Verarbeitung von objektiven vorhandenen Fakten, bei der sich komplexe mentale Modelle und Wissensstrukturen bilden. Verhaltensänderungen werden anders als im Behaviorismus, als Folgeerscheinung dieser internen Verarbeitungsprozesse angesehen“ (De Witt/Czerwionka 2007: 56). Vor dem Hintergrund dieser kognitivistischen Auffassung gewann die Instruktion der Individuen an Bedeutung, als eine Möglichkeit, Lernprozesse systematisch zu optimieren. Kron und Sofos (2003) zufolge sind die Lernumgebungen diesem Ansatz entsprechend so zu gestalten, dass der Lernende sich aktiv mit den Medien und den Inhalten auseinandersetzen kann. Idealerweise sollte darüber hinaus auch eine „kritische Reflexion der Zusammenhänge und Prozesse“ (ebd.: 54) erfolgen.

7.4.3 Konstruktivistischer Ansatz

Eine weitere Wende wurde durch die konstruktivistischen Ansätze eingeläutet, die in den 1990er Jahren Einzug in unterschiedliche Disziplinen hielten. Die Auffassung, dass es keine objektive Realität gäbe (radikaler Konstruktivismus) oder dass uns die objektive Realität zumindest nicht direkt zugänglich (gemäßigter Konstruktivismus), sondern Ergebnis subjektiver Konstruktion sei, wirkte sich auch auf das Verständnis und die Gestaltung von Lernprozessen aus. Der Fokus wurde weniger auf den Prozess der Wissensvermittlung, sondern auf die individuellen Lernprozesse und die Wissensaneignung gelegt.

> „Kein anderer Begriff war gerade in der Mediendidaktik in den 1990er Jahren so präsent wie dieser. Konstruktivismus wurde zur Chiffre für die Abkehr von Modellen des computergestützten Lernens, bei der die optimale Steuerung und Regelung des Lernprozesses seitens des technischen Systems angestrebt wird. Es rückten Ansätze in den Vordergrund, die die individuellen und sozialen Aktivitäten der Lernenden betonten, die Selbststeuerung des Lernprozesses ebenso wie den sozialen Kontext des Lernens.“ (Kerres/de Witt 2002: 13)

Wurden die Lehrinhalte in behavioristischen Konzepten in kleine Einheiten gegliedert und auf das Prinzip der Wiederholung gesetzt, wurde in konstruktivistischen Ansätzen ein größerer Wert auf die Gestaltung von anregenden Lernumgebungen gelegt, die sich der Lernende (zum Teil in Kooperation mit anderen) erschließt. Insbesondere digitale Medien und das Internet eröffnen für die Umsetzung des konstruktivistischen Ansatzes viele Möglichkeiten, z. B. im Rahmen von Simulationen oder virtuellen Welten, in denen die Lernenden allein oder auch in Kooperation mit anderen neue Erfahrungsbereiche (virtuell) erschließen und unterschiedliche Lösungswege mitsamt ihren Konsequenzen erproben können. Da bei konsequenter Umsetzung des konstruktivistischen Ansatzes die Gefahr der Desorientierung und Überforderung besteht (vgl. de Witt/Czerwionka 2007), wurde in neueren Ansätzen eine gemäßigte Variante des Konstruktivismus eingesetzt, die auch Elemente der Instruktion (s. o.) enthält, den Lehrenden jedoch stärker in der Rolle des Moderators oder Beraters sieht.

Entwicklungen im Bereich der Social Software bieten inzwischen noch weitreichendere Möglichkeiten des kooperativen Lernens. Ein anschauliches Beispiel ist die freie Enzyklopädie *Wikipedia,* an deren Erstellung und Fortschreibung sich jeder beteiligen kann.

7.4.4 Pragmatischer Ansatz

Die genannten Ansätze haben sich keinesfalls nacheinander abgelöst, sondern finden sich – je nach Überzeugung des Lehrenden – in unterschiedlichen Konzepten wieder. Darüber hinaus wird mit dem sogenannten pragmatischen Ansatz, der insbesondere von Michael Kerres und Claudia de Witt vertreten wird, weniger die Frage gestellt, welches die „richtige" oder die „bessere", „erfolgreichere" Lerntheorie ist, sondern den Blick auf die Bedingungen gerichtet, die das Lernen begünstigen, also darauf „[…] den Prozess zu beschreiben, wie Lernmedien gestaltet werden können, um bestimmte Zielhorizonte zu erreichen." (Kerres/de Witt 2002: 14). Der pragmatische Ansatz setzt insbesondere auf handlungs- und erfahrungsorientiertes Lernen, in dessen Kontext Medien in erster Linie als Werkzeug betrachtet werden (de Witt/Czerwionka 2007).

> „Lernen lässt sich aus pragmatischer Perspektive als Handlung definieren, die bildende Erfahrungen ermöglicht und die an die konkrete Situation und Lebenswelt des Lernenden und damit an einen bestimmten zeitlichen und sozialen Kontext gebunden ist." (de Witt/Czerwionka 2007: 73)

Für den Einsatz von Medien in Bildungsprozessen bedeutet dies, dass dem sozialen Kontext eine wichtige Bedeutung beizumessen ist, dem sich die Medien unterordnen, d. h.: dass eine Situation den Wert eines Mediums bestimmt, und nicht das Medium selbst (Kerres/de Witt 2002: 19). Aus dieser Perspektive geht es vor darum, dem Lernenden Situationen oder Aufgaben anzubieten, die er sich unter Verwendung von Medien erschließen bzw. bewältigen kann.

7.4.5 Konnektivismus

Neben den genannten „klassischen“ lerntheoretischen Ansätzen gab es in jüngerer Zeit Versuche, neue Ansätze zu entwickeln, die insbesondere den sozialen Aspekten der Mediennutzung (Stichwort: Social Software) betonen. Als ein Beispiel kann hier der Konnektivismus-Ansatz angeführt werden, den der Kanadier George Siemens 2004 als „Learning Theory for the Digital Age“ zur Diskussion stellte. Im Mittelpunkt stehen informelle und vernetzte Lernprozesse, da angesichts sich ständig und immer schneller wandelnder Informationen die Urteilsfähigkeit (Ist etwas relevant oder nicht?) immer bedeutsamer würden (vgl. Siemens 2005). Lernen ist Siemens zufolge

> „a process that occurs within nebulous environments of shifting core elements – not entirely under the control of the individual. Learning (defined as actionable knowledge) can reside outside of ourselves (within organization or a database), is focused on connecting specialized information sets, and the connects that enable us to learn more are more important than our current state of knowing.“ (Siemens 2005, o. S.)

Siemens vergleicht Lernen mit einer Pipeline, wobei nicht der Inhalt, sondern die Struktur der Pipeline entscheidend ist („The pipe is more important than the content within the pipe“, ebd., o. S.). Ihm zufolge basiert der Konnektivismus auf folgenden acht Prinzipien (ebd.):

1) Learning and knowledge rests in diversity of opinions.
2) Learning is a process of connecting specialized nodes or information sources.
3) Learning may reside in non-human appliances.
4) Capacity to know more is more critical than what is currently known
5) Nurturing and maintaining connections is needed to facilitate continual learning.
6) Ability to see connections between fields, ideas, and concepts is a core skill.
7) Currency (accurate, up-to-date knowledge) is the intent of all connectivist learning activities.
8) Decision-making is itself a learning process. Choosing what to learn and the meaning of incoming information is seen through the lens of a shifting reality. While there is a right answer now, it may be wrong tomorrow due to alterations in the information climate affecting the decision.

Ungeachtet der Frage, wie sich der Konnektivismus von den anderen Ansätzen abgrenzt und ob es sich um eine Lerntheorie oder Lernphilosophie handelt, wird der Wert des Ansatzes vor allem darin gesehen, dass den sozialen Prozessen Rechnung getragen wird (vgl. Ehlers 2009: 343).

7.5 Einsatz von Medien in Lehr-/Lernkontexten

Lehren und Lernen mit digitalen Medien ist eng mit dem Begriff E-Learning verbunden. Der Begriff bezeichnet allgemein das Lernen mit elektronischen Medien, wobei im Zuge der technischen Entwicklungen insbesondere die digitalen Medien an Bedeutung gewonnen haben. Ein breites Begriffsverständnis von E-Learning umfasst alle Formen von Lernen, das durch elektronische Medien unterstützt ist, ein etwas engerer Begriff konzentriert sich auf digitale Medien, wobei diese sowohl offline (CD-Rom) als auch online genutzt bzw. eingesetzt werden können.

> „Vor dem Hintergrund dieser Entwicklung in der Begriffsanwendung ist e-Learning also etwas wie ein übergeordneter Begriff für softwareunterstütztes Lernen – softwaregestützt deshalb, weil das Endgerät keine besondere Rolle (mehr) spielt (heute ist es der Computer, morgen vielleicht das Handy)." (Reinmann-Rothmeier 2003: 31)

Dabei sind verschiedene Kombinationen von Präsenzlernen mit Formen von E-Learning vorstellbar, die von einem den Präsenzunterricht begleitenden bzw. unterstützenden Einsatz bis hin zu vollständig virtuellen Lernumgebungen reichen können, d. h. „eLearning oszilliert zwischen rein virtueller Lehre und Präsenz" (Schulmeister 2006: 191).

Abb. 7.3 Einsatz von Laptops im Unterricht

Schulmeister unterscheidet am Beispiel der Hochschullehre folgende vier Konstellationen (s. Abbildung 7.4):

1) **Präsenzseminar:** Der Unterricht findet in Anwesenheit der Lehrperson und der Lernenden statt. Digitale Medien können in dieser Lehr-/Lern-Situation beispielsweise als didaktisches Mittel oder Recherchequelle eingesetzt werden. Die Lehr-/Lern-Situation bleibt auf die konkrete Unterrichtssituation (Schulstunde oder Seminar) begrenzt.

Abb. 7.4 Vier Formen der Integration von eLearning und Präsenzseminar (Schulmeister 2006: 192)

Präsenzseminar Das Seminar findet ausschließlich als Präsenzseminar statt. Alle benötigten Lernmaterialien befinden sich in Büchern, Ordnern, Bibliotheken, Karteien etc. Im Seminar werden keine Medien genutzt. Man könnte sagen, im Grunde findet kein eLearning statt, es sei denn, man wolle die Tatsache, dass die Studierenden gelegentlich im Internet recherchieren und Quellen aus dem Internet nutzen, als partielle Form des eLearning bezeichnen.	**Präsenz begleitet durch Netz** Das Seminar findet ebenfalls ausschließlich als Präsenzseminar statt. Ab und zu werden im Seminar elektronische Materialien aus dem Internet genutzt. Die Studierenden greifen über eine Web-Site oder eine Austauschplattform wie BSCW* auf Lernmaterial und Aufgaben zu. Gelegentlich werden im Internet gesammelte Beispiele in den Unterricht im Präsenzseminar einbezogen. Präsenz- und eLearning-Komponente bleiben getrennt.
Blended Learning Das Seminar ist zwar als Präsenzseminar angelegt, aber einige Sitzungen oder betreute Arbeitsgruppen finden online statt. Die Studierenden stellen in einer Plattform die Ergebnisse ihrer Recherchen, ihre Präsentationen und ihre Hausaufgaben ein. Die Arbeit findet von Terminen asynchron statt. Die Arbeitsgruppen treffen sich gelegentlich online zu bestimmten Terminen und diskutieren dann synchron über ihre Aufgaben und Themen	**Virtuelles Seminar** Das Seminar findet nach einer Einführung in die Software nur noch online statt. Die Studierenden stellen ihre Recherchen und Materialien in den virtuellen Klassenraum ein. Diese Arbeit findet asynchron statt. Die Arbeitsgruppen treffen sich regelmäßig online, ihre synchronen Sitzungen werden evtl. durch Tutoren moderiert. Plenumssitzungen finden synchron online statt und werden durch den Dozenten moderiert.

* BSCW = Basic Support for Cooperative Work

2) **Präsenzbegleitend:** Im Alltag von Schule und Hochschule finden sich inzwischen diverse Beispiele, in denen das Internet unterrichtbegleitend eingesetzt wird. Entsprechende Lehr-/Lern-Plattformen erleichtern zum einen die Kommunikation zwischen Lehrenden und Lernenden (vor allem außerhalb der Präsenzzeit) sowie untereinander (z.B. für Absprachen in Arbeitsgruppen) und zum anderen den Zugang zu von der Lehrperson bereit gestellten Materialien.
3) **Blended Learning:** Die Begriffe *Blended Learning* oder auch *hybrides Lernen* werden zum Teil synonym verwendet und bezeichnen im Allgemeinen die Verbindung, wörtlich übersetzt die Vermischung (blended = gemischt) von Präsenz- und Onlinelernsituationen (Reinmann-Rothmeier 2003: 29) und entsprechend auch von Methoden. Auch hier finden die Organisation des Unterrichts und die Kommunikation über eine Onlineplattform statt. Zusätzlich werden verschiedene Seminarbausteine in das Internet verlagert. Zum Beispiel erhalten die Lernenden per E-Mail oder via Onlineplattform Aufgaben, die sie individuell bearbeiten können. Die Ergebnisse werden dann für alle (inklusive des Lehrenden) auf der Plattform bereitgestellt. Vorstellbar sind auch Online-Diskussionen, die zu einem vereinbarten Zeitpunkt mit allen Teilnehmern stattfinden. Das Verhältnis

zwischen Präsenz- und Onlineeinheiten kann je nach Zielsetzung und Teilnehmern sehr unterschiedlich ausfallen (vgl. ebd.: 30). „Flipped Classroom" bzw. „Inverted Classroom" sind beispielsweise Methoden des Blended Learnings, für die kennzeichnend ist, dass die traditionellen Lehr- und Lernaktivitäten innerhalb und außerhalb des Lernortes „umgedreht" werden (vgl. e-teaching.org 2015). Den Lernenden die zu vermittelnden Inhalte digital zur Verfügung gestellt, die sie selbständig (zu Hause) vertiefen können bzw. müssen. Die Präsenzveranstaltungen, die erst nach der Vertiefungsphase stattfinden, werden schließlich dazu genutzt, das Erlernte auf gemeinsamer Basis weiter zu verinnerlichen. Ein Vorteil wird darin gesehen, dass die Faktenvermittlung aus der Präsenzveranstaltung ausgelagert wird und die Zeit effizienter für Diskussionen und die Anwendung des Wissens genutzt werden kann (vgl. ebd., Bergmann/Sams 2012).

4) **Virtuelle Seminare:** Diese Form des Lernens mit digitalen Medien findet sich vorwiegend im Bereich der Hochschullehre und in der Erwachsenenbildung (z.B. Fernstudiengänge). Die Unterrichtssituation wird in diesem Fall nahezu vollständig in das Internet verlagert, die Teilnehmer treffen einander nicht persönlich. Der besondere Vorteil besteht darin, dass die Bearbeitung der Lernmodule den eigenen zeitlichen Kapazitäten angepasst werden kann.

Darüber hinaus lassen sich E-Learning-Angebote im Hinblick auf ihre Funktionen unterscheiden (vgl. Reinmann-Rothmeier 2003: 32, mit Bezug auf Back/Kramhöller/Seufert 1998): Die Medienangebote können dazu dienen,

a) Informationen bereitzustellen bzw. zu verbreiten (e-learning by distributing)
b) selbstständig Themen zu erarbeiten (e-learning by interacting)
c) in Kooperation mit anderen Themen zu be- oder erarbeiten (e-learning by collaborating)

Jede dieser drei Formen stellt unterschiedliche Ansprüche an ein Medienangebot und an den Lehrenden, setzt aber auch unterschiedliche Voraussetzungen auf Seiten der Lernenden voraus (vgl. ebd.: 33 ff.). Liegt der Schwerpunkt auf Interaktion und/oder Kooperation, gewinnen Gestaltung (Design, Konzeption, Verständlichkeit etc.), Feedback- und Kommunikationsmöglichkeiten an Bedeutung. Auf Seiten der Lernenden wird ein entsprechend hohes Maß an Eigenverantwortung und Kooperationsbereitschaft vorausgesetzt. Die nachfolgende Übersicht gibt einen Überblick über die verschiedenen Funktionen von E-Learning und den jeweils damit verbundenen Anforderungen (s. Abbildung 7.5).

Mit der Digitalisierung und größeren Verbreitung von Online-Zugängen (Stichwort: Breitband) haben sich die Möglichkeiten onlinebasierter Lehr-/Lern-Situationen enorm erweitert. Wurden in den 1990er Jahren vor allem die Chancen und Grenzen des Internets, von E-Mail, Chats etc. für Lehr- und Lernprozesse diskutiert, ergeben sich aktuell vor allem durch die Entwicklungen von onlinebasierten Computerspielen und Social-Software-Angeboten (Stichwort „Web 2.0") neue Möglichkeiten für formales und informelles Lernen. Einige ausgewählte Anwendungsbeispiele werden in den folgenden Abschnitten skizziert.

Abb. 7.5 Drei E-Learning-Varianten (Reinmann-Rothmeier 2003: 35)

Leitfunktion Medien zur	e-Learning durch	Anforderung an den Lernenden	Aufgaben des Entwicklers/Mediengestalters	Rolle des Lehrenden
Distribution von Information	Informationsrezeption + selbstgesteuerte Informationsverarbeitung	Selbststeuerungsfähigkeit; Medienkompetenz; ausreichendes Vorwissen; *insg. hohe Anforderungen*	Lernfreundliche Informationsgestaltung	Keine Personen in der Rolle des Lehrenden erforderlich
Interaktion zw. Nutzer + System	Angeleitete Informationsverarbeitung + selbstorganisiertes Üben	Motivation; Fähigkeit zur Selbstorganisation; *insg. eher niedrigere Anforderungen*	Lernfreundliche Info.-gestaltung + Gestaltung von Instruktionen, Übungen, Aufgaben, Feedback + Antworten	Lehrender als Lernberater oder Tele-Tutor möglich
Kollaboration zw. Lernenden	Eigenständige Wissenskonstruktion + soziales Problemlösen	Selbststeuerungsfähigkeit; Medienerfahrung; soziale Fähigkeiten; *insg. sehr hohe Anforderungen*	Lernfreundliche Info.-gestaltung + Gestaltung von Instruktionen, Aufgaben sowie inhaltlichen + sozialen Kontexten	Lehrender als Initiator und Moderator/Coach notwendig

7.5.1 Computer- und Videospiele

Wenngleich Bildschirm- und Computerspielen von vielen Seiten vor allem negative Wirkungen unterstellt werden, finden sie bereits seit vielen Jahren auch in pädagogischen Kontexten Berücksichtigung. Die dahinterstehende Hoffnung war bzw. ist, Lerninhalte auf spielerische Weise vermitteln zu können, und auf diese Weise u. U. auch bildungsferne Zielgruppen zu erreichen, die ein hohes Interesse an Unterhaltungsmedien zeigen. Bereits in den 1980er Jahren gab es ein breites Angebot an Edutainment-Software.

Parallel zur Entwicklung der lerntheoretischen Ansätze entwickelten sich auch die pädagogisch motivierten Computer- und Videospiele. Basierten die ersten Angebote noch auf dem sogenannten „drill & practice"-Konzept und auf der Vermittlung kognitiver Fähigkeiten, konzentrieren sich neuere Spiele darauf, den Spielern ansprechende Lernumwelten zu präsentieren, die zum selbstgesteuerten und selbstentdeckenden Lernen herausfordern.

Sogenannte „Serious Games" (vgl. Abt 1971, Breuer/Bente 2010; Wagner 2008; 2009 sowie Mitgutsch/Wagner 2009) greifen dabei auf aktuelle, zum Teil gesellschaftlich relevante Themen oder Problemkontexte zurück, die z. B. im Rahmen von Simulationsspielen und unter Verwendung umfangreicher Hintergrundinformationen spielerisch bearbeitet werden. Ein Beispiel für ein solches Serious Game ist *Food Force*, ein Spiel der UN für Kinder ab acht Jahren, mit dem auf das Welternährungsprogramm (WFP) aufmerksam gemacht werden soll. Der Spieler ist Teil des WFP-Teams und setzt sich im Rahmen verschiedener Missionen mit dem Thema Welthungerhilfe auseinander. Entsprechende Lernmaterialien und Unterrichtsentwürfe werden für die Pädagogen zum Download bereitgestellt.

Abb. 7.6 Serious Game *Foodforce*

Quelle: http://www.freegames33.com/index.php/detail/Food_Force

Wie beim Medieneinsatz allgemein, ist auch beim Einsatz von Video- und Computerspielen eine sinnvolle Rahmung bzw. Implementierung in den Unterricht notwendig, um das Lernpotenzial der Spiele optimal auszuschöpfen. Egenfeldt-Nielsen (2006) identifiziert folgende Probleme des Einsatzes von Computerspielen in pädagogischen Kontexten:

- Schulische Rahmenbedingungen (45 Minutentakt)
- Spielerische Kompetenzen (Voraussetzungen) auf Seiten der Schüler
- Installation
- Kosten
- Vorbereitungszeit für die Lehrer

Vor allem der letztgenannte Punkt ist für viele Lehrende ausschlaggebend – insbesondere, wenn sie selbst mit Computerspielen nicht vertraut sind – und führt dazu, dass sie sich nicht mit den Potenzialen von Computerspielen in formellen Lernprozessen befassen. Bei der künftigen Lehrergeneration, die über mehr Erfahrungen mit Video-

und Computerspielen verfügt, ist anzunehmen, dass dieses Argument weniger ins Gewicht fallen wird.

7.5.2 Lehren und Lernen mit Social Media

Mit der Erweiterung der technischen Möglichkeiten und der Entwicklung von Social Software sich auch für die Mediendidaktik neue Möglichkeiten eröffnet, die unter dem Begriff „Web 2.0" (oder Social Web), bisweilen auch unter dem Begriff „E-Learning 2.0" (Downes 2006), subsumiert werden, auch wenn der Appendix „2.0" von verschiedener Seite kritisiert wurde, da er einen technischen Sprung unterstellt, der nicht zutreffend ist (vgl. Schmidt 2008). Die entscheidende Entwicklung ist vielmehr darin zu sehen, dass die Rezipienten nicht mehr nur Konsumenten von Angeboten sind, sondern auch selbst als „Prosumenten" (eine Zusammensetzung aus *Pro*duzent und Kon*sument,* vgl. Grimm/Rhein 2007) eigene Inhalte über das Internet einer breiten Öffentlichkeit zugänglich machen können, seien es Kommentare zu anderen Angeboten oder die Veröffentlichung eigener Texte, Fotos und Videos. Auf diese Weise wird eine kreative, konstruktive und kollaborative Lernumgebung bereitgestellt, die sowohl für schulische als auch außerschulische Bildungsprozesse genutzt werden kann. Exemplarisch für E-Learning mit Hilfe des Social Webs werden im Folgenden Pod- und Videocasts, Wikis und Blogs vorgestellt:

Pod- und Videocasts

Mit der Möglichkeit der Erstellung von Podcasts Anfang 2000 stellte sich auch für den pädagogischen Bereich die Frage nach den Möglichkeiten einer sinnvollen Nutzung. Bei dem Begriff Podcast handelt es sich um eine Wortverbindung von „ipod" und „broadcasting"; er bezeichnet die Möglichkeit, eigene Audio- oder Videodateien zu erstellen, diese online zu verbreiten und auf diese Weise anderen über das Internet zugänglich zu machen.

Die Besonderheit besteht darin, dass grundsätzlich jeder die Möglichkeit hat, Audio- oder Videodateien zu erstellen und diese auf einen entsprechenden Server hochzuladen, von dem aus interessierte Nutzer sie auf ihren Computer herunterladen und anschließend gegebenenfalls auf ihren MP3-Player bzw. ihr Smartphone überspielen können (siehe Abbildung 7.7). Inhaltlich sind den Audio- und Video-Angeboten keine Grenzen gesetzt. Die meisten Podcasts sind kostenlos erhältlich und können abonniert werden (siehe z. B. www.podcast.de). Viele Videocasts nutzen Plattformen wie *YouTube* oder *Vimeo* als Verbreitungsweg.

Der Einsatz von Podcasts in formellen Bildungskontexten kann auf zweierlei Weise erfolgen: zum einen rezeptiv, d. h. vorhandene Pod- oder Videocasts (z. B. Fremdsprachenpodcasts oder der wöchentliche Podcast der deutschen Bundeskanzlerin auf www.bundeskanzlerin.de) werden in den Unterricht integriert und dienen in erster Linie als auditives und/oder visuelles Dokument. Im Vergleich zu herkömmlichen

Abb. 7.7 Zur Funktionsweise von Podcasts

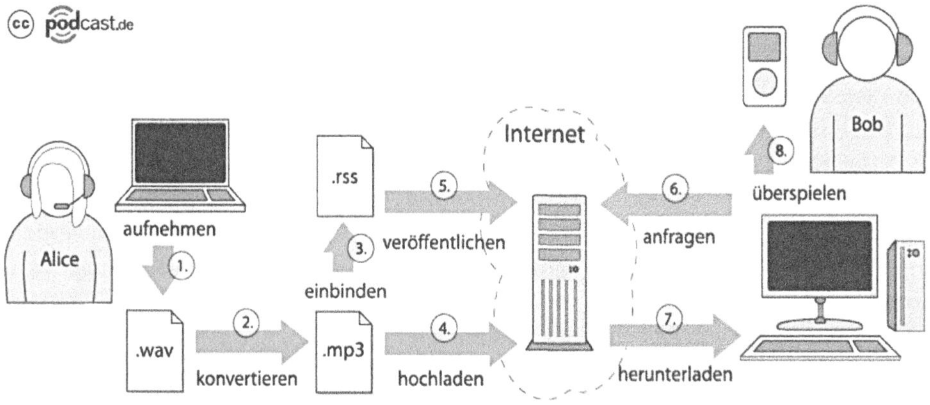

Quelle: podcast.de, mit freundlicher Genehmigung der Autoren F. Bacigalupo & M. Ziehe.

Ton- oder Videodokumenten zeichnen sich Pod- und Videocasts durch einen hohen Aktualitätsgrad aus.

Zum anderen können Pod- und Videocasts auch produktiv genutzt werden, indem die Schüler selbst eigene Beiträge erstellen und diese im Rahmen des schulischen Unterrichts oder aber auch in einem breiten Kontext publizieren. Die notwendige Software ist ebenso wie die Veröffentlichung im Internet selbst kostenlos. In dieser Form dienen die Pod- und Videocasts in erster Linie der Aufbereitung von Informationen (vergleichbar mit Power-Point-Präsentationen), können aber zum Beispiel auch zum Austausch von Audio- bzw. Videobotschaften z. B. im Rahmen des Fremdsprachenunterrichts genutzt werden (vgl. Dorok 2008).

Interessante Links und Beispiele zum Einsatz von Podcasts

www.podcast.de ist ein Onlineportal, das seit 2004 existiert und über 500 000 Pod- und Vodcasts zu verschiedenen Themen anbietet.

www.schulpodcasting.info ist ein Angebot, das von zwei Lehrern betrieben wird und Informationen zur Nutzung vorhandener und zur Erstellung eigener Podcasts gibt (u. a. auch rechtliche Hinweise).

Education Podcast Network ist eine amerikanische Seite für Lehrer mit Infos und Tipps für die Praxis (http://www.edupodcastnetwork.com/).

iTunesU ist ein Angebot an Vorlesungen, Sprachkursen, Hörbüchern und Podcasts, die man sich kostenlos herunterladen kann (www.apple.com/de/education/itunes-u/).

Wikis
Wikis sind webbasierte Anwendungen, die es dem Nutzer ermöglichen, Internetseiten ohne größere Programmierkenntnisse zu verändern, zu ergänzen, zu kommentieren etc. Auf diese Weise entstehen neue Texte als Gemeinschaftsprodukt oder werden neue Ideen generiert und umgesetzt (z. B. Erprobung neuer Arbeitsweisen, siehe hierzu Döbeli Honegger 2005). Dabei können Wikis als geschlossene Nutzergruppen (z. B. innerhalb einer Klasse) genutzt oder aber auch der breiten Internetöffentlichkeit zugänglich gemacht werden. Das prominenteste Beispiel ist sicherlich die Online-Enzyklopädie *Wikipedia,* die 2001 gegründet wurde. Als Vorteile von Wikis werden angeführt, dass diese die Schreibmotivation erhöhen, einfache Überarbeitungs- und Kommentierungsmöglichkeiten sowie Möglichkeiten zur breiteren Veröffentlichung von Texten bieten (vgl. Döbeli Honegger 2006).

Wenngleich Wikis sich vergleichsweise leicht in pädagogischen Kontexten nutzen lassen, gilt auch für sie, dass mit ihnen nicht automatisch ein besserer Unterricht und einer höherer Lernerfolg einhergehen. Döbeli Honegger (2005) zufolge müssen folgende Voraussetzungen gegeben sein, damit die Potenziale der Wikis auch seitens der Lehrenden optimal genutzt werden (können) (vgl. ebd.: 183):

- Technische Voraussetzungen: Eventuell steht an der Schule ein eigener Wiki-Server zur Verfügung oder es können online-verfügbare Wikis genutzt werden
- Einführung in die Nutzung von Wikis, um deren Funktionsweise zu erläutern und Hemmschwellen abzubauen
- Moderation von Wikis als Form der sozialen Kontrolle
- Klare Arbeitsaufträge, um zu verhindern, dass sich die Offenheit der Wikis hemmend oder negativ auf die Nutzung auswirkt
- Vertrauen in den verantwortungsvollen Umgang der Schüler mit Wikis
- Mobile Computer und Funknetz, um den Zugang und die Nutzung der Wikis im schulischen und außerschulischen Kontext zu erleichtern

Beispiel

Web 2.0-Klasse – Wiki-Projekt zu Nationalparks in Österreich

Im Rahmen eines österreichischen Schulprojekts, bei dem sich neun Hauptschulen aus verschiedenen Bundesländern beteiligten, wurde ein schulübergreifendes Wiki eingesetzt, um mit 11- bis 13-Jährigen zum Thema „Nationalparks in Österreich" zu arbeiten (vgl. Paus-Hasebrink/Jadin/Wijnen 2007); dieses Pilotprojekt wurde mittels einer wissenschaftlichen Begleitstudie evaluiert. Dabei ging es nicht darum tatsächliche Lernerfolge zu messen, sondern um die Untersuchung auf welche Weise mit dem Wiki gearbeitet wurde, ob und inwieweit kollaborative Prozesse stattfanden und welche subjektiv wahrgenommene Lernerfolge es gab. Die Lehrer wurden in einem Workshop in den Umgang mit Wikis eingeführt und dazu angehalten, die Geschehnisse im Unterricht mittels Dokumentationsbögen festzuhalten. Zudem wurde ihnen ein Weblog zum Austausch untereinander zur Verfügung gestellt, das ebenso als Helpdesk diente. Neben einer qualitativen und quantitativen Inhaltsanalyse des Wikis und des Weblogs wurden eine standardisierte Online-Befragung der beteiligten Schüler, eine schriftliche Befragung der Lehrer und Schuldirektoren, sowie Klassengespräche und Leitfadeninterviews mit Schülern, Lehrern und Direktoren durchgeführt.

Die Ergebnisse zeigen, dass das Wiki als Arbeitsinstrument sehr gut aufgenommen wurde. Die Schüler hatten vor allem Spaß an der Teamarbeit und waren motiviert, das Thema „Nationalparks in Österreich" mit neuen Möglichkeiten zu erarbeiten. Darüber hinaus wurden sie durch ihre eigene produktive Arbeit mit Hilfe des Social Webs auch für einen bewussteren Umgang mit unterschiedlichen Herausforderungen des Internets (z. B. Preisgabe persönlicher Informationen, Suchen und Bewerten von Informationen, Plagiate etc.) sensibilisiert (vgl. ebd.: 78). Deutlich wurde aber auch, dass der Erfolg eines solchen Projekts vom Engagement der Lehrer abhängt. Und schließlich wird ebenso auf die strukturellen Rahmenbedingungen von Schule verwiesen, die mit Blick auf pädagogische und gesellschaftliche Zielstellungen zu modifizieren sind.

Ein Video zu dem Projekt findet sich unter folgender Adresse: http://www.youtube.com/watch?v=jgOIpSOHQNU) (zuletzt aufgerufen am 22. 4. 2013).

Interessante Links und Beispiele für den Einsatz von Wikis

Ein guter Überblick über die Wiki-Technologie und die schulischen Einsatzmöglichkeiten, inklusive einiger Tipps und Tricks, findet sich bei Kohls/Haug (2008), König (2008) sowie Klemm (2008).

Die Zentrale für Unterrichtsmedien im Internet e. V. bietet mit dem *ZUM-Wiki* eine offene Plattform für Lehrinhalte und Lernprozesse zum Austausch von Informationen, Erfahrungen und Ideen rund um Unterricht und Schule an:
http://wikis.zum.de/zum/Hauptseite

Ein Beispiel für ein Schulprojekt zum Thema Klimawandel findet sich unter:
http://wiki.bildungsserver.de/klimawandel/index.php/Hauptseite

In dem Wiki des Schweizers Beat Döbeli Honegger werden viele Anregungen zum Einsatz von Wikis im Schulkontext vorgestellt (http://wiki.doebe.li).

Blogs

Blogs (oder auch Weblogs) sind Websites, die ähnlich wie Tagebücher (engl. log) geführt werden. Die Einträge sind dabei chronologisch umgekehrt angeordnet, d. h. die neuesten Beiträge stehen oben. Ältere Beiträge landen irgendwann im Archiv des jeweiligen Blogs. Im Gegensatz zu normalen Homepages zeichnen sich Weblogs oftmals durch einen sehr persönlichen Charakter aus, da die meisten Angebote genutzt werden, um Informationen zur eigenen Person, Erfahrungen oder Kommentare zu veröffentlichen (vgl. Ebersbach/Glaser/Heigl 2008: 56 f.).

> „Vergleicht man Blogs und Wikis mit einer Pinnwand im Klassenzimmer, so werden in Blogs immer neue Beiträge über die alten geheftet, während in Wikis neue Beiträge an eine freie Stelle geheftet und Relationen zu anderen Beiträgen hergestellt werden. Während in Blogs der Schreibprozess mit der Veröffentlichung abgeschlossen ist, kann in Wikis die Ausarbeitung ständig weitergeführt werden." (Kohls/Haug 2008: 23)

Die meisten Blogs bieten Kommentarfunktionen und Feedbackmöglichkeiten, so dass ein Blogbetreiber auch Rückmeldungen auf seine Einträge erhält. Bloggen hat sich seit Beginn der 1990er Jahre stark verbreitet. Thematisch ist den Blogs keine Grenzen gesetzt. Auch zum Thema Medienpädagogik finden sich – neben den Blogs einzelner Medienpädagogen – einige Angebote, wie z. B. das *Medienpädagogik Praxis Blog* (www.medienpaedagogik-praxis.de), in dem verschiedene Medienpädagogen Informationen zur praktischen Medienarbeit mit Kindern und Jugendlichen dokumentieren (z. B. Hinweise zu frei verfügbarer Software). An der Universität Ulm wurde 2005 das Projekt *medienmami* gestartet, das nach Selbstauskunft Eltern und Pädagogen „Unterstützung im Mediendschungel" geben möchte (www.medienmami.de). 2008 startete ebenso die deutsche *Gesellschaft für Medienpädagogik und Kommunikationskultur* (GMK) ein eigenes Blog (http://gmkblog.de), auf dem u. a. auf aktuelle Veranstaltungen und Studien hingewiesen wird.

Weblog-Glossar

Es gibt verschiedene Varianten von Weblogs, die nach der Art der eingestellten Medien unterschieden werden können (Reichmayr 2005: 69):

- *Vlogs* – mit Videos versehene Blogs
- *Moblogs* – über Handys/Smartphones verbreitete Blogs
- *Glogs/CyborgLogs* – werden von überall aus gepflegt

In formellen Bildungskontexten werden Blogs noch vergleichsweise wenig eingesetzt. Einzelne Beispiele zeigen jedoch, dass sich diese Angebote u. a. zur Aufarbeitung, Dokumentation und Präsentation von Themen und Projekten eignen. Inhaltlich sind Blogs keine Grenzen gesetzt. So finden sich im Internet Blogs, in denen Schüler über Klassenfahrten oder Austauschreisen berichten, Bücher vorstellen und kommentieren, einzelne Kurse durch regelmäßige Einträge kommunikativ begleiten etc. Inwieweit der kommunikative Austausch gelingt, hängt in hohem Maße von den Initiatoren und Beteiligten ab. So stellt Dietrich (2008) fest, dass im schulischen Umfeld die Blogs weniger als Kommunikationswerkzeug genutzt werden, sondern eher als Präsentationsfläche. In 21 Prozent der von ihm untersuchten Schulblogs („S-Blogs") war die Kommentarfunktion deaktiviert, und auch in Blogs, in denen die Möglichkeit zur Kommentierung bestand, wurde diese nur sehr selten genutzt (Dietrich 2008: 19). Welche Überlegungen dabei eine Rolle spielen können, zeigt folgender Eintrag eines Lehrers zur Beantwortung der Frage, warum er im Rahmen seines Leistungskurses Geografie ein Blog einsetzt:

> „Als Antwort darauf möchte ich eine Auswahl an Leitfragen präsentieren, die mich zur Erstellung dieser Seite ermutigt haben:
> - Wie lässt sich fachlicher Austausch über geographische Themen zwischen den Kursteilnehmern bzw. zwischen Kurs und Lehrer auch außerhalb des Klassenraumes herstellen?
> - Wie motiviert man Schüler zu nachhaltigem Lernen?
> - Wie bringt man Schüler zur (Selbst-)Reflexion über die Inhalte des laufenden Unterrichts?
> - Wie können Schüler die Fertigkeit ausbilden bzw. trainieren, für eine Öffentlichkeit lesbare Texte zu produzieren?
> - Wie lässt sich das „neue" Medium Internet möglichst originär und praktikabel in den Unterricht bzw. die Hausaufgabe einbeziehen?
> - Wie funktioniert überhaupt ein Weblog?
>
> Vielleicht kann der Versuch meines Kurses, ein Weblog über den laufenden Unterricht zu führen, Antworten auf diese Fragen geben."
> (www.gohlkeweb.com/lek/was-das-ganze-soll, 1.7.2009).

Neben den didaktischen Möglichkeiten bieten Blogs zudem aufgrund ihrer vergleichsweise leichten Handhabung viele Möglichkeiten zur Medienkompetenzförderung, z. B. die onlinebasierte Verbreitung von Informationen als auch die kritische Beurteilung von Informationen im Netz. Einen technischen Vorteil bieten Blogs durch die sogenannten RSS-Feeds (RSS steht für „Really Simple Syndication"), die abonniert werden können, wodurch man sich auf dem Laufenden halten kann, was in einem Blog verändert wurde, ohne ständig die Seite aufrufen zu müssen. Inzwischen finden sich viele Anbieter, über die man – auch kostenfrei – ein Blog einrichten kann, wie z. B. www.myblog.de, www.blog.de oder auch http://edublogs.org.

Lehrer- und Unterrichtsblogs

Verschiedene Praxisbeispiele und Modelle für Lehrer-, Schul- und Unterrichtsblogs sowie Erfahrungsberichte finden sich auf dem Blog der Pädagogin Lisa Rosa https://lisarosa.wordpress.com (unter „Praxisbeispiele").

7.5.3 BYOD – Bring Your Own Device

Mit der zunehmenden Verbreitung von mobilen und onlinefähigen Endgeräten werden auch Konzepte diskutiert, inwieweit sich die privaten Geräte der Schülerinnen und Schüler pädagogisch und didaktisch in formale Bildungskontexte integrieren lassen. Ein Konzept, das in diese Richtung weist und zugleich den Erwerb von notwendigen Medienkompetenzen für das Aufwachsen in einer digitalen Gesellschaft in den Vordergrund stellt, ist das sogenannte BYOD-Konzept. BYOD steht als Abkürzung für *Bring Your Own Device* und bedeutet, dass die Schülerinnen und Schüler ihre eigenen Smartphones, Tablets oder Laptops mitbringen und im Unterricht nutzen dürfen, um damit mediengestützte Aufgaben zu bearbeiten (e-teaching.org 2016). Bislang gibt es im deutschsprachigen Raum nur einzelne Pilotprojekte. In Hamburg wurde z. B. mit „Start in die nächste Generation" zu Beginn des Schuljahres 2014/15 ein Projekt realisiert und evaluiert, das die Einbindung von digitalen Medien in den Schulunterricht nach dem BYOD-Prinzip ermöglichte (vgl. Kammerl et al. 2016, 8 f.). Die Ergebnisse der Evaluationsstudie zeigen, dass der BYOD-Ansatz keinesfalls automatisch das Lernen in der Schule verändert bzw. verbessert, sondern dass der potenzielle Mehrwert von verschiedenen Faktoren abhängig ist. Auf Basis der Befunde wurden konkrete Handlungsempfehlungen formuliert, die sich auf die technische Infrastruktur sowie die Implementierung und weitere Erprobung des Konzepts beziehen.

7.5.4 Open Access-Angebote

Durch die Digitalisierung haben sich viele Möglichkeiten ergeben, Wissens- und Bildungsressourcen einer breiten Masse zugänglich zu machen (de Witt/Czerwionka 2013: 130 ff.). Eine interessante Form stellen „Massive Open Online Courses" (MOOCs) dar, die jedem offenstehen und an denen eine unbegrenzte Zahl an Personen teilnehmen kann (ebd.: 144 f.). Dabei lassen sich verschiedene MOOC-Formate unterscheiden, z. B. xMoocs, die auf die Verbreitung von Expertenwissen zielen und cMoocs, die stärker auf Kollaboration ausgerichtet sind (ebd.: 145). Einen großen Fundus an MOOCs bietet beispielsweise die Seite https://de.udacity.com/.

Zunehmend sind auch Fachzeitschriften und Bildungsmaterialien kostenlos bzw. via „Open Access" im Internet verfügbar (z. B. die Zeitschrift MedienPädagogik, www.medienpaed.com). Eine besondere Form an Open Access-Angeboten stellen sogenannte „Open Educational Resources" (OER) dar, die frei zugängliche und zumeist kostenlose digitale Lehr- und Lernmaterialien (z. B. Texte, Fotos, Videos) bezeichnen, die für die Nutzung, Anpassung und Weiterverbreitung bereitgestellt werden (ebd.: 131 ff.). Der Begriffe der Offenheit bezieht sich weniger auf den freien Zugang, sondern auf die Lizenzierung der Inhalte, die regelt, unter welchen Bedingungen die Inhalte anderer genutzt werden dürfen (ebd.). Einige Anbieter von OERs verstehen sich auch als Kollaborationsplattform zur Verbesserung von Bildung (www.oercommons.org). Interessante Informationen und (kostenlose) Materialen zu medienpädagogischen Themen bietet z. B. der *Medienpädagogik Praxisblog* (www.medienpaedagogik-praxis.de).

7.6 Aktuelle Herausforderungen für die Mediendidaktik

Mit dem Einsatz von Medien ist immer die Erwartung verbunden, dass Inhalte anschaulich(er) vermittelt werden können und die Unterrichtsziele besser, mithin leichter erreicht werden. Die aufgezeigten Beispiele zum Einsatz digitaler Medien in Lehr-/Lern-Kontexten machen deutlich, dass Medien durchaus eine Vielzahl an Möglichkeiten bieten, Informationen zu vermitteln und den Lernenden zur aktiven Auseinandersetzung mit den gewählten Inhalten und zur Kooperation anzuregen. Entscheidend ist dabei allerdings weniger das Medium selbst, sondern vielmehr die Zielstellung und die Einbettung in die Lernumgebung.

Nichtsdestotrotz gilt es, die medialen Entwicklungen im Blick zu behalten und die Herausforderungen und Potenziale für die Mediendidaktik zu reflektieren (vgl. Petko 2014). Eine bedeutsame Entwicklung der letzten Jahre war sicherlich die Verbreitung von Smartphones und Tablets, die nicht nur eine mobile Onlinenutzung ermöglichen, sondern zugleich auch verschiedene Angebote und Nutzungsformen vereinen. Insbesondere mit der Erweiterung des Spektrums an Social-Media-Angeboten haben sich vielfältige Möglichkeiten für synchrone und asynchrone Kommunikation und kollaborative Lernprozesse eröffnet.

Die Nutzung dieser Möglichkeiten setzt jedoch zunächst eine Öffnung der Schule sowie „eine soziale Offenheit und Risikobereitschaft" auf Seiten der Lehrkräfte voraus (Baumgartner/Himpsl 2008: 14), damit die Schüler diese Werkzeuge entsprechend nutzen können. Viele Schulen scheuen diesen Schritt, aus Angst vor Problemen und Risiken (z. B. dem Kontakt mit problematischen Inhalten, Datenschutz etc.). Es braucht daher auch (bereits im Vorfeld) eine Verständigung über die „Internetverantwortung" (Dörr/Strittmatter 2002: 38), die von allen getragen werden muss, um potenziellen Risiken und einer eventuellen missbräuchlichen Nutzung vorzubeugen (z. B. unerlaubte Nutzung fremder Profile, Cyber-Mobbing etc.) vorzubeugen.

> „Natürlich birgt Social Software auch Gefahren, denn jede Form sozialer Offenheit lädt auch zu Missbrauch ein (vgl. Keen 2007). Der Schutz personenbezogener Daten und die Verletzung der Rechte anderer durch unbedachte Äußerungen sind vor allem ein sensibles Thema, wenn Minderjährige im WWW agieren. Umso mehr ist es unsere Aufgabe als Pädagoginnen und Pädagogen, die Jugendlichen auf die Interaktion in sozialen Netzwerken vorzubereiten und sie zu einer kritischen Mediennutzung – passiv und aktiv – anzuleiten." (Baumgartner/Himpsl 2008: 15)

Die Öffnung der Schule geht auch mit einer veränderten Lehrerrolle einher. Manche sehen sich ohnehin eher als Moderatoren oder Katalysatoren von Lernprozessen und weniger als Wissensvermittler, während andere sich in eine ungewohnte und mitunter ungewollte Rolle gedrängt fühlen. Dabei gilt es zu berücksichtigen, dass keinesfalls nur die Lehrenden gefordert sind. Auch den Schülern kommt angesichts ihrer veränderten Rolle als Prosumenten ein höheres Maß an Verantwortung zu, wobei sie dabei auch auf die Unterstützung der Pädagogen angewiesen sind. Aus medienpädagogischer Perspektive stellt sich hier insbesondere die Frage nach den notwendigen Kompetenzen, sowohl auf Seiten der Lehrenden als auch auf Seiten der Schüler (► Kapitel 5). Medienkompetenz stellt zugleich die grundlegende Voraussetzung für die Ausbildung von medienpädagogischer Kompetenz dar, als die Fähigkeit, die Relevanz der Medien in der Lebenswelt von Heranwachsenden zu erkennen und diese in die Gestaltung von Bildungsprozessen (als Mittel oder als Thema) miteinzubeziehen (vgl. Schulz-Zander/Tulodziecki 2002: 328). So müssen Lehrende in der Lage sein,

„• Medienangebote und Informationstechnologien in ihrem Unterricht in reflektierter Weise zu verwenden, d. h. Medienangebote für ihre Fächer nach lernrelevanten Kriterien zu analysieren und auszuwählen sowie Konzepte für die Verwendung von Medien und Informationstechnologien im Rahmen weiterentwickelter Lehr- und Lernformen zu erarbeiten und umzusetzen;
- Medienthemen in angemessener Weise zu behandeln, d. h. die Bedeutung von Medien und Kommunikationstechnologien für inhaltliche und methodische Fragen ihres Faches zu bedenken sowie Lernprozesse im Sinne von Erziehungs- und Bildungsaufgaben im Medienbereich bei den Schülerinnen und Schülern zu initiieren und zu begleiten;
- personale und institutionelle Bedingungen für medienpädagogische Umsetzungen in der Schule zu durchschauen, d. h. die Bedeutung der Medien und Informationstechnologien für Fragen der Professionalität des Lehrberufs zu reflektieren, schulische Bedingungen von Medienverwendungen sowie Medienerziehung bzw. Medienbildung zu bedenken sowie Ideen für die schulische Umsetzung zu entwickeln und zu realisieren.“ (Schulz-Zander/Tulodziecki 2002: 328)

Die Anforderungen an die medienpädagogische Kompetenz verdeutlichen, dass der Einsatz von Medien zur Optimierung von Lehr-/Lernprozessen lediglich eine Teilkompetenz darstellt, über die eine Lehrperson heute verfügen muss, und dass mediendidaktisches Handeln letztendlich immer nur unter Berücksichtigung medienerzieherischer Aspekte sinnvoll ist.

► **Weitere Informationen:**

- Bundeszentrale für politische Bildung (BpB): Auf der Homepage der Bundeszentrale finden sich unter der Rubrik „Materialien" Filmhefte für den Unterricht zu aktuellen Kinofilmen (www.bpb.de).

- Adolf-Grimme-Institut (2007): Webtipps für Schule und Unterricht. Eine Auswahl aus dem Grimme Online Award. Die Handreichung gibt einen Überblick über Internetseiten, die sich für die Arbeit in Schule und Unterricht eignen.
- Im Rahmen der Bundesinitiative *Schulen ans Netz* wurden die Angebote *Lehrer-online* (lo-net und lo-net-2) als Informations- und Vernetzungsplattform für Lehrer entwickelt (www.lo-net2.de/).
- Die Zeitschrift *LOGIN* befasste sich in ihrer Ausgabe Nr. 152/2008 mit dem Thema Web 2.0 in der Schule und präsentiert verschiedene Möglichkeiten des Einsatzes von Weblogs, Wikis und Podcasts (www.log-in-verlag.de).
- Die Zeitschrift *Computer + Unterricht* beschäftigte sich in der Ausgabe Nr. 66/2007 mit den Potenzialen von Web 2.0 für die Schule.
- Auf der Internetseite *handysektor.de* (ein Angebot der LfM und des MPFS, in Kooperation mit Klicksafe) finden sich interessante Hinweise und Tipps zum Thema Apps im Unterricht (https://www.handysektor.de/paedagogenecke/apps-im-unterricht/faecheruebergreifend.html).
- *www.e-teaching.org* ist ein Onlineportal, in dem Informationen zum Einsatz von digitalen Medien in der Hochschullehre bereitgestellt werden.
- Die *e-LISA academy* bietet Onlinekurse für österreichische Lehrkräfte im Bereich E-Learning an (www.e-lisa-academy.at/).
- Die mediamanual *e-academy* bietet als Initiative des Österreichischen Bundesministeriums für Unterricht, Kunst und Kultur ebenso Online-Fortbildungskurse für Lehrer in Österreich an (www.mediamanual.at).

Zusammenfassung

Die Mediendidaktik stellt neben der Medienerziehung einen zentralen Bereich der Medienpädagogik dar, der sich schwerpunktmäßig mit Fragen des Lehrens und Lernens mit Medien beschäftigt. Mediendidaktik befasst sich dabei nicht nur mit dem gezielten Einsatz von Medien in formalen Lernumgebungen (z. B. Schule, Hochschule), sondern auch mit der Rolle der Medien im Kontext informellen Lernens (z. B. im Zusammenhang mit der Nutzung von Computerspielen). Lerntheoretische sowie didaktische Ansätze bilden die Grundlage für mediendidaktische Überlegungen zur Rolle der Medien, der Lehrenden sowie der Lernenden. Durch die mobilen Onlinemedien und Social-Media-Angebote ergeben sich vielfältige Möglichkeiten für die Initiierung von Bildungsprozessen. In diesem Zusammenhang wird deutlich, dass Mediendidaktik nicht isoliert von der Medienerziehung zu betrachten ist, da ein „erfolgreiches" Lernen mit Medien immer auch eine reflexive Beurteilung der Angebote bzw. Medienkompetenz voraussetzt.

Fragen für weitere Überlegungen und Diskussionen

1. Welche Merkmale unseres Bildungssystems weisen darauf hin, dass eine zunehmende Mediatisierung stattfindet und welche Konsequenzen hat die Mediatisierung für Lehr-/Lernprozesse?
2. In der Mediendidaktik wird immer wieder die Frage diskutiert, in welchem Verhältnis Mediendidaktik und Medienerziehung stehen. Welche Fragen der Medienerziehung sind aus Ihrer Sicht auch für die Mediendidaktik relevant?
3. Die Entwicklung und Verbreitung von Social Software-Angeboten (sogenannten Web 2.0-Angeboten) bietet den Nutzern die Möglichkeit, selbst zum Produzenten zu werden. Welche Chancen und Möglichkeiten sehen Sie für den Einsatz von Social Software im Bildungsbereich?
4. Mediendidaktik befasst sich auch mit informellen Lernprozessen. Welche Beispiele fallen Ihnen für informelles Lernen ein?

Empfohlene Basislektüre zur Ergänzung dieses Kapitels

Arnold, Patricia/Kilian, Lars/Thillosen, Anne/Zimmer, Gerhard (2011) (Hrsg.): Handbuch E-Learning. Lehren und Lernen mit digitalen Medien. 2., erweiterte und aktualisierte Auflage. Bielefeld: W. Bertelsmann Verlag.

De Witt, Claudia/Czerwionka, Thomas (2013): Mediendidaktik. Studientexte für die Erwachsenenbildung, 2., aktualisierte und überarbeitete Auflage. Bielefeld: W. Bertelsmann.

Kerres, Michael (2013): Mediendidaktik. Konzeption und Entwicklung mediengestützter Lernangebote, 4., überarb. und aktualisierte Auflage. München: Oldenbourg.

Petko, Dominik (2014): Einführung in die Mediendidaktik. Lehren und Lernen mit digitalen Medien, Weinheim: Beltz Verlag.

Medienpädagogik im internationalen Vergleich 8

Medien waren und sind im Kontext der Entwicklung globaler Prozesse immer schon von Bedeutung (vgl. Reimann 2002: 77–79). So verhalf beispielsweise der Buchdruck der Verbreitung der christlichen Lehre oder die Entwicklung der Telegraphie der Entstehung eines globalen Systems von Nachrichtenagenturen (vgl. Reimann 2002: 77–79). Heute werden weit entfernte Orte via Internet oder Satellitenfernsehen einfach und schnell erreichbar und regional gefärbte Medieninhalte treffen auf internationale und globale Publika (vgl. Faßler 2000: 10, Meckel 2001: 50). Der Mediensektor ist heute einerseits gekennzeichnet von multinationalen Konzernen und einer (scheinbar) weltweiten Vereinheitlichung beliebter Medieninhalte bzw. -formate (vgl. Backhaus 1999: 122, Jarren/Meier 1999: 233–234, Reimann 2002: 39), die bei genauerer Betrachtung dennoch Merkmale jener Kultur aufweisen, aus der sie ursprünglich stammen. Andererseits zeigt sich aber auch, dass regionale und lokale Aspekte nach wie vor von Bedeutung sind (vgl. Ahrens 2001: 169, Reimann 2002: 11–12) und bestimmte Medienformate sowie -inhalte in verschiedenen Ländern vor allem dann große Erfolge verzeichnen, wenn sie auf die entsprechende Region bzw. Kultur abgestimmt sind, für die sie angeboten werden.

Medienpädagogik muss sich mit den aktuellen Herausforderungen und Entwicklungen des Mediensektors auseinandersetzen und sich heute mit Blick auf die Globalisierung von Medienangeboten u. a. auch mit der Frage befassen, wie mit international zumindest ähnlichen Medienprodukten in unterschiedlichen Kulturen umgegangen wird und welche Bedeutung regionalen Besonderheiten für die Ausbildung medienpädagogischer Konzepte zukommt.

Daher gibt dieses Kapitel einen Überblick über die Entwicklung der Medienpädagogik in verschiedenen europäischen Ländern und wirft auch einen Blick in die USA, nach Lateinamerika und nach Japan. Dabei zeigt sich – auch in Bezug auf Kapitel 3 – deutlich, durch welche Strömungen die deutschsprachige Medienpädagogik beeinflusst ist.

D. Süss et al., *Medienpädagogik*, Studienbücher zur Kommunikations- und Medienwissenschaft, https://doi.org/10.1007/978-3-658-19824-4_8

8.1 Rahmenbedingungen für internationale Vergleiche

Wie in einem speziellen Land konkret mit Medien umgegangen wird, ist – wie bereits angedeutet – kulturell bedingt und hängt von unterschiedlichen Einflussfaktoren ab. Daher ist es weder angemessen noch zielführend, medienpädagogische Bestrebungen und Entwicklungen anderer Länder lediglich aus Perspektive der eigenen Kultur zu betrachten und zu beurteilen (vgl. Donoso/Wijnen 2012). Um fremde „medienpädagogische Kulturen" zu verstehen, bedarf es der Identifizierung von und Auseinandersetzung mit verschiedenen Rahmenbedingungen, die den Umgang mit Medien, deren Beurteilung und letztendlich damit zusammenhängende pädagogische Reaktionen beeinflussen (können).

Auch in einer globalisierten Welt sind verschiedene Medien nicht in allen Ländern gleich stark verbreitet. So scheint beispielsweise in reichen Industrienationen die Durchdringung des Alltags mit Informations- und Kommunikationstechnologien mittlerweile als selbstverständlich, in Entwicklungsländern sind diese Angebote jedoch bei weitem nicht allen Bevölkerungsschichten zugänglich. Dies beeinflusst den Stellenwert, der bestimmten Medien beigemessen, und somit auch die Art und Weise, wie mit diesen (unter anderem auf pädagogischer Ebene) umgegangen wird. Aber nicht nur die Verbreitung einzelner Medien, sondern ebenso gesetzliche Rahmenbedingungen, die – beispielsweise im Hinblick auf Filmfreigaben – oft recht unterschiedlich sind, können die (pädagogische) Auseinandersetzung mit Medien in einer bestimmten Gesellschaft beeinflussen (► Kapitel 4).

Wenn medienpädagogische Konzepte in verschiedenen Ländern betrachtet werden, dürfen zudem die kulturellen und historischen Entwicklungen dieser Gesellschaften nicht außer Acht gelassen werden, denn aktuelle medienpädagogische Ansätze sind nie „einfach so" entstanden, sondern immer auch ein Produkt früherer (u. a. auch gesellschaftspolitischer) Auseinandersetzungen mit Medien und Erziehung. So können beispielsweise autoritäre Systeme Medien für ihre politischen Zwecke funktionalisieren und mit diesem Ziel vor Augen eine gelenkte Medienerziehung fördern und/oder vor dem Hintergrund der Zensur bewahrpädagogische Bestrebungen unterstützen. Derartige politische Bedingungen können auch zu „medienpädagogischen Untergrundbewegungen" führen, die – wie beispielsweise in einigen südamerikanischen Ländern (vgl. Devadoss 2004: 129, Fuenzalida 1992: 137–138) – entweder einen Widerstand gegen das herrschende System durch eine emanzipatorische Auseinandersetzung mit Medien zum Ziel haben, oder – wie zum Beispiel in manchen Filmclubs in den ehemals sozialistischen Ländern Europas (vgl. Becker/Petzold 2001: 18) – die Beschäftigung mit speziellen Medieninhalten als Anlass für generelle gesellschaftspolitische Diskussionen nehmen.

Wenn wiederum in einer Gesellschaft negative Erfahrungen mit dem funktionalistischen Einsatz von Medien zur Erreichung politischer Ziele gemacht wurden, kann dies – wie etwa in den 1950er Jahren in Deutschland (vgl. Vollbrecht 2001: 39–41), Österreich (vgl. Blaschitz 2008) und Italien (vgl. Felini 2004: 61–63) – nach der

Überwindung des entsprechenden politischen Systems zu einer sehr kritischen und eher bewahrenden Medienpädagogik führen. Eine ähnliche Haltung gegenüber Medien kann sich auch entwickeln, wenn man sich durch mediale Produkte eines (wirtschaftlich und politisch) dominanten Nachbarlandes kulturell kolonialisiert fühlt (vgl. Fuenzalida 1992: 136–137).

Das Bildungssystem eines bestimmten Landes kann die Entwicklung medienpädagogischer Ansätze ebenfalls beeinflussen. Bedeutend sind in diesem Zusammenhang gesetzliche Rahmenbedingungen, das heißt, ob Medienpädagogik als Teil der schulischen Erziehung betrachtet wird oder vorwiegend außerschulisch erfolgt. Wenn die Auseinandersetzung mit Medien im Schulunterricht vorgesehen ist, stellt sich zudem die Frage, in welcher Form (z. B. als eigenes Unterrichtsfach oder fächerübergreifend) dies erfolgt bzw. welche Ziele damit verbunden sind. Derartige, oft den primären medienpädagogischen Bestrebungen übergeordnete Ziele können von der Erziehung zu politisch mündigen und aktiven Staatsbürgern einer demokratischen Gesellschaft bis hin zur Suchtprävention und Gesundheitserziehung reichen.

In engem Zusammenhang mit dem Bildungssystem eines betreffenden Landes und den damit verbundenen Erziehungszielen sind zudem kulturelle Besonderheiten zu sehen. Hierbei geht es um moralische Vorstellungen und Fragen der Ethik sowie darum, welches Bild vom Kind in einer bestimmten Kultur herrscht.

Schließlich sind auch theoretische Aspekte der Auseinandersetzung mit Medien und Medienpädagogik nicht zu vernachlässigen, wenn man medienpädagogische Konzepte anderer Länder begreifen will. Einerseits sind aktuell vorherrschende wissenschaftliche Ansätze der Rezeptions- und Wirkungsforschung sowie der (Medien-)Sozialisation und der Erziehungswissenschaft zu berücksichtigen. Dazu gehört ebenso die Beschäftigung damit, welche wissenschaftlichen Disziplinen sich im medienpädagogischen Diskurs eines betreffenden Landes besonders intensiv (zuweilen auch dominant) beteiligen. Andererseits

Zu berücksichtigende Faktoren bei internationalen Vergleichen:

Entwicklung des Medienangebots
- Medienverbreitung
- Medienumgang
- Gesetzliche Rahmenbedingungen

Historische Entwicklung der Beurteilung von Medien
- Gesellschaftliche Entwicklungen
- Politische Entwicklungen

Bildungssystem
- Gesetzlicher Rahmen
- Schulische und außerschulische
- Erziehung
- Erziehungsziele

Kulturelle Besonderheiten
- Fragen der Ethik und der Moral
- Das Bild vom Kind

Theoretische Auseinandersetzungen mit Medien
- Wissenschaft/Forschung
- Künstlerische Auseinandersetzung

können aber auch künstlerische Strömungen bzw. Diskurse (beispielsweise zur Ästhetik) medienpädagogische Konzepte nachhaltig beeinflussen.

International vergleichende Auseinandersetzungen mit dem Thema Medienpädagogik erfordern somit ein hohes Maß an Sensibilität und die Fähigkeit, sich vorurteilslos auf andere Kulturen einzulassen, auch wenn diese auf den ersten Blick der eigenen recht ähnlich erscheinen mögen, denn viele Besonderheiten und Unterschiede ergeben sich oftmals erst auf den zweiten Blick. Erforderlich ist daher eine grundlegende Offenheit für neue Erfahrungen und die Bereitschaft, bewusst und aktiv über den eigenen Tellerrand zu schauen.

8.2 Medienpädagogik in Europa

Das heutige Europa ist geprägt von verschiedenen Ländern und Kulturen, die mehr und mehr zusammenwachsen, ihre Besonderheit und Identität dabei aber nicht verlieren. In unterschiedlichen Bereichen sind Gemeinsamkeiten aber auch Differenzen und Eigenheiten einzelner Länder zu finden – so auch in der Medienpädagogik. Bei genauerem Hinsehen zeigen sich unterschiedliche medienpädagogische Traditionen, die zum Teil eng mit den gesellschaftlichen und politischen Entwicklungen der jeweiligen Länder einhergehen. Als eher dominante Ansätze, in jenem Sinne, dass ausländische Einflüsse in der Entwicklung der Medienpädagogik eine eher untergeordnete Rolle spielen, aber dennoch nicht ignoriert werden, können die deutsche und die britische Medienpädagogik betrachtet werden. Bis in die 1990er Jahre traf dies in weiten Teilen auch auf die medienpädagogischen Bestrebungen in den ehemaligen sozialistischen Ländern zu.

8.2.1 Kennzeichen europäischer Medienpädagogik

Trotz verschiedener historischer und kultureller Unterschiede in der Entwicklung der Medienpädagogik zeigen sich in den europäischen Ländern auch grundlegende Gemeinsamkeiten. Deutschland und Großbritannien kristallisieren sich als jene Länder heraus, die in Europa eher eine Führungsposition inne und maßgeblichen Einfluss auf ihre Nachbarländer hatten und haben.

So zeigt sich die Entwicklung der deutschen Medienpädagogik als prägend für den gesamten deutschen Sprachraum und zum Teil auch darüber hinaus. Großbritannien – allen voran die ideologiekritische Medienpädagogik Mastermans – galt lange als Vorbild für die skandinavische und italienische Medienpädagogik, aber auch die ehemals sozialistischen Länder orientieren sich häufig an Großbritannien sowie an den USA und an Kanada.

Die Entwicklung der Medienpädagogik in Deutschland und Großbritannien verläuft lange Zeit relativ ähnlich; der bedeutende Unterschied liegt in einer sehr langen ideologiekritischen Tradition in Großbritannien, während sich in Deutschland der Emanzipationsgedanke bis hin zur Handlungsorientierung weiterentwickelte. Dies führte dazu, dass auch die Medienkompetenzdiskussion im deutschen Sprachraum lange Zeit stärker ausgeprägt war und sich zudem auf andere theoretische Grundlagen (z.B. linguistische Theorie Chomskys und Kommunikationstheorie Habermas') beruft als in Großbritannien. Seit den 1990er Jahren entwickelte sich aber auch die britische Medienpädagogik hin zu einer stärkeren Handlungsorientierung und bewussteren Auseinandersetzung mit den Medienaneignungsprozessen Heranwachsender.

Die medienpädagogischen Strömungen in Europa werden in gewisser Weise auch von US-amerikanischen (und zum Teil ebenso von kanadischen) Ansätzen beeinflusst. Sei es zum einen, wie etwa in Deutschland und Großbritannien, um sich bewusst davon abzugrenzen oder zum anderen, um sich daran ein Vorbild zu nehmen, wie etwa in den ehemaligen sozialistischen Staaten, in Italien und teilweise auch in den nordeuropäischen Ländern. Vergleicht man europäische mit US-amerikanischen Ansätzen der Medienpädagogik, so wird jedoch deutlich, dass in Europa ein gänzlich anderer Zugang zur Medienaneignung Heranwachsender und damit verbundenen medienpädagogischen Zielen herrscht.

Len Masterman: Teaching the Media

1986 publizierte Len Masterman das Buch *Teaching the Media*, das teilweise heute noch als Standardwerk der anglo-amerikanischen Medienpädagogik gilt. Er führt dabei aus einer eher ideologiekritischen Perspektive in die Medienpädagogik ein. Masterman erläutert historische Hintergründe und setzt anschließend den Schwerpunkt auf methodischen und didaktischen Fragen zur schulischen Medienerziehung (was und wie soll unterrichtet werden; praktische Medienarbeit; Medienerziehung in Lehrplänen usw.). Ein Grund dafür warum dieses Werk in und außerhalb des englischen Sprachraums so häufig rezipiert wurde bzw. wird, könnte darin liegen, dass Masterman sich in erster Linie an Lehrer wendet und der praktischen Umsetzbarkeit seiner Vorschläge eine besondere Bedeutung zukommt.

8.2.2 Grundlegende Strömungen vor dem Hintergrund politischer und gesellschaftlicher Entwicklungen

Um unterschiedliche Ausprägungen in der pädagogischen Auseinandersetzung mit Medien zu verstehen, muss zunächst deren historische Entwicklung im Kontext gesellschaftlicher und politischer Gegebenheiten berücksichtigt werden. So führte beispielsweise im 18. und 19. Jahrhundert die Angst des Klerus und der Aristokratie vor der Verbreitung aufklärerischer Ideen und Aufständen der unteren Gesellschaftsschichten zur Befürchtung, dass derartige obrigkeitskritische Tendenzen durch das

Lesen anschwellen könnten (vgl. Vollbrecht 2001: 29). Damit ging eine ausgesprochen kritische und defensive Haltung gegenüber dem Aufkommen von Büchern und Zeitungen als Massenmedien einher und man war bestrebt, Kinder, Jugendliche und Erwachsene vor den negativen Auswirkungen der ‚Lesesucht' – Notfalls mittels Zensur – zu bewahren (vgl. Hüther/Schorb 2005b: 269, Müller-Doohm 2000: 69).

Es wurde in weiterer Folge zwischen qualitativ hochwertiger und sogenannter ‚Schundliteratur' unterschieden und es galt, Heranwachsende zu den vermeintlich zeitlosen Werten der Hochkultur zu erziehen. So wurde beispielsweise in Großbritannien unter dem Zeichen des sogenannten „inocultative paradigm" (vgl. Masterman 1998: viii, 1991: 9) Zeitungen und Magazinen vorgeworfen, durch Oberflächlichkeit und simple Sprachform zum Verfall von Bildung und Gesellschaft beizutragen (vgl. Buckingham 1998: 34, Masterman 1998: viii, 1991: 9).

Mit dem Aufkommen der ersten Wanderkinos wurde diese extreme Bewahrpädagogik zunächst auch auf das neue Medium Film ausgeweitet (vgl. Schorb 1995: 21–22, Vollbrecht 2001: 29–30); dies rechtfertigte unter anderem die staatliche Filmzensur der absoluten Monarchien Europas (vgl. Schorb 1995: 23, 1994: 151). In einigen europäischen Staaten, allen voran in Deutschland und Ungarn, entwickelte sich parallel dazu aber schon relativ früh das Bestreben, den Film mit dem Ziel einer Optimierung von Lernprozessen für pädagogische Zwecke zu nutzen. Mit Hilfe des neuen Mediums sollte eine Popularisierung von Wissen vorangetrieben werden (vgl. Endler 2006: 35–51, Vollbrecht 2001: 38); so wurde beispielsweise in Ungarn bereits 1913 die erste pädagogische Filmfabrik (vgl. Jáki 1982: 31–44, Szíjártó o. J.: 41–59) gegründet. Im Einsatz von speziellen Unterrichtsfilmen wurde die Möglichkeit gesehen, durch deren Anschaulichkeit und Dramaturgie dem Interesse Heranwachsender besonders entgegenzukommen und dadurch deren Lernerfolg zu steigern. So entstanden in jener Zeit erste Annahmen über die Funktionsleistung von Filmen, sowie deren psychologische Wirkung beim Rezipienten (vgl. Hüther/Podehl 2005: 119). Zudem wurden Konzepte zur geeigneten Länge von Unterrichtsfilmen entwickelt sowie eine flächendeckende Schulfilmdistribution vorangetrieben (vgl. Schorb 1995b: 28, Jáki 1982: 167–178).

Die Entdeckung des Films als Lernmaschine und Instrument der Volkserziehung kam den damals entstehenden faschistischen Diktaturen Europas besonders entgegen und so waren das Dritte Reich (vgl. Schorb 1995b: 26) und zuvor auch schon der Austrofaschismus bzw. das Ende der ersten Republik in Österreich, die Regierung Horthys in Ungarn (dieser vertrat als enger Verbündeter von Dollfuß, Mussolini und Hitler eine ähnliche Politik) (vgl. Jáki 1982: 137–142, Kispéter o. J.: 151–165) sowie Mussolinis Regime in Italien auch eine Blütezeit der Mediendidaktik. Da unter Hitler die Funktionalisierung der Medien zu Propagandazwecken besonders intensiv verfolgt wurde, galt das Deutsche Reich damals in Ungarn als großes Vorbild (vgl. Törös 1934).

Vor allem in Westdeutschland (vgl. Knauf 1994: 273, Schorb 1994: 155), Österreich (vgl. Blaschitz 2008, Seibt/Zobl 2008: 356) und Italien (vgl. Felini 2004: 61–63) setzte nach dem zweiten Weltkrieg eine, im Hinblick auf die Auswüchse der faschistischen Propagandamaschinerie nur zu verständliche, extreme Medienskepsis ein und so sollten Heranwachsende vor der sogenannten ‚Bilderflut' sowie vor der schädlichen Illusions- und Manipulationskraft des Films und später auch des Fernsehens geschützt werden.

Ein Teil dieser medienkritischen Erziehung der Nachkriegszeit fand in sogenannten Filmclubs statt (vgl. Giannatelli 2000, Hüther/Podehl 2005: 122, Kolfhaus 1994: 146). Bei diesen Veranstaltungen wurden Filme eingesetzt, um Kinder und Jugendliche mittels Filmbesprechungen zu einer kritischen Rezeption zu erziehen und sie dadurch zu befähigen, sich vor schädlichen Medieneinflüssen zu schützen (vgl. Felini 2004: 83–85).

In den kulturtheoretischen Diskursen der 1960er Jahre gewannen in Großbritannien die Cultural Studies (vgl. Masterman: 1986) und in Deutschland die Frankfurter Schule (vgl. Baacke 1997: 47, 1996a: 4, Vollbrecht 2001: 46–48) zunehmend an Bedeutung; dies wirkte sich auch auf die Beurteilung der (Massen-)Medien und auf die damit einhergehenden pädagogischen Bestrebungen aus. Im Zuge der allgemeinen politischen Strömungen der 1960er Jahre rückten die gesellschaftspolitischen Produktionsverhältnisse sowie die den Medieninhalten innewohnenden ‚versteckten Botschaften' und Ideologien zunehmend ins Blickfeld der Pädagogen. Durch die Sensibilisierung für politische Zusammenhänge und das Aufdecken der Produktionshintergründe von Medieninhalten sollten Kinder und Jugendliche lernen, sich mittels Selbstschutz von den negativen Einflüssen zu befreien (vgl. Buckingham 1998: 35). Das Ziel dieser Medienpädagogik war die Erziehung zu gesellschaftskritischen, aufgeklärten Menschen und mündigen Staatsbürgern (vgl. Hüther/Podehl 2005: 123, Masterman 1986). Dieser Ansatz spielt in den USA nach wie vor eine große Rolle und gewinnt auch in Europa vor dem Hintergrund ökonomischer Interessen wieder zunehmend an Bedeutung (vgl. Trültzsch-Wijnen/Murru/Papaioannou 2017).

Die 1960er Jahre waren neben der Ideologiekritik und damit verbundenen politischen Bewegungen auch von einem allgemeinen Glauben an wirtschaftlichen Aufschwung, Fortschritt und Technik geprägt. Damit verbunden war – parallel zu den ideologiekritischen Ansätzen – eine entsprechende Medieneuphorie, welche die Basis für die damaligen funktionalistischen Ansätze der Medienerziehung war. Ihre Vertreter betrachteten Lernen als Reiz-Reaktions-System im Sinne Skinners, innerhalb dessen Medien die Funktion des Reizauslösers und Reaktionskontrolleurs zugewiesen wurde (vgl. Pietraß 2002: 79, Vollbrecht 2001: 25). Das Ziel war es, Lern- und Lehrvorgänge zu rationalisieren (vgl. Schorb 1995: 43–44, Tulodziecki 2000: 23). So wurden Medien, im Besonderen der Film, in Ungarn beispielsweise im Dienste der Gesundheitserziehung (vgl. Füsti Molnái 1960) oder der Ausbildung von Lehrlingen (vgl. Cselötei 1961) und Soldaten (vgl. Bujdosó 1971) bis hin zur Vermittlung sozialistischer Werte (vgl. Ferenc 1967) funktionalisiert.

Während Großbritannien, wohl auch durch die lange Dominanz Mastermans, nach den 1960er Jahren stark in der ideologiekritischen Tradition des „representational paradigm" (vgl. Masterman 1998: ix, Masterman/Mariet 1994: 31–33) verhaftet blieb, entwickelte sich in Deutschland der Emanzipationsgedanke in der zweiten Hälfte der 1970er Jahre hin zu einer zunehmenden handlungs-, teilnehmer- und lebensweltorientierten Medienpädagogik (► Kapitel 4). Die neue Fragestellung lautete demnach nicht mehr, wie werden Rezipienten durch Medien beeinflusst, sondern wie gehen diese bewusst und selbstbestimmt mit Medien um (vgl. Baacke 1997: 46, Tulodziecki 2000: 23) und wie können Heranwachsende dabei unterstützt werden. In den 1990er Jahren erfolgte auch in Großbritannien eine zunehmende Abkehr von den bis in die 1980er Jahre dominanten bewahrpädagogischen und ideologiekritischen Ansätzen der Vergangenheit. Kinder und Jugendliche wurden ebenfalls nicht mehr als passive Opfer schädlicher Medieneinflüsse betrachtet und es erfolgte eine intensive Auseinandersetzung mit deren selbstbestimmtem Medienumgang bzw. ihrer Medienaneignung. In anderen europäischen Ländern sind nach den 1960er Jahren keine so prägenden Ansätze wie der Emanzipationsgedanke und die Handlungsorientierung in Deutschland sowie die Ideologiekritik in Großbritannien erkennbar; es erfolgte eher eine Orientierung an Großbritannien und den USA, zuweilen auch an Deutschland (vgl. Wijnen 2008: 182–188).

Besonders deutlich wird die Orientierung an Großbritannien am Beispiel Italiens, wo mit der Übersetzung von Mastermans *Teaching the Media* (1986) durch Roberto Giannatelli Anfang der 1990er Jahre der Anstoß für eine neue Ära der italienischen Medienpädagogik, die mit der Übernahme des englischen Begriffs ‚Media Education' einhergeht, gelegt wurde (vgl. Giannatelli 2000, Weyland 2002: 111). Ausgehend von einer damit verbundenen Orientierung an anglo-amerikanischen und kanadischen Ansätzen, wandte man sich aber auch mit großem Interesse der von Dieter Baacke geprägten deutschen Medienpädagogik zu (vgl. Wijnen 2008: 168–173).

Auffällig ist dies ebenso in den ehemals sozialistischen Ländern Europas, wo nach dem Fall des Eisernen Vorhangs mit der politischen Orientierung am Westen sowie an den Vereinigten Staaten auch in der Medienpädagogik viele bis dahin geltenden Ansätze, die jedoch keineswegs alle schlecht waren, vorschnell verworfen wurden und eine nahezu blinde Orientierung am anglo-amerikanischen Raum erfolgte. Seit Ende des 20. und Beginn des 21. Jahrhunderts sind daher verschiedene Formen der (Massen-)Kommunikation im Blickfeld der ost- und mitteleuropäischen Medienpädagogen. Ähnlich wie in den Vereinigten Staaten richtet sich der Fokus vor allem auf Fragen der Erziehung zum (politisch) mündigen Bürger, auf (jugendspezifische) ‚Problembereiche' wie Alkohol- und Drogenkonsum sowie das Themenfeld Gesundheitsförderung und Prävention (vgl. Nagy 1993). Zudem wird – vor allem, wenn im Ausland über die Situation der Medienpädagogik im jeweiligen Land berichtet wird – der Schwerpunkt gerne auf die Ausstattung von Schulen mit Informations- und Kommunikationstechnologien gelegt, um so die Zukunftsorientierung und den Fortschritt des eigenen Landes zu untermauern.

Abb. 8.1 Vergleich der historischen Entwicklung der Medienpädagogik in Großbritannien und Deutschland (in Anlehnung an Wijnen 2008: 187)

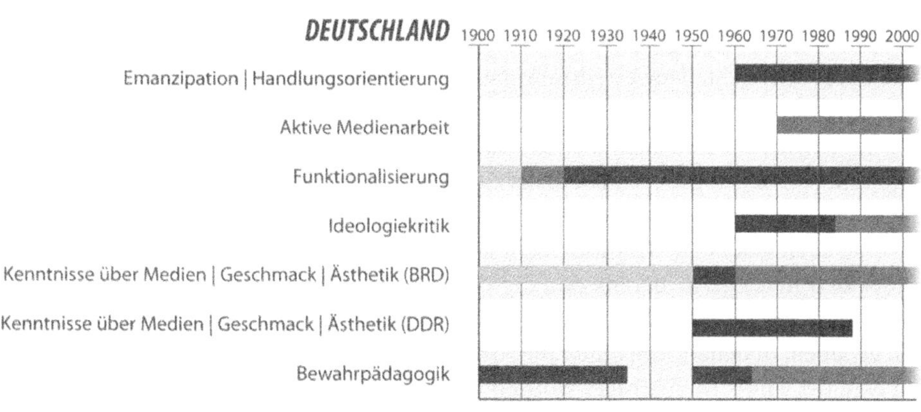

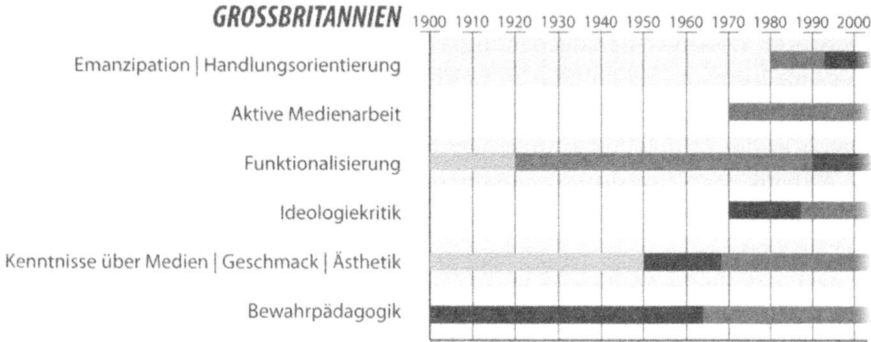

8.2.3 Schulische und außerschulische Medienerziehung

In Europa finden sich sehr unterschiedliche Traditionen schulischer und außerschulischer Medienpädagogik. In Großbritannien hat die schulische Medienerziehung einen besonderen Stellenwert; ihre Anfänge reichen bis in die 1930er Jahre zurück. So existiert einerseits ein eigenes Schulfach mit der Bezeichnung ‚Media Studies', andererseits werden Medien auch im fächerübergreifenden Unterricht thematisiert. Finnland und Norwegen gehören ebenfalls zu jenen Ländern, in denen Medienpädagogik gut in den allgemeinen Lehrplänen verankert ist (vgl. Bernhard/Süss 2002: 8).

Eine ebenfalls lange Tradition schulischer sowie universitärer Medienerziehung findet sich in Ungarn. Bereits Anfang der 1940er Jahre wurden an der Budapester Pázmány Péter Universität (heute Eötvös Loránd Universität bzw. ELTE) Vorlesungen gehalten, in denen zum einen die Ästhetik, zum anderen aber auch pädagogische Aspekte des Films thematisiert wurden (vgl. Kispéter o.J.: 151–165). Nach der kommunistischen Machtübernahme wurden diese Bestrebungen eingestellt und erst in den 1960er Jahren wieder aufgenommen. Neben theoretischen Reflexionen über ästhetische und inhaltliche Aspekte des Films, wurden Studierende gezielt darin unterrichtet, ihr Wissen weiterzugeben und (im Rahmen von Filmclubs und Filmgesprächen) medienpädagogisch tätig zu werden (vgl. Wijnen 2008: 157–164). 1965 wurde der sogenannte Filmästhetikunterricht verpflichtend in den Literatur- und Sprachunterricht der Mittelschulen integriert (vgl. Szíjártó o.J.: 41–59). In Anlehnung an die Ästhetik des Neorealismus und die Literaturerziehung sollte die Kunstform Film aufgewertet und jungen Menschen näher gebracht werden (vgl. Szíjártó 2002: 66f., o.J.: 94–107).

Außerschulische Medienarbeit ist ebenso in ganz Europa anzutreffen; ihre historische Entwicklung stand oft in engem Zusammenhang mit den gesellschaftlichen und kulturellen Besonderheiten einzelner Staaten. Ein spezielles Beispiel stellt Italien dar. Dort engagiert sich seit jeher die katholische Kirche stark in der außerschulischen Bildungsarbeit, so auch in der Medienpädagogik.

Fallbeispiel Italien

Die Rolle der katholischen Kirche für die Medienerziehung

Die Blüte der außerschulischen Medienerziehung ist in Italien in den 1950er und 1960er Jahren anzusetzen. Damals wurde in sogenannten „Kinoforen" (cineforum) bzw. „Filmclubs" durch gemeinsames Ansehen von Filmen und begleitende Gespräche versucht, Heranwachsenden den aus der damaligen pädagogischen Perspektive „richtigen" Umgang mit diesem Medium beizubringen. Im Zentrum der Auseinandersetzung stand die Unterscheidung zwischen „guten" und „schlechten" Medieninhalten sowie eine Beschäftigung mit dem ästhetischen Gehalt der Filmkunst (vgl. Felini 2004: 89–91). In jener Zeit unterhielt die in Italien generell mächtige katholische Kirche ca. 4000 derartiger Kinoforen (vgl. Giannatelli 2000). Dem stand als politische Gegenbewegung eine mindestens ebenso große Anzahl marxistischer Filmclubs gegenüber. Unter jeweils anderen Vorzeichen versuchten diese Einrichtungen Kinder und Jugendliche gegen die „irreführenden" Ideologien der Kirche bzw. des Marxismus zu immunisieren. Die marxistischen Bewegungen sind inzwischen in der Bedeutungslosigkeit verschwunden, während die katholische Kirche bis heute ihre Tradition der außerschulischen Medienerziehung beibehalten hat. So engagieren sich kirchliche Einrichtungen heute in der praktischen Medienarbeit sowie in der Aufklärung und Information von Eltern über den Medienumgang Heranwachsender sowie über geeignete Medienprodukte für ihre Kinder. Unterschiedliche Schätzungen reichen von einem dreißig bis fünfzigprozentigen Anteil kirchlicher Einrichtungen an der heutigen außerschulischen Medienarbeit, aber ebenso auf theoretisch-wissenschaftlicher Ebene sind immer wieder Bezüge zur katholischen Kirche zu finden. So hat beispielsweise auch die italienische Gesellschaft für Medien- und Kommunikationserziehung (MED – Associazione Italiana per l'educazione ai media e alla comunicazione), die sowohl Wissenschaftler als auch Praktiker vereint, einen katholischen Hintergrund (vgl. Giannatelli o. J., 2000).

In den ehemaligen sozialistischen Ländern, allen voran in Ungarn, aber beispielsweise ebenso in der DDR (vgl. Becker/Petzold 2001), hatte die außerschulische Medienarbeit im Rahmen von Filmclubs, deren Blütezeit in den 1960er Jahren lag, deren Bedeutung aber bis zur politischen Wende anhielt, zum Teil auch eine politische Funktion. Wie in anderen Ländern spielte in diesem Zusammenhang der ästhetische Diskurs eine große Rolle und so sollte das Publikum zu einer entsprechenden ‚Zuschauerkultur' erzogen werden (vgl. Féija 1984, in Bezug auf die ehemalige UdSSR siehe auch Sharikov 1992). Die Filmclubs selbst, die nicht primär für Kinder, sondern für ältere Jugendliche und Erwachsene bestimmt waren, bewegten sich hierbei im Spannungsfeld zwischen freien (Film-)Diskussionen und somit einer öffentlichen Meinungsbildung, die nicht immer den Vorstellungen der politischen Führung entsprach, und politischer Instrumentalisierung (vgl. Becker/Petzold 2001: 18). Für viele Filmclubbesucher, vor allem aus dem intellektuellen Milieu, waren diese Vorstellungen jedoch auch eine Chance, Filme zu sehen, die sonst nicht zugänglich waren, und dienten als eine Art (zwar kontrolliertes, aber zumindest geduldetes) politisches Ventil. Denn auch wenn die Filmclubs wie alle anderen Einrichtungen einer gewissen staatlichen Kontrolle unterlagen, wurden besonders in Ungarn Werke ungarischer Filmemacher gezeigt, die sich in jener Zeit oft an der Grenze des politisch Machbaren bewegten. Viele dieser Filme wurden zwar als oppositionell und regimefeindlich betrachtet, konnten aber dennoch in den Filmclubs gezeigt und diskutiert werden. So wurde eine Auseinandersetzung mit Themen ermöglicht, die von offizieller Seite tabu waren (z. B. die politische Vergangenheit Ungarns) (vgl. Wijnen 2008: 164–167).

In Großbritannien (vgl. Masterman 1991: 23 f.) und Deutschland (vgl. Baacke 1996b: 113, Hüther/Podehl 2005: 125), wie auch in vielen anderen europäischen Ländern, ist die außerschulische Medienerziehung mit der aktiven Medienarbeit und der Entstehung entsprechender Einrichtungen in den 1970er und 1980er Jahren verknüpft. Dabei wurde davon ausgegangen, dass eine aktive Beschäftigung mit Medien durch eigenständige Produktionen zu einer entsprechenden Kritikfähigkeit im Umgang mit professionellen Medien führe; zudem wurde die Herstellung einer politischen Gegenöffentlichkeit durch aktive Bürgerbeteiligung verfolgt (► Kapitel 3 und 6).

8.2.4 Von der *,media literacy'* zur *,digital literacy'*

Wie in vielen anderen gesellschaftlichen Bereichen ist heute auch im Hinblick auf Medien und Medienpädagogik eine zunehmende Internationalisierung zu bemerken. Im Zusammenhang mit den aktuellen Entwicklungen der Informations- und Kommunikationstechnologien hat in Europa die Auseinandersetzung mit Medienkompetenz, welche im deutschen Sprachraum vor allem in den 1990er und Anfang der 2000er Jahre bereits eine erste Hochkonjunktur erlebte, erneut an Bedeutung gewonnen (Rychen/Salganik 2001). Allerdings geht damit auch eine spürbare Funktionalisierung von Medienpädagogik und Medienkompetenzförderung für (bildungs-) politische und ökonomische Zwecke einher. Verbunden mit einem steigenden Bedürfnis der Europäischen Kommission die Bildungspolitik der Nationalstaaten zu beeinflussen, um als Europäische Union in einer Wissens- und Informationsgesellschaft wettbewerbsfähig zu bleiben und unter dem Schlagwort E-Gouvernement Verwaltungsprozesse zu vereinfachen, wird unter dem Begriff ‚media literacy' eine Erziehung Heranwachsender zu „more effective citizens" (Tyner 1998: 121) propagiert (vgl. Trültzsch-Wijnen 2016a).

Da, wie bereits dargestellt, die Entwicklung medienpädagogischer Ansätze eng verbunden ist mit aktuellen sowie historischen, politischen und sozialen Bedingungen in einzelnen Ländern, existieren in Europa unterschiedliche Konzepte eines reflektierten und selbstbestimmten Medienumgangs. Während der englische Begriff ‚media literacy' auf die im 19. Jahrhundert eingeführte Unterscheidung zwischen ‚literary' im Sinne von belesen zu sein und die literarischen Werke der Hochkultur zu kennen, und ‚literacy' als Bezeichnung für jene Menschen, die zwar des Lesens und Schreibens mächtig sind, aber nicht über ein entsprechendes kulturelles Kapital bzw. literarisches Wissen verfügen, zurückzuführen ist (Livingstone et al. 2008; Livingstone et al. 2014), sind im deutschen und skandinavischen Raum (vgl. Drotner 2008: 11; Waters 2012) die Begriffe Medienkompetenz und Medienbildung verbreitet. Das Konzept der Medienbildung beruft sich auf das humboldtsche Ideal einer ganzheitlichen Bildung (vgl. Müller-Ruckwitt 2008: 254) und der Ausbildung selbstbestimmter und mündiger Individuen und das Konzept der Medienkompetenz (► Kapitel 5). Dieses ist vor allem auf linguistische und kommunikationstheoretische Debatten zur Unterscheidung von Kompetenz, als die Summe angeeigneter Fähigkeiten und Fertigkeiten sowie vorhandenen Wissens, und Performanz, als deren tatsächliche Umsetzung und Anwendung, zurückzuführen. Darüber hinaus existieren in Europa auch andere Begriffe, wie etwa jener der Medienweisheit (mediawijsheid), der in den Niederlanden sowie im belgischen Flandern verbreitet ist. All diese Begriffe und Ansätze zur Vermittlung eines kompetenten Medienumgangs beeinflussen zwar nationale Debatten, dennoch hat sich das Konzept der ‚media literacy' insgesamt als dominant und prägend für die europäische Medienpädagogik durchgesetzt (vgl. Trültzsch-Wijnen et al. 2016).

In einem europäischen Forschungsprojekt (vgl. Frau-Meigs et al. 2017) wurde die Umsetzung der Medienkompetenzförderung unter dem Begriff der ‚media literacy' in der Bildungspolitik der europäischen Nationalstaaten untersucht. Unter anderem war damit auch eine Analyse der in den einzelnen Ländern verwendeten Definitionen von ‚media literacy', den Zugängen zur Medienkompetenzförderung sowie den dahinterliegenden Wertvorstellungen verbunden. Die Studie zeigt, dass innerhalb Europas die Gemeinsamkeiten überwiegen und allgemein darunter ein kritischer Umgang mit Medien – sowohl im Hinblick auf eine produktive als auch eine rezeptive Nutzung – verstanden wird, der sowohl technische als auch reflexive Fähigkeiten und Fertigkeiten einschließt. ‚Media literacy' wird in Europa nicht nur als ein anzustrebendes Ziel, sondern darüber hinaus auch als Kinderrecht (vgl. Trültzsch-Wijnen 2014) sowie generell als Menschenrecht (vgl. Livingstone et al. 2015; Frau-Meigs 2011), welches das Recht auf eine adäquate Medienerziehung impliziert, betrachtet. Eine nähere Analyse der hinter dem Konzept ‚media literacy' liegenden sozialen Werte und Normen (vgl. Trültzsch-Wijnen et al. 2016) verdeutlicht jedoch einen Wandel von einem allgemeinen und offenen Ansatz der Medienkompetenz bzw. Medienbildung (media literacy) hin zu einer einseitigen Fokussierung auf die Handhabe der Informations- und Kommunikationstechnologien (digital literacy, computer literacy, information literacy) vor dem Hintergrund der Förderung der wirtschaftlicher Wettbewerbsfähigkeit sowie der aktiven Teilhabe an öffentlichen (medialisierten) Diskursen.

8.3 Zwischen Medienkritik und Funktionalisierung – Medienpädagogik in den USA

Die US-amerikanische Medienpädagogik charakterisiert sich im Allgemeinen durch eine nach wie vor stark medienkritische und bewahrende Grundhaltung, gleichzeitig aber auch durch eine starke Funktionalisierung von Medien und Medienerziehung mit dem Ziel der Heranbildung medienkritischer und (politisch) mündiger Bürger (vgl. Culver/Hobbs/Jensen 2009; Lewis/Jhally 1998: 109–120). Zudem steht die schulische Medienerziehung oft im Zeichen der Gesundheitserziehung (vgl. Kubey/Hobbs 2000) und der Drogenprävention. Besonders im Hinblick auf die Informations- und Kommunikationstechnologien ist eine reine Funktionalisierung der Medien zu Lehr- und Lernmaschinen vor dem Hintergrund einer Instruktionspädagogik, die sich mehr von der Lerntheorie als von den Medien her definiert, erkennbar.

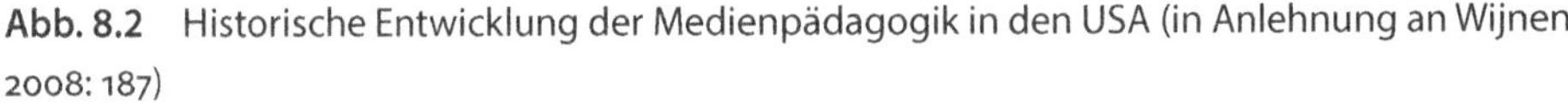

Abb. 8.2 Historische Entwicklung der Medienpädagogik in den USA (in Anlehnung an Wijnen 2008: 187)

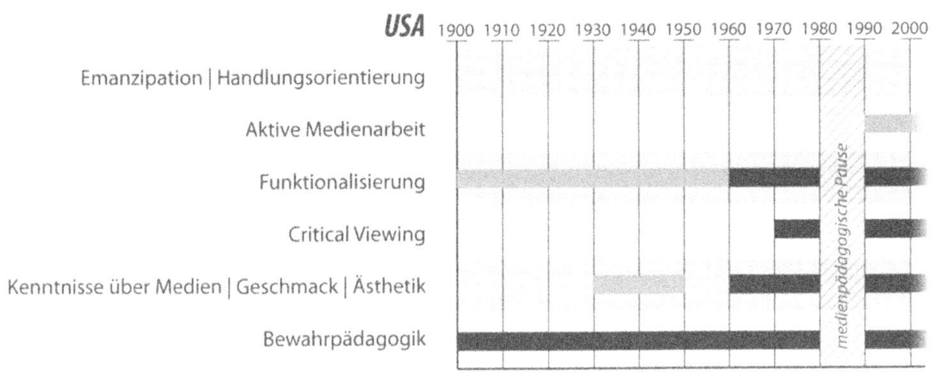

Vergleicht man Europa und die Vereinigten Staaten auf historischer Ebene, so zeigt sich in führenden europäischen Ländern eine wesentlich stringentere und ausdifferenziertere pädagogische Auseinandersetzung mit Medien. Im 19. und 20. Jahrhundert sind noch deutliche Parallelen feststellbar: US-amerikanische Pädagogen wandten sich ebenfalls mit der Angst vor dem Verfall kultureller und geistiger Werte gegen das Lesen und im Besonderen gegen Romane. Dies führte in weiterer Folge zu einer Differenzierung zwischen „wertvollen" und „verwerflichen" Medieninhalten, die allerdings bis weit in die 1970er Jahre sehr dominant war und zum Teil bis in die 1980er Jahre verfolgt wurde, während in Europa ideologiekritische, emanzipatorische und in weiterer Folge handlungsorientierte Ansätze diskutiert wurden (vgl. Davis 1993: 14–15, Hobbs 2004: 53–54).

Eine Weiterentwicklung – oder besser gesagt Spezifizierung – dieser klassischen Bewahrpädagogik in Richtung einer ideologiekritischen Medienerziehung erfolgte in den 1970er Jahren mit dem Ansatz des „critical viewing", der im Besonderen auf das Fernsehen gerichtet war (vgl. Heins/Cho 2003: 7, Levaranz/Tyner 1993: 3). Im Gegensatz zur europäischen Ideologiekritik standen in den Vereinigten Staaten allerdings weniger die politischen und ökonomischen Machtverhältnisse sowie deren Einfluss auf mediale Produkte, sondern das Erkennen des ‚Zusammenhangs' zwischen bedenklichen Medieninhalten, einer sogenannten „electronic form of toxic waste" (Tyner 1998: 136) wie beispielsweise die Darstellung von Gewalt oder Drogenkonsum, und deren „Auswirkungen" auf das reale Leben, im Vordergrund. Dieser Ansatz erfuhr eine große Unterstützung des US-amerikanischen Unterrichtsministeriums, das in den 1970er Jahren erstmals Medienerziehung als gemeinsames kritisches Fernsehen in der Schule, in die Lehrpläne aufnahm (vgl. Heins/Cho 2003: 7, Levaranz/Tyner 1993: 3).

In den 1960er und 1970er Jahren entwickelte sich aufgrund politischer und sozialer Gegebenheiten zudem ein stark funktionalistischer Ansatz. Damals waren die Vereinigten Staaten von großen sozialen Ungleichheiten – weite Teile der afroamerikanischen Bevölkerung litten unter chronischer Armut und Arbeitslosigkeit – sowie der durch den ‚Sputnik-Schock' hervorgerufenen Angst, sich in der technischen und ökonomischen Entwicklung gegenüber der Sowjetunion im Rückstand zu befinden, geprägt.

▸ **Sputnik-Schock** Im Wettrüsten zwischen den beiden Supermächten USA und UdSSR schaffte es die Sowjetunion im Oktober 1957 mit *Sputnik 1* als erste Nation, einen Satelliten in die Erdumlaufbahn zu bringen. Dies löste in den USA, die sich bis dahin der UdSSR bei weitem überlegen fühlten, die Panik aus, militärisch ins Hintertreffen zu gelangen. Als Gegenoffensive stärkte man nicht nur die militärische und raumfahrtsbezogene Forschung, sondern versuchte ebenso, das Bildungssystem grundlegend zu reformieren und allen (besonders auch bildungsfernen) Bevölkerungsschichten den Zugang zu Bildung zu ermöglichen. Vorrangig wurde dabei die Ausbildung in naturwissenschaftlichen Fächer gefördert.

Die US-amerikanische Regierung versuchte dem mittels sozial-integrativer Programme, allen voran einer kompensatorischen Vorschulerziehung, die mit funktionalen und kognitiven Lernmethoden das Ziel verfolgte, vor allem Kinder aus anregungsärmeren Milieus besser auf die Anforderungen der Schule vorzubereiten (vgl. Paus-Haase 1986: 11–13), entgegenzuwirken. Damit ging allerdings auch die Frage nach der Finanzierung der angestrebten Förderung breiter Gesellschaftsschichten einher und als kostengünstiger Ausweg wurde das Fernsehen als ‚Erziehungsmedium' entdeckt. So wurde beispielsweise mit großer staatlicher Unterstützung und mit dem Ziel, Heranwachsende in ihrer intellektuellen Entwicklung zu fördern, die Fernsehserie *Sesame Street* produziert (vgl. Paus-Haase 1986: 83–85, 93–99).

In den 1980er Jahren erlosch dieses staatliche Interesse an der Medienerziehung wieder und mit der sogenannten ‚Back-to-basics'-Bewegung wurde eine zehnjährige medienpädagogische Pause auf allen Ebenen eingeläutet (vgl. Hamm 1996: 4, Heins/Cho 2003: 11).

Erst Anfang der 1990er Jahre gelangten Medien, mit dem Ziel, Schulen und Lehrpläne didaktisch sowie bildungstechnologisch zu modernisieren, wieder ins Blickfeld der Pädagogen (vgl. Hobbs/Frost 1999: 123, Levaranz/Tyner 1993: 3). So berücksichtigte der 1994 verabschiedete *Educate America Act* wieder den Einsatz von sowie die Auseinandersetzung mit Medien im Unterricht. Die Protagonisten dieses sogenannten ‚Media Literacy Movements' fühlten sich durch eine verhältnismäßig lange Zeit, in der Medienpädagogik in den USA so gut wie gar nicht existierte, gegenüber anderen Ländern im Rückstand (Kubey 2002: 2). Dies führte zu einer starken Orientierung an Kanada und Großbritannien, im Besonderen an den ideologiekritischen

Schriften Mastermans, die zu Beginn der 1990er Jahre in Europa allerdings nicht mehr dem aktuellen Stand entsprachen (vgl. Wijnen 2008: 177–182).

- **Media Literacy Movement:** Dieser Ausdruck bezeichnet die ‚Wiederentdeckung der Medienpädagogik' in den USA Anfang der 1990er Jahre, nachdem man sich in den 1980er Jahren kaum damit auseinandergesetzt hatte (vgl. Hobbs/Frost 1999: 123). Diese Bewegung entwickelte sich allerdings primär aus dem Bedürfnis heraus, Schulen und Lehrpläne zu modernisieren. Im Mittelpunkt des Interesses standen dabei Unterrichtsmethoden, die auf projektorientiertes gemeinsames Lernen fokussiert waren, sowie eine Auseinandersetzung damit, wie sich Menschen unterschiedlicher sozialer und kultureller Herkunft Medien aneignen (vgl. Levaranz/Tyner 1993: 3).

Seit jener Zeit hat sich wenig verändert: Hervorgerufen durch das allgemeine politische Desinteresse gilt die Erziehung kritischer, informierter und demokratiebewusster Bürger (vgl. Considine 2002b: 23–29, Hobbs 1998) gepaart mit einer Sensibilisierung für soziale Probleme, wie etwa die Gesundheitsvorsorge oder der Kampf gegen Drogen als primäres Ziel einer sehr ideologiekritischen und funktionalistischen Medienpädagogik (vgl. Brown 1998: 44–46, Lewis/Jhally 1998: 109–120). Verschiedene Abteilungen der US-amerikanischen Regierung, wie etwa die *Office of National Drug Control*, versuchen im Zuge dessen die schulische Medienerziehung zur Erreichung ihrer Ziele einzusetzen (vgl. Considine 2002a: 5).

US-amerikanische Medienpädagogen engagieren sich allerdings sehr intensiv bei internationalen Veranstaltungen zum Thema Medienpädagogik; gemeinsam mit kanadischen Vertretern spielen sie beispielsweise eine führende Rolle in den von der UNESCO unterstützten medienpädagogischen Summits (vgl. Devadoss 2004: 147). Dies hat zur Folge, dass medienpädagogische Diskurse in anderen Ländern von den Bestrebungen des ‚Media Literacy Movements' beeinflusst und US-amerikanische Ansätze allzu schnell als internationaler Standard gehandelt werden, obwohl außerhalb der Vereinigten Staaten wesentlich differenziertere und ausgereiftere Ansätze existieren (siehe auch Wijnen 2008: 213 f.). Zudem können sich z. B. Medienpädagogen aus Entwicklungsländern oft nur schwer mit diesen ‚Standards' identifizieren, da sie in ihren Staaten mit einer völlig anderen Medienlandschaft sowie politischen und sozialen Voraussetzungen konfrontiert sind (vgl. Kumar 1992: 153–154).

Wie in Kapitel 8.2.3 dargelegt, gewinnt seit Mitte der 2000er Jahre der Begriff der ‚media literacy' auch in Europa zunehmend an Bedeutung (vgl. Europäische Kommission 2007); zum Teil ist damit auch eine Anlehnung an den funktionalistischen Konzepten der Vereinigten Staaten verbunden. In Ländern, die bereits auf eine relativ lange Tradition intensiver pädagogischer Auseinandersetzungen mit Medien zurückschauen können, sind daher immer wieder Bestrebungen anzutreffen, sich von diesen internationalen Entwicklungen zu differenzieren. So lehnen beispielsweise manche britische Medienpädagogen den Begriff ‚media literacy' ab, weil er implizit mit der US-amerikanischen Medienpädagogik verbunden ist, die in Großbritannien als zu bewahrpädagogisch und funktionalistisch kritisiert wird (vgl. Wijnen 2008: 112 f.). Dennoch hat sich mittlerweile auch in Großbritannien das Konzept der ‚media literacy' durchgesetzt. Fanden sich im deutschen Sprachraum – wenn überhaupt – nur im Bereich der Mediendidaktik, Bezüge zur US-amerikanischen Medienpädagogik, so gewinnt heute der Begriff ‚media literacy' auch hier zunehmend an Bedeutung, was unter anderem auf die Empfehlungen zur Förderung von ‚media literacy' der Europäischen Kommission und damit zusammenhängende nationale bildungspolitische Diskurse zurückzuführen ist.

8.4 Medienpädagogik außerhalb Europas und des angloamerikanischen Raums

Europa und die USA gehören genauso wie Kanada und Australien zu jenen Regionen, die geprägt sind von einer (trotz Finanzkrise vergleichsweise) florierenden Wirtschaft, verbunden mit einem hohen Lebensstandard. Alle verfügen über ein sehr hoch entwickeltes Mediensystem. Sowohl die klassischen Medien als auch aktuelle Entwicklungen der Informations- und Kommunikationstechnologien sind weit verbreitet und ein Großteil der Bevölkerung verfügt über einen schnellen Internetzugang, über Möglichkeiten zur mobilen Kommunikation usw. Die Medienpädagogen in diesen Ländern sind mit ähnlichen Herausforderungen konfrontiert, auch wenn damit zum Teil unterschiedlich umgegangen wird.

In südamerikanischen, asiatischen und afrikanischen Staaten leben Menschen jedoch meist in einem gänzlich anderen Umfeld und sind mit politischen und sozialen Herausforderungen konfrontiert, die in Europa und den USA nicht von Bedeutung sind. Zudem gestaltet sich das Mediensystem in diesen Regionen deutlich anders. Die Informations- und Kommunikationstechnologien sind längst nicht allen Bevölkerungsschichten zugänglich oder werden zensiert, und klassische Medien wie Zeitung, Radio und Fernsehen sind in manchen Staaten in der Hand autoritärer Regierungen. Medienpädagogen befinden sich in diesen Staaten daher in einer ganz anderen Ausgangsposition, und so unterscheiden sich auch deutlich die Ziele, die in einer pädagogischen Auseinandersetzung mit Medien verfolgt werden. Im Gegensatz zu europäischen und angloamerikanischen Ansätzen steht in diesen Ländern weit weniger die Erziehung medienkompetenter Individuen, sondern vielmehr die Entwicklung der gesamten Gesellschaft im Vordergrund. Während in asiatischen und afrikanischen Ländern Medien eher als eine Chance zur Entfaltung und zur Unterstützung der Entwicklung der gesamten Bevölkerung betrachtet werden und die pädagogische Auseinandersetzung mit sowie der Einsatz von Medien diese Bestrebungen unterstützen sollen, wird beispielsweise in lateinamerikanischen Ländern Medienpädagogik eher als Mittel zur Befreiung und Emanzipation der Gesellschaft aufgefasst (vgl. Kumar 1992: 154). Im Hinblick auf den Emanzipationsgedanken waren in den 1980er Jahren aber auch in Indien Bestrebungen zu finden, sich mittels Medienpädagogik gegen die Dominanz der nordindischen Sprache in den Medien zu wehren und Menschen aus anderen Regionen Indiens für dessen Auswirkungen auf deren eigene (Sprach-)Kultur zu sensibilisieren (vgl. Kumar o. J.).

Fallbeispiel Lateinamerika

Medienpädagogik als ideologischer Widerstand und Kampf gegen gesellschaftliche Klüfte

Grundsätzlich ist es schwierig, aus eurozentristischer Perspektive alle lateinamerikanischen Länder über einen Kamm zu scheren, da wie in Europa kulturelle, historische und politische Gegebenheiten die Ausprägung und Ausrichtung der Medienpädagogik in den einzelnen Staaten geprägt haben (vgl. Donoso/Wijnen 2012). Als gemeinsamer, deutlicher Unterschied zu Europa kristallisiert sich allerdings die historische Bedeutung von Medienpädagogik als eine Form des ideologischen Widerstandes gegen die wirtschaftliche und politische Dominanz der USA im amerikanischen Raum, die auch aktuelle medienpädagogische Ansätze beeinflusst, heraus (vgl. Fuenzalida 1992: 136). US-amerikanischen Medien, die auch in den lateinamerikanischen Ländern rezipiert werden, wird diesbezüglich oft vorgeworfen, Kinder, Jugendliche und Erwachsene im Sinne einer kulturellen Kolonialisierung zu manipulieren und zu kapitalistischen Werten zu erziehen. Medienpädagogik soll dem entgegenwirken, indem sie die Bevölkerung zu einem kritischen Medienumgang erzieht, der ein kritisches Lesen und Hinterfragen von Medieninhalten einschließt und sie so von der Manipulation durch US-amerikanische Einflüsse befreit (vgl. ebd.: 36–37; Oliveira 1994: 276). ‚Befreiung' kann im Sinne der pädagogischen Anthropologie Paolo Freires oder der lateinamerikanischen Befreiungstheologie aber auch als eine Möglichkeit zum Widerstand gegen die Manipulation durch Medien, die zum Teil in der Hand relativ autoritärer Staatsoberhäupter liegen, aufgefasst werden (vgl. ebd.: 137–138; Donoso/Wijnen 2012). Das Erlernen eines kritischen Umgangs mit Medieninhalten wird dahingehend als eine Form des Widerstandes gegen autoritäre Regierungen interpretiert. Zum Teil wird Medienpädagogik von Vertretern dieses Ansatzes – ähnlich wie in den USA und in Europa – als eine Möglichkeit zur Stärkung der Bürger in einer demokratischen Gesellschaft betrachtet. Medienerziehung kann dann eine kritische Auseinandersetzung mit Medieninhalten, aktive Medienarbeit und die Suche nach alternativen Kommunikationsmöglichkeiten abseits der Massenmedien umfassen (vgl. Fuenzalida 1992: 137–138).

Ein Beispiel dafür ist das in den 1970er Jahren im Kontext auftauchende Paradigma des ‚Rechts auf Information' und der ‚partizipativen Kommunikation', das vor allem Angehörige der Arbeiterklasse dazu motivierte, sich an der Gründung offener Kanäle (community media) zu beteiligen (Oliveira 1994: 273; Aguaded 1995: 25). Im Hinblick auf die Entwicklungen der Informations- und Kommunikationstechnologien zeigen sich heute ähnliche Ansätze, in denen vor allem die Überwindung der immer noch großen sozialen Klüfte (z. B. zwischen indigener und nicht-indigener Bevölkerung, Arm und

Reich oder ländlicher und städtischer Regionen) mit Hilfe von Medienpädagogik im Mittelpunkt stehen (Martínez de Toda 2010; Donoso/Wijnen 2012). Die sogenannte ‚digitale Spaltung' und damit verbundene Suche nach Konzepten zu deren Überwindung in Form von Medienkompetenzförderung (und besserer Schulbildung) zählen aktuell zu den großen Herausforderungen der lateinamerikanischen Medienpädagogik (vgl. Donoso 2009).

Da sich in lateinamerikanischen Ländern seit jeher und bis heute besonders kirchliche Einrichtungen in der schulischen sowie außerschulischen Medienerziehung engagieren, wird Medienpädagogik auch als ein Instrument zur Verteidigung ethischer, moralischer und religiöser Werte betrachtet (vgl. ebd.: 138–139). Hier wendet man sich gegen problematische Medieninhalte wie etwa Sex und Gewalt und versucht, Kinder und Jugendliche zu einem kritischen Medienumgang zu erziehen oder Familien über einen ‚pädagogisch sinnvollen Umgang mit Medien' (was darunter verstanden wird, bleibt unklar) aufzuklären.

Medienpädagogik kann – und dies soll mit diesem flüchtigen Blick in verschiedene Länder deutlich werden – nicht verallgemeinert werden. Unterschiedliche medienpädagogische Perspektiven und Herangehensweisen sind abhängig vom sozialen, politischen und gesellschaftlichen Umfeld einzelner Regionen. So kann, wie das Beispiel Japan zeigt, schon allein die in Europa und den USA verwendete Begrifflichkeit anders gelesen bzw. umgedeutet werden. Denn gerade in den USA wird, wie im vorigen Abschnitt beschrieben, immer noch stark die Vermittlung eines kritischen Medienumgangs in den Vordergrund gestellt und ein ‚critical viewing' oder eine ‚critical media literacy' propagiert. Da es in Europa eine lange (ideologie-)kritische Tradition der Medienpädagogik gibt, weiß man diese US-amerikanischen Begriffe einzuordnen. Japan ist jedoch von einem ‚straffen' Gesellschaftssystem geprägt, in dem der Staat sehr genau vorgibt, wie die Dinge zu sein haben und was an Schulen unterrichtet wird. In Folge dessen werden japanische Schüler darauf gedrillt, Fakten zu lernen und sich in schwierigen Aufnahmeprüfungen für besonders angesehene Schulen und Hochschulen zu qualifizieren, nicht jedoch, das Gelernte kritisch zu hinterfragen. Das Wort ‚Kritik' bzw. ‚kritisch' wird in Japan sofort als Kritik am Staat und an der japanischen Gesellschaft aufgefasst und wird selbst von japanischen Akademikern nach Möglichkeit vermieden (vgl. Suzuki 1992: 167; Suzuki/Sakamoto 2009: 68). Daher ist es auch schwierig, mit japanischen Pädagogen im Sinne ihrer US-amerikanischen Kollegen über Ansätze einer ‚critical media education' zu diskutieren; dies bedeutet jedoch nicht, dass es dort nicht ebenfalls Ansätze zur Vermittlung eines *reflektierten* Medienumgangs gibt.

8.5 Internationale Kooperation und Vernetzung

8.5.1 Internationaler Austausch

Medien und Medienpädagogik sind internationale Themen und so finden sich immer wieder Bestrebungen, internationale Diskurse voranzutreiben. Unter anderem engagieren sich nationale und internationale Einrichtungen im internationalen Austausch. Auf nationaler Ebene tun sich diesbezüglich immer wieder das *British Film Institute* (BFI) und das französische *Centre de liaison de l'enseignement et des médias d'information* (CLEMI) hervor. Diese beiden Institutionen organisierten unter anderem im Jahr 2004 die erste groß angelegte gesamteuropäische Tagung zum Thema Medienerziehung (CLEMI/BFI 2004) und beteiligen sich ebenso an den von der UNESCO initiierten internationalen Media Education Summits. Die italienische *Associazione Italiana per l'educazione ai media e alla comunicazione* (MED) ist ein weiteres Beispiel für eine nationale Organisation, die sehr um internationalen Austausch (v. a. im Rahmen einer jährlich stattfindenden Summer School) bemüht ist (Hinweise zu den Institutionen finden sich im Anhang).

„The growth of international dialogue in the field has undoubtedly been of great value; but it is not always clear that everybody is talking about the same thing." (Buckingham, David 2001: 5)

Aber nicht nur nationale Einrichtungen treiben internationale Diskurse zum Thema Medienpädagogik voran, sondern auch in internationalen Gesellschaften wie der *International Communication Association* (ICA), der *International Association for Media and Communication Research* (IAMCR) oder auf europäischer Ebene in der *European Communication Research and Education Association* (ECREA) hat die Auseinandersetzung mit Medienpädagogik ihren Platz gefunden. In den genannten internationalen Organisationen existieren Fach- oder Arbeitsgruppen, die sich medienpädagogischen Fragen widmen. Diese Arbeitsgruppen kooperieren unter anderem im Rahmen unterschiedlicher, von der UNESCO und/oder der Europäischen Kommission initiierter Projekte zur Implementierung des Ansatzes einer ‚Media and Information Literacy'. In diesem Kontext wurde 2014 auch die *Paris Declaration on Media and Information Literacy in the Digital Era* formuliert, an der Wissenschaftler aus nahezu allen europäischen Ländern mitgewirkt haben. Ziel dieser Deklaration ist es, auf die Bedeutung einer Förderung von Medienkompetenz hinzuweisen und diese in nationalen und internationalen bildungspolitischen Debatten einzufordern.

Die Paris Declaration on Media and Information Literacy in the Digital Era ist unter diesem Link abrufbar: http://www.unesco.org/new/fileadmin/MULTIMEDIA/HQ/CI/CI/pdf/In_Focus/paris_mil_declaration_final.pdf

Des Weiteren soll auch die vom *britischen Film Council* und dem *British Film Institute* initiierte europäische *Media Literacy Charta* der Vernetzung europäischer Experten und Einrichtungen im Bereich Medienpädagogik dienen. Mit diesem Projekt wird eine Förderung der internationalen Zusammenarbeit sowie durch Lobbying eine Verbesserung des Stellenwerts medienpädagogischer Arbeit in Europa angestrebt. Zu diesem Zweck wurden eine Onlineplattform mit einer integrierten Datenbank, in die sich interessierte Personen und Organisationen eintragen können, sowie ein Diskussionsforum eingerichtet.

- **Euro Media Literacy:** Vernetzungsinitiative auf europäischer Ebene www.euromedialiteracy.eu
  Im Zuge einer zunehmenden Internationalisierung und der damit verbundenen stärkeren europäischen Kooperation in medienpädagogischen Fragen werden zudem europäische Forschungsprojekte durchgeführt, in denen internationale Vergleiche unterschiedlicher medienpädagogischer Ansätze und Analysen zur Implementierung von Medienerziehung im Schulunterricht sowie nationaler bildungspolitische Diskurse und daraus resultierender rechtlicher Rahmenbedingungen für die Förderung von Medienkompetenz im Mittelpunkt stehen. Beispiele dafür sind die von der Europäischen Kommission geförderten Projekte *EMEDUS* und die *Study on Assessment Criteria for Media Literacy Levels* (Celot/Tornero 2009) oder das von der UNESCO geförderte Projekt *Mapping Media Literacy Policies.*

8.5.2 Grenzübergreifende europäische Programme

Von der Europäischen Union wurden unterschiedliche Programme ins Leben gerufen, die entweder der europaweiten Förderung von ‚media literacy' im Sinne einer Medienalphabetisierung oder dem Kinder- und Jugendmedienschutz dienen sollen. Beispielsweise wurde von der Europäischen Kommission (2008) eine Studie in Auftrag gegeben, um die unterschiedlichen nationalen Bestrebungen zur Förderung von Medienkompetenz zusammenzufassen und Vorschläge für eine europaweite Medienkompetenzförderung zu erarbeiten. Auch wenn hier durch den Vergleich nationaler Ansätze die Definition von ‚media literacy' (im Sinne von Medienkompetenz) auf Aspekte des kreativen Medienumgangs erweitert wurde, so wird dem Aspekt der ‚citizenship', d. h. der aktiven Bürgerbeteiligung an demokratischen Prozessen dennoch die größte Bedeutung beigemessen, gefolgt von der Fähigkeit, sich kritisch mit Medien auseinanderzusetzen.

Diese Bestrebungen sind sehr gut im *Internet Literacy Handbook* (Richardson et al. 2006) umgesetzt, das vom Europarat herausgegeben und mittlerweile auch in mehrere Sprachen übersetzt wurde. Dieses Handbuch richtet sich an Lehrer sowie an Eltern und verfolgt das Ziel, Erwachsene dazu zu befähigen, Kindern und Jugendlichen einen reflektierten und selbstbestimmten Umgang mit dem Internet zu vermitteln.

Hier zeigt sich allerdings ebenso, dass der Europäischen Union vor allem der Wunsch nach einer Erziehung aktiv an der Gesellschaft partizipierender Bürger zugrunde liegt, denn das Handbuch ist als Unterpunkt von „democracy" und „activities" zu finden. Das primäre Ziel soll dabei sein, jungen Menschen die nötigen „skills for e-citizens" zu vermitteln. Unter diesen Fähigkeiten bzw. „skills" werden ein Bewusstsein für das Recht aller Bürger auf einen freien Zugang zu den Informations- und Kommunikationstechnologien sowie zu Informationen und ein kritischer Umgang mit Informationen subsumiert. Zudem sollen Kinder, Jugendliche und Erwachsene dazu animiert werden, sich produktiv im Internet zu beteiligen und aktiv nach Informationen zu suchen – natürlich mit dem Ziel, dadurch besser an demokratischen Prozessen partizipieren zu können; die zukünftigen Möglichkeiten des e-Governments wie beispielsweise das e-Voting werden in diesem Zusammenhang ebenfalls propagiert.

Insgesamt ist dieses *Internet Literacy Handbook* aber sehr gut aufbereitet, spricht viele Chancen aber auch Herausforderungen der Informations- und Kommunikationstechnologien an und zeigt Eltern und Pädagogen Möglichkeiten auf, wie sie die Medienkompetenz Heranwachsender fördern können. Es werden unterschiedliche Internetanwendungen wie etwa Suchmaschinen, Portale, Chats oder Emailfunktionen angesprochen, rechtliche Hintergründe (z. B. Urheberrechte, Rechte hinsichtlich des geistigen Eigentums von Schülern, Privatsphäre etc.) diskutiert und viele konkrete Beispiele gegeben, wie das Internet sinnvoll in den Unterricht integriert werden kann bzw. wie Risiken und Herausforderungen (z. B. Cyberbullying) in der Schule thematisiert werden können.

Ein neueres Projekt des direkt der Europäischen Kommission unterstehenden Joint Research Centres ist das Spiel *Happy Onlife,* das im Kontext eines europäischen Forschungsprojekts zum Umgang von 8- bis 12-jährigen Kindern mit digitalen Medien entwickelt wurde. Es kann sowohl offline, in Form eines Brettspiels, als auch online über Computer, Tablet oder Smartphone gespielt werden und soll Kindern sowie deren Eltern und Großeltern auf spielerische Weise den Umgang mit Chancen und Risiken des Internets vermitteln. Derzeit ist das Spiel in den Sprachen Englisch, Französisch, Niederländisch, Französisch, Italienisch und Spanisch verfügbar.

Darüber hinaus bemüht sich die Europäische Union auch darum, Heranwachsende vor den potenziellen Gefahren des Internet zu bewahren und hat im Rahmen des *Safer Internet Plus Programms* verschiedene Initiativen und Projekte ins Leben gerufen (z. B. *insafe, Inhope, youth protection roundtable* etc.). Die medienpädagogische Arbeit umfasst hier vor allem die Schulung, Information und Aufklärung von Eltern und Lehrpersonen durch Workshops, Vorträge und diverse Informationsmaterialen sowie die aktive Arbeit mit Heranwachsenden in Schulen. Dies erfolgt in der Regel über die nationalen Institutionen *(Awarenessnodes)* wie beispielsweise *Klicksafe.de* in Deutschland oder *Saferinternet.at* in Österreich.

Abb. 8.3 Screenshots aus „Happy Onlife"

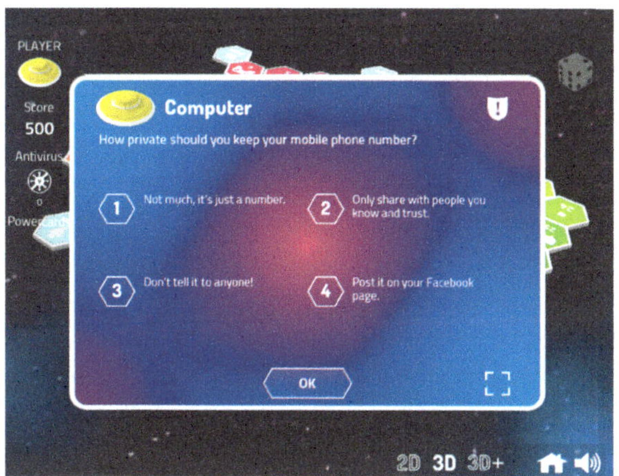

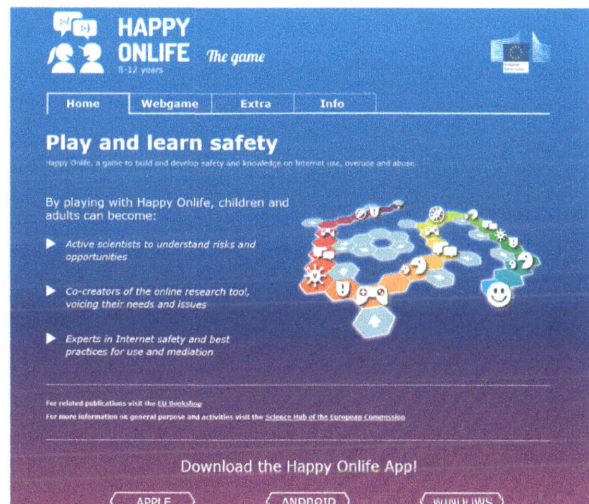

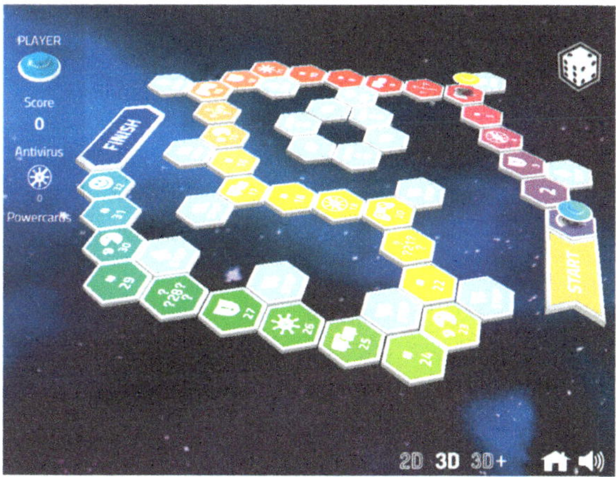

Zusammenfassung

Die pädagogische Auseinandersetzung mit Medien ist ein international wichtiges Thema, daher scheint es langfristig wenig zielführend, sich lediglich auf die Herausforderungen und Ansätze im eigenen Land zu konzentrieren. Im Gegenteil, es kann sogar sehr bereichernd sein, auch einmal einen Blick über den eigenen Tellerrand zu wagen und in fremden medienpädagogischen Gefilden nach neuen Ideen oder anderen Blickwinkeln auf ähnliche Probleme zu stöbern. Dabei ist es allerdings wichtig, sich vor Augen zu führen, dass die Art und Weise, wie in einem Land mit Medien umgegangen wird und die daraus gezogenen medienpädagogischen Konsequenzen kulturell bedingt sind und von unterschiedlichen Einflussfaktoren abhängen (können). Fremde medienpädagogische Ansätze lassen sich daher nur dann verstehen und angemessen beurteilen, wenn man diese auch entsprechend einordnen kann. Zu berücksichtigende Faktoren können in dieser Hinsicht das generelle Medienangebot und das Bildungssystem eines Landes, theoretische Annäherungen an Medien sowie kulturelle Spezifika und historische Entwicklungen sein. Im Austausch mit Kollegen aus anderen Ländern ist ebenso ein sensibler Umgang mit Begrifflichkeiten vonnöten, da nicht davon ausgegangen werden kann, dass – auch wenn man vermeintlich die gleiche (Fach-)Sprache spricht – alle Begriffe gleichermaßen interpretiert werden.

Im Hinblick auf die Europäische Union ist davon auszugehen, dass sich diese auch zukünftig im Bereich ‚media literacy' engagieren und weitere Programme ins Leben rufen wird. Eine Herausforderung wird es sein, diese Programme zu nutzen und auf eine allgemeine Förderung eines kritischen, selbstbestimmten aber auch kreativen Medienumgangs von Kindern, Jugendlichen und Erwachsenen, der sich nicht lediglich auf das Internet und jeweils neu aufkommende Informations- und Kommunikationstechnologien beschränkt, auszuweiten.

Fragen für weitere Überlegungen und Diskussionen

1. Kann es eine international gültige Medienpädagogik geben?
2. Welche Rahmenbedingungen müssen beim Vergleich medienpädagogischer Ansätze in unterschiedlichen Ländern berücksichtigt werden?
3. Nennen Sie Unterschiede zwischen den Ansätzen aus anderen Ländern. Worin können die Gründe für diese Unterschiede liegen?
4. Welche Ziele sollten und könnten Ihrer Meinung nach in europaweiten medienpädagogischen Programmen verfolgt werden?

Empfohlene Basislektüre zur Ergänzung dieses Kapitels

Frau-Meigs, Divina/Torrent, Jordi (2009): Mapping Media Education Policies in the World. Visions, Programmes and Challenges. Online unter: http://unesdoc.unesco.org/images/0018/001819/181917e.pdf (08.07.2017).

Frau-Meigs, Divina/Velez, Irma/Flores Michel, Julieta (Hrsg.) (2017): Public Policies in Media and Information Literacy in Europe. Cross-Country Comparisons. London & New York: Routledge.

Hart, Andrew/Süss, Daniel (Hrsg.) (2002): Media Education in 12 European Countries. A Comparative Study of Teaching Media in Mother Tongue Education in Secondary Schools. E-Collection of the Swiss Federal Institute of Technology. Online unter: http://e-collection.ethbib.ethz.ch/view/eth:25953 (08.07.2017).

Richardson et al. (2006): Internet Literacy Handbook. Public of Europe Publishing. Online unter: *http://www.coe.int/t/dghl/StandardSetting/InternetLiteracy/hbk_en.asp* (08.07.2017).

Wijnen, Christine W. (2008): Medien und Pädagogik international. Positionen, Ansätze und Zukunftsperspektiven in Europa und den USA. München: kopaed Verlag.

9 Medienpädagogische Arbeitsfelder

Durch die permanente Weiterentwicklung des Medienangebots, insbesondere der Informations- und Kommunikationstechnologien und den damit verbundenen politischen Strategien der EU (vgl. Europäische Kommission 2007; 2009) sowie der Nationalstaaten (z. B. Schrack et al. 2010) im Hinblick auf die Vermittlung digitaler Kompetenzen und wirtschaftlicher Wettbewerbsfähigkeit, hat auch die pädagogische Auseinandersetzung mit Medien an Bedeutung gewonnen (vgl. Livingstone et al. 2014). Dennoch wird der Medienpädagogik im gesellschaftlichen Diskurs ein vergleichsweise geringer Stellenwert beigemessen.

In öffentlichen Diskussionen taucht sie zumeist nur dann auf, wenn in gesellschaftlichen Ausnahmesituationen – wie beispielsweise bei Amok laufenden Jugendlichen – nach schnellen Lösungen gesucht wird. In politischen Programmen beschränkt man sich oft auf das Ziel, mit Hilfe der Informations- und Kommunikationstechnologien Jugendliche und Erwachsene zu aktiven Bürgern zu erziehen (vgl. Trültzsch-Wijnen et al. 2017). Medienpädagogik umfasst jedoch weit mehr, wie z. B. die medienpädagogische Forschung und die praktische Arbeit mit Kindern, Jugendlichen und Erwachsenen. Medienpädagogik stellt sich insofern als sehr vielseitiges berufliches Handlungs- und Arbeitsfeld dar. Im Gegensatz zu anderen Berufsfeldern (z. B. beim Beruf des Arztes oder des Automechanikers) existieren keine „monopolisierten medienpädagogischen Tätigkeitsansprüche" (Hugger 2006: 139), denn medienpädagogische Kompetenzen sind in sehr unterschiedlichen (und nicht immer nur in rein pädagogischen) Arbeitsbereichen gefragt.

Auch wenn es kein einheitliches Berufsbild und damit zusammenhängend keine klar definierten Tätigkeitsbereiche für den Beruf des Medienpädagogen gibt, sind faktisch erste Tendenzen einer Professionalisierung erkennbar. So bezeichnen sich bereits viele, die in der aktiven Medienarbeit oder in anderen medienpädagogischen Bereichen arbeiten, selbstbewusst als Medienpädagogen, auch wenn dadurch noch nichts über die tatsächliche Qualität der Arbeit ausgesagt wird und somit die Gefahr einer gewissen Beliebigkeit besteht. Dennoch hat zumindest die deutsche Bun-

D. Süss et al., *Medienpädagogik*, Studienbücher zur Kommunikations- und Medienwissenschaft, https://doi.org/10.1007/978-3-658-19824-4_9

desagentur für Arbeit den Begriff „Medienpädagoge" – wenn auch sehr allgemein formuliert – bereits in ihre Berufsdatenbank aufgenommen (vgl. Hugger 2006: 140, Neuß 2003b: 18). In der Berufsdatenbank des österreichischen Arbeitsmarktservice ist jedoch keine Klassifizierung zu finden, die auch nur ansatzweise den Bereich Medienpädagogik beschreibt, und auch in der Schweiz existiert der Beruf „Medienpädagoge" offiziell (noch) nicht. So orientieren sich beispielsweise die Schweizer Berufsinformationszentren an einer Gliederung der Berufe in 22 Felder; darunter sind auch zahlreiche Bindestich-Pädagogiken wie etwa Malpädagoge, Museumspädagoge, Sozialpädagoge etc. zu finden, nicht aber die Bezeichnung Medienpädagoge (vgl. www.berufsberatung.ch).

Beispiel

Beschreibung des Berufsbildes „Medienpädagoge/-pädagogin" der deutschen Bundesagentur für Arbeit

Die Tätigkeit im Überblick
Medienpädagogen und -pädagoginnen konzipieren Projekte zur Medienerziehung und führen sie durch.

Typische Branchen
Medienpädagogen und -pädagoginnen finden Beschäftigung z. B.

- im Kulturbereich der öffentlichen Verwaltung, z. B. in kommunalen Kulturreferaten und -ämtern
- an Bildungseinrichtungen
- in Jugendzentren
- bei Verlagen, Hörfunk- und Fernsehanstalten

https://berufenet.arbeitsagentur.de/berufenet/faces/index?path=null/suchergebnisse/kurzbeschreibung&dkz=59502&such=Medienp%C3%A4dagog (13.7.2017)

Im gesamten deutschsprachigen Raum sind allerdings immer wieder explizite Stellenausschreibungen (siehe Beispiele) für Medienpädagogen zu finden. Die dort geforderten Fähigkeiten und Fertigkeiten sind weit gestreut und reichen von dezidiert pädagogischen Kompetenzen in der Erziehung von Heranwachsenden über spezielle EDV-Kenntnisse und technische Fertigkeiten bis hin zu Kompetenzen im Bereich des Jugendschutzes oder der Produktion und Bewertung von Kindermedien (vgl. Hugger 2006: 140). Dies macht es Studierenden oft schwer zu erkennen, welche möglichen Arbeitsfelder mit einer medienpädagogischen Ausbildung betreten werden können bzw. welche Voraussetzungen dafür nötig sind (s. a. Fleischer/Hajok 2016: 233 ff.).

Um ein umfassenderes Profil des Berufsbildes zu geben, werden im Folgenden unterschiedliche medienpädagogische Arbeitsbereiche sowie mögliche Wege zu einer beruflichen Tätigkeit im medienpädagogischen Bereich skizziert, wobei auch hier die jeweiligen Möglichkeiten in Deutschland, Österreich und der Schweiz berücksichtigt werden.

9.1 Medienpädagogische Arbeitsbereiche

Medienpädagogische Kompetenzen sind in sehr unterschiedlichen Tätigkeitsbereichen gefragt; oft ist aber eine medienpädagogische Ausbildung alleine zu wenig, um erfolgreich Arbeit als Medienpädagoge zu finden. Hierzu sind meist zusätzliche Qualifikationen nötig, die möglichst in jenen Bereichen liegen, in denen man eine medienpädagogische Tätigkeit aufnehmen möchte (vgl. Lauffer 2003: 73). Dies erfordert jedoch vorab zu wissen, wo Möglichkeiten bestehen, medienpädagogisch tätig zu werden bzw. wo tatsächlich eine Nachfrage nach medienpädagogischen Kompetenzen besteht.

Beispiel

Praktikum im Bereich Medienpädagogik – Ab 2 Monaten Praktikum in Ludwigshafen

Aufgaben

- Planung und Unterstützung bei Workshops, Kursen und Veranstaltungen
- Kennenlernen, Aneignung und Vertiefung unterschiedlicher medienpraktischer Kenntnisse in den Bereichen Video, Audio, Fotografie, Handy und Tablet
- Kennenlernen unterschiedlicher medienpädagogischer Projekte
- Mitarbeit in schulischen Projekten, insbesondere in der Ganztagsschule
- Mitarbeit bei der Initiierung neuer Projekte/ Projektauswertung; Bedarfsermittlung, z.B. Auswertung von Studien, Erprobung und Auswertung medienpädagogischer Materialien, Anfertigen von Projektdokumentationen (Print, Video, Audio, Web)

Qualifikation

Studierende der Medien-, Kultur- und Sozialpädagogik, der Erziehungs- und Medienwissenschaft; Fachschüler/innen der Sozialpädagogik u. Ä.

So bewerben Sie sich bei uns

Senden Sie uns ein formloses Anschreiben, einen Lebenslauf und Ihre aktuellsten Bestätigungen aus dem Studium bzw. der Ausbildung und ggf. von vergleichbaren Praxiserfahrungen.

medien + bildung.com

Dass es, wie bereits dargestellt, kein nach außen hin klar kommunizierbares Berufsbild des Medienpädagogen gibt, kann auf der einen Seite dazu führen, dass man beim Eintritt in die Arbeitswelt öfter erklären muss, welche Fähigkeiten und Fertigkeiten man als Medienpädagoge mitbringt und wie diese im Sinne eines bestimmten Arbeitgebers eingesetzt werden können. Auf der anderen Seite eröffnet die Tatsache, als Medienpädagoge in keine strikte Definition eines speziellen Berufsbildes eingeengt zu sein, auch die Chance, seine Kompetenzen und Fähigkeiten in viele verschiedene Arbeitsbereiche einbringen sowie eigene Schwerpunkte setzen zu können und zum Teil sogar neue Wege zu beschreiten (vgl. Hauke 2003: 113, Schorb/Kakar 2003: 82). Welche Arbeitsfelder tun sich nun aber tatsächlich auf und in welchen Bereichen bedarf es zunehmend auch medienpädagogischer Kompetenzen?

9.1.1 Universitäre und außeruniversitäre Forschung

Ein Beispiel möglicher Tätigkeitsbereiche für Medienpädagogen ist die universitäre sowie außeruniversitäre Forschung. Sie liefert das Grundlagenwissen und die Basis, auf der die medienpädagogische Praxis aufbauen kann und ist somit unerlässlich für zukünftige Weiterentwicklungen der Medienpädagogik. Die universitäre medienpädagogische Forschung ist an verschiedenen Standorten im deutschen Sprachraum und an unterschiedlichen Fachbereichen bzw. Instituten zu finden. Oft ist sie an der Erziehungswissenschaft oder der Medien- und Kommunikationswissenschaft angesiedelt, zum Teil ist sie aber auch in der Soziologie und in der Psychologie zu finden. Partiell setzt man sich auch in anderen Disziplinen wie etwa in den Neurowissenschaften oder der Computerwissenschaft und Usability-Forschung mit medienpädagogischen Fragestellungen auseinander. Grob kann die medienpädagogische Forschung in Grundlagenforschung, die sich mit dem Medienumgang, der Medienaneignung sowie der Rolle von Medien im Alltag von Kindern, Jugendlichen und Erwachsenen, auseinandersetzt, sowie in bildungstechnologische (z. B. der Einsatz von Medien in Lehr- und Lernszenarien) und evaluative Forschung (z. B. im Hinblick auf medienpädagogische Maßnahmen) unterschieden werden. Die jeweiligen Fragestellungen sowie das für ihre Beantwortung eingesetzte Methodenrepertoire können dabei sehr unterschiedlich sein. Gemeinsam ist diesen verschiedenen Forschungsansätzen, dass die Menschen in ihrer individuellen Auseinandersetzung mit und Aneignung von Medien und Medieninhalten im Mittelpunkt stehen (vgl. Götz 2003: 179 f.).

Medienpädagogische Forschung erfolgt aber nicht nur im Umfeld von Universitäten und Hochschulen, sondern auch in außeruniversitären Einrichtungen. Darunter fallen unter anderem Marktforschungsinstitute sowie Marktforschungsabteilungen von Medienanbietern (z. B. Rundfunkanstalten). Dabei geht es in erster Linie um die Verbesserung von Produkten und Medienangeboten im Sinne eines besseren Markterfolgs und den damit zusammenhängenden Wünschen und Vorlieben der Medien-

Beispiel

An der Fakultät für Erziehungswissenschaft ist vorbehaltlich der Mittelbereitstellung zum nächstmöglichen Zeitpunkt nachfolgende, schwerpunktmäßig für den Studiengang der integrierten Sonderpädagogik zuständige Professur zu besetzen. Der Studiengang der integrierten Sonderpädagogik stellt ein Reformvorhaben der Universität Bielefeld dar, bei dem die curriculare, institutionelle und disziplinäre Verschränkung von Sonderpädagogik und allgemeiner Erziehungswissenschaft den Ausgangspunkt bildet. Die Studierenden erwerben am Ende des Studiums einen doppelten Abschluss und die vollständige Qualifikation für ein allgemeines Lehramt und für das Lehramt für sonderpädagogische Förderung. Die Universität Bielefeld strebt mit der Besetzung eine Ausweitung der interdisziplinären Zusammenarbeit in der LehrerInnenbildung an, an der Fakultät für Erziehungswissenschaft soll durch die Stellen die Querstruktur von allgemeiner Erziehungswissenschaft/Schulpädagogik und Inklusion weiter ausgebaut werden. Die zukünftigen Stelleninhaberinnen und Stelleninhaber sollen deshalb mit ihren jeweiligen Arbeits- und Forschungsschwerpunkten hierzu einen Beitrag im Sinne einer inklusionsorientierten LehrerInnenausbildung leisten. Zusätzlich wird die Bereitschaft erwartet, in einem der Forschungsverbünde der Universität sowie an Forschungszusammenhängen der Bielefeld School of Education (BiSEd) mitzuarbeiten und an den Aufgaben der Fakultät für Erziehungswissenschaft in Forschung und Lehre sowie der akademischen Selbstverwaltung mitzuwirken.

W1-Professur für Erziehungswissenschaft mit dem Schwerpunkt Medienpädagogik im Kontext von schulischer Inklusion

Die Stelleninhaberin/der Stelleninhaber soll den Bereich der Medienpädagogik insbesondere mit dem Schwerpunkt „Medien in inklusiven Bildungskontexten" in Lehre und Forschung vertreten. Erwartet werden fundierte medienpädagogische und mediendidaktische Kenntnisse in Forschung und Lehre. Neben theoretischen und empirischen Zugängen zur Thematik der Professur sollen auch praktische Kompetenzen in Bezug auf die Konzeption und den Einsatz von neuen Medien in inklusiven Bildungskontexten vorhanden sein.

Die Aufgaben der zukünftigen Stelleninhaberin/des Stelleninhabers umfassen Lehre in den bildungswissenschaftlichen Anteilen der Bachelor und Master of Education-Studiengänge, insbesondere in den Studiengängen der Integrierten Sonderpädagogik, sowie im Kernfach Erziehungswissenschaft. Das Forschungsprofil der Professur sollte hierbei die Verbindung von Medien/Medienpädagogik und Inklusion im schulischen sowie außerschulischen Bereich berücksichtigen.

Einstellungsvoraussetzungen für die ausgeschriebene Professur sind ein abgeschlossenes einschlägiges Hochschulstudium, pädagogische Eignung und Promotion

Bewerbungen geeigneter schwerbehinderter und ihnen gleichgestellter behinderter Menschen sind ausdrücklich erwünscht.

Die Universität Bielefeld ist für ihre Erfolge in der Gleichstellung mehrfach ausgezeichnet und als familiengerechte Hochschule zertifiziert. Sie freut sich über Bewerbungen von Frauen. Dies gilt in besonderem Maß im wissenschaftlichen Bereich sowie in Technik, IT und Handwerk. Sie behandelt Bewerbungen in Übereinstimmung mit dem Landesgleichstellungsgesetz.

Bewerbungen sollen bestehen aus: Anschreiben, Lebenslauf mit Darstellung des wissenschaftlichen Werdegangs, Verzeichnis der Veröffentlichungen, Aufstellung der Forschungsaktivitäten und der bislang eingeworbenen Drittmittel, Verzeichnis der durchgeführten Lehrveranstaltungen der letzten fünf Jahre sowie sonstige Nachweise der Lehrqualifikation. Von der Einreichung von Schriften bitten wir zunächst abzusehen.

Bewerbungen sind auf elektronischem Wege bis zum 10. Juni 2016 zu richten an:

Universität Bielefeld
Dekan der Fakultät für Erziehungswissenschaft
Postfach 10 01 31
33501 Bielefeld
sekretariat.ew@uni-bielefeld.de

Bitte verzichten Sie auf Bewerbungsmappen und reichen Sie Ihre Bewerbung auf elektronischem Wege ein. Bewerbungsunterlagen werden nach Abschluss des Auswahlverfahrens vernichtet.

nutzer (vgl. Götz 2003: 179 f.). Große Medienproduzenten beteiligen sich zudem des Öfteren an medienpädagogischer Grundlagenforschung bzw. geben diese in Auftrag (z. B. *ARD/ZDF-Medienforschung*, die *Kinderwelten-Studien* von *Super-RTL* oder Studien im Auftrag der österreichischen *Rundfunk & Telekom Regulierungs-GmbH/RTR*).

Weitere medienpädagogische Forschung wird in Deutschland vom *Medienpädagogischen Forschungsverbund Südwest*, dem *JFF – Institut für Medienpädagogik in Forschung und Praxis*, dem *Deutschen Jugendinstitut (DJI)*, dem *Internationalen Zentralinstitut für das Jugend- und Bildungsfernsehen (IZI)* und dem *Hans-Bredow-Institut für Medienforschung* durchgeführt (vgl. Götz 2003: 180–182). Die konkreten Fragestellungen sind dabei sehr unterschiedlich und decken verschiedene Bereiche der Medienwelten von Kindern, Jugendlichen und Erwachsenen ab. Das ebenfalls in Deutschland ansässige *Institut für Film und Bild in Wissenschaft und Unterricht (FWU)* widmet sich vor allem der schulpädagogischen Forschung (vgl. ebd. 2003: 182).

In Österreich gibt es im Medienbereich keine so großen Forschungsinstitute wie etwa in Deutschland. Am Rande widmet sich die *Salzburg Research Forschungsgesellschaft* medienpädagogischen Fragen; der Fokus liegt hier allerdings primär auf den Potenzialen der Informations- und Kommunikationstechnologien für Lehr- und Lernszenarien. In den Studien *des Österreichischen Instituts für Jugendforschung (ÖIJ)* und im in jeder Legislaturperiode erscheinenden *Bericht zur Lage der Jugend in Österreich* des Bundesministeriums für Wirtschaft, Familie und Jugend (BMWFJ) werden vereinzelt medienpädagogische Fragen thematisiert; grundsätzlich widmen sich diese beiden Institutionen aber nicht der medienpädagogischen Forschung. Aufgrund dieses Mangels an außeruniversitärer medienpädagogischer Forschung engagieren sich zunehmend auch (medien-)pädagogische Einrichtungen wie etwa das *Education Group GmbH des Landes Oberösterreich* (früher BIMEZ) und das *Institut für Medienbildung* neben ihren ursprünglichen Aufgaben in der Lehrer- und Elternbildung in diesem Bereich und führen, wenn auch oft nur in kleinerem Rahmen, medienpädagogische Forschungsprojekte durch bzw. geben diese in Auftrag.

In der Schweiz ist die medienpädagogische Forschung in den letzten Jahrzehnten in besonderem Maße von drei Institutionen getragen worden: vom *Institut für Publizistikwissenschaft und Medienforschung der Universität Zürich* (seit 2018 *Institut für Kommunikationswissenschaft und Medienforschung, IKMZ*), vom *Bereich Medienpädagogik am Pestalozzianum Zürich* (heute *Bereich Medienbildung an der Pädagogischen Hochschule Zürich*) und vom *Forschungsdienst der Schweizerischen Radio- und Fernsehgesellschaft SRG SSR idée suisse* (heute *Mediapulse AG für Medienforschung, Bern*). Seit den frühen 1970er Jahren entstanden an diesen Instituten immer wieder große empirische Erhebungen zum Medienalltag von Kindern und Jugendlichen und zur Medienpädagogik in Familien, Schulen und anderen Institutionen (vgl. SRG Forschungsdienst 2004, Süss 2004, Doelker 2005, Moser 2006). Zudem wurden regelmäßig Kinder- und Jugendmedien auf ihre Inhalte und Wirkungen analysiert. Weitere Institutionen erforschen interdisziplinäre Bezüge zwischen Aufwachsen, Lernen und Medien, so zum Beispiel das *Zentrum Lesen an der Pädagogischen Hochschule*

Beispiel

Studentische Hilfskraft gesucht

Umfang: zwei bis drei Tage in der Woche (16 bis 19 Stunden)
Beginn: Juli 2016

Aufgaben in der Forschung
Unterstützung von Erhebungs- und Auswertungsarbeiten
Hilfe bei grafischer Aufbereitung von Ergebnissen
Literaturrecherchen und -exzerpte

Aufgaben in der Redaktion der Zeitschrift merz I medien + erziehung
Betreuung und Aktualisierung der Internetseite, im Besonderen das Verfassen von Hinweistexten für die Rubriken News, Aktuelles, Termine
Auswertung der Mailbox und des Posteingangs
Verfassen von Rezensionen zu aktuellen Medienprodukten
Unterstützung bei der Erstellung der Printausgabe

Adressaten
Studierende einschlägiger Studiengänge (Kommunikations- und Medienwissenschaften, Pädagogik, Psychologie, Soziologie, ...)

gewünschte Qualifikationen
Bedingung: sicherer Umgang mit PC und Internet
von Vorteil: Kenntnisse in Excel, Grafik-/Präsentationsprogrammen, SPSS

Informationen zur Zeitschrift merz unter:
www.merz-zeitschrift.de

Informationen zur Abteilung Forschung unter:
www.jff.de/jff/ueber-uns/das-institut

Bewerbungen mit Lebenslauf und Zeugnissen per E-mail oder per Post bitte an:

JFF – Institut für Medienpädagogik in Forschung und Praxis
Christa Gebel
Arnulfsstr. 205
80634 München

christa.gebel(at)jff.de
089/89689-135

merz I medien + erziehung
Swenja Wütscher
Arnulfsstr. 205
80634 München

swenja.wuetscher(at)jff.de
089/89689-120

der FHNW Aarau, das *Schweizerische Institut für Kinder- und Jugendmedien in Zürich* (früher *Schweizerisches Jugendbuch-Institut*) oder der *Fachbereich Germanistik an der Universität Zürich*, wo Zusammenhänge von Jugendsprache und Medien untersucht werden. An mehreren Pädagogischen Hochschulen sind Forschungsschwerpunkte im Kontext von Schule, Lernen und Medien zu finden, und am Departement Angewandte Psychologie der *Zürcher Hochschule für Angewandte Wissenschaften* gibt es einen Forschungsschwerpunkt „*Psychosoziale Entwicklung und Medien*".

Um in der universitären oder außeruniversitären Forschung arbeiten zu können, braucht es neben entsprechender medienpädagogischer Kenntnisse auch eine fundierte wissenschaftliche Ausbildung und die Beherrschung qualitativer und/oder quantitativer Forschungsmethoden, wenn es darum geht, die Mediennutzung bzw. das Medienhandeln einer speziellen Personengruppe systematisch zu erfassen. Medienpädagogische Forschung versucht die aktive Medienaneignung in den Blick zu nehmen und den lebensweltlichen Kontext der Rezipienten mit zu berücksichtigen. Sie zeichnet sich zum einen dadurch aus, dass die empirischen Befunde auch für die pädagogische Praxis fruchtbar gemacht werden. Zum anderen zählen hierzu auch begleitende Studien zu medienpädagogischen Praxisprojekten, die in erster Linie der Dokumentation und der Evaluation dieser Projekte dienen. Neben der Forschung zur Medienaneignung nennt beispielsweise Schorb (vgl. 2005d: 256) als einen weiteren Zweig der medienpädagogischen Forschung Untersuchungen, die sich auf die Beantwortung mediendidaktischer Fragen konzentrieren. Die nötigen wissenschaftlichen Kenntnisse für eine Arbeit in der medienpädagogischen Forschung eignet man sich am besten während des Studiums durch die Mitarbeit in Forschungsprojekten an. Man lernt dabei, wie derartige Projekte zur Beantwortung medienpädagogischer Fragen konzipiert sind, und erhält Einblicke in die Planung und den Aufbau wissenschaftlicher Studien sowie in deren konkreten Umsetzung und Durchführung.

Beispiel

Stellenausschreibung

Bewerbungsfrist: xx.xx.2015
Kennziffer: 0105W/15

Technology
Arts Sciences
TH Köln

An der Fakultät für Angewandte Sozialwissenschaften der Technischen Hochschule Köln, Institut für Medienforschung und Medienpädagogik, am Campus Südstadt suchen wir zum nächstmöglichen Zeitpunkt in Teilzeit (19,915 Stunden/Woche) befristet bis zum 31.03.2018 eine

wissenschaftliche/n Mitarbeiter/in im Bereich Medienpädagogik und neue Technologien

Ihre Aufgaben
Sie unterstützen bei der Vorbereitung, Durchführung und Auswertung von Forschungsprojekten. In diesem Rahmen kommunizieren und kooperieren Sie mit den entsprechenden Forschungspartnern und –partnerinnen. Darüber hinaus wirken Sie bei der Organisation der Projektarbeit mit und übernehmen die Vor- und Nachbereitung von Konferenzen. Sie unterstützen die Professorinnen und Professoren sowie die Lehrenden bei wissenschaftlichen Publikationen.

Ihr Profil
- Sie verfügen über ein erfolgreich abgeschlossenes Hochschulstudium (Master oder Uni-Diplom) im Bereich der Sozialwissenschaften und weisen eindeutigen Bezug zur Medienpädagogik auf.
- Sie haben fundierte Kenntnisse in sozialwissenschaftlichen Forschungsmethoden.
- Sie kennen sich gut im Projektmanagement aus und haben umfassende Erfahrung in der Projektarbeit, idealerweise im Hochschulbereich.
- Sie bringen Erfahrung in der Einwerbung von Drittmitteln mit.
- Sie können vorzugsweise berufspraktische oder anderweitige Praxiserfahrung in Sozialer Arbeit oder Medienpädagogik nachweisen.
- Sie beherrschen Englisch sehr gut in Wort und Schrift.
- Sie sind sehr sicher im Umgang mit den gängigen MS-Office-Programmen.
- Sie verfügen über ein ausgeprägtes konzeptionelles und analytisches Denken und Handeln.
- Sie sind ein kommunikationsstarker Mensch und überzeugen durch eine eigenständige sowie gut organisierte Arbeitsweise.

Unsere Rahmenbedingungen
- Sie profitieren von unseren regelmäßigen Fort- und Weiterbildungsangeboten.
- Sie haben die Möglichkeit zur Abnahme eines VRS-Großkundentickets.
- Sie nehmen an der zusätzlichen Altersvorsorge der Versorgungsanstalt des Bundes und der Länder (VBL) teil.
- Sie erhalten die Entgeltgruppe 13 Tarifvertrag der Länder (TV-L).

Schwerbehinderte Bewerberinnen und Bewerber werden bei gleicher Eignung bevorzugt berücksichtigt.

Wir bieten 1.600 Beschäftigten und 23.600 Studierenden ein inspirierendes Wirkungsumfeld. Mit Technology, Arts and Sciences bringen wir unsere akademische Vielfalt, unsere Interdisziplinarität und unsere Internationalität zum Ausdruck. Mit diesem Anspruch verstehen wir uns in Lehre und Forschung als Modell für die Zukunft.
Wir pflegen eine Kultur des Ermöglichens und ein partnerschaftliches Miteinander. Internationale Wissenschaftsstandards, Gendergerechtigkeit und Inklusion sind die Leitlinien unserer Personalentwicklung. Wir fördern die Vereinbarkeit von Beruf und Familie.

Fragen zum Bewerbungsverfahren beantwortet Ihnen:
Thomas Nabben
T: + 49 221-8275-3592

Bitte richten Sie Ihre aussagefähige Bewerbung unter Angabe der **Kennziffer 0105W/15** ausschließlich postalisch bis zum **xx.xx.2015** an:

Präsident der TH Köln
z. Hd. Herrn Thomas Nabben
Team 9.3
Gustav-Heinemann-Ufer 54
50968 Köln

Berücksichtigen Sie bitte, dass eine Rücksendung Ihrer Unterlagen nicht erfolgt.

Besuchen Sie auch unsere Homepage: www.th-koeln.de/stellen

Beispiel

Die Bremische Landesmedienanstalt ist eine mit dem Recht der Selbstverwaltung ausgestattete staatsferne Anstalt des öffentlichen Rechts. Der (bre(ma obliegen Zulassung und Aufsicht privater Hörfunk- und Fernsehveranstalter im Land Bremen, die Aufsicht über Internetanbieter mit Sitz in Bremen, sowie – gemeinsam mit den übrigen Medienanstalten in Deutschland – die Zulassung und Aufsicht aller bundesweiten privaten Fernsehveranstalter. Zudem fördert die (bre(ma die Medienkompetenz aller Bremerinnen und Bremer in Kooperationen und eigenen Projekten. Der (bre(ma obliegen zugleich die Koordinierung von landesweiten Initiativen zur Förderung der Medienkompetenz und die Durchführung des Bürgerrundfunks in Bremen und Bremerhaven.

Die (bre(ma sucht im Rahmen einer Elternzeitvertretung zum nächstmöglichen Zeitpunkt eine/n

Mitarbeiter/in für den Bereich Medienkompetenz
-Entgeltgruppe 10 TV-L-

mit einer regelmäßigen Wochenarbeitszeit von 19,5 Stunden, befristet bis November 2016.

Aufgaben:

Die Aufgaben sind vielfältig. Zum einen suchen wir Unterstützung im Bereich Medienkompetenz. Hierunter fallen die Bearbeitung von Anfragen zu Medienkompetenz-Aktivitäten, Netzwerkarbeit, Organisation von Veranstaltungen und die Durchführung und Koordinierung von Medienkompetenz-Projekten mit unterschiedlichen Zielgruppen (z.B. Lehrkräfte, Erzieherinnen). Zum anderen suchen wir Unterstützung für den Bürgersender Radio Weser.TV, v.a. bei der Nutzerbetreuung (Einführungs- und Kamerakurse, Geräteverleih etc.), der Organisation der Fernseh- und Hörfunkkanäle (Terminplanung, Vergabe von Sendeplätzen, etc.), und der Beratung der NutzerInnen. Auch die Pflege der Internetpräsenzen von Radio Weser.TV und der (bre(ma gehört zu den Aufgaben.

Voraussetzungen:

Die Aufgabenerfüllung setzt ein abgeschlossenes (Fach-)Hochschulstudium (z.B. Bachelor of Arts), vorzugsweise im Feld Medien- oder Kommunikationswissenschaften, oder eine vergleichbare Ausbildung voraus. Erfahrungen im medienpädagogischen Bereich, sowie technische Kompetenzen (Kamera, Schnitt) sind ebenfalls erforderlich. Kenntnisse von Content-Management-Systemen und Grafikprogrammen (z.B. Photoshop) und ein Führerschein Klasse B sind von Vorteil. Soziale Kompetenz, selbständiges Arbeiten, Teamfähigkeit und Begeisterung für eine kooperative Arbeit mit ständig wechselnden Schwerpunkten sind Voraussetzung für eine Einstellung.

Allgemeiner Hinweis:

Um die Unterrepräsentanz von Frauen in diesem Bereich abzubauen, sind Frauen bei gleicher Qualifikation wie ihre männlichen Mitbewerber vorrangig zu berücksichtigen, sofern nicht in der Person eines Mitbewerbers liegende Gründe überwiegen. Frauen werden deshalb ausdrücklich aufgefordert, sich zu bewerben. Schwerbehinderten Bewerberinnen und Bewerbern wird bei im Wesentlichen gleicher fachlicher und persönlicher Eignung der Vorrang gegeben. Bewerbungen von Menschen mit Migrationshintergrund werden begrüßt.

9.1.2 Lehre, Fortbildung und Beratung

Ein weiteres großes Tätigkeitsfeld für Medienpädagogen ist die Lehre und Ausbildung. In diesen Arbeitsbereich fallen sowohl die Lehre an Universitäten oder Fachhochschulen sowie die Aus- und Weiterbildung von Lehrern, Erziehern, Jugendarbeitern und ähnlichen Berufsgruppen.

In der Schweiz findet die Lehrerbildung seit 1995 an Pädagogischen Hochschulen statt, und zum Teil erfolgt sie auch an universitären Hochschulen, insbesondere die Ausbildung für Lehrkräfte der Sekundarstufen. In diesem Kontext wurden auch medienpädagogische Professuren oder Dozenturen der Lehrerbildung besetzt. Die medienpädagogischen Module sind aber gegenüber den früheren Ausbildungen nicht zwingend ausgebaut worden, sondern kamen zum Teil durch andere Fachbereiche unter Druck oder wurden stark auf den Bereich der Informations- und Kommunikationstechnologien ausgerichtet (vgl. Androwski et al. 2006).

Mit der Umstrukturierung der Pädagogischen Hochschulen und der Lehramtsausbildung in Österreich wurden auch neue Stellen im Bereich Medienpädagogik geschaffen. Die Bedeutung der Vermittlung medienpädagogischer Kompetenzen an zukünftige Lehrkräfte wurde im Zuge der Diskussionen um Medienkompetenz so-

Beispiel

PH Zürich

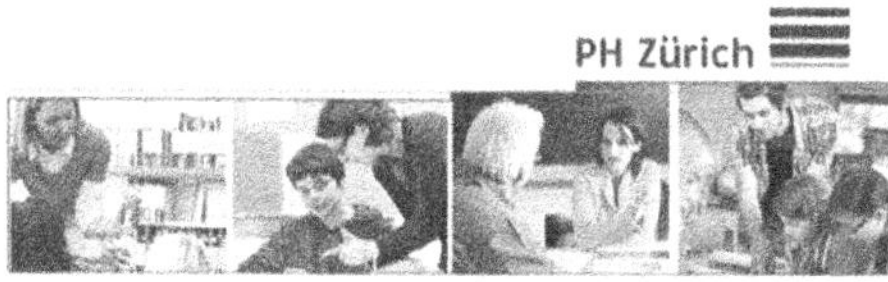

Die Pädagogische Hochschule Zürich ist mit über 3'300 Studierenden eine der grössten Lehrerinnen- und Lehrerbildungsinstitutionen der Schweiz. Sie führt ein umfassendes Angebot in den Leistungsbereichen Ausbildung, Weiterbildung, Forschung und Dienstleistungen (http://www.phzh.ch/)

Der Bereich Medienbildung der Pädagogischen Hochschule Zürich (http://www.phzh.ch/medienbildung/) erbringt Leistungen für Lehrpersonen, Schulteams, Behörden, Elternvereinigungen und für weitere Stakeholder aus dem Schulfeld. Die Angebote umfassen Weiterbildungen zu Medien und Informatik im kompetenzorientierten Unterricht, Referate für Schulteams und Elternvereinigungen zu Themen der Medienerziehung u.a.m. sowie Fach- und Prozessbegleitungen bei der Entwicklung von schuleigenen Medienkonzepten. Die sehr vielfältigen Themen werden mit hoher Kundenorientierung ins Schulfeld eingebracht

Das Prorektorat Weiterbildung und Forschung der PH Zürich sucht für die Abteilung Weiterbildung und Beratung per 1. Januar 2016 oder nach Vereinbarung

Dozentin / Dozent (80%)
im Bereich Medienbildung

Ihr Aufgabenbereich
- Selbständige Entwicklung und Umsetzung von Weiterbildungsangeboten zu Medienbildung, ICT, Informatik für die Volksschule
- Durchführen von bestehenden Weiterbildungsangeboten des Bereichs Medienbildung
- Mitarbeit in Projekten u.a. zur Einführung des Lehrplans 21 (Modullehrplan Medien und Informatik)

Unsere Anforderungen
- Hochschulabschluss in Medienpädagogik, Informatikdidaktik oder entsprechende Studienkombinationen

Der Bereich Medienbildung der Pädagogischen Hochschule Zürich (http://www.phzh.ch/medienbildung/) erbringt Leistungen für Lehrpersonen, Schulteams, Behörden, Elternvereinigungen und für weitere Stakeholder aus dem Schulfeld. Die Angebote umfassen Weiterbildungen zu Medien und Informatik im kompetenzorientierten Unterricht, Referate für Schulteams und Elternvereinigungen zu Themen der Medienerziehung u.a.m. sowie Fach- und Prozessbegleitungen bei der Entwicklung von schuleigenen Medienkonzepten. Die sehr vielfältigen Themen werden mit hoher Kundenorientierung ins Schulfeld eingebracht

Das Prorektorat Weiterbildung und Forschung der PH Zürich sucht für die Abteilung Weiterbildung und Beratung per 1. Januar 2016 oder nach Vereinbarung

Dozentin / Dozent (80%)
im Bereich Medienbildung

Ihr Aufgabenbereich
- Selbständige Entwicklung und Umsetzung von Weiterbildungsangeboten zu Medienbildung, ICT, Informatik für die Volksschule
- Durchführen von bestehenden Weiterbildungsangeboten des Bereichs Medienbildung
- Mitarbeit in Projekten u.a. zur Einführung des Lehrplans 21 (Modullehrplan Medien und Informatik)

Unsere Anforderungen
- Hochschulabschluss in Medienpädagogik, Informatikdidaktik oder entsprechende Studienkombinationen
- Lehrdiplom und Unterrichtserfahrung in der Volksschule erwünscht, Lehrerfahrungen im tertiären Bildungsbereich und gute Kenntnisse des schweizerischen Bildungssystems
- Know-how und Interesse am Einsatz neuer Medientechnologien in Schulorganisation und Unterricht
- Freude am Entwickeln und Umsetzen von Weiterbildungsangeboten für Lehrpersonen der Volksschulstufe
- Kundenorientierte Persönlichkeit mit hoher Auftritts- und Fachberatungskompetenz
- Fähigkeit und Interesse zur aktiven Zusammenarbeit im Team

Wir bieten
- Interessantes, herausforderndes und vielfältiges Tätigkeitsfeld
- Arbeit in einem motivierten Team von qualifizierten Fachpersonen
- Arbeitsplatz im attraktiven Campus direkt beim Hauptbahnhof Zürich

Beispiel

PH-INFO
Ausschreibungen

An der Pädagogischen Hochschule Salzburg ist ab 1.9.2013 folgende Stelle zu besetzen:

Hochschulprofessor/-in (ph 1)
für das Lehrgebiet „Medienpädagogik"

Das Aufgabengebiet umfasst die Lehre, Forschung und Entwicklung im Rahmen der an der Pädagogischen Hochschule Salzburg angebotenen Studiengänge (Primarstufe, Sekundarstufe) sowie im Bereich der Fort- und Weiterbildung von Lehrer/innen.

Es wird eine Persönlichkeit mit einem abgeschlossenen Hochschulstudium, Habilitation oder einschlägigem Doktorat in (Medien-)Pädagogik mit einem Schwerpunkt im Bereich Medienpädagogik und/ oder Mediendidaktik gesucht. Die Professur soll den Bereich Medienpädagogik und -didaktik in Lehre und Forschung vertreten.

Facheinschlägige berufliche Erfahrungen im Bereich der Hochschullehre, empirischen Forschung, und der didaktischen Umsetzung von medienpädagogischen Projekten unter Berücksichtigung einer bildungstheoretisch fundierten Medientheorie werden vorausgesetzt. Hierbei sollen die Bereiche der Mediennutzung, -kritik und –gestaltung berücksichtigt werden. Erfahrungen im Unterricht, in der Gestaltung und Leitung von medienpädagogischen Studiengängen und im Bereich des E-Learnings sind vorteilhaft. Es wird erwartet, dass die Bewerber/innen sich an einer weiteren Profilierung der Pädagogischen Hochschule beteiligen.

Darüber hinaus soll die Professur das *Center of Competences Medienpädagogik/ E-Learning* an der PH Salzburg leiten. Die dafür vorgesehenen Aufgabengebiete entnehmen Sie bitte dem Organisationsplan der PH Salzburg unter: http://www.phsalzburg.at/ogp/page.pdf

Wir erwarten:

- (Inter-)disziplinäre Zusammenarbeit
- (Inter-)nationale Vernetzung innerhalb der Scientific Community
- Forschungs- und Entwicklungstätigkeit (u.a. fachspezifische Schul- und Unterrichtsentwicklung)
- Mitarbeit in Gremien und Bereitschaft zur Übernahme von Funktionen in der Selbstverwaltung der Hochschule
- Bezugnahme zu den Forschungsschwerpunkten der PH Salzburg (Diversity, Gesellschaftliches Lernen, Neue Lernformen, Medienpädagogik/ E-Learning)
- innovative Hochschullehre und in Teilen elektronische Lehre
- Teamfähigkeit

Einstellungsvoraussetzungen:
Die Bewerber/innen müssen die Voraussetzungen laut BDG, Anhang 1, Punkt 22 erfüllen. Das zu erwartende Gehalt beträgt in der niedrigsten Stufe 2.454,90 .- (14x pro Jahr), Vordienstzeiten können entsprechend den gesetzlichen Bestimmungen angerechnet werden.

Bitte richten Sie Ihre Bewerbung mit tabellarischem Lebenslauf, lückenlosem Nachweis der Schul- und Hochschulausbildung, Nachweis der bisherigen beruflichen und nebenberuflichen Tätigkeit, Schriftenverzeichnis sowie einem Statement (max. zwei A4 Seiten) hinsichtlich beabsichtigter Forschungsvorhaben bis zum 22.4.2013 per E-Mail und in schriftlicher Form an die PH Salzburg, Personalabteilung, Akademiestr. 23, 5020 Salzburg, Österreich; yvonne.kandler@phsalzburg.at

Die Hearings der dafür verständigten Bewerber/innen finden am 8.5.2013 an der PH Salzburg statt.

www.phsalzburg.at

wie der Weiterentwicklung der Informations- und Kommunikationstechnologien erkannt. Offen bleibt jedoch, wie nachhaltig sich dies in zukünftigen Curricula niederschlagen wird.

Da gerade Erziehern, Lehrern und Jugendarbeitern momentan noch eine fundierte medienpädagogische Ausbildung fehlt, sind besonders Fortbildungsmöglichkeiten in unterschiedlichen Bereichen der Medienpädagogik gefragt. Aufgrund der ständigen Weiterentwicklung der Medien werden derartige Weiterbildungsmaßnahmen für Pädagogen auch zukünftig von großer Bedeutung sein (vgl. Eichen 2003: 123, Wagner 2003: 104). Ein entsprechendes Interesse der genannten Zielgruppen an derartigen Veranstaltungen ist festzustellen, denn Pädagogen sind im Kindergarten, in der Schule sowie in der außerschulischen Jugendarbeit heute mit Medienwelten von Heranwachsenden konfrontiert, die oft fernab ihres persönlichen Medienrepertoires liegen. Die Aufgabe von Medienpädagogen ist daher die Konzeption, Organisation und Durchführung zielgruppenspezifischer Weiterbildungsangebote in Form von Workshops, Seminaren oder entsprechenden Fachtagungen.

Ähnliche Aufgaben wie in der Fortbildung von Personen, die im Bildungsbereich tätig sind, finden sich in der allgemeinen medienpädagogischen Bildungsarbeit. Hier spielt Medienpädagogik in den Bereich der Erwachsenenbildung hinein. Darunter können unter anderem eine Medienkompetenzvermittlung an spezielle Zielgruppen, wie etwa die Förderung von Senioren im Umgang mit den Informations- und Kommunikationstechnologien, oder Weiterbildungsangebote für Eltern fallen. Auch in diesem Bereich haben Medienpädagogen die Aufgabe, spezielle Angebote für die jeweiligen Zielgruppen zu konzipieren, zu organisieren und durchzuführen. Dabei bedarf es besonders der Sensibilität, geeignete Lernszenarios zu entwerfen und Lernprozesse zu aktivieren und zu begleiten.

Eng verbunden mit der allgemeinen medienpädagogischen Bildungsarbeit ist die Beratung von Eltern und Pädagogen (siehe auch Eichen 2003: 123). Hier sind Transferleistungen von wissenschaftlichen Erkenntnissen in die Praxis und die (medien-) pädagogische Realität nötig. Diese Transferleistungen können beispielsweise in Form von Elternratgebern, Workshops und Elternabenden oder persönlichen Beratungsangeboten umgesetzt werden.

Diese Beratungsangebote können von einer allgemeinen Aufklärung hinsichtlich der Mediensozialisation von Heranwachenden, über die Vermittlung zwischen einzelnen Erziehungsinstanzen in Bezug auf den Medienumgang von Kindern und Jugendlichen (z.B. Handy/Smartphone) bis hin zur Prävention und therapeutischen Maßnahmen (z.B. Spielsucht) reichen. Dafür bedarf es von Seiten der Medienpädagogen auch entsprechender Zusatzqualifikationen, die sie zu einem professionellen Handeln in den unterschiedlichen Szenarien befähigen.

Beispiel

An der Pädagogischen Hochschule Ludwigsburg ist zum 01.10.2017 folgende Stelle zu besetzen:

W3-Professur für Medienpädagogik / Erziehungswissenschaft

Kennziffer: 16-68

Aufgaben: Lehre (9 SWS) und Forschung in Erziehungswissenschaft, insbesondere im Fachgebiet Medienpädagogik; Mitwirkung in schulischen sowie außerschulischen Bachelor- und Masterstudiengängen; Beiträge zur medienpädagogischen Grundlagen-, Praxis- und Entwicklungsforschung werden erwartet; Mitwirkung im Interdisziplinären Zentrum für Medienpädagogik und Medienforschung (IZMM); Initiativen zu medienpädagogischen Fort- und Weiterbildungsangeboten der Hochschule; Praktikumsbetreuung; Mitwirkung bei Prüfungen und in der Selbstverwaltung der Hochschule.

Voraussetzungen: Abgeschlossenes Hochschulstudium in Erziehungswissenschaft mit dem Schwerpunkt Medienpädagogik (Lehramt, Diplom, Magister/Master); Promotion und Habilitation oder vergleichbare Leistungen; pädagogische Eignung sowie mehrjährige berufliche (Lehr-) Erfahrungen im Bereich Medienpädagogik; weitere Einstellungsvoraussetzungen bezüglich der Schulpraxis nach § 47 Abs. 3 LHG BW.

Die Pädagogische Hochschule Ludwigsburg strebt eine Erhöhung des Anteils von **Frauen** an und ist deshalb an Bewerbungen von Frauen besonders interessiert.

Schwerbehinderte werden bei entsprechender Eignung vorrangig eingestellt.

Die Pädagogische Hochschule ist an Bewerberinnen und Bewerbern mit internationalen Erfahrungen und Vernetzungen interessiert.

Bewerbungen unter der angegebenen Kennziffer werden **bis 04.08.2016** mit den üblichen Unterlagen an den Rektor der Pädagogischen Hochschule Ludwigsburg, Postfach 220, 71602 Ludwigsburg erbeten.

Bitte senden Sie uns den ausgefüllten Bewerbungsbogen (http://www.ph-ludwigsburg.de/3848.html) zu.

Bei Rückfragen: 07141 140-450 oder rektorvorzimmer@ph-ludwigsburg.de.

Informationen zur Hochschule unter www.ph-ludwigsburg.de.

9.1.3 Vom Jugendschutz bis zum Lobbying

Medienpädagogen sind ebenso im Bereich des Jugendmedienschutzes gefragt. Hier übernehmen sie oft die Beurteilung von Medieninhalten (z. B. Computerspiele, Onlineangebote, Filme, siehe auch Mikat 2003: 137–144) und die Produktion entsprechender Handreichungen für Eltern und Erzieher.

Ein weiteres Tätigkeitsfeld für Medienpädagogen ist die Produktion von Bildungsmedien für alle Altersstufen. Dabei gilt es in der Auseinandersetzung mit der Medienaneignung und dem Medienumgang von Kindern und Jugendlichen für unterschiedliche Altersstufen geeignete Bildungsangebote (z. B. Lernspiele) zu konzipieren bzw. den Produzenten dieser Bildungsmedien beratend zur Seite zu stehen. Dazu braucht es pädagogische und entwicklungspsychologische Kompetenzen genauso wie das technische Verständnis für die Umsetzung dieser Produkte. Aber nicht nur in der Produktion kindgerechter Bildungsangebote, sondern auch in der Konzeption von Bildungsmedien für Erwachsene sind medienpädagogische Kompetenzen gefragt; dies gilt ebenso für die Entwicklung von E-Learning-Plattformen und anderer virtueller Lernszenarios.

Des Weiteren können Medienpädagogen im journalistischen Bereich tätig sein. Ihre Kompetenzen sind unter anderem in der Gestaltung von Kinderseiten in Zeitungen, kindergerechten Websites oder Internet-Portalen (siehe dazu auch Schild 2003: 171–177) sowie in der Produktion von speziellen Kindersendungen und Programmblöcken für Kinder im Fernsehen gefragt. Wunden (vgl. 2003: 34) nennt zudem die Fachpublizistik, wie beispielsweise in den Bereichen Medienpolitik, Medienerziehung, Sozialpädagogik, und allgemeine Bildung als mögliches Tätigkeitsfeld von Medienpädagogen.

Medienpädagogen können sich aber auch im Bereich des Lobbyings und der Öffentlichkeitsarbeit im Hinblick auf medienpädagogische Belange engagieren; dies erfolgt meist im Rahmen von Interessensvertretungen oder bildungspolitischen Tätigkeiten.

Beispiel

fjp>media, der Verband junger Medienmacher in Sachsen-Anhalt sucht für das Projekt „Medienkenner" der Servicestelle Kinder- und Jugendschutz in Magdeburg als Elternzeitvertretung voraussichtlich zum 01.03.2016 zunächst für 12 Monate

eine Referent/in für Jugendmedienschutz

fjp>media vereint als Fachverband professionelle Kompetenz im Bereich der Jugendarbeit unter dem Aspekt des Jugendschutzes und grundlegende Partizipation von Kindern und Jugendlichen auf Leitungs- wie auf Angebotsebene.
Das Projekt Medienkenner engagiert sich besonders im Bereich des präventiven Jugendmedienschutzes und bietet neben Information und Beratung Bildungsangebote für Kinder, Jugendliche und Familien sowie Fachkräfte an.

Aufgabenschwerpunkte

- Beobachtung, Bewertung und Analyse von kinder- und jugendschutzrelevanten Themen und Gefährdungspotentialen; Erarbeitung von Schwerpunkten für die Arbeit des Projektes
- Organisation, Durchführung und Nachbereitung von Projekten und Bildungsangeboten
- Organisation, Durchführung und Nachbereitung von Information, Fortbildung und Beratung
- Organisation und Koordination der Netzwerkarbeit
- Mitarbeit in Prüf- und Aufsichtsgremien und anderen Gremien
- fachliche Anleitung Freiwilliger, freier Mitarbeiter und Praktikanten
- Lobby- und Öffentlichkeitsarbeit
- Dokumentation der Arbeiten

Anforderungen

- abgeschlossene wissenschaftliche Hochschulbildung im Bereich Soziale Arbeit, Pädagogik, Medienbildung/Medienpädagogik oder gleichwertige Fähigkeiten und Erfahrungen
- sehr gute Kenntnisse im Bereich Jugend(medien)schutz und Medienpädagogik, Umgang mit neuen Medien,
- fundierte Kenntnisse relevanter Rechtsvorschriften
- Erfahrungen im Projektmanagement, gutes Organisationsvermögen
- hohes Maß an Belastbarkeit und Eigenständigkeit
- hohes Maß an Kommunikationsfähigkeit einschließlich der Fähigkeit zur Moderation und Präsentation
- Kenntnisse von Struktur, Organisation und verwaltungstechnischer Arbeitsweise öffentlicher und freier Träger der Jugendhilfe, insbesondere im Land Sachsen-Anhalt
- Flexibilität und hohe Einsatzbereitschaft
- Grundlegende Kenntnisse von Office-Anwendungen
- PKW-Führerschein Klasse B

Wir bieten

- eine spannende Tätigkeit in einem gesellschaftlich wichtigen, kreativen und abwechslungsreichen Arbeitsfeld
- einen hohen Gestaltungsspielraum
- das Mitwirken in einem lebhaften Jugendverband und in engagierten Netzwerken
- die Möglichkeiten zur Qualifikation
- eine Vergütung in Anlehnung an den TV-L, EG 10, 40 Stunden oder Teilzeit (vorbehaltlich der Zuwendung durch das Land Sachsen-Anhalt)

Bewerbungen mit vollständigen Unterlagen ausschließlich per E-Mail bis zum 15.11.2015 an:
fjp>media
Verband junger Medienmacher Sachsen-Anhalt
Olaf Schütte
Postfach 1442
39004 Magdeburg
Telefon: 03 91 / 561 82 36
Fax: 03 91 / 541 07 67
E-Mail: olaf.schuette@fjp-media.de

Beispiel

juuuport.de - die Selbstschutz-Plattform von Jugendlichen für Jugendliche

WIR SUCHEN ab Januar 2016 in Hannover
eine/einen medienpädagogische/n Projektmanagerin/Projektmanager

juuuport.de, die bundesweit agierende Plattform, bietet Jugendlichen Hilfe bei Problemen im und mit dem Internet. Ob Cybermobbing, Abzocke oder Datenschutz, zu allen diesen Themen können auf juuuport Fragen gestellt werden: entweder öffentlich in einem Forum (fooorum) oder persönlich per Beratungsformular. Speziell ausgebildete Jugendliche zwischen 15 und 21 Jahren, die juuuport-Scouts, moderieren und beantworten ehrenamtlich die Fragen der jugendlichen Nutzer. Die Scouts werden von erwachsenen Experten aus den Bereichen Recht, (Medien-)Pädagogik, Psychologie und Online-Beratung ausgebildet und betreut. Die Beratung ist kostenlos und anonym.

Die Arbeit des Projektes wird von dem Verein juuuport e.V. gefördert, dem sieben Landesmedienanstalten angehören. Sitz des Vereins ist Hannover.

Als medienpädagogische/r Projektmanagerin/Projektmanager halten Sie die Fäden des Projektes juuuport in der Hand und sind für dessen Organisation, Durchführung und Verwaltung zuständig. Im Mittelpunkt steht die Zusammenarbeit mit den auf der Plattform engagierten juuuport-Scouts sowie deren Unterstützung bei der Beratungsarbeit. Außerdem engagieren Sie sich in unserem Netzwerk, bauen gemeinsame Projekte mit den Partnern auf und schaffen neue Partnerschaften.

AUFGABEN:
- medienpädagogisches Management des Projektes juuuport
- konzeptionelle und didaktische Weiterentwicklung dieses Projektes
- Organisation und Koordination der ehrenamtlichen Arbeit und der Aktivitäten sowie Schulungen der juuuport-Scouts
- Koordination der pädagogischen, psychologischen und juristischen Betreuung
- Pflege und Ausbau der Zusammenarbeit mit Kooperationspartnern
- Vortragstätigkeiten und Koordination der Beteiligung des juuuport-Teams an Veranstaltungen und Messen
- Projektverwaltung sowie interne und externe Kommunikation
- Unterstützung/Vertretung des Redaktions- und Kommunikationsmanagement

ANFORDERUNGEN:
- Universitäts- oder Fachhochschulabschluss in Medienpädagogik oder vergleichbarem Studiengang
- Erfahrungen in der Projektarbeit mit Jugendlichen sowie fundierte Kenntnisse der Jugendkultur und -kommunikation
- Erfahrung im operativen Projektmanagement und Fähigkeit, eigenständig und selbstverantwortlich zu arbeiten
- Konzeptionelle Kreativität
- großes Interesse für neue Entwicklungen im Internet, insbesondere in Social Media
- Bereitschaft zu Teamwork
- Content-Management-System-Kenntnisse (von Vorteil)
- Bereitschaft, die Arbeitszeit flexibel zu gestalten und zu reisen
- gute bis sehr gute Englischkenntnisse
- Führerschein Klasse B

WIR BIETEN eine interessante, abwechslungs- und perspektivreiche Stelle in Zusammenarbeit mit tollen engagierten jungen Menschen. Die Vergütung erfolgt in Anlehnung an TV-L E11 (vorerst 80%).

Ihre Bewerbung richten Sie bitte per E-Mail bis zum 06.10.2015 an: mosler@nlm.de

Sabine Mosler
1. Vorsitzende juuuport e.V.
c/o Niedersächsische Landesmedienanstalt
Seelhorststraße 18
30175 Hannover
Telefon: 05112847743

9.1.4 Praktische Medienarbeit

Nicht zuletzt umfasst Medienpädagogik auch praktische Medienarbeit (▸ Kapitel 6), z. B. in Schulen, Jugendzentren, anderen jugendkulturellen Einrichtungen (siehe auch Schell 2003: 145–156) oder im Bereich der Erwachsenenbildung. Eine Übersicht findet sich unter: www.film-up.org → akteure → medienzentren). Eng verbunden damit ist oft das Engagement für Bürgermedien oder das Bestreben, vor allem jungen Medienproduzenten beispielsweise in Form von Wettbewerben oder Festivals eine Plattform und Öffentlichkeit für die Präsentation ihrer Produktionen zu bieten.

- **Mediennetz Hamburg:** In Hamburg haben sich Akteure aus dem Bereich Medienpädagogik und Kulturarbeit zu einem Verein zusammengeschlossen, um die Sichtbarkeit, Vernetzung und Kooperation der medienpädagogischen Akteure zu erhöhen. Über die Internetplattform kann man sich schnell einen Überblick über Aktivitäten und Akteure verschaffen: www.mediennetz-hamburg.de.

In Österreich gibt es unterschiedliche Institutionen und Einrichtungen, die sich in der aktiven Medienarbeit engagieren. Diese reichen von freien Radios wie etwa der *Radiofabrik und Fernsehsendern wie FS1, Dorf TV und Okto,* über medienpädagogische Vereine wie das *Institut für Medienbildung* und *KIMEKI,* Institutionen der außerschulischen Jugendarbeit wie der *Verein Spektrum* bis hin zu Medienzentren wie beispielsweise jenes von *wienXtra.* Zur Vernetzung solcher Einrichtungen wurde der Dachverband *BIKUM* gegründet, dessen Aktivitäten jedoch noch stark auf die Bundeshauptstadt konzentriert sind. Ähnlich präsentiert sich die Situation in der Schweiz (vgl. Süss et al. 2008, 2009). Dort bieten etwa die *Schweizer Jugendfilmtage* jährlich Workshops für die eigenständige Filmproduktion für Jugendgruppen und Schulklassen an (siehe www.jugendfilmtage.ch). Träger solcher Angebote sind Schulen, Jugendzentren, private Vereine, Gemeinden und Jugendverbände.

In der beruflichen Realität gehen einige der in diesem Kapitel skizzierten Arbeitsfelder ineinander über und fließen zusammen. Medienpädagogen sind zwar Allrounder, jedoch können einzelne Personen unmöglich alle Tätigkeitsbereiche besetzen. Daher sind eine Spezialisierung sowie eine Herausarbeitung persönlicher Kompetenzen nötig, um ein entsprechendes Profil zu erlangen und am Arbeitsmarkt auch tatsächlich erfolgreich zu sein.

Beispiel

Haus Neuland ist eine der größten Einrichtungen der politischen Bildung in Nordrhein-Westfalen. Zum 01.04.2017 suchen wir für das Projekt „JuMP – Jugend, Medien, Partizipation" eine/n

Medienpädagogin/Medienpädagogen

in Vollzeit. Die Stelle ist analog zum Projektzeitraum befristet bis zum 30.11.2018.

Stellenbeschreibung

Ziel des Projektes „JuMP – Jugend, Medien, Partizipation" ist es, Jugendliche durch digitale Medien zur gesellschaftlichen und politischen Teilhabe zu befähigen. Wir stärken sie in ihrer Medienkompetenz, sensibilisieren sie für die Chancen, aber auch Risiken digitaler Medien und zeigen Möglichkeiten auf, sich an der Demokratie zu beteiligen. Um die jungen Menschen in ihrer Lebenswelt zu erreichen, bieten wir Workshops und Seminare für unterschiedliche Zielgruppen an: für pädagogische Fachkräfte, für MultiplikatorInnen und für Jugendliche selbst.
Als medienpädagogische/r Mitarbeiter/in unterstützen Sie diese Arbeit – auf organisatorischer, konzeptioneller und praktischer Ebene.

Unsere Bildungseinrichtung mit integriertem Medienzentrum befindet sich in Bielefeld am Rande des Teutoburger Waldes und ist mit dem Auto gut erreichbar. Hier erwartet Sie ein fröhliches, engagiertes Team und eine Vergütung nach Haustarif.

Voraussetzungen

Wenn Sie über einen einschlägigen Hochschulabschluss und erste Erfahrungen in der Jugendbildung verfügen, freuen wir uns auf Ihre Bewerbung.

Bitte senden Sie Ihre aussagekräftige Bewerbung bis zum 15.03.2017 per E-Mail an:
jobs@haus-neuland.de (z.Hd. Ina Nottebohm)

Haus Neuland
Senner Hellweg 493
33689 Bielefeld

www.haus-neuland.de
www.jump-nrw.de

Beispiel

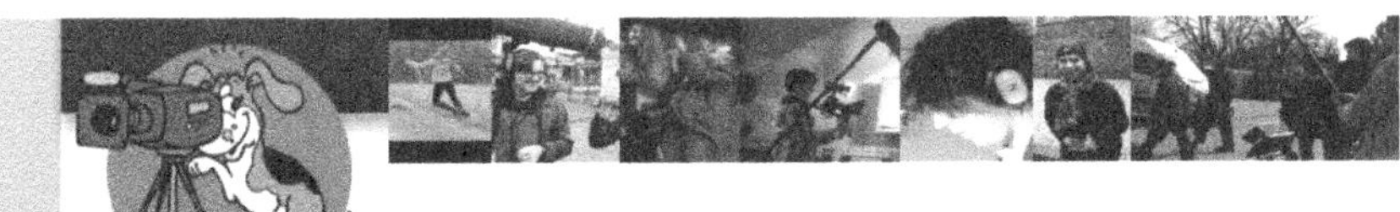

NOCASE
inklusive Filmproduktion g GmbH

Claudia Schmoldt, In der Gracht 14a, 52249 Eschweiler, 02403-989988, schmoldt@nocase.de, www.nocase.de

Anfang Oktober 2014 wurde Nocase als Medienwerkstatt für Kinder und Jugendliche gegründet. Daraus entstand die etwas andere Filmproduktion für junge Menschen mit und ohne Handicap. Durch das Medium Film ist ein Selbstverständnis der Kommunikation und Zusammenwirken gegeben. Dies entspricht unserem Ziel, der **inklusiven Filmproduktion**.

In unseren Projekten entstehen Kurzfilme zu Aufklärungszwecken, Krimis, Interviews und Dokumentationen, in denen die Teilnehmer mit ihren eigenen Ideen und ihrer persönlichen Sicht den entstehenden Filmen eine ganz persönliche Note verleihen. Die Resultate können stets auf unserer Homepage www.nocase.de angeschaut werde.

Die Filmteams bestehen stets aus Menschen mit und ohne Beeinträchtigung. Unsere Dreharbeiten finden in der Öffentlichkeit statt. Hier wurde deutlich, wie schnell mit dem Medium Film Barrieren fallen, um ein Arbeiten inklusiv Hand in Hand umzusetzen.

Jeder Teilnehmer wird in seiner Persönlichkeit und Besonderheit akzeptiert. Wir geben Hilfestellung, Struktur und Anleitung. Wir arbeiten im Team und verfügen über Kenntnisse im pädagogischen und sonderpädagogischen Bereich, Autismus, Epilepsie, Verhaltensauffälligkeiten sowie Methodik in der Umsetzung der Inklusion und Filmgestaltung. Die Erstellung von Filmen ist der Grundstein für Medienkompetenz.

Zur Projektbearbeitung gehört die Erstellung eigener Filmideen, Drehbuchgestaltung, Darstellung vor der Kamera oder die Erfahrung im Bereich der Technik. Dazu gehören Kamera, Ton und Schnittarbeiten, sowie die Regie und Projektorganisation.

Teilnehmer können Gefühle, Träume, Hoffnungen, Erfahrungen und Phantasie zum Ausdruck bringen. Die positive Reaktion des Publikums lässt sie Selbstbewusstsein erfahren, als Motivation für weitere Lerneffekte und eine positive Persönlichkeitsbildung. Eigene neue Fähigkeiten und Kompetenzen können in den vielschichtigen Aufgaben gebildet, entdeckt und vertieft werden und dienen sowohl als Orientierung für die Berufswahl als auch als „persönliche Visitenkarte" für den freien Arbeitsmarkt.

Unser Ziel ist es, das Bewusstsein für junge Menschen mit Behinderung und sozialer Benachteiligung zu schärfen und die Achtung und ihre Würde in der Gesellschaft zu fördern. Zudem möchten wir Klischees und Vorurteile aufgrund ihrer besonderen Lebenssituation bekämpfen, sowie das Bewusstsein für die Fähigkeiten und den Beitrag von Menschen mit Behinderung fördern.

Nocase inklusive Filmproduktion gGmbH sucht:

Medienpädagoge/in für inklusive Filmprojekte im Ruhrgebiet. Voraussetzungen sind eine gültige Fahrerlaubnis, Kenntnisse, Erfahrungen und Bereitschaft in der Arbeit mit behinderten Kindern, Jugendlichen und jungen Erwachsenen, Eigenständigkeit, Kreativität und Teamgeist. Die Vergütung erfolgt über Honorarabrechnung nach Vereinbarung.

Kontakt: Claudia Schmoldt, 02403/989988, schmoldt@nocase.de

9.2 Ausbildung für medienpädagogische Berufe

Genauso wie es *den* Medienpädagogen nicht gibt, gibt es auch keine einheitliche und standardisierte Ausbildung für Medienpädagogen. Derzeit findet die Ausbildung für medienpädagogische Berufe vorwiegend im Hochschulbereich statt, oft als Schwerpunkt in erziehungswissenschaftlichen oder kommunikationswissenschaftlichen Studiengängen oder als Erweiterungs- bzw. Ergänzungsstudiengänge, die von Universitäten und Pädagogischen Hochschulen angeboten werden (vgl. Hugger 2006: 143, Tulodziecki 2005: 27). Medienpädagogik kann zudem als Wahlfach oder Zusatzangebot in der Kommunikationswissenschaft, der Soziologie oder der Psychologie angeboten werden. Des Weiteren existieren vereinzelt postgraduale Masterstudiengänge als Weiterbildungsangebote für Pädagogen und zum Teil findet sich ein medienpädagogisches Zusatzangebot in Fachhochschulen für die Ausbildung von Sozialpädagogen oder ähnlichen Berufen.

Abb. 9.1 Medienpädagogische Arbeitsfelder und wissenschaftliche Zugänge zur Medienpädagogik (eigene Darstellung)

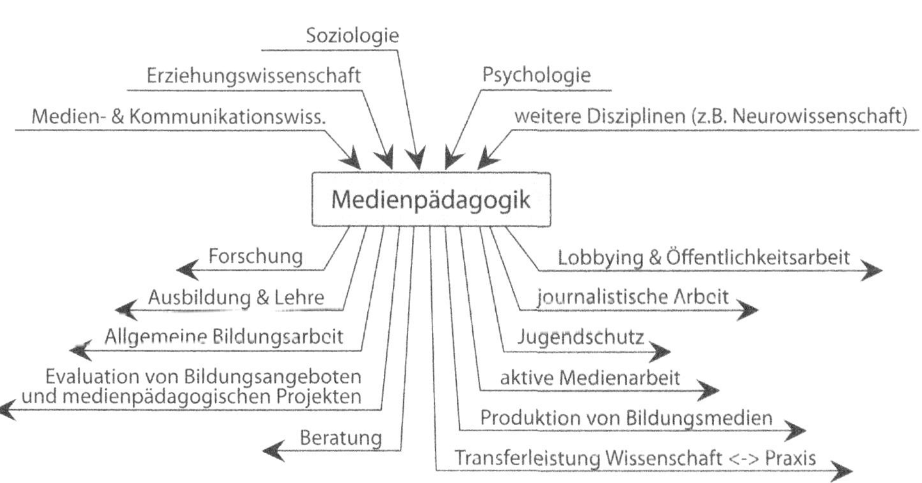

Die Medienpädagogik ist sowohl auf der Theorieebene als auch auf der Praxisebene ein interdisziplinäres Feld. Ihre theoretisch-wissenschaftliche Basis liegt vor allem in der Kommunikations- und Erziehungswissenschaft, aber auch die Soziologie und die Psychologie liefern wichtige Beiträge. Um den Medienumgang von Kindern, Jugendlichen und Erwachsenen, der die Grundlage medienpädagogischen Handelns darstellt, vor dem Hintergrund einer sich ständig weiterentwickelnden (Medien-)Umwelt adäquat erfassen zu können, bedarf es einer grundlegenden Offenheit gegenüber Ansätzen und Erkenntnissen aus anderen Disziplinen. Welchen Zugang zur Medienpädagogik bzw. theoretisch-wissenschaftlichen Schwerpunkt man im Rahmen seiner Ausbildung wählt, hängt zum einen von persönlichen Vorlieben und Interessen, zum anderen aber auch von den Wünschen und Vorstellungen ab, in welchem Bereich man zukünftig medienpädagogisch tätig sein möchte. Wichtig ist dabei, schon während der Ausbildung zumindest ein ungefähres Ziel vor Augen zu haben, um sich so z. B. in Form von Fächerkombinationen, Erweiterungsstudien oder dem Besuch spezieller Lehrveranstaltungen und Fortbildungsmöglichkeiten entsprechend qualifizieren zu können. Die nachfolgende Grafik gibt einen Überblick über die verschiedenen Bereiche medienpädagogischer Arbeitsfelder, für die man sich ausgehend von unterschiedlichen wissenschaftlichen Zugängen weiter spezialisieren und qualifizieren kann.

9.2.1 Persönliches Engagement

Um sich als Medienpädagoge in einem der unterschiedlichen Arbeitsbereiche zu behaupten, bedarf es schon zu Beginn der Ausbildung eines aktiven persönlichen Engagements. Dies reicht von einer bewusst gewählten Fächerkombination und dem Bestreben, sich aus unterschiedlichen Wissensbereichen das nötige Know-How für die medienpädagogische Praxis anzueignen, das heißt, sich auch in unterschiedliche Ansätze einzulesen, bis hin zur Absolvierung berufseinschlägiger Praktika. Medienpädagogische Ausbildungs- und Berufswege verlaufen daher in hohem Maße selbstinitiativ und meist sehr individuell; Ziel ist es, persönliche Spezialisierungen herauszuarbeiten (vgl. Neuß 2003b: 10). So kommt beispielsweise Aufenanger (vgl. 2003: 61) in einer Befragung deutscher Medienpädagogen zu dem Ergebnis, dass nahezu 80 Prozent einen hohen Anteil ihrer beruflichen Fähigkeiten durch Eigeninitiative und Selbststudium erworben haben.

Tipps für angehende Medienpädagogen

- Sich informieren über medienpädagogische Arbeitsfelder
- Abklären:
  - Was interessiert mich und welches Hintergrundwissen brauche ich dafür?
  - Will ich eher praktisch oder eher wissenschaftlich-theoretisch arbeiten?
- Interdisziplinäres Denken (Fächerkombinationen, Wahlfächer, Ergänzungsstudien etc.)
- Erfahrungen sammeln durch Praktika
- Persönliche Tätigkeitsfelder aktiv konstruieren
- Engagement in Fachgruppen und Interessensvertretungen

Um als Medienpädagoge auch tatsächlich Arbeit zu finden, bedarf es neben der medienpädagogischen Qualifikation auch einer zusätzlichen Qualifikation in jenem Bereich, in dem man gerne arbeiten möchte (vgl. Lauffer 2003: 73). Daher sollte man sich schon zu Beginn des Studiums die Frage stellen, für welche medienpädagogischen Arbeitsbereiche man sich persönlich interessiert und welches Hintergrundwissen dafür nötig ist. Zudem sollte man Gedanken darüber anstellen, ob man eher praktisch (z. B. offene Jugendarbeit oder praktische Medienarbeit) oder wissenschaftlich-theoretisch (z. B. Transferleistungen von der Wissenschaft in die Praxis, Lehre oder Beratungstätigkeiten) arbeiten möchte. Dies führt in weiterer Folge zur Entscheidung, ob man eine Ausbildung an einer Fachhochschule, einer Pädagogischen Hochschule, oder an einer Universität anstrebt.

Um nach der Ausbildung reale Chancen am Arbeitsmarkt zu haben, ist es essentiell, durch Praktika einschlägige Erfahrungen zu sammeln, denn neben theoretischem Wissen gehören auch „medienpädagogische Gestaltungs- und Bildungspraxis sowie pädagogisch-organisatorische Handlungskompetenzen" und zudem „Wissen in den Bereichen public relation [sic!], Institutionenkunde und Dienstleistungsmarketing" (Neuß 2003b: 19) zu den beruflichen Fähigkeiten und Fertigkeiten von Medienpädagogen. Praktika ermöglichen zudem, in unterschiedliche Arbeitsbereiche hinein zu schnuppern und so zu erkennen, für welche Tätigkeiten man selbst am besten geeignet ist bzw. wofür man sich am meisten interessiert (vgl. Hauke 2003: 115). Des Weiteren ermöglichen sie oft den ersten Einstieg in die Arbeitswelt bzw. können sie zumindest bei der Suche nach dem ersten Arbeitsplatz hilfreich sein. So betonen auch Schorb und Kakar (2003: 79) unter Verweis auf eine Befragung ehemaliger Studierender der Medienpädagogik, dass „die meisten Arbeitgeber sehr großen Wert auf praktische Erfahrungen legen."

9.2.2 Berufliche Vernetzung

Für die weitere berufliche Tätigkeit empfiehlt es sich, fachspezifischen Interessensvertretungen beizutreten. Auf wissenschaftlicher Ebene bieten sich die medienpädagogischen Fachgruppen in der *Deutschen Gesellschaft für Publizistik- und Kommunikationswissenschaft (DGPuK)*, der *Gesellschaft für Medienwissenschaft (GfM)* sowie in der *Deutschen Gesellschaft für Erziehungswissenschaft (DGfE)* an. Ebenfalls in Deutschland gibt es die *Gesellschaft für Medien in der Wissenschaft (GMW)*, die jene Personen und Institutionen vereint, die sich der mediendidaktischen Forschung im Hinblick auf den Einsatz von Medien an Hochschulen und Universitäten widmen.

Darüber hinaus existiert in der *Österreichischen Gesellschaft für Forschung und Entwicklung im Bildungswesen (ÖFEB)* eine Sektion Medienpädagogik; in der *Österreichischen Gesellschaft für Kommunikationswissenschaft (ÖGK)* ist die Medienpädagogik allerdings nicht verankert.

In der *Schweizerischen Gesellschaft für Kommunikations- und Medienwissenschaft (SGKM)* ist die medienpädagogische Forschung ebenfalls durch eine eigene Fachgruppe repräsentiert, jedoch sind weder in der *Schweizerischen Gesellschaft für Bildungsforschung (SGBF)* noch in der *Schweizerischen Gesellschaft für Lehrerbildung (SGL)* Vertretungen oder Fachgruppen für Medienpädagogen zu finden. Da die Medienpädagogik in den österreichischen und schweizerischen wissenschaftlichen Interessensvertretungen nicht so gut repräsentiert ist wie in Deutschland, ist ein Großteil jener Personen, die sich in diesen beiden Ländern mit medienpädagogischen Fragen auseinandersetzen, ebenso Mitglied in den deutschen Fachgesellschaften. Auch internationale wissenschaftliche Gesellschaften wie die *International Communication Association (ICA)*, die *International Association for Media and Communication Research (IAMCR)*, die *World Education Research Association (WERA)* oder auf europäischer Ebene die *European Communication Research and Education Association (ECREA)* und die *European Educational Research Association (EERA)* bieten die Möglichkeit, sich in medienpädagogischen (Forschungs-)Fragen zu engagieren.

Besonders für Personen aus der medienpädagogischen Praxis hat sich in Deutschland die *Gesellschaft für Medienpädagogik und Kommunikationskultur (GMK)*, die sowohl Wissenschaftler als auch Praktiker vereint, als Dachorganisation und Interessensvertretung etabliert, in der es neben Landesgruppen auch Fachgruppen zu spezifischen Themenfeldern (z. B. Schule, internationale Medienpädagogik, Bürgermedien etc.) gibt. In Österreich und in der Schweiz gibt es (noch) keine vergleichbaren Organisationen.

9.2.3 Medienpädagogische Professionalisierung

Da der Medienpädagogik nach wie vor ein festes Berufsbild fehlt, flammen immer wieder Diskussionen um ihre Professionalisierung auf. Lange Zeit sprachen sich führende Vertreter dieser Disziplin gegen eine zu starke Herausarbeitung eines Berufsbildes aus und sahen die Chancen bzw. Zukunft der Medienpädagogik gerade darin, sich nicht so dezidiert festzulegen (vgl. Wunden 2003: 28). Dennoch lassen sich – unabhängig vom Ausgang derartiger Diskussionen – im Verlauf der letzten Jahrzehnte deutliche Tendenzen einer faktischen Verberuflichung erkennen. Hugger (vgl. 2005: 38 f.) nennt in dieser Hinsicht vier wesentliche Entwicklungen, die diese Verberuflichungstendenz vorantreiben. So wird seit dem Aufkommen der Informations- und Kommunikationstechnologien in öffentlichen Diskursen zunehmend auch die Frage der Vermittlung von Medienkompetenz (▸ Kapitel 5) diskutiert, was zu einer gestiegenen – wenngleich immer noch nicht zufrieden stellenden – gesellschaftlichen Anerkennung der Medienpädagogik geführt hat. Andere Entwicklungen, die eine Verberuflichung der Medienpädagogik vorantreiben, sind die zunehmende Diversifizierung und Ausdifferenzierung medienpädagogischer Dienstleistungen und Arbeitsbereiche sowie der Ausbildungswege von Medienpädagogen und damit verbundene unterschiedliche Qualifikationsprofile. Als weiteren wesentlichen Trend, der sich auf die Herausbildung des Berufsbildes „Medienpädagoge" auswirkt, nennt Hugger „die verstärkte Suche nach einem gemeinsamen Selbstverständnis" (ebd.: 39). Diese Selbstverständnisdebatten sind eng verbunden mit der Forderung nach Standards für die Ausbildung des medienpädagogischen Nachwuchses sowie der Schaffung entsprechender Aus- und Fortbildungsmöglichkeiten.

Im 2009 veröffentlichten *„Medienpädagogischen Manifest"* der Initiative *Keine Bildung ohne Medien* (www.keine-bildung-ohne-medien.de) forderten daher verschiedene medienpädagogische Institutionen in Deutschland eine verbindliche medienpädagogische Grundbildung von Pädagogen (Erzieher, Lehrer, Sozialpädagogen usw.) sowie den Ausbau des medienpädagogischen Lehrangebots in Form von Master-Studiengängen oder als Wahlpflichtbereiche an Universitäten. Um dies zu realisieren, wird weiterhin ein Ausbau medienpädagogischer Professuren und Lehrstühle an Hochschulen gefordert. Neben den Forderungen für die medienpädagogische Ausbildung werden zudem auch Forderungen für die Weiterbildung formuliert, die gewährleisten sollen, dass alle Lehrpersonen und pädagogischen Fachkräfte ihre medienpädagogischen Kompetenzen (kontinuierlich) erweitern können.

Zusammenfassung

Medienpädagogik stellt ein vielfältiges und offenes Berufsfeld dar, das sowohl auf wissenschaftlicher als auch auf praktischer Ebene nach verschiedenen Seiten hin ausgebaut werden kann. Durch die Medienentwicklungen ergeben sich für die Medienpädagogik immer wieder neue Herausforderungen; grundlegende medienpädagogische Fragen bleiben jedoch – wenn auch in unterschiedlichen Ausdifferenzierungen – stets aktuell. Um sich als Medienpädagoge zu qualifizieren und auch entsprechende Chancen am Arbeitsmarkt zu haben, bedarf es allerdings eines großen persönlichen Engagements und einer bewussten bzw. strategischen Spezialisierung für jenen Bereich, in dem man medienpädagogisch tätig werden möchte. Denn auch wenn Hugger (vgl. 2005: 38) auf eine gestiegene gesellschaftliche Anerkennung der Medienpädagogik verweist, spiegelt sich ihre tatsächliche gesellschaftliche Relevanz (noch) nicht in den strukturellen Voraussetzungen für die medienpädagogische Aus- und Weiterbildung wider.

Dessen ist man sich in der Schweiz bewusst und so hat sich unter anderem die *Kontaktgruppe Medienpädagogik der Nordwestschweizer Erziehungsdirektorenkonferenz* mit den Herausforderungen, denen Lehrer im Zuge der Entwicklung der Medien zukünftig gegenüberstehen werden, sowie mit den dafür benötigten Fähigkeiten auseinandergesetzt und Leitideen für die zukünftige Lehrerausbildung an den Pädagogischen Hochschulen entwickelt: Medienkompetenz wird dabei als „Schlüsselqualifikation im Rahmen der Orientierungsfunktion von Schule" (NWEDK 2000) definiert. Infolge dessen sollen angehenden Lehrkräften grundlegende Fähigkeiten im Bereich des technischen Umgangs mit den Informations- und Kommunikationstechnologien (z. B. Umgang mit Textverarbeitungs- und Präsentationsprogrammen sowie mit Hypertext,

Lernsoftware, Software für computerbasiertes und webbasiertes Lehren und Lernen etc.), der Mediendidaktik (z. B. Einsatz unterschiedlicher Medien im Unterricht, selbständige Erstellung von Unterrichtsmitteln etc.) sowie der Medienpädagogik (z. B. Bewusstsein über die gesellschaftliche Bedeutung von Medien, medienökonomische Kenntnisse, medienpädagogische Kompetenzen) vermittelt werden.

Fragen für weitere Überlegungen und Diskussionen

1. Warum ist Medienpädagogik als interdisziplinäres Forschungsfeld zu betrachten? Welche wissenschaftlichen Disziplinen spielen bei der Auseinandersetzung mit medienpädagogischen Fragen eine Rolle und in welcher Weise?
2. Was spricht für und was spricht gegen eine Professionalisierung der Medienpädagogik?
3. In welchen Arbeitsfeldern sind welche medienpädagogische Kompetenzen gefordert?
4. Welchen Einfluss hat die Entwicklung der Informations- und Kommunikationstechnologien auf medienpädagogische Arbeitsbereiche? Wo könnten sich neue Arbeitsfelder auftun?

Empfohlene Basislektüre zur Ergänzung dieses Kapitels

Hugger, Kai-Uwe (2001): Medienpädagogik als Profession. Perspektiven für ein neues Selbstverständnis. München: kopaed.

Neuß, Norbert (Hrsg.) (2003): Beruf Medienpädagoge. Selbstverständnis – Ausbildung – Arbeitsfelder. München: kopaed.

Interessante Links

www.medienstudienfuehrer.de (Suchmaschine für Studienangebote im Bereich Medien; unter anderem auch im Bereich Medienpädagogik)

www.gmk-net.de/index.php?id=22 (Informationen zur Weiterbildung im Bereich Medienpädagogik)

www.sgkm.ch/medienatlas.html (KMW-Atlas der Schweizer Hochschulstudiengänge, zusammengestellt von der SGKM)

Literatur

10

[Hinweis: Sämtliche Onlinequellen wurden im Februar 2017 geprüft]

Abt, Clark C. (1971): Ernste Spiele. Lernen durch gespielte Wirklichkeit. Lengerich/Westfalen: Kiepenheuer & Witsch.

Aguaded, Ignacio; Almenara, Julio Cabero (1995): La Educación para la comunicación. La enseñanza de los medios en el con-texto iberoamericano. In: Aguaded, Ignacio; Almenara, Julia Cabero (1995): Educación y Medios de Comunicación en el contexto iberoamericano. Universidad Internacional de Andalucía, S. 19–48.

Ahrens, Daniela (2001): Grenzen der Enträumlichung. Weltstädte, Cyberspace und transnationale Räume in der globalisierten Moderne. Opladen: Leske + Budrich (Forschung Soziologie).

Altstötter-Gleich, Christine (2006): Pornographie und neue Medien. Eine Studie zum Umgang Jugendlicher mit sexuellen Inhalten im Internet. Pro Familia Deutschland; Universität Koblenz-Landau. Online verfügbar unter: www.profamilia.de/fileadmin/publikationen/fachpublikationen/pornografie_neue_medien.pdf.

Amlung, Ulrich; Meyer, Peter (2008): „Wir möchten eine ‚Nation von Selbstdenkern' werden". Zur Medienpädagogik Adolf Reichweins. In: Sander, Uwe; Gross, Friederike von; Hugger, Kai-Uwe (Hrsg.): Handbuch Medienpädagogik. Wiesbaden: VS Verlag für Sozialwissenschaften, S. 32–41.

Ammann, Daniel; Ernst, Katharina (Hrsg.) (2000): Filme erleben: Kino und Video in der Schule. Zürich.

Androwski, Carola; Dallera, Corinne; Delacrétaz, Caroline (2006): Stand der Aus- und Weiterbildung der Lehrpersonen im Bereich ICT und Medienpädagogik. Schweizerische Fachstelle für Informationstechnologien im Bildungswesen SFIB. Online verfügbar unter: http://sfib.educa.ch/sites/default/files/20121003/erhebung_sfib_2006_.pdf.

Anfang, Günther (1997): Videoarbeit. In: Hüther, Jürgen; Schorb, Bernd; Brehm-Klotz, Christiane (Hrsg.): Grundbegriffe der Medienpädagogik. München: KoPäd-Verlag, S. 347–352.

D. Süss et al., *Medienpädagogik*, Studienbücher zur Kommunikations- und Medienwissenschaft, https://doi.org/10.1007/978-3-658-19824-4

Appel, Markus; Schreiner, Constanze (2014): Digitale Demenz? Mythen und wissenschaftliche Befundlage zur Auswirkung von Internetnutzung In: Psychologische Rundschau, H. 65, S. 1–10.

Arnold, Patricia; Kilian, Lars; Thillosen, Anne; Zimmer, Gerhard (2013) (Hrsg.): Handbuch E-Learning. Lehren und Lernen mit digitalen Medien. 3., aktual. Aufl. Bielefeld: W. Bertelsmann Verlag.

Audiovisuelle Zentralstelle am Pestalozzianum Zürich (Hrsg.) (1979): Grundlagen einer Medienpädagogik. Zürcher Beiträge zur Medienpädagogik. 1. Aufl. Zug: Klett + Balmer.

Aufderheide, Patricia (Hrsg.) (1993): Media Literacy. A Report of the National Leadership Conference on Media Literacy. Queenstown, Md.: Aspen Inst.

Aufenanger, Stefan (1997): Medienpädagogik und Medienkompetenz. Eine Bestandsaufnahme. In: Enquete-Kommission „Zukunft der Medien in Wirtschaft und Gesellschaft. Deutschlands Weg in die Informationsgesellschaft" Deutscher Bundestag (Hrsg.): Medienkompetenz im Informationszeitalter. Bonn, S. 15–22.

Aufenanger, Stefan (1998): Was versteht man unter Kompetenz (soziologisch-medienpädagogischer Aspekt)? Vortrag auf dem Bundeskongress des Deutschen Kinderhilfswerks in Minden am 15.5.1998. Online verfügbar unter: www.lmz-bw.de/medienbildung/bibliothek/buecher-und-texte/medienbildung/medienpaedagogik.html?medium_id=162.

Aufenanger, Stefan (1999a): Medienpädagogische Projekte. Zielstellungen und Aufgaben. In: Baacke, Dieter; Kornblum, Susanne; Lauffer, Jürgen (Hrsg.): Handbuch Medien: Medienkompetenz. Modelle und Projekte. Bonn: Bundeszentrale für politische Bildung, S. 94–97.

Aufenanger, Stefan (1999b): Medienkompetenz oder Medienbildung? Wie die neuen Medien Erziehung und Bildung verändern. In: Bertelsmann Briefe, H. 142, S. 21–24.

Aufenanger, Stefan (2003): MedienpädagogInnen im Beruf. Ergebnisse einer empirischen Studie. In: Neuß, Norbert (Hrsg.): Beruf Medienpädagoge. Selbstverständnis – Ausbildung – Arbeitsfelder. München: kopaed, S. 55–66.

Aufenanger, Stefan; Six, Ulrike (Hrsg.) (2001): Handbuch Medien. Medienerziehung früh beginnen. Bonn: Bundeszentrale für politische Bildung.

Baacke, Dieter (1993): Die 6–12-Jährigen. Einführung in Probleme des Kindesalters. Weinheim: Beltz.

Baacke, Dieter (1996a): Medienkompetenz als Netzwerk. Reichweite und Fokussierung eines Begriffs, der Konjunktur hat. In: medien praktisch – Zeitschrift für Medienpädagogik, Jg. 20, H. 2, S. 4–10.

Baacke, Dieter (1996b): Medienkompetenz – Begrifflichkeit und sozialer Wandel. In: Rein, Antje von (Hrsg.): Medienkompetenz als Schlüsselbegriff. Bad Heilbrunn: Klinkhardt (Theorie und Praxis der Erwachsenenbildung), S. 112–124.

Baacke, Dieter (1997): Medienpädagogik. Tübingen: Niemeyer (Grundlagen der Medienkommunikation, 1).

Baacke, Dieter (1998): Medienkompetenz: Herkunft, Reichweite und strategische Bedeutung eines Begriffs. In: Kubicek, Herbert (Hrsg.): Lernort Multimedia. Heidelberg: v. Decker, S. 22–27.

Baacke, Dieter; Kornblum, Susanne; Lauffer, Jürgen (Hrsg.) (1999): Handbuch Medien: Medienkompetenz. Modelle und Projekte. Bonn: Bundeszentrale für politische Bildung.

Baacke, Dieter; Sander, Uwe; Vollbrecht, Ralf (1993): Kinder und Werbung. Stuttgart: Kohlhammer (Schriftenreihe des Bundesministeriums für Frauen und Jugend, 12).

Baacke, Dieter; Sander, Uwe; Vollbrecht, Ralf (1999): Zielgruppe Kind. Kindliche Lebenswelt und Werbeinszenierungen. 1. Aufl. Opladen: Leske + Budrich.

Bachmair, Ben (2009): Medienwissen für Pädagogen. Medienbildung in riskanten Erlebniswelten. 1. Aufl. Wiesbaden: VS Verlag für Sozialwissenschaften.

Bachmair, Ben; Diepold, Peter; Witt, Claudia de (Hrsg.) (2005): Jahrbuch Medienpädagogik 4. Wiesbaden: VS Verlag für Sozialwissenschaften.

Bachmair, Ben; Spanhel, Dieter; Witt, Claudia de (Hrsg.) (2001): Jahrbuch Medienpädagogik 2. Opladen: Leske + Budrich.

Bachmann, René; Bissig Yvonne; Joye Aline (2008): Vermitteln von Handykultur. Die Rolle der Sozialisationsinstanzen Eltern, Schule, Jugendarbeit. Diplomarbeit. Luzern. Hochschule Luzern, HSLU - Soziale Arbeit.

Back, Andrea; Kramhöller, Sonja; Seufert, Sabine (1998): Technology enabled Management Education. Die Lernumgebung MBE Genius im Bereich Executive Study an der Universität St. Gallen. In: IO Management, Jg. 21, H. 3, S. 36–42.

Backhaus, Norman (1999): Zugänge zur Globalisierung. Konzepte, Prozesse, Visionen. 1. Aufl. Zürich: Geographisches Institut, Abteilung Anthropogeographie (Anthropogeographie, Bd. 17).

Bandura, Albert (1979): Sozial-kognitive Lerntheorie. 1. Aufl. Stuttgart: Klett-Cotta.

Barthelmes, Jürgen; Sander, Ekkehard (2001): Erst die Freunde, dann die Medien. Medien als Begleiter in Pubertät und Adoleszenz. Band 2. München: Leske und Budrich; DJI-Verlag.

Batinic, Bernad; Appel, Markus (Hrsg.) (2008): Medienpsychologie. Berlin, Heidelberg: Springer Medizin Verlag Heidelberg.

Bauer, Thomas (2008): Land der Berge. Die Medienpädagogische Bildungslandschaft in Österreich. Eine Bildbeschreibung. In: Blaschitz, Edith; Seibt, Martin (Hrsg.): Medienbildung in Österreich. Historische und aktuelle Entwicklungen, theoretische Positionen und Medienpraxis. Berlin: LIT, S. 105–117.

Baumann, Thomas (2001): Medienpädagogik und Internet. Dissertation. Zürich. Universität Zürich, Philosophische Fakultät.

Baumgartner, Peter; Himpsl, Klaus (2008): Auf dem Weg zu einer neuen Lernkultur. In: LOG IN, Jg. 28, H. 152, S. 11–15.

Bazalgette, Cary; Bevort, Evelyne; Savino, Josiane (Hrsg.) (1992): New directions. Media education worldwide. 1. Aufl. London; Paris: British Film Institute Publishing; Centre de Liaison de l'Enseignement et des Moyens d'Information.

Beck, John C.; Wade, Mitchell (2004): Got game. How the gamer generation is reshaping business forever. Boston, Mass.: Harvard Business School Press.

Beck, Ulrich (1986): Risikogesellschaft. Auf dem Weg in eine andere Moderne. Frankfurt am Main: Suhrkamp.

Becker, Wieland; Petzold, Volker (2001): Tarkowski trifft King Kong. Geschichte der Filmklubbewegung der DDR. Berlin: Vistas.

Behörde für Familie, Soziales Gesundheit und Verbraucherschutz (2012): Hamburger Bildungsempfehlungen für die Erziehung und Bildung in Kindertagesstätten. Online verfügbar unter: www.hamburg.de/contentblob/118066/data/bildungsempfehlungen.pdf.

Behrens, Peter; Calmbach, Marc; Schleer, Christoph; Klingler, Walter (2014): Mediennutzung und Medienkompetenz in jungen Lebenswelten. Repräsentative Onlinebefragung von 14- bis 19-Jährigen in Deutschland. In: Media Perspektiven, H. 4, S. 195–218.

Bentele, Günter; Brosius, Hans-Bernd; Jarren, Otfried (Hrsg.) (2013): Lexikon Kommunikations- und Medienwissenschaft. 2. Aufl. Wiesbaden: VS Verlag für Sozialwissenschaften.

Bergmann, Wolfgang; Hüther, Gerald (2013): Computersüchtig. Kinder im Sog der modernen Medien. 4., neuausgestattete und überarb. Aufl. Düsseldorf: Walter.

Bergmann, Jonathan; Sams, Aaron (2012): Flip Your Classroom: Reach Every Student in Every Class Every Day. Eugene, Oregon: International Society for Technology in Education.

Bernath, François A. (1995): Film als Strafsache. Die strafrechtlichen Entwicklungen der letzten zehn Jahre bei Film und Video. In: ZOOM K&M, H. 5/6, S. 62–65. Online verfügbar unter: www.medienheft.ch/uploads/media/05_06_ZOOM_KM_11_Francois_Bernath_Film_als_Strafsache.pdf.

Bernhard, Erwin; Süss, Daniel (2002): Media Education in Europe. Common Trends and Differences. In: Hart, Andrew; Süss, Daniel (Hrsg.): Media Education in 12 European Countries. A Comparative Study of Teaching Media in Mother Tongue Education in Secondary Schools. Zürich, S. 7–10.

Bertschi-Kaufmann, Andrea (2003): Lesen und Schreiben in einer Medienumgebung. Die literalen Aktivitäten von Primarschulkindern. 2. Aufl. Aarau: Bildung Sauerländer.

Bettelheim, Bruno (1980): Kinder brauchen Märchen. München: dtv.

Beywl, Wolfgang; Jelitto, Marc (2009): Evaluation der Wirkung medienpädagogischer Arbeit. In: merz – Zeitschrift für Medienpädagogik, Jg. 53, H. 3, S. 12–19.

BITKOM (2010): Connected Worlds. Bundesverband Informationswirtschaft, Telekommunikation und neue Medien e.V. Online verfügbar unter: www.bitkom.org/Bitkom/Publikationen/Studie-Connected-Worlds.html.

BITKOM (2015): Digitale Schule – vernetztes Lernen. Ergebnisse repräsentativer Schüler- und Lehrerbefragungen zum Einsatz digitaler Medien im Schulunterricht. Online verfügbar unter: www.bitkom.org/noindex/Publikationen/2015/Studien/Digitale-SchulevernetztesLernen/BITKOM-Studie-Digitale-Schule-2015.pdf.

Blaschitz, Edith (2008): „Kampf gegen Schmutz und Schund". Medienrezeption in Österreich (1945–1965). In: Blaschitz, Edith; Seibt, Martin (Hrsg.): Medienbildung in Österreich. Historische und aktuelle Entwicklungen, theoretische Positionen und Medienpraxis. Berlin: LIT, S. 136–147.

Blaschitz, Edith; Seibt, Martin (2008b): Geschichte und Status quo der Medienbildung in Österreich. In: Blaschitz, Edith; Seibt, Martin (Hrsg.): Medienbildung in Österreich. Historische und aktuelle Entwicklungen, theoretische Positionen und Medienpraxis. Berlin: LIT, S. 11–25.

Blaschitz, Edith; Seibt, Martin (Hrsg.) (2008a): Medienbildung in Österreich. Historische und aktuelle Entwicklungen, theoretische Positionen und Medienpraxis. Berlin: LIT.

Blömeke, Sigrid (2000): Medienpädagogische Kompetenz. Theoretische und empirische Fundierung eines zentralen Elements der Lehrerausbildung. 1. Aufl. München: KoPäd-Verlag.

Blömeke, Sigrid (2001): Analyse von Konzepten zum Erwerb medienpädagogischer Kompetenz. Folgerungen aus den Ansätzen von Dieter Baacke und Gerhard Tulodziecki. In: Bachmair, Ben; Spanhel, Dieter; Witt, Claudia de (Hrsg.): Jahrbuch Medienpädagogik 2. Opladen: Leske + Budrich, S. 27–47.

Böcking, Saskia (2007): Fernseherziehung in der Deutschschweiz. In: Publizistik, Jg. 52, H. 4.

Bodmer, Marc (2007): Zuschauen gilt nicht! Die Faszination der Videospiele, der Markt, die Spieler und die Folgen. Zürich. Zürcher Hochschule für Angewandte Wissenschaften, Department Angewandte Psychologie.

Boeckmann, Klaus (1994): Thema: Medienmündigkeit (1). Annäherungsversuch an den Zielhorizont der Medienerziehung. In: medien praktisch – Zeitschrift für Medienpädagogik, Jg. 18, H. 4, S. 34–37.

Bonfadelli, Heinz (1981): Die Sozialisationsperspektive. Neue Ansätze, Methoden und Resultate zur Stellung der Massenmedien im Leben der Kinder und Jugendlichen. Berlin: Spiess.

Bonfadelli, Heinz (1994): Die Wissenskluft-Perspektive. Massenmedien und gesellschaftliche Information. 1. Aufl. Konstanz: UVK Verlagsgesellschaft.

Bonfadelli, Heinz (2001): Einführung in die Medienwirkungsforschung. Band I: Grundlagen und theoretische Perspektiven; Band II: Anwendungen in Politik, Wirtschaft und Kultur. Konstanz: UVK Verlagsgesellschaft.

Bonfadelli, Heinz; Friemel, Thomas, N. (2011): Medienwirkungsforschung. 4., völlig überarb. Aufl. Konstanz: UVK Verlagsgesellschaft.

Bonfadelli, Heinz; Jarren, Otfried; Siegert, Gabriele (Hrsg.) (2010): Einführung in die Publizistikwissenschaft. 3., vollst. überarb. Aufl. Bern: Haupt.

Bonfadelli, Heinz; Saxer, Ulrich (1986): Lesen, Fernsehen und Lernen. Wie Jugendliche die Medien nutzen und die Folgen für die Medienpädagogik. Zug: Klett u. Balmer.

Bos, Wilfried (2014): ICILS 2013. Computer- und informationsbezogene Kompetenzen von Schülerinnen und Schülern in der 8. Jahrgangsstufe im internationalen Vergleich. Münster: Waxmann. Online verfügbar unter: www.waxmann.com/fileadmin/media/zusatztexte/ICILS_2013_Berichtsband.pdf.

BPjM – Bundesprüfstelle für jugendgefährdende Medien (2008a): Begriff der Jugendgefährdung.

BPjM – Bundesprüfstelle für jugendgefährdende Medien (2008b): Schwere Jugendgefährdung.

Breuer, Johannes; Bente, Gary (2010): Why so serious? On the Relation of Serious Games and Learning. Eludamos. Journal for Computer Game Culture, Jg. 4, H. 1, S. 7–24.

Bronfenbrenner, Urie; Lüscher, Kurt (1981): Die Ökologie der menschlichen Entwicklung. Natürliche und geplante Experimente. 1. Aufl. Stuttgart: Klett-Cotta.

Brousek, Karl (2008): Aus dem Zelt – in die Welt. Zur 100-jährigen, spannungsgeladenen Geschichte von Bildungspolitik, Film/Medien und Pädagogik. In: Blaschitz, Edith; Seibt, Martin (Hrsg.): Medienbildung in Österreich. Historische und aktuelle Entwicklungen, theoretische Positionen und Medienpraxis. Berlin: LIT, S. 118–124.

Brown, James A. (1998): Media Literacy Perspectives. In: Journal of Communication, Jg. 48, H. 1, S. 44–57.

Bruns, Axel (2008): Blogs, Wikipedia, Second Life, and beyond. From production to produsage. New York, NY: Lang (Digital formations, 45).

BSV – Bundesamt für Sozialversicherungen (2009): Jugend und Gewalt. Wirksame Prävention in den Bereichen Familie, Schule, Sozialraum und Medien. Online verfügbar unter: www.news-service.admin.ch/NSBSubscriber/message/attachments/15741.pdf.

Buber, Martin (1983): Ich und Du. 11., durchges. Aufl. Heidelberg: Lambert Schneider (Sammlung Weltliteratur).

Buckingham, David (1998): Media Education in the UK. Moving Beyond Protectionism. In: Journal of Communication, Jg. 48, H. 1, S. 33–43.

Buckingham, David (2001): Media Education – A Global Strategy for Development. Policy Paper Prepared for UNESCO Sector of Communication and Information. Online verfügbar unter: www.european-mediaculture.org/fileadmin/bibliothek/english/buckingham_media_education/buckingham_media_education.pdf.

Buckingham, David (2005): The Media Literacy of Children and Young People. A review of the research literature on behalf of Ofcom. Ofcom – Office of Communications. Online verfügbar unter: http://stakeholders.ofcom.org.uk/binaries/research/media-literacy/ml_children.pdf.

Bujdosó, Dezsó (1971): Film a nevelés szolgálatában. o. O.: Magyar Néphadsereg.

Bundesministerium für Bildung (2017): Schule 4.0 – jetzt wird's digital. Presseunterlage 23. 01. 2017, S. 2. Online verfügbar unter: www.fsgbmhs.eu/wp-content/uploads/Schule-4.0-Presseunterlage.pdf

Bundesministerium für Bildung und Frauen (2014): Unterrichtsprinzip Medienerziehung – Grundsatzerlass. Online verfügbar unter: www.bmb.gv.at/ministerium/rs/2012_04.pdf?5te7io

Bundesministerium für Familie, Senioren, Frauen und Jugend (BMFSFJ) (Hrsg.) (2013): Medienkompetenzförderung für Kinder und Jugendliche. Eine Bestandsaufnahme. Berlin.

Bundesministerium für Familien, Senioren, Frauen und Jugend (BMFSFJ) (2016): Ein Netz für Kinder: Gutes Aufwachsen mit Medien – Praktische Hilfen für Eltern und pädagogische Fachkräfte, 14. Aufl. Online verfügbar unter: www.bmfsfj.de/blob/96218/584a19f47509dba7282aa41091959d57/ein-netz-fuer-kinder-gutes-aufwachsen-mit-medien-data.pdf.

Cable in the Classroom (Hrsg.) (2002): Thinking Critically about Media. Schools and Families in Partnership. Six Perspectives and a Conversation. Online verfügbar unter: www.medialit.org/sites/default/files/391_CIC_ML_Report.pdf.

Calmbach, Marc; Thomas, Peter, Martin; Borchard, Ingo; Flaig, Bodo, Berthold (2013): Wie ticken Jugendliche? 2012. Lebenswelten von Jugendlichen im Alter von 14 bis 17 Jahren in Deutschland. Unveränd. Nachdr. Düsseldorf: Verl. Haus Altenberg.

Celot, Paolo; Tornero, Jose Manuel Perez (2009): Study on Assessment Criteria for Media Literacy Levels. A comprehensive view of the concept of media literacy and an understanding of how media literacy levels in Europe should be assessed. Final Report. Online verfügbar unter: http://ec.europa.eu/culture/library/studies/literacy-criteria-report_en.pdf (25.05.2016).

Charlton, Michael; Bachmair, Ben (Hrsg.) (1990): Medienkommunikation im Alltag. Interpretative Studien zum Medienhandeln von Kindern und Jugendlichen. München: Saur.

Charlton, Michael; Neumann-Braun, Klaus; Aufenanger, Stefan, et al. (Hrsg.) (1995a): Fernsehwerbung und Kinder. Band 1: Das Werbeangebot für Kinder im Fernsehen. Opladen: Leske + Budrich (Schriftenreihe Medienforschung der Landesanstalt für Rundfunk Nordrhein-Westfalen, 17).

Charlton, Michael; Neumann-Braun, Klaus; Aufenanger, Stefan, et al. (Hrsg.) (1995b): Fernsehwerbung und Kinder. Band 2: Rezeptionsanalyse und rechtliche Rahmenbedingungen. Opladen: Leske + Budrich (Schriftenreihe Medienforschung der Landesanstalt für Rundfunk Nordrhein-Westfalen, 18).

CLEMI – Centre de liaison de l'enseignement et les médias d'information; BFI – British Film Institute (Hrsg.) (2004): Media Education in Europe. International conference Belfast 13–15 May 2004. CD-ROM.

Considine, David M. (2002a): National developments and international origins (Media Literacy). In: Journal of Popular Film and Television, Jg. 29, H. Spring 2002.

Considine, David M. (2002b): Media Literacy Across the Curriculum. In: Cable in the Classroom (Hrsg.): Thinking Critically about Media. Schools and Families in Partnership. Six Perspectives and a Conversation, S. 23–29.

Croll, Jutta; Brüggemann, Marion (2007): Förderung der Medienkompetenz sozial benachteiligter Kinder und Jugendlicher. Beratung, Begleitung und Evaluation von vier Modellprojekten. Düsseldorf: Landesanstalt für Medien Nordrhein-Westfalen (LfM).

Cselötei, Sándor (1961): Filmszemléltetés az ipari tanuló intézetekben. Budapest: Munkaügyi Minisztérium.

Culver, Sherri Hope; Hobbs, Renee; Jensen, Amy (2009): Media Literacy in the United States. Online verfügbar unter: www.imlrf.org/united-states.

Davis, Francis J. (1993): Media Literacy – From Activism to Exploration. Background Paper for The National Leadership Conference on Media Literacy. In: Aufderheide, Patricia (Hrsg.): Media Literacy. A Report of the National Leadership Conference on Media Literacy. Queenstown, Md.: Aspen Inst., S. 11–31.

Demunter, Christophe (2006): Wie kompetent sind die Europäer im Umgang mit dem Internet? Herausgegeben von Eurostat. (Statistik kurz gefasst – Industrie, Handel und Dienstleistungen/Bevölkerung und Soziale Bedingungen/Wissenschaft und Technologie). Online verfügbar unter:http://ec.europa.eu/eurostat/en/web/products-statistics-in-focus/-/KS-NP-06-017.

Deutsches Institut für Vertrauen und Sicherheit (DIVSI) (2014): DIVSI U25-Studie. Kinder, Jugendliche und junge Erwachsene in der digitalen Welt. Hamburg. Online verfügbar unter: www.divsi.de/wp-content/uploads/2014/02/DIVSI-U25-Studie.pdf.

Devadoss, Sagayaraj Joseph (2004): „Media Education" As Addressed by The International Congresses For Communication Within The Period 1990–2000. Key Concepts, Perspectives, Difficulties and Main Paradigms. An Extract from the Doctoral Dissertation. Rom.

De Witt, Claudia; Czerwionka, Thomas (2007): Mediendidaktik. Studientexte für die Erwachsenenbildung. Bielefeld: W. Bertelsmann.

De Witt, Claudia; Czerwionka, Thomas (2013): Mediendidaktik. Studientexte für die Erwachsenenbildung. 2., aktual. und überarb. Aufl. Bielefeld: Bertelsmann.

Dichanz, Horst (Hrsg.) (1997): Medienerziehung im Jahre 2010. Probleme, Perspektiven, Szenarien. Gütersloh: Verlag Bertelsmann-Stiftung.

Dietrich, Reinhard (2008): Weblogs im schulischen Umfeld. In: LOG IN, Jg. 28, H. 152, S. 16–21.

Döbeli Honegger, Beat (2005): Wiki und die starken Lehrerinnen. In: Friedrich, Steffen (Hrsg.): Unterrichtskonzepte für informatische Bildung. INFOS 2005, 11. GI-Fachtagung Informatik und Schule, 28. – 30. September 2005 an der TU Dresden. Bonn: Gesellschaft für Informatik, S. 173–183.

Döbeli Honegger, Beat (2006): Wiki und die starke Texte. Schreibprojekte mit Wikis. In: Deutschmagazin, H. 1, S. 15–19. Online verfügbar unter: http://beat.doebe.li/publications/wiki-und-die-starken-texte-doebeli-honegger-deutschmagazin.pdf.

Doelker, Christian (1979a): ‚Wirklichkeit' in den Medien. Zug: Klett & Balmer.

Doelker, Christian (1979b): Einleitung. In: Audiovisuelle Zentralstelle am Pestalozzianum Zürich (Hrsg.): Grundlagen einer Medienpädagogik. Zürcher Beiträge zur Medienpädagogik. 1. Aufl. Zug: Klett + Balmer, S. 9–21.

Doelker, Christian (1989): Kulturtechnik Fernsehen. Analyse eines Mediums. Stuttgart: Klett-Cotta.

Doelker, Christian (1994): Leitfaden Medienpädagogik. Angebote und Dienstleistungen. 2., überarb. Aufl. Zürich: Verlag Pestalozzianum.

Doelker, Christian (2002): Ein Bild ist mehr als ein Bild. Visuelle Kompetenz in der Multimedia-Gesellschaft. 3., durchges. Aufl. Stuttgart: Klett-Cotta.

Doelker, Christian (2002): Überinformiert und untergebildet? Medienpädagogik als medienphilosophisches Rahmenkonzept in der Informationsgesellschaft. In: Paus-Hasebrink, Ingrid (Hrsg.): Medienpädagogik in der Kommunikationswissenschaft. Positionen, Perspektiven, Potenziale. Wiesbaden: Westdt. Verl., S. 130–140.

Doelker, Christian (2005): media in media. Texte zur Medienpädagogik. Ausgewählte Beiträge 1975–2005, herausgegeben von Ammann, Georges; Hermann, Thomas. Zürich: Verlag Pestalozzianum.

Donges, Patrick (2006): Mediatisierung. In: Bentele, Günter; Brosius, Hans-Bernd; Jarren, Otfried (Hrsg.): Lexikon Kommunikations- und Medienwissenschaft. 1. Aufl. Wiesbaden: VS Verlag für Sozialwissenschaften, S. 164–165.

Donges, Patrick (Hrsg.) (1999): Globalisierung der Medien? Medienpolitik in der Informationsgesellschaft. Opladen: Westdeutscher Verlag.

Donoso, Verónica (2009): Medienpädagogik in Chile. Status quo und zukünftige Herausforderungen. In: merz – Zeitschrift für Medienpädagogik, Jg. 53, H. 4.

Donoso, Verónica; Wijnen, Christine W. (2012): Media Education and Literacy in Latin America. In: Meister, Dorothee; von Gross, Friederike; Sander, Uwe (Hrsg.): Enzyklopädie Erziehungswissenschaft Online (EEO). Fachgebiet Medienpädagogik. Weinheim/Basel: Beltz Juventa. Online verfügbar: www.erzwissonline.de/fachgebiete/medienpaedagogik/beitraege/18120263.htm.

Döring, Klaus W.; Ritter-Mamczek, Bettina (1998): Medien in der Weiterbildung. 2., völlig überarb. Aufl. Weinheim: Dt. Studien-Verlag.

Döring, Nicola (2003): Sozialpsychologie des Internet. Die Bedeutung des Internet für Kommunikationsprozesse, Identitäten, soziale Beziehungen und Gruppen. 2., vollst. überarb. und erw. Aufl. Göttingen: Hogrefe.

Döring, Nicola (2005): Handy und SMS im Alltag. Ergebnisse einer Befragungsstudie. In: merz – Zeitschrift für Medienpädagogik, Jg. 49, H. 3, S. 29–35.

Dorok, Sebastin J. (2008): Podcasts im Fremdsprachenunterricht. In: LOG IN, Jg. 28, H. 152, S. 41–46.

Dörr, Günter; Strittmatter, Peter (2002): Multimedia aus pädagogischer Sicht. In: Issing, Ludwig J.; Klimsa, Paul (Hrsg.): Information und Lernen mit Multimedia und Internet. Lehrbuch für Studium und Praxis. 3., vollst. überarb. Aufl. Weinheim: Beltz PVU, S. 29–42.

Downes, Stephen (2006): E-learning 2.0. Online verfügbar unter: http://elearnmag.org/subpage.cfm?section=articles&article=29-1.

Dreher, Eva; Dreher, Michael (1985): Entwicklungsaufgabe – Theoretisches Konzept und Forschungsprogramm. In: Oerter, Rolf (Hrsg.): Lebensbewältigung im Jugendalter. Weinheim: Ed. Psychologie VCH, S. 30–61.

Drotner, Kirsten (2008): Informal Learning and Digital media. Perceptions, Practices and Perspectives (Chapter One). In: Drotner, Kirsten; Jensen, Hans Siggaard; Schrøder, Kim Christian (Hrsg.): Informal Learning and Digital Media. Newcastle: Cambridge Scholars Publishing. S. 10–28.

Duerager, Andrea; Livingstone Sonia (2012): How can Parents support Children's Online's Internet Safety? EU Kids Online, UK: London. Online verfügbar unter: https://eprints.lse.ac.uk/42872.

Ebersbach, Anja; Glaser, Markus; Heigl, Richard (2008): Social Web. Konstanz: UVK Verlagsgesellschaft.

Egenfeldt-Nielsen, Simon (2006): Overview of research on the educational use of video games. In: Digitale Kompetanse, Jg. 1, H. 3, S. 184–213. Online verfügbar unter: http://egenfeldt.eu/papers/game-overview.pdf.

Ehlers, Ulf-Daniel (2009): Qualität für neue Lernkulturen des „Next Generation E-Learning". In: Issing, Ludwig J; Klimsa, Paul (Hrsg.): Online-Lernen. Handbuch für Wissenschaft und Praxis. München: Oldenbourg, S. 339–347.

Eichen, Regina (2003): Erfolgreich Navigieren. Schule als Handlungsfeld für MedienpädagogInnen. In: Neuß, Norbert (Hrsg.): Beruf Medienpädagoge. Selbstverständnis – Ausbildung – Arbeitsfelder. München: kopaed, S. 117–125.

Eickelmann, Birgit; Aufananger, Stefan; Herzig, Bardo (2014): Medienbildung entlang der Bildungskette. Ein Rahmenkonzept für eine subjektorientierte Förderung von Medienkompetenz im Bildungsverlauf von Kindern und Jugendlichen. Bonn: Deutsche Telekom Stiftung.

Elkind, David (1990): Total verwirrt. Teenager in der Krise. Hamburg: Bastei Lübbe.

Endler, Cornelia Anett (2006): Es war einmal…im Dritten Reich. Die Märchenfilmproduktion für den nationalsozialistischen Unterricht. Frankfurt am Main: Lang.

E-learning.org (2015): Inverted Classroom. Online verfügbar unter: www.e-teaching.org/lehrszenarien/vorlesung/inverted_classroom.

E-teaching.org (2016): Bring Your Own Device: Online verfügbar unter: www.e-teaching.org/didaktik/gestaltung/byod/index_html.

EU Kids Online (2014): Written Submission to the Committee on the Rights of the Child 2014 Day of General Discussion. Digital Media and Children's Rights. Online verfügbar unter: www.lse.ac.uk/media@lse/research/EUKidsOnline/EU%20Kids%20III/PDFs/CRCDGDSubmissionfromEUKidsOnline100814.pdf.

Europäische Kommission (2007): Ein europäisches Konzept für die Medienkompetenz im digitalen Umfeld. Mitteilung der Kommission an das Europäische Parlament, den Rat, den Europäischen Wirtschafts- und Sozialausschuss und den Ausschuss der Regionen. Brüssel. Online verfügbar unter: http://elsa20.schule.at/uploads/media/LexUriServ.pdf.

Europäische Kommission (2008): Study on the Current Trends and Approaches to Media Literacy in Europe. Executive Summary. Online verfügbar unter: http://ec.europa.eu/assets/eac/culture/library/studies/literacy-trends-summary_en.pdf.

Europäische Kommission (2009): Recommendation on media literacy in the digital environment for a more competitive audiovisual and content industry and an inclusive knowledge society. Online verfügbar unter: available at http://eur-lex.europa.eu/legal-content/EN/ALL/?uri=CELEX: 32009H0625.

European Commission (2007b): European approach to media literacy in the digital environment. Online verfügbar unter: http://eur-lex.europa.eu/legal-content/EN/TXT/?uri=CELEX:52007DC0833.

Faßler, Manfred (2000): Mediale Zukünfte. Auf der Schwelle zu einer neuen Epoche. In: medien praktisch – Zeitschrift für Medienpädagogik, Jg. 24, H. 1, S. 8–12.

Feierabend, Sabine; Klingler, Walter (2005): Was Kinder sehen. Eine Analyse der Fernsehnutzung Drei- bis 13-jähriger 2004. In: Media Perspektiven, H. 4, S. 163–177.

Feierabend, Sabine; Klingler, Walter (2007): Kinder und Medien: Ergebnisse der KIM-Studie 2006. Der Medienumgang 6- bis 13-Jähriger nach Sinus-Milieus. In: Media Perspektiven, H. 11, S. 492–505.

Féija, Sándor (1984): Gyermekfilmklub például így! o. O.

Felini, Damiano (2004): Pedagogia die media. Questioni, percorsi e sviluppi. Brescia: Editrice La Scuola.

Fend, Helmut (1988): Sozialgeschichte des Aufwachsens. Bedingungen des Aufwachsens und Jugendgestalten im zwanzigsten Jahrhundert. Frankfurt a. M.: Suhrkamp.

Ferenc, Czászár (1967): Az Iskolamazi Tapasztolatai. A Film és az ifjúsag kapcsolata Vas megyében. o. O.

Fish, Shalom; Truglio, Rosemarie T. (Hrsg.) (2000): ‚G' is for growing: Thirty years of research on children and ‚Sesame Street'. Mahwah, NJ: Erlbaum.

Flammer, August; Alsaker, Françoise (2002): Entwicklungspsychologie der Adoleszenz. Die Erschließung innerer und äußerer Welten im Jugendalter. 1. Aufl. Bern: Huber.

Fleck, Florian H.; Saxer, Ulrich; Steinmann, Matthias F. (Hrsg.) (1987): Massenmedien und Kommunikationswissenschaft in der Schweiz. Jubiläumsschrift der SGKM – Mass media et science de la communication sociale en Suisse. Zürich: Schulthess.

Fleischer, Sandra; Hajok, Daniel (2016): Einführung in die medienpädagogische Praxis und Forschung. Kinder und Jugendliche im Spannungsfeld der Medien. Weinheim und Basel: Beltz Juventa.

Frau-Meigs, Divina (2011): Introduction – The cultural contradictions of the ‚Information Society' in Media matters in the cultural contradictions of the ‚information society: Towards a human rights-based governance. Council of Europe Strasbourg.

Frau-Meigs, Divina (2008a): Media literacy and human rights: education for sustainable societies. In: Croatian Journal of Communication and Psychology, Jg. 5, H. 3, S. 145–157.

Frau-Meigs, Divina (2008b): Media Literacy and Human Rights: Education for Sustainable Societies. In: Media Studies, Jg. 14, H. 1, S. 51–82.

Frau-Meigs, Divina (2011): Media matters in the cultural contradictions of the „information society" – Towards a human-rights-based governance. Strasbourg: Council of Europe Publishing.

Frau-Meigs, Divina (2011): Introduction – The cultural contradictions of the ‚Information Society' in Media matters in the cultural contradictions of the ‚information society': Towards a human rights-based governance Council of Europe Strasbourg, S. 390.

Frau-Meigs, Divina; Flores, Julieta; Velez, Irma (Hrsg.) (2017): Public policies in media and information literacy in Europe: cross-country comparisons. Routledge.

Frau-Meigs, Divina; Velez, Irma; Flores Michel, Julieta (Hrsg.) (2017): Public Policies in Media and Information Literacy in Europe. Cross-Country Comparisons. London & New York: Routledge.

Friedrich, Steffen (Hrsg.) (2005): Unterrichtskonzepte für informatische Bildung. INFOS 2005, 11. GI-Fachtagung Informatik und Schule, 28.–30. September 2005 an der TU Dresden. Bonn: Gesellschaft für Informatik.

Fritz, Jürgen (Hrsg.) (2008): Computerspiele(r) verstehen. Zugänge zu virtuellen Spielwelten für Eltern und Pädagogen. Bonn: Bundeszentrale für politische Bildung.

Fröhlich, Arnold (2003): Das allmähliche Verschwinden der Medienpädagogik. Postulate für die Medienbildung von Lehrpersonen. In: Medienheft Dossier, Jg. 19, S. 39–45. Online verfügbar unter: www.medienheft.ch/dossier/bibliothek/d19_FroehlichArnold.pdf.

Fuenzalida, Valerio (1992): Media Education in Latin America: Developments 1970–1990. In: Bazalgette, Cary; Bevort, Evelyne; Savino, Josiane (Hrsg.): New directions. Media education worldwide. 1. Aufl. London; Paris: British Film Institute Publishing; Centre de Liaison de l'Enseignement et des Moyens d'Information, S. 135–152.

Füsti Molnái, Sándor (1960): A Film az egészségügyi nevelés szolgálatában. Magyar Egészségügj Minisztérium. o. O.

Gapski, Harald (2001): Medienkompetenz. Eine Bestandsaufnahme und Vorüberlegungen zu einem systemtheoretischen Rahmenkonzept. 1. Aufl. Wiesbaden: Westdeutscher Verlag.

Gapski, Harald (2006): Medienkompetenzen messen? Eine Annäherung über verwandte Kompetenzfelder. In: Gapski, Harald (Hrsg.): Medienkompetenzen messen? Verfahren und Reflexionen zur Erfassung von Schlüsselkompetenzen. Düsseldorf: kopaed (Schriftenreihe Medienkompetenz des Landes Nordrhein-Westfalen, 3), S. 13–28.

Gapski, Harald (Hrsg.) (2006): Medienkompetenzen messen? Verfahren und Reflexionen zur Erfassung von Schlüsselkompetenzen. Düsseldorf: kopaed (Schriftenreihe Medienkompetenz des Landes Nordrhein-Westfalen, 3).

Gapski, Harald; Gräßer, Lars (2007): Medienkompetenz im Web 2.0. Lebensqualität als Zielperspektive. In: Gräßer, Lars; Pohlschmidt, Monika (Hrsg.): Praxis Web 2.0. Potenziale für die Entwicklung von Medienkompetenz. Düsseldorf: kopaed (Schriftenreihe Medienkompetenz des Landes Nordrhein-Westfalen, 7), S. 11–34.

Gates, Bill (1995): Der Weg nach vorn. Die Zukunft der Informationsgesellschaft. 2. Aufl. Hamburg: Hoffmann und Campe.

Gerbner, George (2000): Die Kultivierungsperspektive. Medienwirkungen im Zeitalter von Monopolisierung und Globalisierung. In: Schorr, Angela (Hrsg.): Publikums- und Wirkungsforschung. Ein Reader. 1. Aufl. Wiesbaden: Westdeutscher Verlag, S. 101–121.

Gesellschaft für Medienpädagogik und Kommunikationskultur (Hrsg.) (2001b): Medienkompetenz in Theorie und Praxis. Bielefeld: k. A.

Giannatelli, Roberto (2000): La proposta della Media education per la nuova scuola in Italia. Online verfügbar unter: www.mediaeducationmed.it/documenti-pdf/med-approfondimenti/doc_view/6-giannatelli-nuova-scuola-in-italia.html.

Giannatelli, Roberto (o. J.): La Media education e il MED – Nuove frontiere per i media e l'educazione. Unveröffentlichtes Manuskript.

Göppel, Rolf (2007): Aufwachsen heute. Veränderungen der Kindheit – Probleme des Jugendalters. Stuttgart: Kohlhammer.

Götz, Maya (2002): Alles Seifenblasen? Die Bedeutung von Daily Soaps im Alltag von Kindern und Jugendlichen. München: KoPäd-Verlag.

Götz, Maya (2003): Außeruniversitäre, medienpädagogische Forschung – eine Übersicht. In: Neuß, Norbert (Hrsg.): Beruf Medienpädagoge. Selbstverständnis – Ausbildung – Arbeitsfelder. München: kopaed, S. 179–184.

Götz, Maya; Gather, Johanna (2010): Wer bleibt drin? Wer fliegt raus? In: TelevIZIon, Jg. 23, H. 1, S. 52–59.

Gräßer, Lars; Pohlschmidt, Monika (Hrsg.) (2007): Praxis Web 2.0. Potenziale für die Entwicklung von Medienkompetenz. Düsseldorf: kopaed (Schriftenreihe Medienkompetenz des Landes Nordrhein-Westfalen, 7).

Grimm, Jürgen (2006): Super Nannys. Ein TV-Format und sein Publikum. Konstanz: UVK Verlagsgesellschaft.

Grimm, Petra; Rhein, Stefanie (2007): Slapping, Bullying, Snuffing! Zur Problematik von gewalthaltigen und pornografischen Videoclips auf Mobiltelefonen von Jugendlichen. Berlin: Vistas.

Groeben, Norbert (2002a): Dimensionen der Medienkompetenz: Deskriptive und normative Aspekte. In: Groeben, Norbert; Hurrelmann, Bettina (Hrsg.): Medienkompetenz. Voraussetzungen, Dimensionen, Funktionen. Weinheim: Juventa Verlag (Lesesozialisation und Medien), S. 160–197.

Groeben, Norbert (2002b): Anforderungen an die theoretische Konzeptualisierung von Medienkompetenz. In: Groeben, Norbert; Hurrelmann, Bettina (Hrsg.): Medienkompetenz. Voraussetzungen, Dimensionen, Funktionen. Weinheim: Juventa Verlag (Lesesozialisation und Medien), S. 11–22.

Groeben, Norbert; Hurrelmann, Bettina (Hrsg.) (2002): Medienkompetenz. Voraussetzungen, Dimensionen, Funktionen. Weinheim: Juventa Verlag (Lesesozialisation und Medien).

Gross, Peter (1994): Die Multioptionsgesellschaft. 1. Aufl. Frankfurt am Main: Suhrkamp.

Große-Loheide, Mike; Hasebrink, Uwe (Hrsg.) (2004): Netzwerke für die Informationsgesellschaft. Bielefeld: GMK.

Grunau, Herbert (1990): Mediengebrauch und Medienerziehung in der DDR. In: Medien Journal – Zeitschrift für Kommunikationskultur, Jg. 14, H. 1.

Grüsser, Sabine M.; Thalemann, Carolin N. (2006): Verhaltenssucht. Diagnostik, Therapie, Forschung. 1. Aufl. Bern: Huber.

Habermas, Jürgen (1988): Nachmetaphysisches Denken. Philosophische Aufsätze. 2. Aufl. Frankfurt am Main: Suhrkamp.

Hamm, Ingrid (1996): Medienkompetenz. Was ist das? In: Stipp-Hagmann, Karin (Hrsg.): Fernseh- und Radiowelt für Kinder und Jugendliche. Villingen-Schwenningen: Neckar-Verlag (Schriftenreihe der LfK, 3A), S. 69–76.

Hans-Bredow-Institut für Medienforschung an der Universität Hamburg (Hrsg.) (2006): Medien von A bis Z. 1. Aufl. Wiesbaden: VS Verlag für Sozialwissenschaften.

Hart, Andrew (Hrsg.) (1998): Teaching the media. International perspectives. Mahwah, NJ: Lawrence Erlbaum Associates (LEA's communication series).

Hart, Andrew; Süss, Daniel (Hrsg.) (2002): Media Education in 12 European Countries. A Comparative Study of Teaching Media in Mother Tongue Education in Secondary Schools. Zürich. Online verfügbar unter: http://e-collection.library.ethz.ch/eserv/eth:25953/eth-25953-01.pdf.

Hasebrink, Uwe; Lampert, Claudia (2008): Jugendmedienschutz im Netzwerk. Plädoyer für eine integrative Perspektive. In: merz – Zeitschrift für Medienpädagogik, Jg. 52, H. 1, S. 10–17.

Hauf-Tulodziecki, Annemarie (2003): Portfolio Medienkompetenz: Konzepte und Umsetzung, erste Erfahrungen, weitere Perspektiven I. In: Vorndran, Oliver; Schnoor, Detlev (Hrsg.): Schulen für die Informationsgesellschaft. 1. Aufl., Gütersloh: Verlag Bertelsmann Stiftung, S. 291–302.

Hauf-Tulodziecki, Annemarie; Moll, Stefan (2001): Das Portfolio Medienkompetenz - eine Möglichkeit zur Stärkung der informatischen Medienbildung? In: Keil-Slawik, Reinhard; Magenheim, Johannes (Hrsg.): Informatikunterricht und Medienbildung. INFOS 2001. 9. GI-Fachtagung Informatik und Schule, 17.-21. September 2001 in Paderborn. Bonn: Gesellschaft für Informatik, S. 97-106.

Hauke, Hans-Peter (2003): Genial multimedial. Medienpädagogik und Multimediales Schulfernsehen. In: Neuß, Norbert (Hrsg.): Beruf Medienpädagoge. Selbstverständnis - Ausbildung - Arbeitsfelder. München: kopaed, S. 109-115.

Havighurst, Robert J. (1972): Developmental tasks and education. New York: Longman.

Hedrich, Andreas; Lampert, Claudia (2007): Bildungschancen in der aktiven Internetarbeit mit Kindern. In: Lauffer, Jürgen; Röllecke, Renate; Baacke, Dieter (Hrsg.): Mediale Sozialisation und Bildung. Methoden und Konzepte medienpädagogischer Projekte. Bielefeld: GMK (Dieter-Baacke-Preis, Handbuch 2), S. 116-121.

Heins, Majorie; Cho, Christina (2003): Media Literacy. An Alternative to Censorship. Second edition, revised and updated. Free Expression Policy Project. New York. Online verfügbar unter: www.fepproject.org/policyreports/medialiteracy.pdf.

Hermida, Martin (2008): Internetnutzung von 12- bis 16-jährigen Jugendlichen. Grundzüge, Nutzertypen und Sozialisationsrelevanz. Lizentiatsarbeit an der Philosophischen Fakultät der Universität Zürich.

Herzig, Bardo; Aßmann, Sandra (2008): Digitale Medien in formalen und informellen Lernumgebungen von Kindern und Jugendlichen. In: Wernstedt, Rolf; John-Ohnesorg, Marei (Hrsg.): Neue Medien in der Bildung. Lernformen der Zukunft. Dokumentation der Konferenz des Netzwerks Bildung vom 5. und 6. Mai 2008. Bonn: bub Bonner Universitäts-Buchdruckerei, S. 41-46.

Herzig, Bardo; Meister, Dorothee M.; Moser, Heinz; Niesyto, Horst (Hrsg.) (2010): Jahrbuch Medienpädagogik 8. Medienkompetenz und Web 2.0. Wiesbaden: VS Verlag für Sozialwissenschaften.

Hickethier, Knut (1974): Zur Tradition schulischer Beschäftigung mit Massenmedien. Ein Abriß der Geschichte deutscher Medienpädagogik. In: Schwarz, Reent (Hrsg.): Manipulation durch Massenmedien - Aufklärung durch Schule? Eine Bestandsaufnahme. Stuttgart: Metzler (Didaktik der Massenkommunikation, 1), S. 21-52.

Hiegemann, Susanne; Swoboda, Wolfgang H. (Hrsg.) (1994): Handbuch der Medienpädagogik. Theorieansätze, Traditionen, Praxisfelder, Forschungsperspektiven. Opladen: Leske + Budrich.

Hipeli, Evelyne (2006): Das Internet - Gefahr oder Nutzen für das Kind? Subjektive Einstellungen von Eltern gegenüber dem Internet und normative Medienerziehungsansprüche an Eltern und Schule. Lizentiatsarbeit an der Philosophischen Fakultät der Universität Zürich.

Hipfl, Brigitte (1996): Medienmündigkeit und Körpererfahrung. Medienkompetenz aus der Perspektive der Cultural Studies. In: medien praktisch - Zeitschrift für Medienpädagogik, Jg. 20, H. 3, S. 32-35.

Hobbs, Renee (1998): Building Citizenship Skills through Media Literacy Education. In: Salvador, Michael; Sias, Patricia M. (Hrsg.): The public voice in a democracy at risk. Westport, Conn.: Praeger, S. 57-76.

Hobbs, Renee (2004): A Review of School-Based Initiatives in Media Literacy Education. In: American Behavioral Scientist, Jg. 48, H. 1, S. 42–59.

Hobbs, Renee; Frost, Richard (1999): Instructional Practices in Media Literacy Education and Their Impact on Student's Learning. In: New Jersey Journal of Communication, Jg. 6, H. 2, S. 123–148.

Hoffmann, Bernward (2003): Medienpädagogik. Eine Einführung in Theorie und Praxis. Paderborn: Schöningh (UTB Medienwissenschaften, Pädagogik).

Hoffmann, Bernward; Hoffmann, Dagmar; Hugger, Kai-Uwe; Kammerl, Rudolf; Meister, Dorothee M.; Neuß, Norbert; Pöttinger, Ida et al. (2013): Medienkompetenzförderung für Kinder und Jugendliche. Eine Bestandsaufnahme. (Bundesministerium für Familie, Senioren, Frauen und Jugend Referat Öffentlichkeitsarbeit, Hrsg.). Berlin.

Hoffmann, Dagmar; Mikos, Lothar (Hrsg.) (2010): Mediensozialisationstheorien. Neue Modelle und Ansätze in der Diskussion. 2., überarb. und erw. Aufl. Wiesbaden: VS Verlag für Sozialwissenschaften.

Hoppe-Graff, Siegfried; Kim, Hye-On (2002): Die Bedeutung der Medien für die Entwicklung von Kindern und Jugendlichen. In: Oerter, Rolf; Montada, Leo (Hrsg.): Entwicklungspsychologie. 5., vollst. überarb. Aufl. Weinheim: Beltz PVU, S. 683–718.

Hugger, Kai-Uwe (2001): Medienpädagogik als Profession. Perspektiven für ein neues Selbstverständnis. München: KoPäd-Verlag.

Hugger, Kai-Uwe (2003): Erwachsene als „Muggles" des Digitalzeitalters? Empirisches zur Medienkompetenz älterer Erwachsener. In: DIE Zeitschrift, H. 2. Online verfügbar unter: www.die-frankfurt.de/zeitschrift/22003/hugger03_01.htm.

Hugger, Kai-Uwe (2005): Berufsfeld Medienpädagogik. In: Hüther, Jürgen; Schorb, Bernd (Hrsg.): Grundbegriffe Medienpädagogik. 4., vollst. neu konzipierte Aufl. München: kopaed, S. 37–43.

Hugger, Kai-Uwe (2006): Medienpädagogen im Beruf. In: Volkmer, Ingrid; Wiedemann, Dieter (Hrsg.): Schöne neue Medienwelten. Konzepte und Visionen für eine Medienpädagogik der Zukunft. Bielefeld: GMK (Schriften zur Medienpädagogik, 38), S. 136–147.

Hugger, Kai-Uwe (2008): Medienkompetenz. In: Sander, Uwe; Gross, Friederike von; Hugger, Kai-Uwe (Hrsg.): Handbuch Medienpädagogik. Wiesbaden: VS Verlag für Sozialwissenschaften, S. 93–99.

Hurrelmann, Klaus (1998): Einführung in die Sozialisationstheorie. 6., neu ausgestattete Aufl. Weinheim: Beltz.

Hurrelmann, Klaus (2002): Einführung in die Sozialisationstheorie. 8., vollst. überarb. Aufl. Weinheim: Beltz (Beltz-Studium Kultur und Gesellschaft).

Hüther, Gerald (2008): Die Macht der virtuellen Bilder. Medienkonsum und Hirnentwicklung. Veranstaltung vom 05.06.2008. Zürich.

Hüther, Jürgen (2001): Adolf Reichwein. In: merz – Zeitschrift für Medienpädagogik, Jg. 45, H. 4, S. 262–264.

Hüther, Jürgen (2002): Wegbereiter der Medienpädagogik 4: Martin Keilhacker. In: merz – Zeitschrift für Medienpädagogik, Jg. 46, H. 2, S. 118–121.

Hüther, Jürgen (2015): Medienpädagogik in der Vorkriegszeit. In: Von Gross, Friederike; Meister, Dorothee M.; Sander, Uwe (2015): Die Geschichte der Medienpädagogik in Deutschland. Weinheim und Basel: Beltz Juventa, S. 11–33.

Hüther, Jürgen; Podehl, Bernd (1997): Geschichte der Medienpädagogik. In: Hüther, Jürgen; Schorb, Bernd; Brehm-Klotz, Christiane (Hrsg.): Grundbegriffe der Medienpädagogik. München: KoPäd-Verlag, S. 116–126.

Hüther, Jürgen; Podehl, Bernd (2005): Geschichte der Medienpädagogik. In: Hüther, Jürgen; Schorb, Bernd (Hrsg.): Grundbegriffe Medienpädagogik. 4., vollst. neu konzipierte Aufl. München: kopaed, S. 116–127.

Hüther, Jürgen; Schorb, Bernd (2005b): Medienpädagogik. In: Hüther, Jürgen; Schorb, Bernd (Hrsg.): Grundbegriffe Medienpädagogik. 4., vollst. neu konzipierte Aufl. München: kopaed, S. 265–276.

Hüther, Jürgen; Schorb, Bernd (Hrsg.) (1981): Grundbegriffe der Medienpädagogik. Grafenau: expert (medien+bildung, 1).

Hüther, Jürgen; Schorb, Bernd (Hrsg.) (2005a): Grundbegriffe Medienpädagogik. 4., vollst. neu konzipierte Aufl. München: kopaed.

Hüther, Jürgen; Schorb, Bernd; Brehm-Klotz, Christiane (Hrsg.) (1997): Grundbegriffe der Medienpädagogik. München: KoPäd-Verlag.

Issing, Ludwig J.; Klimsa, Paul (Hrsg.) (2002): Information und Lernen mit Multimedia und Internet Lehrbuch für Studium und Praxis. 3., vollst. überarb. Aufl. Weinheim: Beltz PVU.

Issing, Ludwig J; Klimsa, Paul (Hrsg.) (2009): Online-Lernen. Handbuch für Wissenschaft und Praxis. München: Oldenbourg.

Issing, Ludwig Josef (1988b): Medienpädagogik und ihre Aspekte. In: Issing, Ludwig Josef (Hrsg.): Medienpädagogik im Informationszeitalter. 2., durchges. Aufl. Weinheim: Deutscher Studien Verlag, S. 19–28.

Issing, Ludwig Josef (Hrsg.) (1988a): Medienpädagogik im Informationszeitalter. 2., durchges. Aufl. Weinheim: Deutscher Studien Verlag.

Jäckel, Michael (2006): Einführung in die Konsumsoziologie. Fragestellungen – Kontroversen – Beispieltexte. 2., überarb. und erw. Aufl. Wiesbaden: VS Verlag für Sozialwissenschaften.

Jáki, László (1982): A hazai filmoktatás fjlődése a negyvenes évekig. Veszprém: Országos Oktatástechnikai Központ.

James, Carrie; Davis, Katie; Flores, Andrea; Francis, John M.; Pettingill, Lindsay; Rundle, Margaret; Gardner, Howard (2008): Young People, Ethics, and the New Digital Media. A Synthesis from the Good Play Project. Harvard Graduate School of Education. Cambridge, MA. (GoodWork® Project Report Series, 54). Online verfügbar unter: https://mitpress.mit.edu/books/young-people-ethics-and-new-digital-media.

Jarren, Otfried; Meier, Werner (1999): Globalisierung der Medienlandschaft und ihre medienpolitische Bewältigung: Ende der Medienpolitik oder neue Gestaltungsformen auf regionaler und nationaler Ebene? In: Donges, Patrick. (Hrsg.): Globalisierung der Medien? Medienpolitik in der Informationsgesellschaft. Opladen: Westdeutscher Verlag, S. 231–249.

Jarren, Otfried; Wassmer, Christian (2009): Medienkompetenz. Begriffsanalyse und Modell. In: medien + erziehung (merz), Jg. 53, H. 3, S. 46–51.

Jenkins, Henry et al. (2006): Confronting the Challenges of Participatory Culture: Media for the 21st Century. Herausgegeben von MacArthur Foundation. (Building the Field of Digital Media and Learning). Online verfügbar unter: https://mitpress.mit.edu/books/confronting-challenges-participatory-culture.

JFF-Institut für Medienpädagogik in Forschung und Praxis (Hrsg.) (1999): Von der „Filmerziehung" zur „Medienkompetenz". medien + erziehung (merz) spiegelt die Entwicklung der Medienpädagogik. Beiträge aus vierzig Jahren, ausgewählt und kommentiert von Erwin Schaar. München: KoPäd-Verlag.

Johnson, Steven (2005): Everything bad is good for you. How today's popular culture is actually making us smarter. New York, NY: Riverhead Books.

Jüttemann, Gerd; Thomae, Hans (Hrsg.) (2002): Persönlichkeit und Entwicklung. 1. Aufl. Weinheim: Beltz (Beltz-Taschenbuch Psychologie, 113).

Kazda, Joschi; Müller, Ali; Wember, Bernward (1999): Medien und Gesellschaft. In: JFF-Institut für Medienpädagogik in Forschung und Praxis (Hrsg.): Von der „Filmerziehung" zur „Medienkompetenz". medien + erziehung (merz) spiegelt die Entwicklung der Medienpädagogik. Beiträge aus vierzig Jahren, ausgewählt und kommentiert von Erwin Schaar. München: KoPäd-Verlag, S. 107–128.

Keen, Andrew (2007): The cult of the amateur. How today's internet is killing our culture. 1. Aufl. New York, NY: Doubleday/Currency (A currency book).

Kammerl, Rudolf; Unger, Alexander; Günther, Silke; Schwedler, Anja (2016): BYOD – Start in die nächste Generation. Abschlussbericht der wissenschaftlichen Evaluation des Pilotprojekts. Hamburg: Universität Hamburg.

Kerres, Michael (2007): Zum Selbstverständnis der Mediendidaktik. In: Sesink, Werner; Kerres, Michael; Moser, Heinz (Hrsg.): Jahrbuch Medien-Pädagogik 6. Medienpädagogik-Standortbestimmung einer erziehungswissenschaftlichen Disziplin. Wiesbaden: VS Verlag für Sozialwissenschaften, S. 161–178.

Kerres, Michael (2013): Mediendidaktik. Konzeption und Entwicklung mediengestützter Lernangebote, 4., überarb. u. aktual. Aufl. München: Oldenbourg.

Kerres, Michael; Preußler, Annabell (2015): Mediendidaktik. In: von Gross, Friederike; Meister, Dorothee; Sander, Uwe (Hrsg.): Medienpädagogik – Ein Überblick. Beltz Juventa, S. 32–48.

Kerres, Michael; Witt, Claudia de (2002): Quo vadis Mediendidaktik? Zur theoretischen Fundierung von Mediendidaktik. In: MedienPädagogik. Online verfügbar unter: www.medienpaed.com/02-2/kerres_dewitt1.pdf.

Keupp, Heiner (2008): Identitätskonstruktionen: Das Patchwork der Identitäten in der Spätmoderne. Orig-Ausg., 4. Aufl. Reinbek bei Hamburg: Rowohlt-Taschenbuch-Verlag.

Kispéter, Miklós: A gyözelmes film. Film, tudomány, müvészet. o. O.: Királyi Magyar Egyetemi Nyomda.

Kleber, Hubert (Hrsg.) (2005): Perspektiven der Medienpädagogik in Wissenschaft und Bildungspraxis. München: kopaed.

Kleber, Hubert; Spanhel, Dieter (Hrsg.) (2000): Spannungsfeld Medien und Erziehung. Medienpädagogische Perspektiven. 1. Aufl. München: KoPäd-Verlag.

Klemm, Uwe (2008): Wikis im Deutschunterricht und anderswo. Ein Bericht aus der Unterrichtspraxis mit Anregungen für die Unterrichtspraxis. In: LOG IN, Jg. 28, H. 152, S. 53–59.

Knauf, Tassilo (1994): Medienpädagogik im öffentlichen Bildungssystem der Bundesrepublik Deutschland. Zum Ort der Medienthematik im Schulunterricht. In: Hiegemann, Susanne; Swoboda, Wolfgang H. (Hrsg.): Handbuch der Medienpädagogik. Theorieansätze, Traditionen, Praxisfelder, Forschungsperspektiven. Opladen: Leske + Budrich, S. 271–287.

Kneifel, Gerda (2009): Die Sucht nach Medien. Neben Gewalttätigen werden Abhängige kaum wahrgenommen. In: Pädiatrix – Das Magazin für Kinderheilkunde, H. 4, S. 10–14.

Knorr-Cetina, Karin (1984): Die Fabrikation von Erkenntnis. Zur Anthropologie der Naturwissenschaft. 1. Aufl. Frankfurt a. M.: Suhrkamp.

Kofler, Georg; Graf, Gerhard (Hrsg.) (1995): Sündenbock Fernsehen? Aktuelle Befunde zur Fernsehnutzung von Jugendlichen, zur Wirkung von Gewaltdarstellungen im Fernsehen und zur Jugendkriminalität. Berlin: Vistas.

Kohls, Christian; Haug, Simone (2008): Gemeinsam sind wir stark! Kooperativer Wissenserwerb mit Wikis. In: LOG IN, Jg. 28, H. 152, S. 22–28.

Kolfhaus, Stephan (1994): Anfänge des Jugendschutzes seit 1900. Intentionen und Institutionen im „Schmutz- und Schundkampf“ vom Kaiserreich zur Weimarer Republik. In: Hiegemann, Susanne; Swoboda, Wolfgang H. (Hrsg.): Handbuch der Medienpädagogik. Theorieansätze, Traditionen, Praxisfelder, Forschungsperspektiven. Opladen: Leske + Budrich, S. 139–148.

Kommer, Sven (1996): Kinder im Werbenetz. Eine qualitative Studie zum Werbeangebot und zum Werbeverhalten von Kindern. Opladen: Leske + Budrich (Schriftenreihe der Gesellschaft für Medien und Kommunikationskultur in der Bundesrepublik e. V., 10).

König, Alexander (2008): Kooperativ-kollaborative Quelleninterpretation mit Wikis. Didaktische Handlungsmöglichkeiten und methodische Gestaltungsfelder im Geschichtsunterricht 2.0. In: LOG IN, Jg. 28, H. 152, S. 47–52.

Kron, Friedrich W.; Sofos, Alivisos (2003): Mediendidaktik. Neue Medien in Lehr- und Lernprozessen. München: Reinhardt (UTB Medien- und Kommunikationswissenschaft, Pädagogik).

Kubey, Robert (2002): Think. Interpret. Create. How Media Education Promotes Critical Thinking, Democracy, Health, and Aesthetic Appreciation. In: Cable in the Classroom (Hrsg.): Thinking Critically about Media. Schools and Families in Partnership. Six Perspectives and a Conversation, S. 1–6.

Kubey, Robert; Hobbs, Renee (2000): Setting Research Directions for Media Literacy and Health Education. A Research Conference held on April 15–17 2000. Online verfügbar unter: http://dlist.sir.arizona.edu/350/01/conf7012.pdf.

Kubicek, Herbert (Hrsg.) (1998): Lernort Multimedia. Heidelberg: v. Decker.

Kübler, Hans-Dieter (1999): Medienkompetenz – Dimension eines Schlagwortes. In: Schell, Fred; Stolzenburg, Elke; Theunert, Helga (Hrsg.): Medienkompetenz. Grundlagen und pädagogisches Handeln. München: KoPäd-Verlag (Reihe Medienpädagogik, 11), S. 25–47.

Kübler, Hans-Dieter (2009): Mediensozialisation – ein Desiderat zur Erforschung von Medienwelten. Versuch einer Standortbestimmung und Perspektivik. In: Diskurs Kindheits- und Jugendforschung, Jg. 4, H. 1, S. 7–26.

Kühn, Joana; Lampert, Claudia (2015): Mobile Internetnutzung von Kindern und Jugendlichen. Eine qualitative Studie zur Smartphone- und Tablet-Nutzung von Zwei- bis 14-Jährigen. Hamburg: Verlag Hans-Bredow-Institut. Online verfügbar unter: www.hans-bredow-institut.de/webfm_send/1108.

Kükelhaus, Hugo (1978): Hören und Sehen in Tätigkeit. 1. Aufl. Zug: Klett & Balmer (Zürcher Beiträge zur Medienpädagogik).

Kultusministerkonferenz Berlin: KMK Berlin. Online verfügbar unter: www.kmk.org/fileadmin/Dateien/pdf/PresseUndAktuelles/2016/Bildung_digitale_Welt_Webversion.pdf.

Kumar, Keval J. (1992): Redefining the Goals. Reflections from India. In: Bazalgette, Cary; Bevort, Evelyne; Savino, Josiane (Hrsg.): New directions. Media education worldwide. 1. Aufl. London; Paris: British Film Institute Publishing; Centre de Liaison de l'Enseignement et des Moyens d'Information, S. 152–160.

Kumar, Keval J. (o. J.): Media Education, Regulation and Public Policy in India. Online verfügbar unter: www.diplomatie.gouv.fr/fr/IMG/pdf/KevalKumar.pdf.

Kunczik, Michael (1995): Wirkungen von Gewaltdarstellungen – Zum aktuellen Stand der Diskussion. In: Kofler, Georg; Graf, Gerhard (Hrsg.): Sündenbock Fernsehen? Aktuelle Befunde zur Fernsehnutzung von Jugendlichen, zur Wirkung von Gewaltdarstellungen im Fernsehen und zur Jugendkriminalität. Berlin: Vistas, S. 29–53.

Kunczik, Michael; Zipfel, Astrid (2006): Gewalt und Medien. Ein Studienhandbuch. 5., völlig überarb. Aufl. Köln: Böhlau.

Ladas, Manuel (2002): Brutale Spiele(r)? Wirkung und Nutzung von Gewalt in Computerspielen. Frankfurt am Main: Lang.

Lampert, Claudia (2007): Gesundheitsförderung im Unterhaltungsformat. Wie Jugendliche gesundheitsbezogene Botschaften in fiktionalen Fernsehangeboten wahrnehmen und bewerten. 1. Aufl. Baden-Baden: Nomos (Publikationen des Hans-Bredow-Instituts).

Lampert, Claudia; Schwinge, Christiane (2013): Zum elterlichen Umgang mit Medien. Ein Überblick über den Stand der Forschung. In: Wagner, Ulrike; Gebel, Christa; Lampert, Claudia (Hrsg.): Zwischen Anspruch und Alltagsbewältigung: Medienerziehung in der Familie. Berlin: Vistas, S. 19–51 (Schriftenreihe Medienforschung der LfM Band 72).

Länderkonferenz MedienBildung (2015): Kompetenzorientiertes Konzept für die schulische Medienbildung. LKM-Positionspapier. Online verfügbar unter: www.laenderkonferenz-medienbildung.de/files/Dateien_lkm/Dokumente/LKM-Positionspapier_2015.pdf.

Landesanstalt für Medien Nordrhein-Westfalen (2012): Praxisleitfaden Medienkompetenz. Mit Medienarbeit Schülerinnen und Schüler wirkungsvoll fördern – Beispiele aus einem Pilotprojekt an neun Ganztagshauptschulen in NRW Düsseldorf: LfM.

Landeszentrale für Medien und Kommunikation (LMK) Rheinland-Pfalz (o. J.): Netz-Knigge 2.0: Regeln für Takt und Höflichkeit im Netz. Ein Verhaltenskodex von anno dazumal für Umgangsformen im Internet (in Anlehnung an Scout, 2013, S. 18 f. sowie eigene Anpassungen und Erweiterungen). Online verfügbar unter: www.klicksafe.de/fileadmin/media/documents/pdf/klicksafe_Materialien/Lehrer_LH_Zusatz_Ethik/Vorschlaege_Formulierungen_Online_Knigge_2.0_f%C3%BCrs_Netz.pdf.

Lauffer, Jürgen (2003): Professionalisierung in der Medienpädagogik – ohne definiertes Berufsbild? In: Neuß, Norbert (Hrsg.): Beruf Medienpädagoge. Selbstverständnis – Ausbildung – Arbeitsfelder. München: kopaed, S. 67–74.

Lauffer, Jürgen; Röllecke, Renate; Baacke, Dieter (Hrsg.) (2007): Mediale Sozialisation und Bildung. Methoden und Konzepte medienpädagogischer Projekte. Bielefeld: GMK (Dieter-Baacke-Preis, Handbuch 2).

Lerner, Richard (2007): The Good Teen. Rescuing Adolescence from the Myths of the Storm and Stress Years. New York: Crown Publishers.

Leveranz, Deborah; Tyner, Kathleen (1993): An Overview Inquiring Minds Want to Know: What is Media Literacy? Online verfügbar unter: www.laplaza.org/about_lap/archives/mlit/media_3.html.

Lewis, Justin; Jhally, Sut (1998): The Struggle Over Media Literacy. In: Journal of Communication, Jg. 48, H. 1, S. 109–120.

Livingstone, Sonia; Wijnen, Christine W.; Papaioannou, Tao; Costa, Conceição, del Mar Grandío, Maria (2014): Situating Media Literacy in the Changing Media Environment: Critical Insights from European Research on Audiences. In: Carpentier, Nico; Schröder, Kim Christian; Hallett, Lawrie (Hrsg.): Audience Transformations: Shifting Audience Positions in late Modernity. New York and London: Routledge, S. 210–227.

Livingstone, Sonia (2009): On the mediation of everything: ICA presidential address 2008. In: Journal of Communication, Jg. 59, H. 1, S. 1–18.

Livingstone, Sonia; Bovill, Moira (2001): Children and their changing media environment. A European comparative study. Mahwah, NJ: Erlbaum.

Livingstone, Sonia; Byrne, Jasmina; Bulger, Monica (2015): Researching children's rights globally in the digital age. Seminarbericht vom 12.–14. Februar 2015 an der London School of Economics and Political Science (LSE). Online verfügbar unter: www.lse.ac.uk/media@lse/research/Research-Projects/Researching-Childrens-Rights/pdf/Researching-childrens-rights-globally-in-the-digital-age-260515-withphotos.pdf.

Livingstone, Sonia; Byrne, Jasmina; Bulger, Monica (2015): Researching children's rights globally in the digital age. Report of a seminar held on 12–14 February 2015. Online verfügbar unter: www.lse.ac.uk/media@lse/research/Research-Projects/Researching-Childrens-Rights/pdf/Researching-childrens-rights-globally-in-the-digital-age-260515-withphotos.pdf.

Livingstone, Sonia; Mascheroni, Giovanna; Ólafsson, Kjartan; Haddon, Leslie with the networks of EU Kids Online and Net Children Go Mobile (2014): Children's online risks and opportunities: Comparative findings from EU Kids Online and Net Children Go Mobile. Online verfügbar unter: http://eprints.lse.ac.uk/60513/.

Livingstone, Sonia; O'Neill, Brian (2014): Children's Rights Online: Challenges Dilemmas and Emerging Directions' in Minding Minors Wandering in the Web. In: van der Hof, Simone; van den Berg, Bibi; Schermer; Bart (Hrsg.): Regulating Online Child Safety, Wiesbaden: Springer, S. 19–38.

Livingstone, Sonia; Van Couvering, Elizabeth; Thumin, Nancy (2008): Converging traditions of research on media and information literacies: Disciplinary, critical, and methodological issues. In: Coiro, Julie; Knobel, Michele; Lankshear, Colin; Leu, Donald J. (2008): Handbook of research on new literacies. New York und London: Routledge. S. 103–132.

Livingstone, Sonia; Wijnen, Christine, W.; Papaioannou, Tao; Costa, Conceição; del Mar Grandío, Maria (2014): ‚Situating media literacy in the changing media environment: Critical insights from European research on audiences' in Audience transformations: Shifting audience positions in late modernity. In: Carpentier, Nico; Schröder, Christian; Hallett, Lawrie. London: Routledge, S. 210–227.

Livingstone, Sonja; van Couvering, Elizabeth; Thumim, Nancy (2005): Adult Media Literacy. A review of the research literature on behalf of Ofcom. Ofcom – Office of Communications. Online verfügbar unter: http://stakeholders.ofcom.org.uk/market-data-research/other/research-publications/adults/adult-media-literacy-review-2005/.

Landesmedienzentrum (Lmz) (2012): Der Spitzer geht um. Online verfügbar unter: www.lmzbw.de/fileadmin/user_upload/Medienbildung_MCO/handouts/2012_09_12_Stellungnahme_zu_Thesen__Spitzer.pdf.

Luder, Pascal Marc (2008): Verbreitung, Rezeption und Besitz von problematischen visuellen Inhalten auf Mobiltelefonen. Lizentiatsarbeit. Zürich. Universität Zürich, Philosophische Fakultät.

Maletzke, Gerhard (1988): Kulturverfall durch Fernsehen? Berlin: Spiess.

Marr, Mirko; Wyss, Vinzenz; Blum, Roger; Bonfadelli, Heinz (2001): Journalisten in der Schweiz. Eigenschaften, Einstellungen, Einflüsse. Konstanz.

Martínez de Toda, J. (2011): La educación para los medios digitales en Comunicación Participativa para el desarrollo. (May 21st, 2011). www.seminariovirtual.org/noticias/?p=1359 (accessed on January, 7th, 2012).

Masterman, Len (1986): Teaching the media. London: Comedia Publishing Group.

Masterman, Len (1991): Medienpädagogik in Europa unter besonderer Berücksichtigung von Fernsehen und elektronischen Medien. Bonn: Bundeszentrale für politische Bildung.

Masterman, Len (1998): The Media Education Revolution. Foreword. In: Hart, Andrew (Hrsg.): Teaching the media. International perspectives. Mahwah, NJ: Lawrence Erlbaum Associates (LEA's communication series), S. vii–xi.

Masterman, Len; Mariet, François (1994): Media education in 1990s' Europe. A teacher's guide. Strasbourg: Council of Europe.

Meckel, Miriam (2001): Die globale Agenda. Kommunikation und Globalisierung. 1. Aufl. Wiesbaden: Westdeutscher Verlag.

Medienpädagogischer Forschungsverbund Südwest (2012): FIM-Studie 2011. Familie, Interaktion und Medien. Stuttgart. Online verfügbar unter: www.mpfs.de/index.php?id=26.

Medienpädagogischer Forschungsverbund Südwest (2014): KIM-Studie 2014. Basisuntersuchung zum Medienumgang 6- bis 13-Jähriger. Stuttgart. Online verfügbar unter: www.mpfs.de/index.php?id=192.

Medienpädagogischer Forschungsverbund Südwest (2016): JIM-Studie 2016. Basisuntersuchung zum Medienumgang 12- bis 19-Jähriger in Deutschland. Stuttgart. Online verfügbar unter: www.mpfs.de/fileadmin/files/Studien/JIM/2016/JIM_Studie_2016.pdf.

Meister, Dorothee M.; Hagedorn, Jörg; Sander, Uwe (2005): Medienkompetenz als theoretisches Konzept und Gegenstand empirischer Forschung. In: Bachmair, Ben; Diepold, Peter; Witt, Claudia de (Hrsg.): Jahrbuch Medienpädagogik 4. Wiesbaden: VS Verlag für Sozialwissenschaften, S. 169–186.

Mendoza, Kelly (2009): Surveying Parental Mediation: Connections, Challenges and Questions for Media Literacy. In: Journal of Media Literacy Education, Jg. 1, H. 1, S. 28–41. Online verfügbar unter: http://jmle.org/index.php/JMLE/article/viewFile/24/3.

Merten, Klaus (2006): Neue Medien. In: Bentele, Günter; Brosius, Hans-Bernd; Jarren, Otfried (Hrsg.): Lexikon Kommunikations- und Medienwissenschaft. 1. Aufl. Wiesbaden: VS Verlag für Sozialwissenschaften.

Merz-Abt, Thomas (2005): Medienbildung in der Volksschule. Grundlagen und konkrete Umsetzung. Zürich: Verlag Pestalozzianum.

Meyen, Michael (2009): Medialisierung. In: Medien & Kommunikationswissenschaft, Jg. 57, H. 1, S. 23–38.

Meyer, Peter (1978): Medienpädagogik. Entwicklung und Perspektiven. Königstein/Ts.: Hain (Hochschulschriften Erziehungswissenschaft, 5).

Microsoft Corporation (2007): Play Smart, Play Safe! A Family Guide to Video Gaming. Online verfügbar unter: http://mktplassets.xbox.com/NR/rdonlyres/4D051EC4-7FA8-4A70-9ADB-C2F873B80892/0/EUUPDATEFINAL180209.pdf.

Mikat, Claudia (2003): Jugendschutz im Fernsehen – die Arbeit der Freiwilligen Selbstkontrolle Fernsehen (FSF). In: Neuß, Norbert (Hrsg.): Beruf Medienpädagoge. Selbstverständnis – Ausbildung – Arbeitsfelder. München: kopaed, S. 137–144.

Mikos, Lothar (2008): Symbolischer Interaktionismus und kommunikatives Handeln. In: Sander, Uwe; von Gross, Friederike; Hugger, Kai-Uwe (Hrsg.): Handbuch Medienpädagogik. Wiesbaden: VS Verlag für Sozialwissenschaften, S. 156–159.

Mikos, Lothar; Hoffmann, Dagmar; Winter, Rainer (Hrsg.) (2007): Mediennutzung, Identität und Identifikationen. Die Sozialisationsrelevanz der Medien im Selbstfindungsprozess von Jugendlichen. Weinheim: Juventa Verlag (Jugendforschung).

Millner, Michael (1996): Das Beta-Kind. Fernsehen und kindliche Entwicklung aus kinderpsychiatrischer Sicht. 1. Aufl. Bern: Huber.

Misek-Schneider, Karla (2008): Lost in Cyberspace. Können Computerspiele „süchtig“ machen? In: Fritz, Jürgen (Hrsg.): Computerspiele(r) verstehen. Zugänge zu virtuellen Spielwelten für Eltern und Pädagogen. Bonn: Bundeszentrale für politische Bildung, S. 163–183.

Misoch, Sabina (2006): Online-Kommunikation. Konstanz: UVK Verlagsgesellschaft.

Mitgutsch, Konstantin; Wagner, Michael G. (2009) Gaming the Schools: Didaktische Szenarien des Digital Game Based Learning. In: Medienimpulse 2/2009. Online verfügbar unter: www.medienimpulse.at/articles/view/144.

Montada, Leo (2002): Fragen, Konzepte, Perspektiven. In: Oerter, Rolf; Montada, Leo (Hrsg.): Entwicklungspsychologie. 5., vollst. überarb. Aufl. Weinheim: Beltz PVU, S. 3–53.

Moser, Heinz (2005): „Verschwindet“ die Medienpädagogik in der Schweiz? In: Kleber, Hubert (Hrsg.): Perspektiven der Medienpädagogik in Wissenschaft und Bildungspraxis. München: kopaed, S. 265–273.

Moser, Heinz (2006): Einführung in die Medienpädagogik. Aufwachsen im Medienzeitalter. 4., überarb. und aktual. Aufl. Wiesbaden: VS Verlag für Sozialwissenschaften.

Moser, Heinz (2010): Einführung in die Medienpädagogik. Aufwachsen im Medienzeitalter. 5., durchges. Aufl. Wiesbaden: VS Verlag für Sozialwissenschaften.

Müller-Doohm, Stefan (2000): Kritische Medientheorie – die Perspektive der Frankfurter Schule. In: Neumann-Braun, Klaus; Müller-Dohm, Stefan (Hrsg.): Medien- und Kommunikationssoziologie. Eine Einführung in zentrale Begriffe und Theorien. Weinheim: Juventa Verlag (Grundlagentexte Soziologie), S. 69–92.

Müller-Ruckwitt, Anne (2008): „Kompetenz" – Bildungstheoretische Untersuchungen zu einem aktuellen Begriff. Würzburg: Ergon.

Nagy, Andór (1993): Média pedagógia. Televízió a családban és az iskolában. Pécs: Seneca Kiadó.

Neumann-Braun, Klaus; Müller-Doohm, Stefan (Hrsg.) (2000): Medien- und Kommunikationssoziologie. Eine Einführung in zentrale Begriffe und Theorien. Weinheim: Juventa Verlag (Grundlagentexte Soziologie).

Neuß, Norbert (2003b): Zur Notwendigkeit und Professionalisierung der Medienpädagogik. In: Neuß, Norbert (Hrsg.): Beruf Medienpädagoge. Selbstverständnis – Ausbildung – Arbeitsfelder. München: kopaed, S. 9–25.

Neuß, Norbert (2003c): Humor von Kindern. Empirische Befunde zum Humorverständnis von Grundschulkindern. In: TelevIZIon, Jg. 16, H. 1, S. 12–17.

Neuß, Norbert (Hrsg.) (2003a): Beruf Medienpädagoge. Selbstverständnis – Ausbildung – Arbeitsfelder. München: kopaed.

Niesyto, Horst; Ketter, Verena (2008): Jugendliche und Web 2.0. Nutzung und medienpädagogische Förderung in bildungsbenachteiligten Milieus. In: medien + erziehung, Jg. 52, H. 2, S. 23–29.

Nieysto, Horst (2000): Medienpädagogik und soziokulturelle Unterschiede. Eine Studie zur Förderung der aktiven Medienarbeit mit Kindern und Jugendlichen aus sozial benachteiligten Verhältnissen. Baden-Baden: Medienpädagogischer Forschungsverbund Südwest.

Nordwestschweizer Erziehungsdirektorenkonferenz (2000): Medien, Information, Kommunikation in der Lehrerinnen- und Lehrerausbildung an Pädagogischen Hochschulen. Unveröffentlichtes Thesenpapier. Luzern.

NWEDK Nordwestschweizer Erziehungsdirektorenkonferenz – Kontaktgruppe Medienpädagogik (2000): Medien, Information, Kommunikation in der Lehrerinnen- und Lehrerfortbildung an Pädagogischen Hochschulen. Unveröffentlichtes Thesenpapier. Luzern.

Oerter, Rolf (Hrsg.) (1985): Lebensbewältigung im Jugendalter. Weinheim: Ed. Psychologie VCH.

Oerter, Rolf; Dreher, Eva (2008): Jugendalter. In: Oerter, Rolf; Montada, Leo (Hrsg.): Entwicklungspsychologie. 6., vollst. überarb. Aufl. Weinheim: Beltz PVU, S. 271–332.

Oerter, Rolf; Montada, Leo (Hrsg.) (2008): Entwicklungspsychologie. 6., vollst. überarb. Aufl. Weinheim: Beltz PVU.

Ofcom – Office of Communication (2011a): Media Literacy Audit. Report on UK adults' literacy. Online verfügbar unter: http://stakeholders.ofcom.org.uk/binaries/research/media-literacy/media-lit11/Adults.pdf.

Ofcom – Office of Communication (2011b): Media Literacy Audit. Report on UK children's media literacy. Online verfügbar unter: http://stakeholders.ofcom.org.uk/binaries/research/media-literacy/media-lit11/childrens.pdf.

Ofcom – Office of Communications (2008a): Media Literacy Audit. Report on UK adults' literacy. Online verfügbar unter: http://stakeholders.ofcom.org.uk/market-data-research/media-literacy/medlitpub/medlitpubrss/ml_adult08/.

Ofcom – Office of Communications (2008b): Media Literacy Audit. Report on UK children's media literacy. Online verfügbar unter: www.ofcom.org.uk/__data/assets/pdf_file/0021/55182/ml_childrens08.pdf.

Oliveira, I. (1994): Teoría y práctica de la Comunicación: incidencia sobre los proyectos de edu-caci'pon para los medios en Amércia Latina. In: CENECA (1992): Educación para la Comunicación. Manual Latino-americano. Santiago de Chile, CENECA/UNICEF/UNESCO.

Opaschowski, Horst W. (1999): Generation @. Die Medienrevolution entläßt ihre Kinder. Leben im Informationszeitalter. 1. Aufl. Hamburg: Germa-Press Verlag.

Paus-Haase, Ingrid (1986): Soziales Lernen in der Sendung „Sesamstraße". Versuch einer Standortbestimmung. München: Minerva-Publikation (Minerva-Fachserie Geisteswissenschaften).

Paus-Haase, Ingrid; Hasebrink, Uwe; Mattusch, Uwe; Keuneke, Susanne; Krotz, Friedrich (1999): Talkshows im Alltag von Jugendlichen. Der tägliche Balanceakt zwischen Orientierung, Amüsement und Ablehnung. Opladen: Leske + Budrich.

Paus-Haase, Ingrid; Lampert, Claudia; Süss, Daniel (Hrsg.) (2002): Medienpädagogik in der Kommunikationswissenschaft. Positionen, Perspektiven, Potenziale. 1. Aufl. Wiesbaden: Westdeutscher Verlag.

Paus-Haase, Ingrid; Schorb, Bernd (Hrsg.) (2000): Qualitative Kinder- und Jugendmedienforschung. Theorie und Methoden, ein Arbeitsbuch. München: KoPäd-Verlag.

Paus-Hasebrink, Ingrid (2004): Neue Kinder – Neue Kindheiten? Zur Orientierung Heranwachsender in medialen Netzwerken. Perspektiven aus der Kindheits- und Jugendforschung. In: Große-Loheide, Mike; Hasebrink, Uwe (Hrsg.): Netzwerke für die Informationsgesellschaft. Bielefeld: GMK, S. 22–31.

Paus-Hasebrink, Ingrid; Bichler, Michelle (2008): Mediensozialisationsforschung. Theoretische Fundierung und Fallbeispiel sozial benachteiligte Kinder. Unter Mitarbeit von Christine W. Wijnen. Innsbruck: StudienVerlag (Beiträge zur Medien- und Kommunikationsgesellschaft, 11).

Paus-Hasebrink, Ingrid; Bichler, Michelle; Wijnen, Christine W. (2007): Kinderfernsehen bei sozial benachteiligten Kindern. In: MedienPädagogik, H. 13. Online verfügbar unter: www.medienpaed.com/article/download/88/88.

Paus-Hasebrink, Ingrid; Hipfl, Brigitte (2005): Medienpädagogik in Österreich: Perspektiven, Potenziale und Probleme – ein Kaleidoskop in acht Bildern. In: MedienPädagogik, H. 11. Online verfügbar unter: www.medienpaed.com/article/download/72/72.

Paus-Hasebrink, Ingrid; Jadin, Tanja; Wijnen, Christine W. (2007): Lernen mit Web 2.0. Aktualisierter Bericht zur Evaluation des Projekts „Web 2.0-Klasse". Salzburg.

Paus-Hasebrink, Ingrid; Neumann-Braun, Klaus; Hasebrink, Uwe; Aufenanger, Stefan (2004): Medienkindheit - Markenkindheit. Untersuchungen zur multimedialen Verwertung von Markenzeichen für Kinder. München: kopaed.

Peiser, Wolfram (1996): Die Fernsehgeneration. Eine empirische Untersuchung ihrer Mediennutzung und Medienbewertung. Opladen: Westdeutscher Verlag.

Petko, Dominik (2014): Einführung in die Mediendidaktik. Lehren und Lernen mit digitalen Medien, Weinheim: Beltz Verlag.

Pfeiffer, Christian (2003): Medienverwahrlosung als Ursache von Schulversagen und Jugenddelinquenz? KFN - Kriminologisches Forschungsinstitut Niedersachsen. Online verfügbar unter: www.kfn.de/versions/kfn/assets/medienverwahrlosung.pdf.

Pietraß, Manuela (2002): Die Interdisziplinarität der Medienpädagogik. In: Paus-Haase, Ingrid; Lampert, Claudia; Süss, Daniel (Hrsg.): Medienpädagogik in der Kommunikationswissenschaft. Positionen, Perspektiven, Potenziale. 1. Aufl. Wiesbaden: Westdeutscher Verlag, S. 75–87.

Plagemann, Karl-Ernst (1967): Filmerziehung in der DDR - warum und wie? In: Film, Fernsehen, Filmerziehung, Jg. 4, H. 1, S. 7–21.

Podehl, Bernd (2008): Medienpädagogik in der NS-Zeit. In: Sander, Uwe; Gross, Friederike von; Hugger, Kai-Uwe (Hrsg.): Handbuch Medienpädagogik. Wiesbaden: VS Verlag für Sozialwissenschaften, S. 22–31.

Postman, Neil (1985): Wir amüsieren uns zu Tode. Urteilsbildung im Zeitalter der Unterhaltungsindustrie. 2. Aufl. Frankfurt am Main: S. Fischer.

Prensky, Marc (2001): Digital Natives, Digital Immigrants. (On the Horizon, 5). Online verfügbar unter: www.marcprensky.com/writing/Prensky%20-%20Digital%20Natives,%20Digital%20Immigrants%20-%20Part1.pdf.

Reichmayr, Ingrid Francisca (2005): Wikis, Blikis, Glogs, Vlogs, Moblogs oder wie internetbasierte Kommunikationsgemeinschaften die Massenmedien beeinflussen können. In: medienimpulse, Jg. 51, S. 68–70.

Reimann, Helga (2002): Globalisierung. Die universelle Herausforderung. Konstanz: UVK Verlagsgesellschaft (Wissen und Studium Sozialwissenschaften).

Rein, Antje von (Hrsg.) (1996b): Medienkompetenz als Schlüsselbegriff. Bad Heilbrunn: Klinkhardt (Theorie und Praxis der Erwachsenenbildung).

Reinmann-Rothmeier, Gabi (2003): Didaktische Innovation durch Blended Learning. Leitlinien anhand eines Beispiels aus der Hochschule. 1. Aufl. Unter Mitarbeit von Frank Vohle. Bern: Huber (Huber Psychologie Praxis Lernen mit neuen Medien).

Richardson, Janice; Milwood Hargrave, Andrea; Moratille, Basil; Vahtivouri, Sanna; Venter, Dominic; Vries, Rene de (2006): The Internet literacy handbook. Strasbourg: Council of Europe. Online verfügbar unter: www.coe.int/t/dghl/StandardSetting/InternetLiteracy/hbk_en.asp.

Rogge, Jan-Uwe (1985): Heidi, PacMan und die Video-Zombies. Die Medienfreunde der Kinder und das Unbehagen der Eltern. Orig.-Ausg. Reinbek bei Hamburg: Rowohlt.

Rogge, Jan-Uwe (1987): Das vergebliche Schielen nach Einschaltquoten und Massenwirksamkeit - Fernsehprogramm für Kinder. In: Rogge, Jan-Uwe; Jensen, Klaus (Hrsg.): Lernen - Helfen - Fleißigsein. Kindermedien und Kinderkultur in der DDR. Köln: Verlag Wissenschaft und Politik, S. 35–70.

Rogge, Jan-Uwe; Jensen, Klaus (Hrsg.) (1987a): Lernen - Helfen - Fleißigsein. Kindermedien und Kinderkultur in der DDR. Köln: Verlag Wissenschaft und Politik.

Rogge, Jan-Uwe; Jensen, Klaus (1987b): Zwischen gesellschaftlicher Inanspruchnahme und der mühsamen Suche nach Eigenständigkeit. Skizzen zum Medienalltag und den Lebenswelten von Kindern in der DDR. In: Rogge, Jan-Uwe; Jensen, Klaus (Hrsg.): Lernen - Helfen - Fleißigsein. Kindermedien und Kinderkultur in der DDR. Köln: Verlag Wissenschaft und Politik, S. 249–275.

Röll, Franz Josef (2003): Pädagogik der Navigation. Selbstgesteuertes Lernen durch Neue Medien München: kopaed.

Rychen, Dominique; Salganik, Simone; Hersh, Laura (2001) (Hrsg.): Defining and Selecting Key Competencies. Göttingen: Hogrefe & Huber.

Sakamoto, Akira; Suzuki, Kanae (2010): Media Literacy. A New Type of Communication Skill. In: Uchida, N.; Sakamoto, Akira (Hrsg.): Communication Abilities to Survive the Risk Society. Tokyo: Kaneko Shobo, S. 111–132. Online verfügbar unter: http://teapot.lib.ocha.ac.jp/ocha/bitstream/10083/51389/1/Proceedings09_08Sakamoto&Suzuki.pdf.

Salvador, Michael; Sias, Patricia M. (Hrsg.) (1998): The public voice in a democracy at risk. Westport, Conn.: Praeger.

Sander, Uwe; Gross, Friederike von; Hugger, Kai-Uwe (Hrsg.) (2008): Handbuch Medienpädagogik. Wiesbaden: VS Verlag für Sozialwissenschaften.

Saxer, Ulrich; Bonfadelli, Heinz; Hättenschwiler, Walter (1980): Die Massenmedien im Leben der Kinder und Jugendlichen. Eine Studie zur Mediensozialisation im Spannungsfeld von Familie, Schule und Kameraden. Zug: Klett & Balmer.

Schäfer, Edi (2009): Medienpädagogik im Fokus von Persönlichkeitsentwicklung und von Lehr-/Lernprozessen. Eine qualitative Befragung von neunjährigen Drittklässlern. Zürich. Pädagogische Hochschule Zürich, Fachbereich Medienbildung.

Schanze, Helmut. (Hrsg.) (2001): Handbuch der Mediengeschichte. Stuttgart: Kröner.

Schaumburg, Heike; Seidel, Thomas (2009): Online-Lernen in der Schule. In: Issing, Ludwig J; Klimsa, Paul (Hrsg.): Online-Lernen. Handbuch für Wissenschaft und Praxis. München: Oldenbourg, S. 359–366.

Schell, Fred (1997): Aktive Medienarbeit. In: Hüther, Jürgen; Schorb, Bernd; Brehm-Klotz, Christiane (Hrsg.): Grundbegriffe der Medienpädagogik. München: KoPäd-Verlag, S. 9–18.

Schell, Fred (2003): MedienpädagogInnen in der Jugendarbeit. In: Neuß, Norbert (Hrsg.): Beruf Medienpädagoge. Selbstverständnis - Ausbildung - Arbeitsfelder. München: kopaed, S. 145–156.

Schell, Fred; Stolzenburg, Elke; Theunert, Helga (Hrsg.) (1999): Medienkompetenz. Grundlagen und pädagogisches Handeln. München: KoPäd-Verlag.

Schicha, Christian (2010): Kritische Medientheorien. In: Weber, Stefan (Hrsg.): Theorien der Medien. Von der Kulturkritik bis zum Konstruktivismus. 2., überarb. Aufl. Konstanz: UVK Verlagsgesellschaft, S. 104–123.

Schild, Bettina (2003): Medienpädagogisches Arbeiten beim SWR-Kindernetz. In: Neuß, Norbert (Hrsg.) (2003b): Beruf Medienpädagoge. Selbstverständnis – Ausbildung – Arbeitsfelder. München: kopaed. S. 171–177

Schludermann, Walter (2002): Medienmündigkeit als gesellschaftliche Herausforderung. In: Paus-Haase, Ingrid; Lampert, Claudia; Süss, Daniel (Hrsg.): Medienpädagogik in der Kommunikationswissenschaft. Positionen, Perspektiven, Potenziale. 1. Aufl. Wiesbaden: Westdeutscher Verlag, S. 49–58.

Schmidt, Jan (2006): Social Software. Onlinegestütztes Informations-, Identitäts- und Beziehungsmanagement. In: Forschungsjournal Neue Soziale Bewegungen, Jg. 19, H. 2, S. 37–46.

Schmidt, Jan (2008): Was ist neu am Social Web? Soziologische und kommunikationswissenschaftliche Grundlagen. In: Zerfaß, Ansgar; Welker, Martin; Schmidt, Jan (Hrsg.): Band 1: Grundlagen und Methoden. Von der Gesellschaft zum Individuum. Köln: von Halem Verlag, S. 18–40.

Schmidt, Jan; Lampert, Claudia; Schwinge, Christiane (2010): Nutzungspraktiken im Social Web. Impulse für die medienpädagogische Diskussion. In: Herzig, Bardo; Meister, Dorothee M.; Moser, Heinz; Niesyto, Horst (Hrsg.): Jahrbuch Medienpädagogik 8. Medienkompetenz und Web 2.0. Wiesbaden: VS Verlag für Sozialwissenschaften, S. 255–270.

Schneider, Beate; Scherer, Helmut; Gonser, Nicole; Tiele, Annekaryn (2010): Medienpädagogische Kompetenz in Kinderschuhen. Eine empirische Studie zur Medienkompetenz von Erzieherinnen und Erziehern in Kindergärten. Schriftenreihe der NLM, Bd. 27, Berlin.

Schneider, Wolfgang; Lindenberger, Ulman (2012): Entwicklungspsychologie (vormals Oerter & Montada). 7., vollst. Überarb. Aufl., Weinheim, Basel: Beltz Verlag.

Schorb, Bernd (1994): Zwischen Reformpädagogik und Technozentrik. Über Kinoreformer und die ‚Keilhacker-Schule zu einer handlungsorientierten Medienpädagogik. In: Hiegemann, Susanne; Swoboda, Wolfgang H. (Hrsg.): Handbuch der Medienpädagogik. Theorieansätze, Traditionen, Praxisfelder, Forschungsperspektiven. Opladen: Leske + Budrich, S. 149–166.

Schorb, Bernd (1995): Medienalltag und Handeln. Medienpädagogik im Spiegel von Geschichte, Forschung und Praxis. Opladen: Leske + Budrich.

Schorb, Bernd (2005a): Medienkompetenz. In: Hüther, Jürgen; Schorb, Bernd (Hrsg.): Grundbegriffe Medienpädagogik. 4., vollst. neu konzipierte Aufl. München: kopaed, S. 257–262.

Schorb, Bernd (2005b): Medienkunde. In: Hüther, Jürgen; Schorb, Bernd (Hrsg.): Grundbegriffe Medienpädagogik. 4., vollst. neu konzipierte Aufl. München: kopaed, S. 263–264.

Schorb, Bernd (2005c): Medienerziehung. In: Hüther, Jürgen; Schorb, Bernd (Hrsg.): Grundbegriffe Medienpädagogik. 4., vollst. neu konzipierte Aufl. München: kopaed, S. 240–243.

Schorb, Bernd (2005d): Medienforschung. In: Hüther, Jürgen; Schorb, Bernd (Hrsg.): Grundbegriffe Medienpädagogik. 4., vollst. neu konzipierte Aufl. München: kopaed, S. 251–256.

Schorb, Bernd; Hartung-Griemberg, Anja; Dallmann, Christine (2017) (Hrsg.): Grundbegriffe Medienpädagogik. 6., neu verfasste Aufl. München: kopaed.

Schorb, Bernd; Kakar, Steffi (2003): Medienpädagogik: Das Studium und seine Beruflichen Konsequenzen. In: Neuß, Norbert (Hrsg.): Beruf Medienpädagoge. Selbstverständnis – Ausbildung – Arbeitsfelder. München: kopaed, S. 75–85.

Schorr, Angela (Hrsg.) (2000): Publikums- und Wirkungsforschung. Ein Reader. 1. Aufl. Wiesbaden: Westdeutscher Verlag.

Schrack, C; Dorninger, C.;Menzel, T.; Olensky, W. (2010): Digitale Kompetenz an Österreichs Schulen. Empfehlungen zur Mediennutzung, zur Internetpolicy, zum einfachen und sicheren Schulnetz. Online verfügbar unter: www.bmukk.gv.at/medienpool/20117/dig_erlass_bl1.pdf.

Schulmeister, Rolf (2006): eLearning: Einsichten und Aussichten. München: Oldenbourg.

Schulmeister, Rolf (2008): Gibt es eine „Net Generation"? Version 3.0. Online verfügbar unter: http://epub.sub.uni-hamburg.de/epub/volltexte/2013/19651/pdf/schulmeister_net_generation_v3.pdf.

Schulz-Zander, Renate; Tulodziecki, Gerhard (2002): Multimedia und Internet – neue Aufgaben für Schule und Lehrerbildung. In: Issing, Ludwig J.; Klimsa, Paul (Hrsg.): Information und Lernen mit Multimedia und Internet. Lehrbuch für Studium und Praxis. 3., vollst. überarb. Aufl. Weinheim: Beltz PVU, S. 317–332.

Schwarz, Reent (Hrsg.) (1974): Manipulation durch Massenmedien – Aufklärung durch Schule? Eine Bestandsaufnahme. Stuttgart: Metzler.

Schweer, Martin K. W. (Hrsg.) (2001): Aktuelle Aspekte medienpädagogischer Forschung. Interdisziplinäre Beiträge aus Forschung und Praxis. 1. Aufl. Wiesbaden: Westdeutscher Verlag.

Seibt, Martin; Zobl, Elke (2008): Emanzipatorische Medienpädagogik in Salzburg – von der Entwicklung der Aktion Film, der Radiofabrik und des EuRegio Medienzentrums. In: Blaschitz, Edith; Seibt, Martin (Hrsg.): Medienbildung in Österreich. Historische und aktuelle Entwicklungen, theoretische Positionen und Medienpraxis; [Tagung „Be Aware of the Media]. Berlin: LIT, S. 356–367.

Seiler Schiedt, Eva; Kälin, Siglinde; Sengstag, Christian. (Hrsg.) (2006): E-Learning – alltagstaugliche Innovation? Münster: Waxmann (Medien in der Wissenschaft, 38).

Sekretariat der ständigen Konferenz der Kultusminister der Länder in der Bundesrepublik Deutschland (2016): https://www.kmk.org/fileadmin/Dateien/pdf/PresseUndAktuelles/2016/Bildung_digitale_Welt_Webversion.pdf.

Sesink, Werner; Kerres, Michael; Moser, Heinz (Hrsg.) (2007): Jahrbuch Medien-Pädagogik 6. Medienpädagogik-Standortbestimmung einer erziehungswissenschaftlichen Disziplin. Wiesbaden: VS Verlag für Sozialwissenschaften.

Seufert, Sabine; Brahm, Taiga; Euler, Dieter (2007): „Ne(x)t generation learning": Wikis, Blogs, Mediacasts & Co. – Social Software und Personal Broadcasting auf der Spur. St. Gallen: Univ. (Themenreihe 1 zur Workshop-Serie).

Sharikov, Alexander (1992): Media Education in the USSR. In: Bazalgette, Cary; Bevort, Evelyne; Savino, Josiane (Hrsg.): New directions. Media education worldwide. 1. Aufl. London; Paris: British Film Institute Publishing; Centre de Liaison de l'Enseignement et des Moyens d'Information.

Siemens, George (2005): Connectivism. A Learning Theory for the Digital Age. Online verfügbar unter: www.elearnspace.org/Articles/connectivism.htm.

Six, Ulrike (2007): Die Rolle der Einstellungen im Kontext des Kommunikations- und Medienhandelns. In: Six, Ulrike; Gleich, Uli; Gimmler, Roland (Hrsg.): Kommunikationspsychologie – Medienpsychologie. Lehrbuch. 1. Aufl. Weinheim: Beltz PVU, S. 90–117.

Six, Ulrike; Fry, Christoph; Gimmler, Roland; Thibaut, Kerstin (2001): Medienerziehung im Kindergarten. Theoretische Basis und empirische Ergebnisse. In: Aufenanger, Stefan; Six, Ulrike (Hrsg.): Handbuch Medien. Medienerziehung früh beginnen. Bonn: Bundeszentrale für politische Bildung, S. 13–56.

Six, Ulrike; Gimmler, Roland (2007): Die Förderung von Medienkompetenz im Kindergarten. Eine empirische Studie zu Bedingungen und Handlungsformen der Medienerziehung, Berlin: VISTAS Verlag GmbH.

Six, Ulrike; Gleich, Uli; Gimmler, Roland (Hrsg.) (2007): Kommunikationspsychologie – Medienpsychologie. Lehrbuch. 1. Aufl. Weinheim: Beltz PVU.

Sowka, Alexandra; Klimmt, Christoph; Hefner, Dorothée; Mergel, Fenja; Possler, Daniel (2015): Die Messung von Medienkompetenz. Ein Testverfahren für die Dimension „Medienkritikfähigkeit" und die Zielgruppe „Jugendliche". In: Medien & Kommunikationswissenschaft, Jg. 63, H.1, S. 62–82.

Spanhel, Dieter (2001a): Thesen zu ethischen Grundfragen der Medienpädagogik. In: medienimpulse, Jg. 10, H. 38, S. 31–32.

Spanhel, Dieter (2001b): Medienkompetenz. Bestandteil der Allgemeinbildung. In: Gesellschaft für Medienpädagogik und Kommunikationskultur (Hrsg.): Medienkompetenz in Theorie und Praxis. Bielefeld: k. A., S. 14–15.

Spanhel, Dieter (2002): Medienkompetenz als Schlüsselbegriff der Medienpädagogik? In: Forum Medienethik, H. 1, S. 48–53.

Spanhel, Dieter (2006): Medienerziehung. Erziehungs- und Bildungsaufgaben in der Mediengesellschaft. Stuttgart: Klett-Cotta (Handbuch Medienpädagogik, Bd. 3).

Spitzer, Manfred (2005): Vorsicht Bildschirm. Elektronische Medien, Gehirnentwicklung, Gesundheit und Gesellschaft. 3. Aufl. Stuttgart: Klett (Transfer ins Leben, 1).

Spitzer, Manfred (2012): Digitale Demenz. Wie wir uns und unsere Kinder um den Verstand bringen. München: Droemer Knaur Verlag.

Spitzer, Manfred (2015): Cyberkrank! Wie das digitalisierte Leben unsere Gesundheit ruiniert. München: Droemer.

SRG – Forschungsdienst (2004): Die Mediennutzung von Kindern in der Schweiz – gemessen und erfragt. Eine Untersuchung zum Medienverhalten sowie zu den Radiointeressen und -motiven von sieben- bis vierzehnjährigen Kindern. Herausgegeben von SRG – Schweizerische Radio- und Fernsehgesellschaft. Bern. Online verfügbar unter: www.publisuisse.ch/mm/mm002/14228-Die_Mediennutzung_von_Kindern_-_SRG_Studie_2004.pdf.

Steiner, Olivier (2009): Medien und Gewalt. Expertenbericht 04/09. E-Bericht im Auftrag des Bundesamts für Sozialversicherungen. (Beiträge zur sozialen Sicherheit).

Steinmann, Matthias (2004): Sophies zweite Welt. Bern (Berner Texte zur Medienwissenschaft, 9).

Steinmann, Matthias; Groner, Rudolf (Hrsg.) (2008): Exkursionen in Sophies zweiter Welt. Neue Beiträge zum Thema des Wirklichkeitstransfers aus psychologischer und medienwissenschaftlicher Sicht. 1. Aufl. Bern: Haupt (Berner Texte zur Medienwissenschaft, 11).

Stipp-Hagmann, Karin (Hrsg.) (1996): Fernseh- und Radiowelt für Kinder und Jugendliche. Villingen-Schwenningen: Neckar-Verlag (Schriftenreihe der LfK, 3A).

Stoll, Clifford (2001): LogOut. Warum Computer nichts im Klassenzimmer zu suchen haben und andere High-Tech-Ketzereien. Frankfurt am Main: S. Fischer.

Sturm, Hertha (2000): Der gestreßte Zuschauer. Folgerungen für eine rezipientenorientierte Dramaturgie. Herausgegeben von Marianne Grewe-Partsch und Christian Doelker, unter Mitarbeit von Ingrid Vetter. Stuttgart: Klett-Cotta.

Sturm, Hertha; Grewe-Partsch, Marianne (1979): Prinzipien und Determinanten einer Medienpädagogik. In: Audiovisuelle Zentralstelle am Pestalozzianum Zürich (Hrsg.): Grundlagen einer Medienpädagogik. Zürcher Beiträge zur Medienpädagogik. 1. Aufl. Zug: Klett + Balmer, S. 23–59.

Süss, Daniel (1993): Der Fernsehkrimi, sein Autor und die jugendlichen Zuschauer. Medienkommunikation aus drei Perspektiven, am Beispiel des „Tatort"-Krimis „Kameraden". 1. Aufl. Bern: Huber.

Süss, Daniel (2004): Mediensozialisation von Heranwachsenden. Dimensionen, Konstanten, Wandel. 1. Aufl. Wiesbaden: VS Verlag für Sozialwissenschaften.

Süss, Daniel (2008): Mediensozialisation und Medienkompetenz. In: Batinic, Bernad; Appel, Markus (Hrsg.): Medienpsychologie. Berlin, Heidelberg: Springer Medizin Verlag Heidelberg, S. 361–378.

Süss, Daniel; Bernhard, Erwin; Schlienger, Armin (2002): Media Education in Switzerland. Determining its Position. In: Hart, Andrew; Süss, Daniel (Hrsg.): Media Education in 12 European Countries. A Comparative Study of Teaching Media in Mother Tongue Education in Secondary Schools. Zürich, S. 137–150.

Süss, Daniel; Bodmer, Marc; Hipeli, Eve; Grund, Justyna (2009): Videogames und Medienkompetenz. Zürich. Eine Bestandsaufnahme zu empirischen Daten, Institutionen und Fachleuten in der Schweiz. Projektbericht der ZHAW – Angewandte Psychologie. Zürich.

Süss, Daniel; Lichtensteiner, Marcel (2000): Übersicht der Kursangebote im Bereich Medienpädagogik/Informationstechnologie der Deutschschweizer LehrerInnenfortbildung (Entwurf). IMPZ – Institut für Publizistikwissenschaft und Medienforschung der Universität Zürich.

Süss, Daniel; Waller, Gregor; Häberli, Rebekka; Luchsinger, Selina (2008): Der Zugang Jugendlicher zur Filmkultur. Schweizer Jugendliche im Umgang mit Medien, mit einem besonderen Fokus auf Film und Kino. Zürcher Hochschule für Angewandte Wissenschaften; Verband Filmregie und Drehbuch Schweiz. Zürich. Online verfügbar unter: www.zhaw.ch/storage/psychologie/upload/forschung/medienpsychologie/ZHAW_JugendFilmkultur_Schlussbericht.pdf.

Swoboda, Wolfgang H. (1994): Medienpädagogik. Konzeptionen, Problemhorizonte und Aufgabenfelder. In: Hiegemann, Susanne; Swoboda, Wolfgang H. (Hrsg.): Handbuch der Medienpädagogik. Theorieansätze, Traditionen, Praxisfelder, Forschungsperspektiven. Opladen: Leske + Budrich, S. 11–24.

Szíjártó, Imre (2002): Motion Picture and Media Education in Hungary. In: Hart, Andrew; Süss, Daniel (Hrsg.): Media Education in 12 European Countries. A Comparative Study of Teaching Media in Mother Tongue Education in Secondary Schools. Zürich, S. 63–75.

Szíjártó, Imre (o. J.): A filmesztétikától a médiaismeretig. A mozgóképoktatás Magyarországon 1960–2000. Debrecen.

Thalmann-Hereth, Karin (2001): Jugend zwischen Früh und Spät. Die „sophisticated generation". Heidelberg: Asanger.

The Gallup Group (2008): Towards a safer use of the Internet for children in the EU – a parents' perspective. Summary. Herausgegeben von Europäische Kommission. (Flash Eurobarometer, 248). Online verfügbar unter: http://ec.europa.eu/public_opinion/flash/fl_248_sum_en.pdf.

Theunert, Helga; Pescher, Renate/Best, Petra/Schorb, Bernd (1992): Zwischen Vergnügen und Angst – Fernsehen im Alltag von Kindern. [Schriftenreihe der Hamburgischen Anstalt für neue Medien, Bd. 5] Berlin: Vistas.

Theunert, Helga; Schorb, Bernd (1995): ‚Mordsbilder': Kinder und Fernsehinformation. [Schriftenreihe der Hamburgischen Anstalt für neue Medien, Bd. 13] Berlin: Vistas

Theunert, Helga; Wagner, Ulrike (Hrsg.) (2002): Medienkonvergenz: Angebot und Nutzung. Eine Fachdiskussion. München: Reinhard Fischer.

Tille, Helga (1964): Sozialistische Kulturrevolution ohne Filmerziehung? In: Film, Fernsehen, Filmerziehung, Jg. 1, H. 1, S. 78–86.

Tillmann, Klaus-Jürgen (2011): Sozialisationstheorien. Eine Einführung in den Zusammenhang von Gesellschaft, Institution und Subjektwerdung. 16. Aufl. Reinbek bei Hamburg: Rowohlt.

TNS Infratest (2014): Wichtigkeit verschiedener Mediengattungen. Durchgeführt von TNS EMNIDbusse. Online verfügbar unter: www.tns-infratest.com

TNS Opinion & Social (2006): Safer Internet. Herausgegeben von Europäische Kommission. (Special Eurobarometer, 250). Online verfügbar unter: http://ec.europa.eu/public_opinion/archives/ebs/ebs_250_en.pdf.

Törös, László (1934): Álló-és mozgóképek szerepe a tanításban. Debrecen: Városi Nyomda.

Treumann, Klaus Peter; Baacke, Dieter; Haacke, Kirsten; Hugger, Kai-Uwe; Vollbrecht, Ralf (2002): Medienkompetenz im digitalen Zeitalter. Wie die neuen Medien das Leben und Lernen Erwachsener verändern. Opladen: Leske + Budrich (Schriftenreihe Medienforschung der Landesanstalt für Rundfunk Nordrhein-Westfalen, 39).

Treumann, Klaus Peter; Burkatzki, Eckhard; Hagedorn, Jörg; Kämmerer, Manuela; Meister, Dorothee M.; Sander, Uwe et al. (2007): Medienhandeln Jugendlicher. Mediennutzung und Medienkompetenz. Bielefelder Medienkompetenzmodell. Wiesbaden: VS Verlag für Sozialwissenschaften.

Truglio, Rosemarie T.; Kotler, Jennifer A.; Cohen, David I.; Housley-Juster, Anna (2004): Vermittlung von Lebenskompetenzen in Sesame Street. In: TelevIZIon, Jg. 17, H. 1, S. 16–21.

Trültzsch-Wijnen, Christine W. (2014): Media Literacy – A Right of the Child? Vortrag auf der European Communication Conference 2014 in Lissabon.

Trültzsch-Wijnen, Christine W. (2016a): Plädoyer wider eine (medien-)pädagogische Universalpragmatik. In: Medienimpulse 4/2016. Online verfügbar unter: www.medienimpulse.at/articles/view/1031?navi=1.

Trültzsch-Wijnen, Christine W. (2016b): Medienpädagogik als Querschnittsmaterie. In: Kronberger, Silvia; Kühberger, Christoph; Oberlechner, Manfred (Hrsg.): Diversitätskategorien in der Lehramtsausbildung: Ein Handbuch. Wien/Innsbruck: Studienverlag, S. 167–177.

Trültzsch-Wijnen, Christine W. (2016c): Querschnittsmaterie Medienpädagogik – Hindernis oder Chance? Vortrag am Medientag 2016 der Universität Halle-Wittenberg. Online verfügbar unter: www.researchgate.net/profile/ChristineTrueltzsch_Wijnen/publication/307477659_Querschnittsmaterie_Medienpadagogik_Hindernis_oder_Chance_Key_Note/links/57c6c17808aec24de04214dc.pdf.

Trültzsch-Wijnen, Christine W. (Hrsg.) (2017a): Medienpädagogik. Eine Standortbestimmung. Baden-Baden. Nomos.

Trültzsch-Wijnen, Christine W. (2017b): Ein Recht auf Medienkompetenz? In: Medienimpulse 1/2017. Online verfügbar unter: www.medienimpulse.at/articles/view/1037?navi=1.

Trültzsch-Wijnen, Christine W. (2017c): Einleitung: Medienpädagogik – Was ist das? In: Trültzsch-Wijnen, Christine W. (Hrsg.): Medienpädagogik: Eine Standortbestimmung. Baden-Baden: Nomos, S. 13–24.

Trültzsch-Wijnen, Christine, W. (2014): Media literacy – a right of the child? Papier der European Communication Conference 2014.

Trültzsch-Wijnen, Christine, W.; Murru, Maria Francesca; Papaioannou, Tao (2017): Definitions and values of media and information literacy in a historical context. In: Frau-Meigs, Divina; Velez, Irma; Flores Michel, Julieta (Hrsg.): Public Policies in Media and Information Literacy in Europe. Cross-Country Comparisons. London & New York: Routledge, S. 91–115.

Tulodziecki, Gerhard (1997): Medien in Erziehung und Bildung. Grundlagen und Beispiele einer handlungs- und entwicklungsorientierten Medienpädagogik. 3., überarb. und erw. Aufl. Bad Heilbrunn: Klinkhardt.

Tulodziecki, Gerhard (1998): Entwicklung von Medienkompetenz als Erziehungs- und Bildungsaufgabe. In: Pädagogische Rundschau, Jg. 52, H. 6, S. 693–709.

Tulodziecki, Gerhard (2000): Medienpädagogik in der Schule der Zukunft. In: Kleber, Hubert; Spanhel, Dieter (Hrsg.): Spannungsfeld Medien und Erziehung. Medienpädagogische Perspektiven. 1. Aufl. München: KoPäd-Verlag, S. 13–31.

Tulodziecki, Gerhard (2005): Zur Situation der Medienpädagogik in der Bundesrepublik Deutschland. In: MedienPädagogik, H. 11. Online verfügbar unter: www.medienpaed.com/article/viewFile/73/73.

Tulodziecki, Gerhard (2012): Medienpädagogische Kompetenz und Standards in der Lehrerbildung. In: Schulz-Zander, Renate; Eickelmann, Birgit; Moser, Heinz; Niesyto, Horst; Grell, Petra (Hrsg.): Jahrbuch Medienpädagogik 9. Wiesbaden: VS Verlag für Sozialwissenschaften, S. 271–297.

Tulodziecki, Gerhard; Herzig, Bardo (2004): Mediendidaktik. Medien in Lehr- und Lernprozessen. Stuttgart: Klett-Cotta (Handbuch Medienpädagogik, Bd. 2).

Tyner, Kathleen (1991): The Media Education Elephant. Online verfügbar unter: www.medialit.org/reading-room/media-education-elephant.

Tyner, Kathleen (1998): Literacy in a digital world. Teaching and learning in the age of information. [Nachdr.]. Mahwah, NJ: Erlbaum.

UN – United Nations (1989): Übereinkommen über die Rechte des Kindes. Online verfügbar unter: www.national-coalition.de/pdf/UN-Kinderrechtskonvention.pdf.

Volkmer, Ingrid; Wiedemann, Dieter (Hrsg.) (2006): Schöne neue Medienwelten. Konzepte und Visionen für eine Medienpädagogik der Zukunft. Bielefeld: GMK (Schriften zur Medienpädagogik, 38).

Vollbrecht, Ralf (2001): Einführung in die Medienpädagogik. Weinheim: Beltz (Beltz-Studium Kultur und Gesellschaft).

Vollbrecht, Ralf; Wegener, Claudia (2009): Handbuch Mediensozialisation. 1. Aufl. Wiesbaden: VS Verlag für Sozialwissenschaften.

Von Gross, Friederike; Meister, Dorothee M.; Sander, Uwe (2015a): Medienpädagogik – ein Überblick. Weinheim und Basel: Beltz Juventa.

Von Gross, Friederike; Meister, Dorothee M.; Sander, Uwe (2015b): Die Geschichte der Medienpädagogik in Deutschland. Weinheim und Basel: Beltz Juventa.

Wagner, Michael G. (2008): Serious Games: Spielerische Lernumgebungen und deren Design, In: Issing, Ludwig; Klimsa, Paul (Hrsg.): Online-Lernen: Realisation, Anwendung und Evaluation von Lehr- und Lernprozessen online. Handbuch für Wissenschaft und Praxis. Oldenburg: Wissenschaftsverlag. S. 297–306.

Wagner, Michael G. (2009): Ludic Constructivism: An Epistemological Approach to Computer Game Play. In: Proceedings of the 2010 Clash of Realities Conference.

Wagner, Ulrike; Gebel, Christa; Lampert, Claudia (2013) (Hrsg.): Zwischen Anspruch und Alltagsbewältigung: Medienerziehung in der Familie. Berlin: Vistas (Schriftenreihe Medienforschung der LfM Band 72).

Wagner, Ulrike; Theunert, Helga (Hrsg.) (2006): Neue Wege durch die konvergente Medienwelt. München: Verlag Reinhard Fischer.

Wagner, Ulrike; Theunert, Helga; Gebel, Christa; Lauber, Achim (2004): Zwischen Vereinnahmung und Eigensinn – Konvergenz im Medienalltag Heranwachsender. München: Verlag Reinhard Fischer.

Wagner, Wolf-Rüdiger (2003): (K)Ein Berufsfeld „Medienpädagoge in der Lehrerfortbildung". In: Neuß, Norbert (Hrsg.): Beruf Medienpädagoge. Selbstverständnis – Ausbildung – Arbeitsfelder. München: kopaed, S. 99–108.

Waller, Gregor; Willemse, Isabel; Genner, Sarah; Suter, Lilian; Süss, Daniel (2016): JAMES – Jugend, Aktivitäten, Medien – Erhebung Schweiz. Zürich: ZHAW und Swisscom. Online verfügbar unter: www.psychologie.zhaw.ch/JAMES.

Waters, Tony (2012): Schooling, Childhood, and Bureaucracy. Bureaucratizing the Child. New York: Palgrave.

Weber, Stefan (Hrsg.) (2003): Theorien der Medien. Von der Kulturkritik bis zum Konstruktivismus. Konstanz: UVK Verlagsgesellschaft.

Welter-Enderlin, Rosmarie; Hildenbrand, Bruno (2006): Resilienz – Gedeihen trotz widriger Umstände. 1. Aufl. Heidelberg: Carl-Auer-Verlag (Paar- und Familientherapie).

Wermke, Jutta (2001): Medienpädagogik. In: Schanze, Helmut. (Hrsg.): Handbuch der Mediengeschichte. Stuttgart: Kröner, S. 140–157.

Wernstedt, Rolf; John-Ohnesorg, Marei (Hrsg.) (2008): Neue Medien in der Bildung. Lernformen der Zukunft. Dokumentation der Konferenz des Netzwerks Bildung vom 5. und 6. Mai 2008. Bonn: bub Bonner Universitäts-Buchdruckerei.

Weyland, Beate (2002): Eine noch junge Disziplin: Medienpädagogik in Italien. In: medien + erziehung, H. 2, S. 111–117.

Wiedemann, Dieter (1994): Kommunikationskulturelle Spurensicherung. Rückblick auf medienpädagogische Ansätze in der DDR. In: Hiegemann, Susanne; Swoboda, Wolfgang H. (Hrsg.): Handbuch der Medienpädagogik. Theorieansätze, Traditionen, Praxisfelder, Forschungsperspektiven. Opladen: Leske + Budrich, S. 223–236.

Wiedemann, Dieter (2001): Kinderfernsehen zwischen Fantasie und Pädagogik. Notizen zum Kinderfernsehen in der DDR. In: TelevIZIon, Jg. 14, H. 1, S. 18–22.

Wijnen, Christine W. (2008): Medien und Pädagogik international. Positionen, Ansätze und Zukunftsperspektiven in Europa und den USA. München: kopaed (Kopaed Hochschulschriften).

Willemse, Isabel (2016): Onlinesucht. Ein Ratgeber für Eltern, Betroffene und ihr Umfeld. Bern: Hogrefe.

Willemse, Isabel; Waller, Gregor; Süss, Daniel; Genner, Sarah; Huber, Anna-Lena (2012): JAMES – Jugend, Aktivitäten, Medien – Erhebung Schweiz. Zürich: ZHAW und Swisscom. Online verfügbar unter: www.psychologie.zhaw.ch/JAMES.

Winn, Marie (1979): Die Droge im Wohnzimmer. 1. Aufl. Reinbek bei Hamburg: Rowohlt.

Wippermann, Carsten; Calmbach, Marc (2008): Sinus-Milieustudie U27 „Wie ticken Jugendliche". Düsseldorf: Verlag Haus Altenberg/MVG Medienproduktion.

WSIS (2003): Plan of Action, WSIS-03/GENEVA/DOC/5-E. Online: verfügbar unter: www.itu.int/net/wsis/docs/geneva/official/poa.html.

Wunden, Wolfgang (2003): Berufsbild „MedienpädagogIn". Ein Meilenstein der Professionalisierung des Berufs. In: Neuß, Norbert (Hrsg.): Beruf Medienpädagoge. Selbstverständnis – Ausbildung – Arbeitsfelder. München: kopaed, S. 27–40.

Zerfaß, Ansgar; Welker, Martin; Schmidt, Jan (Hrsg.) (2008): Kommunikation, Partizipation und Wirkungen im Social Web. Band 1: Grundlagen und Methoden. Von der Gesellschaft zum Individuum. Köln: von Halem Verlag.

Zimmermann, Pia (2016): Generation Smartphone: Wie die Digitalisierung das Leben von Kindern und Jugendlichen verändert. Was wir wissen sollten und was wir tun können. Munderfing: Fischer & Gann.

Zinnecker, Jürgen; Behnken, Imbke; Maschke, Sabine; Stecher, Ludwig (2002): Null zoff & voll busy. Die erste Jugendgeneration des neuen Jahrhunderts. Opladen: Leske + Budrich.

Zöllner, Ulrike (2004): Die Kunst der langen Weile. Über den sinnvollen Umgang mit der Zeit. Stuttgart: Kreuz.

Anhang 11

Deutschsprachige Fachgesellschaften

Gesellschaft für Medienpädagogik und Kommunikationskultur (GMK)	www.gmk-net.de
Sektion Medien- und Umweltpädagogik in der Deutschen Gesellschaft für Erziehungswissenschaft (DGfE)	www.dgfe.de
Fachgruppe Medienpsychologie in der Deutschen Gesellschaft für Psychologie (DGPs)	www.dgps.de
Fachgruppe Medienpädagogik der Deutschen Gesellschaft für Publizistik und Kommunikationswissenschaft (DGPuK)	www.dgpuk.de
Fachgruppe Medienpädagogik, Mediensozialisation der Schweizerischen Gesellschaft für Kommunikations- und Medienwissenschaft (SGKM)	www.sgkm.ch
Arbeitsgruppe Medienkultur und Bildung der Gesellschaft für Medienwissenschaft (GfM)	www.gfmedienwissenschaft.de

Internationale Fachgesellschaften

Sektion Audience and Reception Studies der European Communication Research and Education Association (ECREA)	www.ecrea.eu
Sektion Media Education Research der International Association for Media and Communication Research (IAMC)	www.iamcr.org
Special Interest group Children, Adolescents, and the Media (CAM) der International Communication Association (ICA)	www.icahdq.org
OpenEducationEuropa (Europe's community for innovative education)	www.openeducationeuropa.eu/en

D. Süss et al., *Medienpädagogik*, Studienbücher zur Kommunikations- und Medienwissenschaft, https://doi.org/10.1007/978-3-658-19824-4

Fachzeitschriften

Comunicar (Media Education Research Journal)	https://comunicarjournal.wordpress.com/comunicar-journal/
Journal of Children and Media	www.tandf.co.uk/journals/titles/17482798.asp
Journal of Media Literacy Education	http://digitalcommons.uri.edu/jmle/
Journal of Media Education	https://www.beaweb.org/wp/?page_id=554
MEDIA EDUCATION – Studi, ricerche, buone pratiche	http://riviste.erickson.it/med/
Media Perspektiven	www.media-perspektiven.de
MedienConcret – Magazin für die pädagogische Praxis	www.medienconcret.de
Medienimpulse – Beiträge zur Medienpädagogik (Onlinezeitschrift)	www.medienimpulse.at
medien + erziehung | merz – wissenschaft	www.merz-zeitschrift.de
Medien Journal	www.studienverlag.at
MedienPädagogik – Zeitschrift für Theorie und Praxis der Medienbildung (Onlinezeitschrift)	www.medienpaed.com
MERJ – Media Education Research Journal	http://merj.info/
TelevIZIon	www.br-online.de/jugend/izi/deutsch/publikation/televizion/televizion.htm

Institutionen

ALM – Arbeitsgemeinschaft der Landesmedienanstalten der Bundesrepublik Deutschland	www.alm.de
bikum – Netzwerk für Bildung, Kultur & Medien	bikum.mixxt.at
Blickwechsel e. V. – Verein für Medien- und Kulturpädagogik	www.blickwechsel.org
ecmc – Europäisches Zentrum für Medienkompetenz (seit Oktober 2010 Grimme Institut)	www.ecmc.de (Aktivitäten bis 11/2010) www.grimme-institut.de
FRAME – Ständige Konferenz FRei Arbeitender MEdienzentren	www.frame-info.de
IAKM – Internationale Arbeitsgemeinschaft für Kommunikation und Medien	www.iakm.de
IMB – Institut für Medienbildung	www.imb-salzburg.at
IZI – Internationales Zentralinstitut für das Jugend- und Bildungsfernsehen, München	www.izi.de

IFAK – Institut für angewandte Kindermedienforschung, Hochschule der Medien, Stuttgart	www.ifak-kindermedien.de
IZMM – Interdisziplinäres Zentrum für Medienpädagogik und Medienforschung an der PH Ludwigsburg	www.ph-ludwigsburg.de/64.html
JFF – Institut für Medienpädagogik in Forschung und Praxis (JFF), München	www.jff.de
Spielraum – Institut zur Förderung von Medienkompetenz	www1.fh-koeln.de/spielraum
Wiener Medienpädagogik – Schwerpunkt Medienpädagogik am Institut für Bildungswissenschaft der Universität Wien	https://medienpaedagogik.univie.ac.at

Anlaufstellen für Informationsmaterialien

Bundesministerium für Familie, Senioren, Frauen und Jugend (Materialen rund ums Thema Medien)	www.bmfsfj.de
Bundeszentrale für politische Bildung (Informationen und Materialien)	www.medienpaedagogik-online.de
Fachportal Pädagogik	www.fachportal-paedagogik.de
Informationssystem Medienkompetenz, Datenbanken zum Thema Medienkompetenz	www.ism-info.de
Initiativbüro „Gutes Aufwachsen mit Medien"	www.gutes-aufwachsen-mit-medien.de
Jugendschutz.net	www.jugendschutz.net
Klicksafe	www.klicksafe.de
Mediaculture-online – Das Portal für Medienpädagogik und Medienkultur	www.mediaculture-online.de
mediamanual.at – Interaktive Plattform für die aktive Medienarbeit an Schulen	www.mediamanual.at
Medienpädagogik.at – Internetportal rund um Medien und Pädagogik	http://medienpaedagogik.at
Medienpädagogischer Forschungsverbund Südwest (jährlich erscheinende Studien zur Mediennutzung von Kindern und Jugendlichen sowie Infomaterial)	www.mpfs.de
Schau hin! Was Dein Kind mit Medien macht	www.schauhin.info

Blogs

Medienpädagogik Praxis Blog	www.medienpaedagogik-praxis.de/
GMK-Blog der Gesellschaft für Medienpädagogik und Kommunikationskultur	http://gmkblog.de/
Informationsportal für Hochschullehrende	www.e-teaching.org/
MediaCulture-Blog	www.lmz-bw.de/mediaculture-blog.html

Internationale Entwicklungen

Forschungsprojekt *Mapping Media Literacy Policies:* Länderberichte	http://ppemi.ens-cachan.fr/doku.php/start (22.12.2015)
Ansatz der *Media and Information Literacy* (UNESCO)	http://milunesco.unaoc.org/
Paris Declaration on Media and Information Literacy in the Digital Era	www.unesco.org/new/fileadmin/MULTIMEDIA/HQ/CI/CI/pdf/In_Focus/paris_mil_declaration_final.pdf
Nähere Informationen über das Spiel *Happy Onlife* sowie die Möglichkeit des Downloads	https://ec.europa.eu/jrc/en/scientific-tool/happy-onlife-game-raise-awareness-internet-risks-and-opportunities
Forschungsprojekt *EMEDUS*	www.eavi.eu/joomla/what-we-do/projectsinitiatives/192-emedus-project

Register 12

D. Süss et al., *Medienpädagogik*, Studienbücher zur Kommunikations- und Medienwissenschaft, https://doi.org/10.1007/978-3-658-19824-4

The manufacturer's authorised representative in the EU is Springer Nature Customer Service Centre GmbH, Europaplatz 3, 69115 Heidelberg, Germany. If you have any concerns regarding our products, please contact ProductSafety@springernature.com

Printed and bound by CPI Group (UK) Ltd, Croydon, CR0 4YY
23/04/2026
02095588-0015